世界史史料 1

古代のオリエントと地中海世界

歴史学研究会 編

世界史史料

1

古代のオリエントと地中海世界

岩波書店

刊行の言葉

この『世界史史料』全一二巻は、古代から現代まで「世界史」に関して基本的と思われる史料を選び、その最も重要かつ興味深い部分を取り出して日本語に訳し、解説を付したものである。なぜこのような企画を立てたか。それは、高校や大学における歴史の授業で、教科書の叙述を越えて史料そのものに即して生徒や学生の歴史に関する理解を深めることが要請されているという現実があるからであり、それに応えるためである。

とくにこの半世紀の間に日本の歴史研究は、かつてのような中国史と西ヨーロッパ史偏重の枠を突破して、さまざまな地域に視野をひろげただけではなく、政治的支配者の動向を追うにとどまらず、人間社会の多様な側面に目を向けるようになってきている。同時に、近年の世界史教科書では、イスラーム世界、内陸アジアやアフリカをはじめとしていろいろな地域を扱うようになり、また、各地の食べ物・服装といった日常生活なども取り上げる傾向にある。この『世界史史料』でも、従来にも取り上げられていた列強間の条約などはもとより、社会の実態に関する史料、日常生活や他者認識に関する史料など多様な性格の史料を収めるよう努力した。

第二次世界大戦後、ある歴史家が、「一つの怪物が、一九四九年の日本に突如として現れた。社会科世界史という怪物が」と書いている。高校の教師たちは新しくできた世界史という科目を前にさまざまな実践を試み工夫をこらしてきた。さらに、高校教師や大学教員から成る教科書執筆者のたゆまぬ努力によって、世界史の教科書は次第に視野が広くなり内容も充実したものになってきた。他方で、一般読者向きの世界史講座が争うように出版されて、江湖に広く迎えられた。歴史学研究会も、大会で何度も世界史を意識したテーマを取り上げ、一九九〇年代以降、『講座世界史』全一二巻(東京大学出版会)、『世界史年表』(岩波書店)を編集刊行している。

そのような教育・研究の面での試みは、マルクス主義的な「世界史の法則」を提唱する立場と、文明圏・地域を重視する発想とが相互批判を行いながら、世界史像を作っていく過程であった。国ごとの歴史、地域の歴史をただ集めただけでは世界史たり得ない。ヨーロッパ中心ではない世界史を描きたいという、困難な課題に立ち向かっていたのであった。だがさらに近年には、国民国家批判が行われるようになり、国家の枠には収まらない多様な集団や文化に注意が払われ始め、課題はいっそう重くなった。その上、一九九〇年代には、二〇世紀を左右する存在であったソ連邦が消滅するという、それまでの歴史認識の前提を揺るがす「大変動」が生じた。世界史の理解は新たな模索の段階に入ったと言える。

われわれはそれにもかかわらず、先達の仕事や諸外国における提言から学んだり、世界史教科書の執筆にたずさわったりしたことを背景に、本書の編集委員会における度重なる議論を通じて、何らかの「世界史」のイメージを作ろうとした。この『世界史史料』では、一九世紀までは現代の観点からの地域別にし、二〇世紀以降に関してのみ地域横断的な巻別構成を取った。史料の選択に際しては、多様性に配慮するだけでなく、その時代・社会を照射するようなものを広く集めようとした。だがそれは、われわれのイメージに基づくものに過ぎず、批判の余地を残しているだろう。じっさい、世界史について、「ハンムラビ法典」から「インド憲法」までを明快に整序づける「理論」はないと言えよう。しかも、研究者の努力や政治的変化の結果、新たな史料が続々と発見されている。したがって、ここに収録されたものだけが重要な史料だと言うつもりはない。だが、ひとつ基礎は示し得たと信じる。このような作業は、「近代化」の過程で欧米に関する知識を吸収しようとし、さらに第二次世界大戦後、民族解放運動の展開をきっかけとして世界のさまざまな地域に関心を広げるとともに、従来からの分野で史料に基づく研究を深めたという独自の体験をもつ日本の歴史学界なればこそ、可能だったと言えるのではなかろうか。とはいえ、日本の現状では、自国中心主義が依然として力をもち、近隣諸国との間に、繰り返し「歴史認識」をめぐる軋轢を生じている。それだけに、広く世界史に対する関心を高めることに寄与できることを祈っている。とくに「近世・近代の日本と世界史」なる章(第一二巻)を設けた所以である。

各史料の出所は、定評ある史料集から未刊行の文書館史料まで多岐にわたっている。いずれにせよ、すべて原史料であり現代日本語で示すことを原則とした。それぞれの分野の専門家が新たに訳出し(定訳のある場合を除く)、史料の性格や背景、そこから読み取れる事柄について解説を加え、編集委員と事務局が全体を調整し統一を図った。厄介な注文にもかかわらず、原稿を完成して下さった五三〇名もの方々には、御礼の申し上げようもない。各項目の文章の責任は執筆者にあるが、史料の選択に対する責任は編集委員会全体が負う。ご批判・ご意見をお寄せ頂ければ幸いである。

歴史学研究会委員会の決定に従い、この企画の編集委員会が組織されたのは一九九六年のことであった。編集に関する会議はそれから優に百回を超える。歴史学研究会事務局の増田純江氏をはじめ何人もの方々の奉仕を得た。さらに、編集・製作に関して、岩波書店に格別の力添えをお願いした。それに応えられた沢株正始氏と小島潔氏の配慮、そして実務を担当された石川憲子氏の有能なお仕事ぶりなしには、この企画は到底、実現できなかったであろう。記して、深く感謝する。

二〇〇六年一〇月

歴史学研究会『世界史史料』編集委員会

代表　西　川　正　雄

編集委員

凡　例

一、本書に収録した史料は、原史料、あるいは信頼のおける史料集、全集、研究書によるものとし、収録に際しては次の原則にしたがって整理をおこなった。なお、オクスフォード古典テキストで扱われたものは、原則としてそれを使用した。

一、各項目ごとに、引用史料がどのような対象に関するものかを示す「項目名」、および具体的な「史料名」を掲げた。

一、項目名、史料名には西暦を使用したが、史料、注、解説において、必要に応じて地域による旧暦を使用する場合は、これを注記して用いた。前二千年紀後半に関しては、エジプト年代学との整合性を考慮して、西アジアの年代を低年代説にしたがって示した。

一、古代ペルシア語、ギリシア語、シュメール語、アッカド語、アラム語、パルティア語などのラテン文字転写、およびカナ表記については、辞事典類で一般的に用いられている方式にしたがった。

一、原語による史料名(史料によってはその通称)を出典箇所に示した。

一、翻訳史料は原典からの訳出であるが、定訳が存在する場合はそれを用いた。

一、既訳を用いる際、体裁や一部の語句について、本書内に共通する整理を行い、必要に応じて注を加えた。

一、欧文史料の頁は、言語を問わずp.やpp.で表記した。

一、史料の欠損箇所は[…]で示す。但し、定型の書式あるいは妥当性が極めて高いと思われる場合は、史料の読み易さを勘案して適宜復元してある。

凡例

一、訳出する際に省略した箇所は、その位置に応じて(前略)(中略)(後略)、短い中略については、……を用いて示した。

一、史料本文中の、執筆者による補足・注記は〔 〕を用いて示し、詳細な注は、注番号を付して、史料本文の後に配した。

一、各章解説および各項目の末尾に担当者名を付した。

第一巻編集委員
桜井万里子
島田誠
畑守泰子
春田晴郎
山田雅道

目次

目次

刊行の言葉
凡例
第一章　古代西アジア――アカイメネス朝以前――　1
第一節　メソポタミア――　4
1　楔形文字の誕生(前三二〇〇年頃以降)　4
2　シュメール初期王朝時代(前二九〇〇―前二三三五年頃)　6
3　ラガシュ市とウンマ市の抗争(前二五世紀頃)　7
4　ラガシュ・ウルク同盟と徳政令(前二四〇〇年頃)　9
5　女性と外交――王妃間の贈物の交換(前二四世紀前半)　10
6　ラガシュ王ウルカギナの改革(前二四世紀中頃)　12
7　アッカド王朝によるメソポタミアの統一(前二四世紀後半)　13
8　アッカド王朝の最盛期(前二三世紀後半)　14
9　ラガシュ王による神殿建立(前二二世紀後半)　15
10　メソポタミア最古の法典(前二二世紀末―前二一世紀初め)　17
11　王の神格化と識字能力(前二一世紀前半)　18
12　王の「聖婚」儀礼(前四千年紀末―前二〇世紀半ば頃)　20
13　ウル第三王朝の崩壊(前二〇〇四年頃)　22
14　シュメールの農業(前三千年紀末)　23
15　アッシリア商人の交易活動(前一九五〇―前一七五〇年頃)　24
16　シャムシ・アダド一世によるアッシリアの王位簒奪(前一八一三年)　26
17　ハンムラビによるバビロニア統一前夜の政治情勢(前一八世紀中期)　27
18　バビロニア社会の法(前一八世紀半ば)　29
19　古バビロニア時代の徳政令(前一八世紀後半)　30
20　ハンムラビによる占領地(ラルサ)統治(前一七六〇年頃)　32
21　ナディートゥム女神官の経済活動(前一八世紀初期)　33
22　古バビロニア時代の民事裁判(前一七一〇年)　35
23　ヌジにおける偽装養子縁組(前一五世紀)　36
24　ミタンニとエジプトの政略結婚(前一四世紀中期)　37
25　アッシリアの台頭(前一四世紀中期)　39

26 アッシリアの支配圏拡大(前一三世紀後期) 40
27 中アッシリア社会における身分(前一四世紀) 41
28 バビロニアとエジプトの友好関係(前一四世紀中期) 43
29 中バビロニア時代における金の流通(前一四—前一三世紀) 45
30 バビロニア王ネブカドネツァル一世によるエラム遠征(前一二世紀後期) 46
31 アッシリア帝国の大量住民交換政策(前八世紀後期) 48
32 アッシリア帝国の拡大(前八世紀後期) 49
33 アッシリア王センナケリブの宗教改革(前八世紀末—前七世紀初期) 51
34 アッシリア帝国による東地中海交易支配(前六七六年頃) 52
35 アッシリア帝国における王権観(前七世紀半ば) 54
36 新バビロニアとメディアによる反アッシリア同盟(前七世紀後期) 55
37 アッシリアとフリュギアの和平(前七〇九年) 57
38 新バビロニア王国の台頭(前七世紀後期) 59
39 アッシリア帝国の崩壊——ニネヴェ陥落(前六一二年) 60
40 最古の「世界地図」(前九世紀以降) 61
41 新バビロニア王による神殿行政の統制(前六世紀半ば) 62

第二節　シリア・パレスティナ—— 64

42 アララハ王イドリミの半生(前一五〇〇年頃) 64
43 エジプトによるアジア支配の弱体化(前一四世紀中期) 65
44 ウガリト王国の滅亡前夜(前一二世紀初期) 66
45 アルファベットの誕生と発展(前一七—前二世紀頃) 68
46 最古のフェニキア語アルファベット碑文(前一〇〇〇年頃) 70
47 フェニキア人の海外発展(前一二世紀末頃—前六世紀半ば頃) 71
48 初期イスラエルの姿(前一三世紀末) 72
49 最古のヘブライ語碑文——農事暦(前一〇世紀) 73
50 イスラエルに対するモアブ王メシャの反乱(前九世紀中頃) 74
51 カルカルの戦い——アッシリアの西方拡大に対する抵抗(前八五三年) 76

52 アラム・ダマスクスとイスラエル、ユダ王国の戦い(前九世紀後期) 78
53 アッシリア王センナケリブによるエルサレム包囲(前七〇一年) 79
54 ユダ王国末期の情勢(前六世紀初期) 80
55 ユダ王国滅亡と第二次バビロニア捕囚(前五八六年) 82
56 アラム人の台頭(前一二世紀末期) 83
57 アッシリアの地方行政(前九世紀) 84
58 シリアにおける内部対立(前九世紀末―前八世紀初め) 86
第三節　アナトリア(ヒッタイト) 88
59 クッサラ王アニッタによる小アジア中央部の征服(前一八世紀頃) 88
60 ヒッタイト王国建国当時の領土拡大(前一七世紀) 89
61 ヒッタイト王国の王位継承法(前一六世紀後期) 90
62 ヒッタイト社会における法(前一六世紀後期―前一四世紀頃) 92
63 ヒッタイト王国の強大化(前一四世紀後期) 94
64 ヒッタイトにおける馬の調教(前一五世紀) 95
65 エジプトとヒッタイトの和平(前一三世紀半ば) 96
66 ヒッタイトにおける鉄器製造(前一三世紀中期) 98
67 ヒッタイトの衛星国タルフンタッサの分離・独立(前一三世紀後期) 99
68 ヒッタイト滅亡後の新ヒッタイト諸国(前一二―前八世紀) 101
第二章　エジプト 103
第一節　統一国家の成立から古王国の衰退まで 106
69 統一国家の形成(前三一世紀) 106
70 初期王朝時代の王の事績(前三〇―前二七世紀) 107
71 スネフェル王の治世(前二七―前二六世紀前半) 109
72 ピラミッド複合体の建設と変遷(前二七―前二二世紀) 110
73 第五王朝と太陽神信仰(前二五世紀前半) 112
74 古王国時代の王と官僚(前二五―前二三世紀) 114
75 第六王朝の対外政策(前二四世紀後半―前二二世紀前半) 115

76 地方豪族の台頭（前二二世紀） 117

第二節　中王国時代―― 119

77 第一中間期の国家分裂（前二一世紀） 119
78 第一二王朝の成立と支配（前二〇世紀前半） 120
79 第一二王朝のヌビア支配（前一九―前一八世紀） 122
80 中王国時代の農業経営（前二〇世紀） 123
81 中王国の官僚養成（前一九―前一八世紀） 125

第三節　新王国時代から末期王朝時代まで―― 127

82 ヒクソスのエジプト支配（前一七―前一六世紀） 127
83 「王家の谷」の成立（前一六世紀末） 128
84 ハトシェプスト女王の時代（前一五世紀前半） 129
85 トトメス三世の軍事遠征と対外政策（前一五世紀） 131
86 トトメス四世　夢の神託（前一四世紀前半） 132
87 アクエンアテン王のアテン信仰（前一四世紀前半） 134
88 アメン信仰への復帰（前一四世紀中頃） 135
89 カデシュの戦い（前一二七五年頃） 137
90 海の民との戦い（前一三世紀末―前一二世紀前半） 138
91 職人のストライキ（前一二世紀前半） 140
92 ラメセス王朝時代の女性の権利（前一三―前一一世紀） 141
93 リビア系王朝の支配と国土の分裂（前一〇世紀後半―前八世紀後半） 143
94 クシュ（ヌビア）王朝のエジプト支配（前八世紀後半―前七世紀中頃） 144
95 ペルシア支配下のエジプト（前五二五―前四〇四年頃） 146
96 エジプト‐ギリシア間の交易（前七世紀半ば―前四世紀） 147

第四節　思想と文化―― 149

97 庶民の心性《メンタリティ》（前一三―前一一世紀） 149
98 ナイルの恵み（前二千年紀） 150
99 エジプト人の来世観（前二四―後三世紀頃） 152
100 古代エジプトの文字（前三一―後四世紀） 154

第三章　ギリシア——157
第一節　ミノア・ミケーネ時代——160
101　クレタ島のミノア文明とエーゲ海の島々(前二〇〇〇年頃—前一四五〇年頃)　160
102　ピュロス王国の地方行政(前一二世紀)　161
103　ピュロス王国における捕虜奴隷と食糧配給(前一二世紀)　163
104　ホメロスの世界(前一三世紀末—前八世紀半ば)　164
第二節　前古典期——166
105　レラントス戦争の伝え(前八世紀前半頃)　166
106　前古典期初期の農民たちの交易従事(前八—前七世紀)　167
107　ポリスにおける成文法の成立(前七世紀後半)　168
108　僭主の政治(前八世紀半ば—前六世紀半ば)　169
109　前七世紀末アテナイの社会的混乱　170
110　重装歩兵の密集隊戦術の成立(前七世紀前半)　171
111　エジプト王のために従軍したギリシア人傭兵(前五九三／二または前五九一年)　172
112　スパルタの国制(前七世紀半ば—前三六九年)　173
113　古代ギリシアの社会慣行、シュンポシオン(前七—前四世紀)　175
114　クセニア(共同体外友好関係)の制度(前六—前五世紀)　176
115　前古典期末の交易(前六世紀)　177
116　ソロンの改革(前五九四／三年)　178
117　ペイシストラトスの僭主政(前五六〇年頃—前五二七年)　180
第三節　古典期——182
118　クレイステネスの改革(前五〇八／七年)　182
119　ギリシア人共通の宗教(前五—前四世紀)　184
120　ペルシア戦争(前四九〇—前四四九年頃)　185
121　デロス同盟とアテナイの覇権確立(前五世紀)　187
122　ペリクレスとアテナイ民主政(前五世紀)　189
123　アテナイ以外のポリスの法整備(前五世紀)　190

第四節 ローマ帝政後期の社会とキリスト教

第一章　古代西アジア──アカイメネス朝以前

本章は、メソポタミア南部における文字の成立から新バビロニア王国滅亡までの西アジアに関する史料を収録している。対象とする地理的空間が広大なため、史料を地域別に分類し、第一節「メソポタミア」、第二節「シリア・パレスティナ」、第三節「アナトリア(ヒッタイト)」とした。ただし史料の残存状況の相違によって各節で扱う時代は異なる。また前二千年紀後半の年代に関しては、エジプトの編年に合わせて低年代説に従っている。

古代西アジアにおける政治史の再構成にとって基本史料となるのは、王の碑文や年代記、書簡である。しかし本章ではそれらの史料に偏ることなく、各種の私的契約文書を含め、多様な種類の史料を紹介しようと試みた。これらによって西アジア各地・各時代の社会や経済、文化的な側面の一端にも触れていただきたいと思う。

メソポタミアでは、南部シュメール地方においてウルク古拙文字(前三二〇〇年頃誕生)から楔形文字が成立し、「歴史時代」に入る(史料1)。最初のシュメール初期王朝時代(前二九―二四世紀中期)、シュメール人は多数の都市国家に分かれて南メソポタミア地方の覇権を争ったが(史料2)、前二五世紀以後の状況に関し、ラガシュからは豊富な同時代史料が知られる(史料3―6)。

しかし最終的にメソポタミアを統一したのは、異民族セム系のアッカド王朝(前二四世紀後半―二二世紀末期)であった。創建者サルゴンと孫のナラム・シンの時代にはメソポタミア外部へも勢力を拡大したが(史料7、8)、後半期には東方からグティ人の侵入を受けて弱体化し、南部ではラガシュなど旧都市国家の独立を招いた(史料9)。

混乱したメソポタミアの再統一は、シュメール人のウル第三王朝(前二一一二―二〇〇四年)によって果たされた。この時代には法や統治制度の整備(史料10)とシュメール語文学の隆盛(史料11、12、14)が見られるが、末期にはイシュビ・エラがイシンを拠点に自立し(史料13)、最終的にイラン西部のエラムの攻撃を受けて王国は滅亡した。

前二千年紀に入ると、メソポタミアは南北にバビロニア、アッシリアという二つの政治勢力に分かれる。どちらも前一千年紀中期まで国家を維持したが、王朝交替による時代区分とは別に、ごく大まかに五〇〇年を単位としてそれぞれを古・中・新の三期に分けて呼ぶ便宜的方法もある。例えば古バビロニア時代は前二〇〇〇―一五〇〇年、新アッシリア時代は前一〇〇〇―六〇九年(王国滅亡時)であり、本章でもしばしば使用される。

ティグリス川中流の都市国家アッシュルとして出発したアッシリアは、前二千年紀初期にはアナトリアとの遠距離交易によって繁栄していた(史料15)。前一八一三年に王位を簒奪したシャムシ・アダド一世(史料16)は北メソポタミア全域を支配下に収めたものの、彼の死後、アッシリアは衰退期に入ることになる。

他方バビロニアでは、前一八世紀半ばにバビロン王ハンムラビによって最終的に統一が達成された(史料17、20)。当時の社会状況は彼の「法典」その他(史料18、21、22)から知られるが、私的経済活動の活発化は、他方で債務奴隷の増加などの弊害をもたらした(史料19)。このバビロン第一王朝は、前一五九五年にヒッタイトの攻撃を受けて滅亡する(史料61)。

前二千年紀後半の西アジアにはいくつかの大国が生まれた。このうち北メソポタミアで最初に台頭したのがフリ人の王国ミタンニである。史料不足により詳細な政治史の再構成は困難ながら、両大河の東西に及ぶ一大強国を形成した(史料23、24、42)。アッシリアは前一四世紀後半のミタンニ崩壊を契機に独立を回復すると(史料25)、同国の旧領を侵食しながら領土拡大を進め、最盛期にはユーフラテス川をヒッタイトとの国境とし、バビロニアをも征服するに至った(史料26)。当時の社会身分については史料27で触れる。

バビロニアでは前二千年紀半ばに民族系統不明のカッシート王朝が支配権を確立し、その後全般的には大国の地位を保持し続けた(史料28)。この時代には銀に代わる秤量貨幣として一時期金が使用されている(史料29)。前一一五五年にエラムの侵攻を受けて王国が滅ぶと、バビロニアの支配権は既に自立していたイシン第二王朝(前一一五七―一〇二六年)に移った(史料30)。

アナトリア中部では前一八世紀に領域国家への胎動が認められ(史料59)、ヒッタイト王国(前一七―一二世紀初期)が成立する(史料60、61)。前一四世紀後期にスピルリウマ一世がミタンニを滅ぼし北シリアを支配下に収めると、同国は一躍大国の地位を確立した(史料63)。シリア領有をめぐって一時エジプトと衝突したが(カデシュの戦い)、和平条約の締結によって対立に終止符を打った(史料65)。その後、王国は分裂し(史料67)、滅亡に至る。しかしその文化は新ヒッタイト諸国に継承された(史料68)。国内状況に関しては、「法典」(史料62)、馬の調教(史料64)、鉄器製造(史料66)を取り上げる。

前一千年紀前半には二つの「帝国」が生まれた。まずアッシリアは、前九世紀以降、西アジア各地へ(最盛期にはエジプトに及ぶ)軍事遠征を繰り返し、支配圏を拡大していった(史料32、37、51、53)。征服地の統治(史料34、57)では、属王を介した間接統治から大規模な住民交換(史料31)をともなう属州化への移行が見られる。アッシリアの覇権獲得は宗教面にも反映されたが(史料33)、国内の伝統的な王権観に変化はなかった(史料35)。

前八世紀後期以降、大半がアッシリアの支配下に置かれていたバビロニアは、前七世紀後期にカルデア(新バビロニア)王朝の下で独立を回復し、メディアと連合してアッシリアを滅ぼした(史料36、38、39)。ネブカドネツァル二世はエジプトへも遠征するなど支配圏の拡大に努め、征服民の強制移住政策を進めた(史料55)。その後の混乱状況の中でナボニドス(史料41)が王位を簒奪したが、前五三九年、キュロス二世のバビロン入城をもってバビロニアは独立を喪失した。当時の「世界地図」(史料40)も収録する。

シリアにはエブラ(前二四世紀)やヤムハド(前一八世紀)といった強国が一時存在したものの、前二千年紀後半のシリア・パレスティナ地方は近隣諸大国の支配下に置かれた(史料42—44)。その支配が緩んだ前一二〇〇年頃から新興諸民族が台頭し、国家を建設する。イスラエル人(史料31、48—55)とアラム人(史料52、56—58)はその代表である。線文字アルファベット(史料45)を産み出したフェニキア人も東地中海沿岸にいくつかの都市国家を形成し(史料46)、一部は地中海世界へと進出した(史料47)。しかしアッシリア、次いでバビロニアが帝国期に入ると、これら諸国は次々にその支配圏に編入されていくことになる。

(山田雅道)

第一節　メソポタミア

1　楔形文字の誕生（前三二〇〇年頃以降）

ウルク古拙文書（前三二〇〇年頃）（図1-1）

【出典】 H. J. Nissen, "The Context of the Emergence of Writing in Mesopotamia and Iran," in: J. Curtis(ed.), *Early Mesopotamia and Iran: Contact and Conflict, 3500-1600 BC* (London, 1993), p. 64, pl. 26.

【解説】 世界最古の文明は現在のイラク共和国最南部シュメールで前四千年紀後半に起こった古代メソポタミア文明で、ここで使われていた最古の文字が楔形文字である。

一九二八―三一年にドイツ調査隊がシュメールの中心都市ウルク（遺跡名ワルカ）のエアンナ地区を発掘し、前三二〇〇年頃のウルク第四層および前三〇〇〇―二九〇〇年頃の第三層から約八〇〇枚の粘土板文書を発見した。これが世界最古の文書、ウルク古拙文書である。その後の調査で、断片を含め合計約三〇〇〇枚が出土した。古拙（絵）文字の数は約一〇〇〇で、そのうち楔形文字の原形になった文字は約二〇〇である。これらは表語文字で、意味は分かっても音価の分からない文字もあり、この文書を完全に読むことは困難である。また、表記されてい

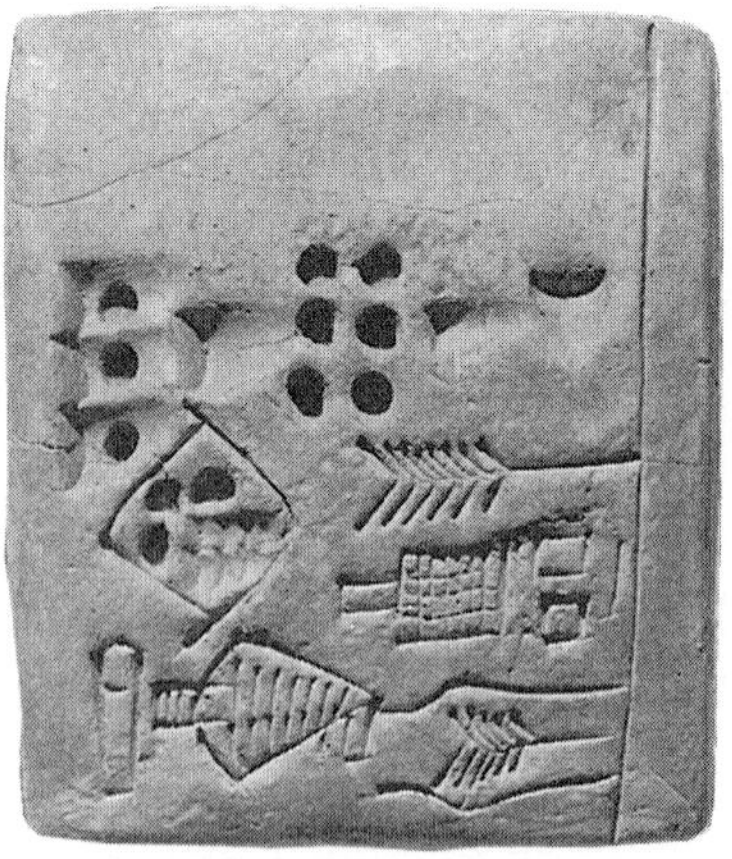

図1-1　ウルク古拙文書
（7.6×6.7×1.9 cm，個人蔵）

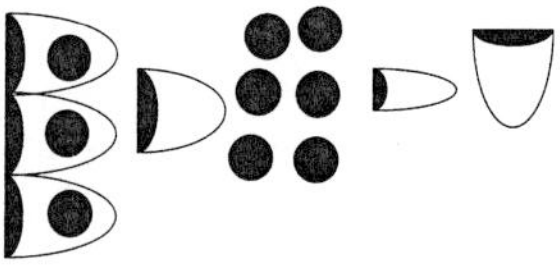

約 43200 ℓ×3＋約 4320 ℓ＋約 144 ℓ×6
＋約 24 ℓ＋約 4.8 ℓ＝約 13 万 5000 ℓ

37 カ月

大麦

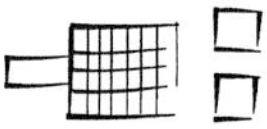

最終決算書
（文書の種類）

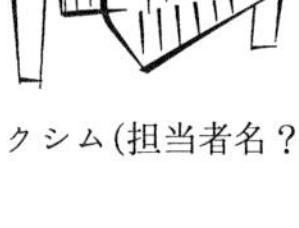

クシム（担当者名？）

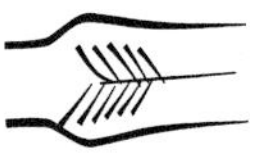

交換（大麦の用途？）

る言語がシュメール語か、それに先行する言語かは見解が分かれる。文書は大部分が会計簿である。ここではその一点の訳出を試みた(図1-1)。

一九七〇年代以降に、古拙文字に先行する段階をアメリカ人考古学者シュマント＝ベッセラらが解明した。西アジア各地の遺跡から広範囲に出土していた直径二センチほどの幾何学形の小型粘土製品トークン(図1-2参照)と直径一〇センチ以下の中空の土製球であるブッラは長く用途不明であったが、ブッラ

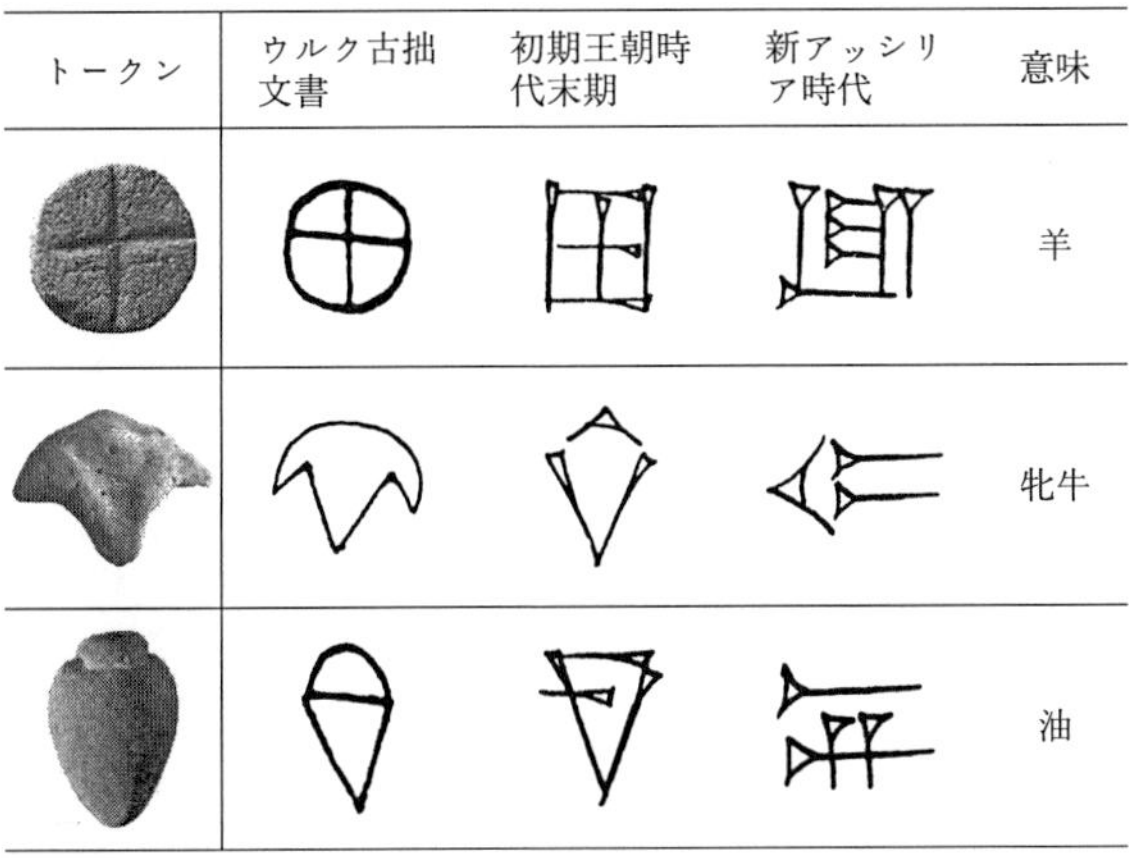

図1-2　トークンから楔形文字への変遷(D. Schmandt-Besserat, *Before Writing*, Vol. 1(Austin, 1992), pp. 143-144より作成)

は物資管理の会計簿、トークンは物の数量および物の種類を示す道具と推測された。前八千年紀、新石器時代の開始に伴い増大する穀物や家畜を管理する必要から単純トークン(円錐、球、棒状、他)が発生した。前四千年紀、都市化への道程で複雑多様な都市生産物を記録する必要が、具象的形を含む多様な形態である複合トークンを発達させた。最初の段階では「羊」「牝牛」等、物の種類を示すトークンを個体の数だけブッラに入れ、外側にスタンプを押して、取引、契約の証拠としていた。ブッラを壊し、中のトークンの形と数で品物の種類と数量を確認できる。やがて取引が複雑になるとインデックス代わりにブッラの中に入れるトークンを外側に押すようになり、ブッラの外側にトークンと同じ印を尖筆で描くようになると、書写材料は粘土板に移行した。古拙文字の誕生である。古拙文字はウルクで短期間で誕生したと推測されている。前三二〇〇年頃とされる古拙文字の発明はウルク人の知恵の結晶であろう。ウルクでこの文字が使用され始めた頃、他の都市ではキシュ市から古拙文書が一枚出土しているだけで、まだトークンを使用していた。

前二六〇〇年頃のファラ(古代のシュルッパク)文書には神、官職、建造物、日用品等の名称を表にした学校用文書(教科書)があるが、まだ複雑な文章を表現するには至っていない。ウルクで発明された文字が完全な文字体系としてシュメール全土に普及するのは前二五〇〇年頃である。この時期に表音文字が登場し、文字の数も六〇〇程度に整理され、シュメール語が完全に表記される。また、尖筆から葦の筆に代わり、筆を粘土に押

しつけて書くようになったことから、特徴的な楔形文字へと変化していった(図1-2)。楔形文字はウルク古拙文書の時代が終わると九〇度横転したと言われていたが、近年では初期王朝時代末期にはまだ横転していなかったと考えられている。横転の理由は特定されていない。〔参〕D・シュマント＝ベッセラ／小口好昭・中田一郎訳『文字はこうして生まれた』岩波書店、二〇〇八年。

（小林登志子）

2　シュメール初期王朝時代（前二九〇〇―前二三三五年頃）

「シュメール王朝表」(前二千年紀初期)

王権が天から下された時に、エリドゥ市に王権が置かれた。エリドゥ市でアルリムが王となり、治世は二万八八〇〇年であり、アラルガルは治世三万六〇〇〇年である。〔合計〕二王でその年数は六万四八〇〇年である。エリドゥ市は捨てられ、その王権はバドティビラ市に運ばれた。(中略)〔総計〕五都市、八王で、その年数は二四万一二〇〇年である。

洪水が襲った。洪水が襲った後で王権が天から下された時、キシュ市に王権があった。(中略)キシュ市は武器で打たれ、その王権はエアンナ[1]に運ばれた。(中略)ウルク市の王、ウルク市を作った者エンメルカルが王となり、その治世は四二〇年である。牧者ルガルバンダ神[2]は、その治世は一二〇〇年である。漁師ドゥムジ神、彼の都市はクアであり、その治世は一〇〇年である。ギルガメシュ神、彼の父は風魔であり、クルラブ[3]のエンは、その治世は一二六年である。(中略)ウルク市は武器で打たれ、王権はウル市に運び去られた。ウル市でウルナンムが王であり、その治世は一八年である。ウルナンム神の子シュルギ神は、その治世は四六[4]年である。シュルギ神の子アマル・シン神は、その治世は九年である。アマル・シン神の子シュ・シン[5]は、その治世は九年である。シュ・シンの子イッビ・シンは、その治世は二四年である。〔合計〕四王[6]で、その年数は一〇八年である。ウル市は武器で打たれ、王権はイシン市に運び去られた。(後略)

(1)　現在のワルカ遺跡中央に位置するイナンナ女神を祀る聖域。ここでは、ウルク市と同一あるいはエアンナ地区の拡大したものがウルク市と認識されていたと推測される。
(2)　神格化を示す限定詞(ディンギル)が付いている。以下のウル王ウルナンム、シュルギ、アマル・シンについても同様。
(3)　クルラブがウルク市とは全く別の都市か、あるいはエアンナとともに同市の一部かは特定されていない。
(4)　四八年の誤り。
(5)　実際にはシュ・シンはシュルギの子でアマル・シンの兄弟。
(6)　五王の誤り。

【出典】T. Jacobsen, *The Sumerian King List*, Assyriological Studies 11 (Chicago, 1939), pp. 70–71, 76–77, 84–91, 122–125 (WB 444, i 1–10, 36–42, ii 45–47, iii 7–20, viii 7–22).

【解説】シュメール初期王朝時代(前二九〇〇—二三三五年頃)を研究する際にあげられる貴重な史料の一つが「シュメール王朝表」である。各都市の伝承をもとにウル第三王朝時代(前二一一二—二〇〇四年)に成立し、後にイシン第一王朝(前二〇一七—一七九四年)諸王の治世年が加えられた。現存の写本は古バビロニア時代以降に属し、写本間で異同があるが、イギリスのアシュモール博物館が収蔵するウェルド・ブランデル・プリズム(高さ二〇センチメートルの焼成粘土製角柱)が最良の写本である。

　内容は洪水を挟んで二つに分かれ、洪水以前は後世の加筆と考えられている。王権は天から下ってエリドゥ、バドティビラ、ララク、シッパル、シュルッパクと各都市を移り、洪水が起きた。洪水の後に、まず王権はキシュ第一王朝に下り、以後「武器で打たれ」交代する。ウルク第一王朝、ウル第一王朝に続いて一一の王朝が交代し、アッカド王朝、ウルク第四王朝、グティ時代、ウルク第五王朝(ウトゥヘガル一代)、ウル第三王朝およびイシン第一王朝と続く。個々の王名と治世年数および合計の王数と治世年数が羅列されていて、一時期に一王朝がバビロニアを支配していたように記されているが、実際には複数の王朝が並立していた。初期の王の治世年数は異様に長く、次第に短くなって実年代となる。アッカド王朝時代以降は史実とほぼ確認される。なお、バビロニア最高神エンリル神の聖都ニップル市および有力都市ラガシュ市他が含まれていない理由は不明である。

（小林登志子）

3　ラガシュ市とウンマ市の抗争（前二五世紀頃）

エアンナトゥムの「禿鷹の碑」(前二五世紀頃)

(前略)ウンマの人(1)は彼と激しく言い争い、ラガシュを挑発した。ラガシュの王、ウルナンシェの子アクルガル(2)は、[一五行ほど欠損]。[しかしウンマの人は]自分の占有地のゆえにラガシュを挑発した。(中略)ニンギルス神により生まれ出た者エアンナトゥムを、ニンギルス神は喜ばれた。ニンギルス神は彼を自分の指尺(3)で計り、自分の肘《ひじ》尺で五肘尺計ると、五肘尺一指尺あった。ニンギルス神は大いに喜び、彼にラガシュの王権を〔授けた〕。[数行欠損]力ある者エアンナトゥムに、〔敵〕地を彼に[与える]と言われ、エアンナトゥムを、イナンナ女神が授けたその名で、「イブガルのイナンナ女神のエアンナにふさわしい者(4)」と呼ばれた。(中略)横臥する者に、横臥する者に、その枕頭に立ち、エアンナトゥムに、横臥する者に[言われた]。[数行欠損]「ウンマもキシュも跋扈しておる。〔しかし〕汝の右側にウトゥ神(5)が臨み、汝の額に鉢巻を結ぶであろう(6)」と。エアンナ

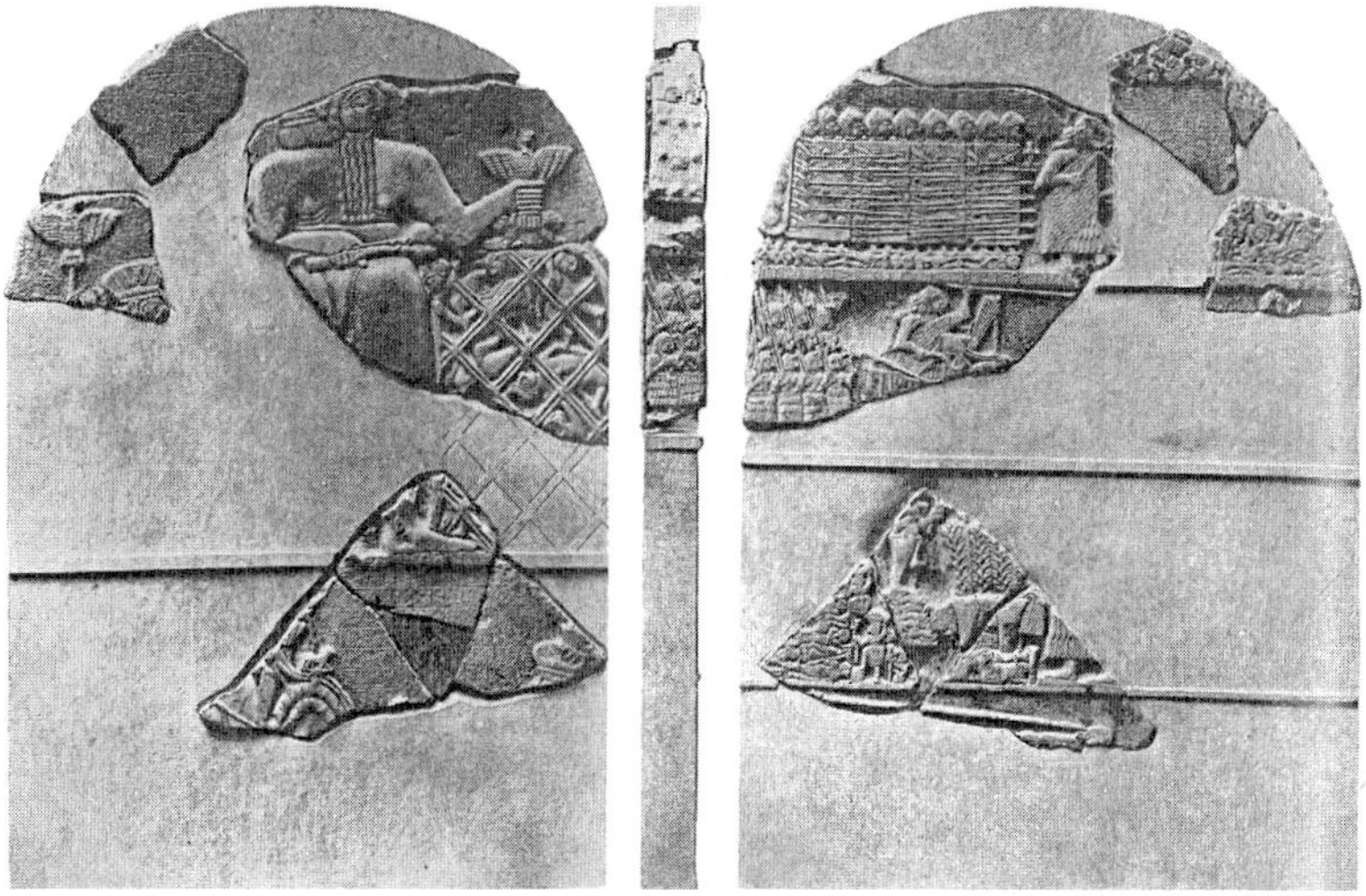

裏　　側面　　表

出典）H. Frankfort, *The Art and Architecture of the Ancient Orient* (London, 1954), pls. 34-35.

図 3-1　エアンナトゥムの「禿鷹の碑」(前 2450 年頃，石灰岩製，高さ約 180 cm，ラガシュ出土，ルーブル美術館蔵)

トゥムは［そこで起き上がった］。（中略）エアンナトゥムはウンマに、暴風の如くに大水(?)を残した[7]。［数行欠損］正しい言葉の人エアンナトゥムは、［数行欠損］。二〇の［死体(?)の塚を］積んだ。エアンナトゥム、シュルウトゥル神[8]、嬉し涙した［数行欠損］。［エアンナトゥムはニンギルス神に］彼の愛する田畑グエデンナを、その手に取り戻した。（中略）石碑[9]、その名は、人の名にあらぬその名こそは、「ルジマ[10]の冠の主ニンギルス神は「平原の獅子運河[11]」の生命」である。その石碑を、ニンギルス神の愛する田畑グエデンナに、ニンギルス神のためにそれをその手に取り戻した者エアンナトゥムが［建てた］。

(1)　この碑文ではウンマ王は「人」「エンシ(君主)」と呼ばれ、固有名は出ない。
(2)　エアンナトゥムの父。ウルナンシェは祖父。先祖の名前を出しているので、冒頭で積年の対ウンマ土地抗争の経緯が説明されたか。
(3)　「指尺」は約二〇センチメートル。「肘、肘尺」は約五〇―八〇センチメートル。
(4)　エアンナトゥムの正式名。最後の部分は「(聖)水を運ぶ者」とも取れる。
(5)　シュメールの太陽神、正義の神。
(6)　「宝冠」という説もあるが、動詞 kešda「結ぶ」から帯状冠《ディアデム》のような鉢巻と考えられる。
(7)　洪水の後のように、全てが失われたということか。明確ではない。
(8)　エアンナトゥムの個人的な守護神(個人神)。「嬉し涙した」のは、王か神か、明確ではない。

（9）両国の境を定めた境界石を指す。
（10）エアンナトゥムの称号の一つという説もある。
（11）原語は「ピリグ・エデンナ」。運河名。

【出典】D.R. Frayne, *Presargonic Period (2700–2350 BC)*, The Royal Inscriptions of Mesopotamia: Early Periods 1 (Toronto, 2008), pp. 126–140 (E1.9.3.1).

【解説】「禿鷹の碑」はウルナンシェ王朝第三代王エアンナトゥム（前二五世紀頃）の碑で、豊かな地グエデンナ（旧約聖書の楽園エデンの原郷ともいわれる）をめぐって王朝創建時から対立関係にあった都市ウンマとの抗争と勝利を記念して作成された。断片しか出土していないが、上部が半円形の平石板で両面に浮彫と碑文が刻まれている。碑名は軍隊を率いる王の前方上方に描かれた、敵兵を啄む禿鷹ないし禿鷲に由来。背面には敵を一網打尽にする神ニンギルス（ないしは他の大神）と霊鳥アンズー（史料9第一史料注1参照）が表され、神々の庇護による勝利を強調している。冒頭から破損が激しく、断片的に残存する碑文は表裏合わせて三十数コラムのみが判読可能とされる。碑文には、①父祖以来のウンマとの抗争、②神々に祝福されたエアンナトゥム誕生譚、③エアンナトゥムのウンマへの呪詛、④夢占い、⑤戦闘と勝利、⑥神々への宣誓、⑦都市ラガシュの守護神ニンギルス讃、⑧境界石への命名、が記され、訳出は①—②、④—⑤、⑧の各部分である。

（岡田明子）

4　ラガシュ・ウルク同盟と徳政令（前二四〇〇年頃）

エンメテナの碑文 RIME 1.9.5.3（前二四〇〇年頃）

イナンナ女神に、ルガルエムシュ神に、ラガシュ市のエンシ(1)、エンメテナは彼らの愛する家エムシュ神殿を建て、粘土釘を打ち込んだ。エムシュ神殿を建てし者エンメテナ、彼の神(2)はシュルウトゥル神である。

その時ラガシュ市のエンシ、エンメテナはウルク市のエンシ、ルガルキニ[シェ]ドゥドゥと兄弟関係を結んだ。

（1）ルガル、エンとともにシュメール初期王朝時代の都市支配者の称号。
（2）個人の守護神のこと。古代メソポタミアでは人はそれぞれに個人の守護神を持っていると信じていた。ウルナンシェ王朝の王たちはシュルウトゥル神を個人の守護神としていた。運命を定める大神は畏怖すべき存在であり、祈願の際には王といえども個人の守護神の仲介を必要とした。

【出典】D.R. Frayne, *Presargonic Period (2700–2350 BC)*, The Royal Inscriptions of Mesopotamia: Early Periods 1 (Toronto, 2008), p. 202 (E1.9.5.3).

エンメテナの碑文 RIME 1.9.5.4（前二四〇〇年頃）

ルガルエムシュ神に、ラガシュ市のエンシ、エンメテナが（中略）ラガシュ市に自由を確立した。母をその子に戻し、子をその母に戻した。債務からの自由を与えた。

その時エンメテナはルガルエムシュ神のために彼の愛する神殿、バドティビラ市のエムシュ神殿を建て、再建した。ウルク市の市民、ラルサ市の市民、バドティビラ市の市民の自由を確立した。イナンナ女神にウルク市を返し、ウトゥ神[に]ラルサ市を返し、ルガルエムシュ神にエムシュ神殿を返した。（後略）

【出典】 *Ibid.*, pp. 203-204 (E1.9.5.4, i 1-4, iii 10-vi6).

【解説】 ラガシュ市のウルナンシェ王朝第五代のエンメテナ（前二四〇〇年頃）の治世は二〇年以上に及んだ。神殿建立は王の重要な権能の一つであったので、建築碑文と言われる、王が神殿建立を記念して建造物に残した王碑文が数多く残っているが、建築活動以外の情報が含まれていることがある。

第一史料は同一内容の粘土釘に刻まれた王碑文であって、二九本以上残存している。イナンナ女神は古来ウルク市のエアンナ神殿に祀られていた豊穣の女神であり、その配偶神でドゥムジ神の別名とも言われるルガルエムシュ神と合祀される神殿をラガシュ、ウルク両市の間に位置するバドティビラ市にエンメテナが建立したことを記念している。神殿建立と同盟締結の関連については言及されていないが、兄弟関係であるから、対等の同盟を意味するであろう。ルガルキニシェドゥドゥはウル市の王も兼ねていて、ウル市とラガシュ市の間には紛争があった。ラガシュ、ウルク両市が同盟を締結した理由についてはウンマ市を牽制する意図を指摘する研究者もいる。

第二史料はバドティビラ市から出土したであろう石板に刻まれていた王碑文の抜粋である。エンメテナがラガシュ市の南方に勢力を拡大した時、各々の都市をその都市の守護神に返し、市民に自由を与えたとする。都市秩序の維持を目的とした王の権限の中で重要なのは市民への自由付与であった。「自由」を意味するシュメール語の字義通りの意味は「母に(子を)戻す」であり、その意味は債務などで奴隷身分に転落した自由人の地位を回復するということであった。後にはウルカギナやグデア(史料6、9参照)の王碑文にも見えるが、この王碑文は債務契約破棄を命じた最古の徳政令である。

（小林登志子）

5　女性と外交――王妃間の贈物の交換（前二四世紀前半）

「王妃の家」出土の行政経済文書（前二四世紀前半）

成熟した牝ロバ一〇頭、つげの足置台一脚、小さなつげのピン一本、小さな象牙の……ピン一本を[1]、アダブ市のエンシの妻ニンアグリグティがラガシュ市のエンシ、ルガルアンダの妻バルナムタルラに二度目の贈物をした。

彼女の使者アネダヌメアがマルガスに同行し、持参した。エバアン風の極上服一着[2]をニンアグリグティがマルガ[ス]に与えた。

二マナ(3)の銅のインゴットと五マナの錫《すず》と青銅をラガシュ市のエンシ、ルガルアンダの妻バルナムタルラがアダブ市のエンシの妻ニンアグリグティに二度目の贈物をした。マルガ〔ス〕が同行した。……服(4)一着、……女性用服(5)一着、香油一壺をバルナムタルラはアネダヌメアに与えた。

〔治世第〕三〔年〕。

(1) 原文は dim-zu$_{12}$-am-si HA. HAR. KA-tur. 詳細不明。
(2) ウル第三王朝時代に多数用例があり、一説によれば布を含む高品質の製造物を指す。
(3) 一マナは約五〇〇グラム。
(4) 原文は tug$_{2}$-NIG$_{2}$-bar-ba-sig$_{2}$-u$_{2}$-ka. 詳細不明。
(5) 原文は tug$_{2}$-NIG$_{2}$-NE-bar-tug$_{2}$-sal-la-ra-a. 詳細不明。

【出典】 F. Thureau-Dangin, *Recueil de tablettes chaldéennes* (Paris, 1903), p. 12 (no. 19, i 1-vii 5)

【解説】 理由は不明だが、ラガシュ市では前二五〇〇年頃に始まるウルナンシェ王朝はエンアンナトゥム二世で終わり、前二四世紀の前半にはエンエンタルジ、ルガルアンダ父子およびウルカギナの三代の王が約二〇年支配した。この時期については王妃が管理している組織エミ(「王妃の家」の意)の行政経済文書が約一七〇〇枚残っている。土地経営や家畜管理の記録、賦役文書、人々への現物支給表、穀物の収入や支出の記録、各種の物品表等の精密な内容の会計簿である。物品名や人名および数字の羅列であるが、王碑文とともに重要な一等史料である。

紹介した文書はこうした会計簿の一枚であって、ルガルアンダの王妃バルナムタルラが古くから外交関係のあったアダブ市との友好を深めるべく、贈物の交換を繰り返したことを記録している。王妃は王を補佐し、ラガシュ市における祭儀を掌り、外交、通商も行っていた。このような王妃の活動を示す史料はまれであるから、本史料は重要である。

まずアダブ、ラガシュ両市の王妃間で一度目の贈物の交換があったようだ。文書はその後の二度目の記録である。アダブ市の王妃ニンアグリグティがロバ他の贈物を使者のアネダヌメアに持参させ、同時にラガシュ市の王妃の使者マルガスにもある種の衣服を褒美として与えた。そこでラガシュ市の王妃バルナムタルラとしてもアダブ市の王妃に金属を再度の贈物とし、またアダブ市の王妃の使者にも衣服他を褒美に与えた。

アダブ市はウンマ市の北方に位置していて、ラガシュ、アダブ両市がウンマ市を挟む形となる。ラガシュ、ウンマ両市の国境争いを調停したキシュ市の王メシリムの王碑文がラガシュ、アダブ両市から出土していることから、両市はメシリムの宗主権を認め、逆に強力な後盾としてウンマ市に対して外交的優位を確保するために協力関係にあったと推測されている。こうした両市の関係は、ウルナンシェ王朝が終焉した後も続いていたことが、この王妃間の贈物交換の記録から読み取れる。

（小林登志子）

6　ラガシュ王ウルカギナの改革（前二四世紀中頃）

ウルカギナの改革碑文（前二四世紀中頃）

（前略）大昔から、種が芽を出した時から、その当時に船で運ぶ人が船を利用した。ロバを牧者が捕まえた。羊を牧者が捕まえた。魚の生け簀に漁師の管理人が横流しをした。シュトゥグ神官[1]が沼沢地にはえている収穫前の大麦を量った。羊毛の羊の牧者たちがきれいな羊に関して銀を支払った。測量官、宦官長、粘土板の管理人、ビール作り人、全ての監督官たちが乳離れしていない仔羊のために銀を支払った。神々の牝牛がエンシ[2]のたまねぎ畑を耕作した。神々の良き畑にエンシのたまねぎ畑ときゅうり畑を置いたのである。軛のロバ[3]と立派な牝牛を総てのサンガ[4]たちのために持って行ったのである。総てのサンガたちの大麦をエンシのエリン[5]たちが分けた。（中略）死体が墓に置かれた〔時〕、彼のビール七壺、彼のパン四二〇個、ハジ大麦[6]七二シラ、衣服一枚、頭の山羊[7]一頭、寝台一台を葬儀官が持って行った。三六シラの大麦を泣き男が持って行った。（中略）

その時エンリル神の戦士ニンギルス神がウルカギナ[8]にラガシュ市の王権を与え、三万六〇〇〇人の中に彼の権力を確立した時に、運命はその時から定まった。〔ウルカギナは〕彼の王ニンギルス神が彼に語った言葉を実行した。（中略）エンシの家に、エンシの畑に、その王ニンギルス神が入った。王妃の家に、王妃の家の畑に、その女主人バウ女神が入った。王子の家に、王子の畑に、その王シュルシャガナ神が入った。死体が墓に置かれた〔時〕、彼のビール三壺、彼のパン八〇個、寝台一台、頭の山羊一頭を葬儀官が持って行った。一八シラの大麦を泣き男が持って行った。（中略）ラガシュ市民、即ち債務において〔苦しんで〕生きている人、〔不正な〕グル枡を設定した人、〔正しい〕グル枡に〔不正に〕穀物を一杯にした人、盗人、殺人者たちを〔ウルカギナは〕彼らの牢獄から解放し、彼らに自由をもたらした。孤児や寡婦を有力者は捕らえてはならない。ニンギルス神とウルカギナは契約を結んだ。（後略）

（1）低位の神官。
（2）史料4注1参照。
（3）軛で四頭立てに繋がれたロバ。
（4）神殿の最高行政官。神事には関わらなかったらしい。
（5）平時は農民である兵士。
（6）大麦の一種。一シラは約一リットル。
（7）羊の群れの先頭に立たせる山羊。
（8）ウルイニムギナと呼ぶべきとの説もある。

【出典】D.R. Frayne, *Presargonic Period (2700–2350 BC)*, The Royal Inscriptions of Mesopotamia: Early Periods 1 (Toronto, 2008), pp. 260–265 (E1.9.9.1, vi 4-12, vii 29–ix 34, xii 13–28).

【解説】　シュメール初期王朝時代末期ラガシュ市の最後の王ウルカギナは、その前身は分からないが、前任者ルガルアンダから政権を簒奪した。「ギルス(即ちラガシュ)市の王権を授かった時、その自由を確立した」と即位の慶事に際して債務奴隷の解放が行われたことがウルカギナの別の王碑文には記されている。

ウルカギナは即位約一年後に前任者たちの悪行を糾弾し、政治改革を行った。このことを記したのが粘土製の円錐碑文B、Cであり、ウルカギナの改革碑文と呼ばれていて、ルーブル美術館に収蔵されている。長文で、中には意味不明の箇所もあるが、前任者たちは神々の財産を横領し、役人たちは重い税をかけ、そして強者は弱者の財産をかすめ取っていた様子を詳細に述べ、ニンギルス神の召命によりウルカギナは横領された神々の財産を返還して、各種の税を軽減し、強者から弱者を守り、ラガシュ市に自由をもたらしたと記している。エンメテナの碑文(史料4)に次ぐ自由付与の記録でもある。　(小林登志子)

7　アッカド王朝によるメソポタミアの統一(前二四世紀後半)

サルゴンの碑文(粘土板写本、前一八―一七世紀)

アッカドの王、イナンナ女神の代理者、全土の王(1)、アヌ神のパシシュ神官(2)、国土の王、エンリル神のための支配者たるサルゴンは、ウルク市との戦いに勝利し、五〇人のエンシ(3)を、イラバ神の棍棒をもって、〔ウルクの〕町と同様に打ち、その城壁を破壊した。そして彼は、ウルクの王ルガルザゲシを戦いのなかで捕らえ、軛をつけてエンリル神の門へ引き出した。

アッカドの王サルゴンは、ウル市との戦いに勝利し、その町を征服し、城壁を破壊した。彼はエニンマル(4)を征服し、その城壁を破壊し、ラガシュ市から海に至るその国土を征服した。彼は海で彼の武器を洗った。彼はウンマ市との戦いに勝利し、町を征服し、城壁を破壊した。

国土の王サルゴンに、エンリル神は敵対するものを与えず(5)、上の海から下の海までを彼に与えた(6)。下の海から上の海まで、アッカドの市民は支配権を持った。マリとエラムは、国土の王サルゴンの前に屈服した。

国土の王サルゴンは、キシュ市を復興し、〔かつての市民を〕住まわせた。

誰であれこの碑文を壊す者は、エンリル神とシャマシュ神が彼の根を引きちぎり、彼の子孫を絶やしますように。誰であれこの像を取りのける者は、エンリル神が彼の名前を、シャマシュ神が彼の武器を奪いますように。

〔彫像の〕台座の碑文。ルガルザゲシの前で書かれた。

(1) エンリル神により授けられる王号で、アッカド王朝前半の王たちが用いた。それまでの都市国家を越えた領域国家の支配者としての意識が反映されている。
(2) パシシュは「聖別された」の意。
(3) エンシは都市支配者の称号。これ以前には都市国家の支配者はルガルやエンシなどと呼ばれたが(都市によって異なる)、領域国家の時代に入ると、ルガルが「王」を意味するようになったのに対し、エンシは王に従う都市支配者の称号となっていった。
(4) エニンマルは、ラガシュ市のグアッバ地区のこと。
(5) エンリル神によって承認された唯一の支配者であることを宣言する表現。
(6) 上の海は地中海、下の海はペルシア湾を意味する。ただしこうした表現は慣用句であって、必ずしも現実の支配領域を示しているわけではない。

【出典】D.R. Frayne, *Sargonic and Gutian Periods (2334-2113 BC)*, The Royal Inscriptions of Mesopotamia: Early Periods 2 (Toronto, 1993), pp. 13-15 (E2.1.1.2).

【解説】この碑文は、アッカド王朝の創建者であるサルゴン王のものである。その末尾に記されているように、本来はニップル市のエンリル神殿に置かれた石像の台座に刻まれたものと思われるが、現存するのは古バビロニア時代に粘土板に書かれた写しである。アッカド(アガデ)はセム系のアッカド人の都市であったが、しかし現在のどこにあたるのかはまだ確定していない。すでにセム系の人々の一部はキシュなどの都市に定着しており、シュメール人の都市文明を受け入れていた。こうした都市に定住したアッカド人とシュメール人との間には、民族的な対立はなかったと考えられる。メソポタミアの都市国家群は、この頃までに統合への動きがすすみ、やがてウルクと新興のアッカドがメソポタミアを二分する情勢となった。この碑文に述べられているように、この両者の争いはサルゴンの勝利に終わり、都市国家が分立していたメソポタミアが統一されたのである。サルゴンはウルをはじめとするシュメールの有力諸都市の征服にとどまらず、さらに西アジア各地へ遠征を行った。こうした彼の業績は後に伝説化して長く伝えられた。（小野哲）

8　アッカド王朝の最盛期（前二三世紀後半）

ナラム・シンの碑文（粘土板写本、前一八―前一七世紀）

強き王、アッカドの王ナラム・シンは、四方世界が彼に反乱した時、イシュタル神が彼に示した愛によって、一年で九つの戦いに勝利した。そして彼ら立ち上がった王たちを捕らえた。彼が彼の町の基礎を危機から守ったことを見て、彼の町〔の人々〕は、エアンナのイシュタル神、ニップルのエンリル神、トゥトゥルのダガン神、ケシュのニンフルサグ神、エリドゥのエア神、ウルのシン神、クタのネルガル神に、彼をして彼らの町の神となるように願った。そして彼らは、アッカド市の中に彼のための神殿を建立した。

(後略)

【出典】D.R. Frayne, *Sargonic and Gutian Periods* (2334-2113

BC), The Royal Inscriptions of Mesopotamia: Early Periods 2 (Toronto 1993), pp. 113-114 (E2.1.4.10, ll. 1-57).

【解説】 ナラム・シンは、アッカド王朝第四代の王であり、サルゴンの孫にあたる。彼は前二二五四年頃に即位した後、領土拡張政策をとり、その遠征は、東方ではイラン方面やペルシア湾の入り口付近のマガンにまで達し、西方では地中海東岸へ至った。こうした遠征は、サルゴンなどの遠征よりも、征服とその後の支配が強く意識されており、アッカド王朝の支配領域は最大となった。また、王権観もそれまでとは異なったものとなり、王号も「全土の王」ではなく「四方世界の王」が用いられるようになった。とりわけ注目されるのは、彼が自らを神格化し、「アッカドの神」を名乗ったことである。こうしたことは、メソポタミアではきわめて異例なことであった。「アガデの呪い」と呼ばれる文学作品では、アッカドの滅亡がナラム・シンの神々への不敬に対する罰としての蛮族の侵入によるものとして描かれる。おそらくナラム・シンの傲慢なイメージがそこに投影されているのであろう。しかしこの話はあくまで文学作品であり、アッカド王朝は実際にはさらに数代存続している。なお、ナラム・シンの後継者であるシャル・カリ・シャッリは、自身を神格化することはなく、再び王の神格化が行われるのは、アッカド滅亡後のウル第三王朝のシュルギ王の時代である。

（小野哲）

9　ラガシュ王による神殿建立（前二二世紀後半）

グデアの像碑文B（前二二世紀後半）

（前略）〔グデアは〕彼の王ニンギルス神のために古くから行われていることを栄えさせた。ニンギルス神の輝くアンズー鳥(1)の〔ごとき〕エニンヌ神殿を建立し、修復した。その中に彼の愛するギグヌ(2)を芳香のある杉の木で作った。ニンギルス神の神殿を建てた時に彼の愛する王ニンギルス神は上の海から下の海まで(3)道を開いた。杉の山であるアマヌス〔山脈〕からその[長さ]が六〇クシュ(4)である杉、その[長さ]が五〇クシュである杉、その長さが二五クシュであるつげを〔切り出し〕、筏にしてその山から運び出して来た。（後略）

(1) 獅子頭の鷲。ニンギルス神の霊鳥とも言われる。
(2) 一種の聖なる建物。
(3) 地中海からペルシア湾までの意味。
(4) 一クシュは約五〇センチメートル。

【出典】 D.O. Edzard, *Gudea and His Dynasty*, The Royal Inscriptions of Mesopotamia: Early Periods 3/1 (Toronto, 1997), pp. 32-33 (E3/1.1.7.StB, v 12-36).

グデアの像碑文C（前二二世紀後半）

（前略）〔グデアは〕煉瓦型の中に文様を付けた。鋤《すき》の刃で象徴を輝かせた。その〔煉瓦用〕粘土を浄められた場所で〔煉瓦型から〕取り出して来た。その基礎の坑を浄めた。火で浄めた。定礎埋蔵物[1]を香油を用いて手で叩くことを行った。彼女の愛する家エアンナ神殿をギルス地区の中にイナンナ女神のために建てた。マガン[2]の山から閃緑岩を降ろして来た。彼の像を作った。「建てられた神殿の人であるグデアの生命を長くするように」と彼女のために〔像に〕名付けた。エアンナ神殿に彼女のためにそこに運び入れた。エアンナ神殿から〔像を〕持ち出した者、〔像を〕壊す者、その碑文を手で消してしまった者は、国々の女主人であるイナンナ女神が彼の頭を集会において私のために呪うように。彼の据え付けられた玉座のその土台を確固たるものにしないように。彼の子孫を絶やすように。彼の治世[が切られるように]。

(1)　建造物、ことに神殿や宮殿など記念物的建物を造営あるいは修復した時に、施主が基礎部分に納置した物。多くは神、神殿、施主の名が記されている。
(2)　現在のオマーン国とも言われる。

【出典】　*Ibid*., pp. 39–40 (E3/1.1.7.StC. ii 20–iv 17).

グデアの円筒碑文B（前二二世紀後半）

（前略）グデアがエニンヌ神殿を建立した。彼はその儀式を完全にした。彼は債務を免除し、恩赦を授与した。彼の王が神殿に入った時、七日の間は女奴隷は彼女の女主人に等しく、奴隷は彼の王の傍に立ったものである。（後略）

【出典】　*Ibid*., p. 98 (E3/1.1.7.CylB, xvii 13–21).

【解説】　座像や立像が約三〇体現存し、現在最も有名なシュメール人であるグデアは前二二世紀後半のラガシュ王である。アッカド王朝時代後半、バビロニアにグティ人が侵入して北部アッカド地方は荒廃したが、南部シュメール地方のラガシュ市はペルシア湾方面の交易活動で復活し、繁栄していた。その最盛期の王がグデアである。グデア像は礼拝者(あるいは祈願者)像と呼ばれる古代メソポタミアの丸彫像の代表である。神殿に納め、人間の代わりに大神に祈願をする石像であって、祈願者に似せ、時にはシュメール語で王碑文を刻み、像には名前を付けることもあり、また供物を供えたりもした。像を破壊する者への呪詛を刻んだりもしたが、完全な姿のグデア像は少ない。

　第一史料の像Bは「設計図を持つグデア」あるいは「建築家グデア」と、第二史料の像Cは「肩幅の狭いグデア」とその特徴から呼ばれ、ともにルーブル美術館収蔵である。前者からは神殿建立用の木材搬入、後者からは建築儀礼に言及した箇所を紹介した。像以外にも粘土釘、その他に記されたグデアの王碑文は多数現存し、長文の円筒碑文AおよびBはラガシュ市の都市の守護神であるニンギルスのエニンヌ神殿建立縁起物語である。Aは神殿建立と建築儀礼、建立後の祝宴の様子はBに記されていて、後者(第三史料)はこうした慶事に際して奴隷解放が行われたことを示す箇所である。

（小林登志子）

10　メソポタミア最古の法典（前二二世紀末―前二一世紀初め）

「ウルナンム法典」（粘土板写本、前二二世紀末―前二一世紀初め）

〔序文〕［冒頭数行欠損］……強き勇者、ウルの王、シュメールとアッカドの王ウルナンム神[1]。（中略）アン神とエンリル神がウルの王権をナンナ神[2]に与えた時、その時ニンスン女神の産み給いし子[3]ウルナンム、その愛する子を正義と公正[4]に従って、……［数十行欠損］。（中略）その時、強き勇者、ウルの王、シュメールとアッカドの王ウルナンムは、我が[5]王なるナンナ神の御力により［数行欠損］、国土に正義を確立した。（中略）銅のバリガ枡を作り、それを六〇シラとし、銅のバン枡を作り、それを一〇シラとし、王指定バン枡を作り、それを五シラとした。石の分銅を定め、正一ギンから正一マナまで定めた[6]。（中略）孤児を金持ちに渡すことなく、寡婦を有力者に渡すことなく、一シクルしか持たぬ男を一マナ持つ男に渡すことなく、一頭の羊しか持たぬ男を雄牛を持つ男に渡すことなくした[7]。（中略）その時[8]。

〔第一条〕もし人が殺人を犯したならば、その人は殺されねばならない[9]。

〔第二条〕もし人が窃盗を行ったならば、その人は殺されねばならない。（中略）

〔第六条〕もし人が、ある若者のまだ床入りもしていない妻を暴力で奪うならば、その人は殺されねばならない[10]。

〔第七条〕もし若者の妻が自らの意志で別の人と親しくなり、その膝で寝たならば、妻は殺されねばならない。別の人は釈放される[11]。（中略）

〔第一九条〕もし人が棍棒で人の足を叩き折ったならば、一マナの銀を支払わねばならない。

〔第二〇条〕もし人がある人の鼻を〔刃物で?〕削ぎ落としたならば、三分の二マナの銀を支払わねばならない[12]。（中略）

〔第三二条〕もし人がある人に耕作するからといって畑を借り、耕作せずに荒れ放題にしたならば、畑一イク[13]につき三グルの穀物を支払わねばならない。（後略）

（1）　人名に神を表す限定詞（ディンギル）が付されており、ウルナンムの神格化を示す。王名はウルナンマとも記される。

（2）　天空神アン、大気神エンリルはシュメール神統譜の頂点に位置し、「運命を定める大神」であった。また月神ナンナは都市ウルの守護神でもある。

（3）　ニンスンは伝説の英雄ギルガメシュの母神。ここでは王の神格化を強調。

(4) アッカド王朝以降、「正義(シュメール語ではニグシサ)と公正(ニグギナ)」は王の達成すべき「使命」と見なされていった。
(5) あるいは「ウル市の王なる」。
(6) 度量衡の設定。欠損が多く復元が困難なためか諸説ある。後のハンムラビ時代には一バリガ(アッカド語パーヌ)＝六〇シラ(同クー)＝六バン(同スートゥ、約六〇リットル)、後出の一グル(同クル)は約三〇〇リットル。一ギン(同シクル)は約八・三グラム。一マナ(同マヌー)＝六〇ギン(約五〇〇グラム)。
(7) 弱者救済、自由付与を宣言する表現。
(8) 序文全体が「王が…した、その時」という構文で、続いて「もし…ならば」の条文が来る構成は、後の「リピト・イシュタル法典」や「ハンムラビ法典」に踏襲されていく。
(9) 「ハンムラビ法典」第一条は「もし人が他の人を起訴し、殺人の罪で告発したが、彼の罪を立証しなかったなら、起訴した者は殺されなければならない」と、より複雑である。
(10) 同第一三〇条と類似。
(11) 同第一二九条では二人を縛って水に投げ込むと規定し、もし夫が妻の生命を救いたい場合は不倫相手をも救助せねばならない。
(12) 同第一九五―二一四条の傷害罪は、相手身分により多少の差異はあるものの、多くは「目には目を、歯には歯を」の同害復讐《タリオ》が原則だが、「ウルナンム法典」は「傷害」「名誉毀損」「田畑・家畜損傷」も罰金刑で、相応の金額あるいは穀物量が規定されている。
(13) 面積の単位。後のハンムラビ時代、一イク(アッカド語イクー)は約〇・三六ヘクタール。

【出典】M. T. Roth, *Law Collections from Mesopotamia and Asia Minor*, 2nd ed. (Atlanta, 1997), pp. 13-22.

【解説】「ウルナンム法典」(シュメール語)の粘土板写本断片が一九五二年に発見されて以来、メソポタミアの法典類では「最古」とされており、「リピト・イシュタル法典」(シュメール語、前二〇世紀後半)、「エシュヌンナ法典」(アッカド語、前一八世紀前半)、「ハンムラビ法典」(同、前一八世紀前半、史料18)がそれに続く。

ウルナンム(在位前二一一二―二〇九五年)はウル第三王朝を樹立して、山岳民グティの侵入で荒廃していた国土の安定に努めた。法典の序文に記された「正義」の回復や度量衡の統一、運河の整備などはそれを指す。ただしウルナンムの王碑文の多くは王名に神を表す限定詞を付していないので、この序文は別人(たとえば息子で自らの神格化を行ったシュルギ王)の手に成るとする説もある。

(岡田明子)

11　王の神格化と識字能力(前二一世紀前半)

シュルギ讃歌B(粘土板写本、前一八―前一七世紀)

(前略)私は王、王家の嫡流、女王の産み給いし者。(1) 私は由緒正しき王子、シュルギ神。(2) 誕生前から良き運命を定められた私である。

幼い頃から学校に入り、シュメール、アッカドの粘土板で書記術を学んだ。(3) 幼少の時から既に、私のように粘土(4)に書ける者はいなかった。書記術のため、人は学びの場を経巡り、あくせく努力して、引き算、足し算に終始して、課程を終了してしまう。〔だが〕ニダバ女神、(5) 輝ける女神ニダバは、その鷹揚な御手ずから、私に知恵と知識をお授け下

さった[6]。（中略）

昔々の古《いにしえ》の詩歌、ティギとザムザム[7]を演奏するための、〔今では〕忘れ去られた詩歌を見いだした〔私[8]。今や〕それらを否定したり、変えたりすることなく、ティギとザムザムを演奏するのにあらゆる知識を活用するように。「安らぎの家」[9]で古来の音楽で栄光を得るように。奏楽をその手になじませるように。（中略）

私は王。学んで後には我が知恵と知識のあまりにも豊かなゆえに、感嘆の叫びが上がる。熟達の〔作品の〕如くに我が名を不朽にする多くの我が詩歌、高らかに詠唱されよ。南[10]のウル、潔き地でそれは栄え、ニダバ女神の「知識の家」を光り輝かせた。北のニップルでは「キガル」に登場した。エクル[11]でそれを確立させよ。書記はそこへ行って、我が讃歌を手で書写するように。歌い手はそこで声の限りに詠唱するように。学校ではそれらが変更されることなく書写され続け、「学究の場」[12]でも書写され続け、止むことはない。（中略）アン神、エンリル神、ウトゥ神、イナンナ女神[13]よ、それを確実なものとさせ給え。（中略）

私は王。我が腕力はラマ神[14]であり、奏楽はその剛勇を讃えたものである。我が詩歌集大成、それは歌い手のためのもの。我が詞は口端に上らぬことはなく、我が詩歌は忘却されることはない。私は国土の王、良き王である。（中略）

神々の女王イナンナは、我が腕力がラマ神であり、奏楽は剛勇を讃えるものとした。あらゆる点で過去の全ての王たちを凌駕した、私への讃美は甘美――ニダバ女神、万歳[15]！

（1）シュメール語の「ニン」は「女主人」の意味。ここではニンスン女神を指す。古《いにしえ》の英雄ギルガメシュとの「兄弟関係」を強調する表現。
（2）人名に神を表す限定詞（ディンギル）が付されており、シュルギの神格化を示す。
（3）学校はシュメール語で「エドゥッバ（粘土板の家）」。王がシュメール語もアッカド語も習得したことを誇示している。
（4）柔らかい粘土に葦ペンで楔形文字を記し、乾燥させたものが粘土板文書となる。
（5）書記術の守護女神。ニサバとも。
（6）実用的な読み書き算数に対し、シュルギは詩作・奏楽など学芸に精通したことを示すか。前文を「私は引き算、足し算、会計術に熟達した」と解釈する説もある。
（7）ティギとザムザムは楽器。ハープなどの弦楽器と打楽器か。
（8）シュルギは古歌や自作讃歌類を収集し、歌い手、楽士、書記らに活用させたのである。
（9）奏楽堂のような施設か。
（10）南は「下」、北は「上」。
（11）エクルはニップルのエンリル神殿の名称。キガル（大いなる地の意）は儀式が行われる基壇のようなものか。
（12）「（学識を）注ぐ場所」の意か。
（13）天空神アン、大気神エンリル、太陽神ウトゥ、豊穣女神イナンナ。大いなる神々の名。
（14）ラマは「守護精霊」。ラマッスとも。
（15）後代の書記たちが守護女神を讃美して、「讃歌」文末に書き足した。

【出典】 G. R. Castellino, *Two Šulgi Hymns* (Rome, 1972), pp. 30–69.

【解説】 シュメール人の最後の統一国家ウル第三王朝第二代王シュルギ(在位前二〇九四―二〇四七年)は、行政機構の整備、文書管理の徹底、暦や度量衡の統一を行い、周辺地域からの朝貢税収も安定し、王国は大いに繁栄した。シュルギはアッカド王朝のナラム・シンに次いで、メソポタミア史上二人目の「自らの神格化」を行い、続く三代の王も名前に「神」を表す限定詞(ディンギル)を付している。

現存する二〇篇近くの「シュルギ讃歌」はほとんど古バビロニア時代以降の写本であるが、シュルギが自分自身学芸に秀で、古今の詩作を収集し、文芸・学校教育の奨励者であったことから、その讃歌は各地各時代の書記に好まれ、「讃歌」が書写、伝承されたと考えられる。

古代オリエント言語の書記術は習得が難しく、書記はエリート階級であった。武術に優れ、その上学芸の素養がある王侯は珍しく、シュルギはそれらを誇りとしていたことが各讃歌から推察される。ここに訳出した「シュルギ讃歌B」は、特に少年時代の勉学に触れている点が注目に値する。

（岡田明子）

12　王の「聖婚」儀礼（前四千年紀末―前二〇世紀半ば頃）

ウルクの大杯（前四千年紀末）

図 12-1　ウルクの大杯(アラバスター製，高さ約 92 センチ(台座を除く)，前四千年紀後半，ウルク出土，イラク国立博物館)

【出典】 E. Strommenger & M. Hirmer, *Fünf Jahrtausende Mesopotamien* (München, 1962), Taf. 19.

シュルギ讃歌X（前二一世紀前半）

(前略)〔シュルギは〕クラブ(1)の波止場(2)に舟を停泊させた。腕に繋いだ山の大野牛とともに、正しきエン大神官(3)は手にした羊とともに、胸に抱えた子山羊とともに、イナンナ女神へ、エアンナ(4)の聖堂へと入って行った。(中略)

「王(5)のために、エン大神官のために、(中略)牧夫ドゥムジのために、私は沐浴したのです。(中略)私を寝台で喜ばせてくれた、まさにそのために私もエン大神官を喜ばせましょう。良き運命を彼のために定めましょう。正しき牧夫シュルギを喜ばせましょう。良き運命を彼のために定めましょう」。(後略)

(1)　ウルクにあるドゥムジ神の聖域名。通称「アヌのジクラト地区」とする説もある。

(2)　神々は聖舟で都市間を移動し、各都市の主要神殿の高基壇に停泊すると考えられた。

（3）シュルギを指す。「エン」の古拙文字は既に「ウルクの大杯」にも表出されている。

（4）ウルクにあるイナンナ女神の聖域名。

（5）以下イナンナ女神の科白《せりふ》。エメサル（「女言葉」の意）という特別なシュメール語の文体を用いる。例えば「エン」は、ù-mu-un と表記。

【出典】 J. Klein, *Three Šulgi Hymns: Sumerian Royal Hymns Glorifying King Šulgi of Ur* (Ramat Gan, Israel, 1981), pp. 136–145 (ll. 1–8, 14–35).

イッディン・ダガン讃歌（前二〇世紀前半頃）

（前略）年の始めの儀式の日に、「我が女主人」のために、そこ〔王宮〕に寝台を設えた。〔人々は〕藺草《いぐさ》と香り松柏《しょうはく》の樹脂とで潔めた。（中略）「我が女主人」、聖なる腰(1)ゆえに彼女は沐浴した。王の腰ゆえに彼女は沐浴した。イッディン・ダガン神(2)の腰ゆえに彼女は沐浴した。聖なる女神イナンナは〔体に〕石鹸をすりつけた。松柏の樹脂を床に振り撒いた。王は聖なる腰ゆえに〔誇らかに〕頭を上げて、そこへ赴いた。女神の腰ゆえに頭を上げて、そこへ赴いた。アマウシュムガルアンナ神(3)は彼女と寝所をともにした。（中略）玉座で、聖なる高御《たかみ》座《くら》で、白日のように彼女は輝いた。ウトゥ神(4)の如き王は、聖所を彼女とともに占めた。（中略）

すばらしい祝賀の朝餐がそこに置かれた。（中略）王宮は祝祭の只中にあり、王は満悦の只中にある。人々は豊潤の只中で時を過ごす。アマウシュムガルアンナ神は最高の満悦の只中にある。輝かしき玉座で、〔イッディン・ダガン王の〕御代の永からんことを！（後略）

（1）ùr-kù-ge. 文字「ウル」は動物の大腿部を表出。「腰から膝までの部分」を指すか。

（2）人名に神を表す限定詞（ディンギル）が付されており、イッディン・ダガン王の神格化を示す。

（3）花婿ドゥムジ神の異名。イッディン・ダガン王と同一視されている。

（4）太陽神。神話ではイナンナ女神の兄弟。

【出典】 W. H. Ph. Römer, *Sumerische 'Königshymnen' der Isin-Zeit* (Leiden, 1965), pp. 128–208 (ll. 170–213).

【解説】 古代オリエントでは、国土の豊穣を祈願する「聖婚」儀礼が新年（現在の春分の頃）の祭儀の一つとして行われた。前一千年紀のバビロンの新年祭は有名であるが、その概念は古く、ウルク期からジェムデド・ナスル期にかけての前四千年紀末に属する儀式用大杯（図12–1）や多くの円筒印章に「聖婚」儀礼の一場面と思われる図柄が彫り込まれている。大杯は上段左端に描かれているように元来一対でお神酒などが捧げられたと考えられるが、現存するのはこの一つだけである。

バビロンの「聖婚」儀礼の主役は国家神マルドゥクと配偶女神ツァルパニートゥムで、国家安寧を祈願するものであったが、シュメールでは大女神イナンナ（アッカド語ではイシュタル）と配偶神ドゥムジとの結合が豊穣をもたらすとされた。諸王は聖婚の花婿神の名代として表現されるのが一般的で、第二史料ではウル第三王朝の第二代王シュルギ(史料11参照)、第三史料ではイシン第一王朝の第三代王イッディン・ダガン(在位前一九七四―一九五四年)がドゥムジ神と同一視されている。

(岡田明子)

13　ウル第三王朝の崩壊(前二〇〇四年頃)

イシュビ・エラからイッビ・シンへの書簡(粘土板写本、前一八―前一七世紀)

我が王イッビ・シン神(1)に言え。あなたの僕《しもべ》イシュビ・エラは以下のように(2)〔言う〕。

あなたは私に大麦を購入するためにイシン市とカザル市への旅を命じられました。価格は〔銀一ギン(3)につき〕大麦一グル(4)です。大麦購入のための〔私に与えられた〕銀二〇グナ(5)があります。異邦人マルトゥがあなたの国土に入り込んでいるとの伝令が私の元に届いています。イシン市に七二、〇〇〇グルの大麦その総てを持って行きました。今やマルトゥの総てが国土の中に入っています。多くの大いなる城塞が占領されました。マルトゥのためにその大麦を南方へ運べません。彼らの強さに私はかないません。我が王よ、一二〇グル容積の船六〇〇艘をお造りになりますように。(中略)一五年分の大麦、あなたの王宮やあなたの諸都市を維持するに足る〔大麦〕は私の手にあります。イシン市とニップル市を警護することを我が王は私に任されました。我が王よ、このことを御承知おき下さい。

(1)　神格化を示す限定詞(ディンギル)が付けられている。
(2)　シュメール語書簡では冒頭に「某(受取人)に言え」、次にしばしば「某(差出人)が以下のように〔言う〕」という書式がくる。「某に言え」という命令を受けて書簡を使者が運ぶ。受取人、差出人ともに読み書きができるとは限らず、使者は書簡を渡す際に記憶している内容を口頭で伝えた可能性がある。また受取人の側近が書簡を読み上げたことも推測される。
(3)　一ギンは約八・三グラム。
(4)　一グルは約三〇〇リットル。
(5)　二〇グナは七二、〇〇〇ギンで、約五九七・六キログラム。

【出典】 P. Michalowski, "The Royal Correspondence of Ur," PhD Dissertation, Yale University (Ann Arbor: University Microfilms, 1976), pp. 244-245, 248-249 (ll. 1-13, 29-33).

【解説】 現存書簡は実物ではなく、古バビロニア時代の書記を養成する学校で使用されたシュメール語学校用文書および書記生徒たちの書き写した文書だが、貴重な史料である。ウル第三王朝第五代王イッビ・シン(在位前二〇二八―二〇〇四年)の治世になると東方からはエラム人、西方からはマルトゥ(アムル)人と外敵の脅威が増し、しかも同王の治世第六年にウル市で発生した飢饉は数年間続いて、穀物価格が六〇倍に高騰した。王はマリ市出身のマルトゥ人の将軍イシュビ・エラに大麦購入を命じた。書簡はイッビ・シン王宛のイシュビ・エラ将軍の大麦購入報告書であり、将軍の狡猾な性格を伝えている。通常の倍の価格で大麦を買い入れておいて、ウル市に搬入できないので輸送用に船団を送ってほしいと記した上でさらに恩着せがましく、ウル市で食糧不足が生じれば大麦を搬入する、戦いで食糧が不足しつつあるエラムに対しマルトゥの救援を求めて屈してはならない、自分は王宮とウル第三王朝の諸都市を一五年間維持する食糧を確保している、イシンおよびシュメールの聖都であるニップル両市の守備は自分に任せてほしいと書簡を結ぶ。この書簡が記された年については治世第六年、九年、一四年と説が分かれている。

このイシュビ・エラ将軍の裏切り行為をイッビ・シン王が叱責する内容の書簡(写本)も現存していて、国家の滅亡はシュメールの最高神エンリルが都市とその都市の守護神を嫌うことから始まり、エラム人等の蛮族に引き渡されるとの考え方が示されている。

陰謀の結果、イシュビ・エラ(在位前二〇一七—一九八五年)はイシン第一王朝(前二〇一七—一七九四年)を樹立し、王位に即く。なおもウル王であったイッビ・シンは治世第二五年(前二〇〇四年)にエラムの襲撃で捕囚され、ウル第三王朝は滅亡した。

(小林登志子)

14　シュメールの農業（前三千年紀末）

「農夫の教え」(粘土板写本、前一八—前一七世紀)

「年老いた農夫[1]」がその息子に教えた。お前が畑に灌漑をする準備をしなければならない時には、運河の土手や畑のでこぼこを取り除くために調べなければならない。お前が畑に水を入れた時、その水をあまり高くならないようにせよ。水が引いて畑が出て来た時には、畑の澱《よど》んだ地点を調べ、そこは囲いをせよ。牛に畑を踏まさせよ。雑草を処理した後で畑の輪郭を決め、そこを何度も三分の二マナ[2]の重さの薄い鍬《すき》で均《なら》せ。平たい鍬で牛の蹄跡を消し、〔畑を〕きれいにせよ。(中略)一ニンダン[3]の幅に八本の播種条を立てよ。(中略)大麦を播くお前の配下の者に注意せよ。指二本分の長さ[4]に種を落とすべし。一ニンダンの長さについて種を一ギン[5]播け。(中略)大麦が狭い畦溝《あぜみぞ》の底に入りきれない時には「最初の種の水」で水をやれ。大麦が葦のマット〔のよう〕になった時には水をやれ。頭をつけた大麦に水をやれ。大麦が充分に育ったら水をやるな。〔もしやると〕さび病に感染するだろう[6]。大麦に籾がついて申し分ない時[7]には水をやれ。〔一〕バンにつき一シラの増収をもたらすだろう。(後略)

(1)　農業の守護神であるニヌルタ神を指す。一〇八行目に「エンリル神の子ニヌルタ神の教え」、一〇九行目に「エンリル神の誠実な農夫ニヌルタ神」と記されている。
(2)　一マナは約五〇〇グラム、従って約三三三グラム。

(3) 一ニンダンは約六メートル。
(4) 指一本即ち一シュシが約一・六センチメートル、指二本は約三・二センチメートル。
(5) 一ギンは約六〇分の一リットル。
(6) 一バンは約一〇リットル。
(7) 一シラは約一リットル。

【出典】 M. Civil, *The Farmer's Instructions: A Sumerian Agricultural Manual*, Aula Orientalis Supplementa 5 (Barcelona, 1994), pp. 28-31 (ll. 1-10, 46, 49-51, 67-73).

【解説】 バビロニア農業の高い生産性をヘロドトスは「収穫量が平均して〔播種量の〕二〇〇倍、最大の豊作時には三〇〇倍に達する」(『歴史』第一巻一九三章)と伝えているが、驚異的なのは大麦の収量倍率である。前川和也氏(京都大学名誉教授)によると、初期王朝時代末期(前二四世紀中頃)で七六・一倍、ウル第三王朝時代(前二一世紀)に三〇倍と算出されている。こうした高い収量倍率はティグリス・ユーフラテス両河下流の肥沃な土壌に依存するだけではない、シュメール人の高い農業技術がもたらした結果である。各種史料からシュメールの農業を知ることができるが、「農夫の教え」は書記を養成する学校で使用されたシュメール語学校用文書である。他からも出土しているが、ニップル市から出土した全体一〇九行の文書の一部を紹介した。文書は前一八—一七世紀頃に書かれたが、中核となる話はウル第三王朝時代の耕地管理文書にあったと考えられている。四—五月の両河の増水時から翌年春までの一年間の農作業が、灌漑と排水、犂耕《りこう》と播種、収穫と脱穀その他と簡潔に書かれた一種の農業技術書である。農作業の最初は耕地一面を灌水し、水が引いた後に牛に耕地を踏ませることを勧めていて、これはアジアの稲作農業で行われる「踏耕」と同じであったようだ。三人一組で条播器付きの犂で畑を耕しながら種を播いた。一平方ニンダン(三六平方メートル)の基礎播種単位に八本の播種条を作り、長さ一ニンダンの播種条に、一ギンの種を播く。指二本分の幅ごとに一粒を落とすと、一ニンダンあたり一ギンの種子が播かれる。播種から収穫の間に灌漑することを勧めているが、四回目の灌漑を行うと収穫が一〇%増した。〔参〕前川和也「古代シュメール農業の技術と生産力」『生活の技術　生産の技術』(シリーズ世界史への問い2)岩波書店、一九九〇年。

(小林登志子)

15　アッシリア商人の交易活動(前一九五〇—前一七五〇年頃)

カニシュ出土の商用通信(前一八五〇年頃)

イムディルム、エンナム・ベルム、そしてアッシュル・ツルリ[1]は次のように〔言う〕。プズル・アッシュル[2]に〔言え〕。アムル・アッシュルが運んできた二四五枚の織物——ロバ追いたちへの〔支給〕分も含む——の内、アッカド[3]産の織物三枚はハッフムにある貴方の義父の息子の家に搬入した。〔また〕ラフブ織りの織物三枚を当地で〔誤魔化して〕搬入させた。貴殿の残り二三九枚の織物は〔入国審査のためにカニシュの〕王宮に入り、そこから一二枚の輸入税〔分〕を「十分の一先買権」〔分〕二三枚とともに王宮が受領した。〔更に〕三八枚の織物が、カールム[4]の家で貴方のために引き渡された。〔結果、〕ロバ追いたちへの〔支給〕分も含め、アムル・アッシュルに運んできた貴殿の織物〔に関しては〕残り一六六枚の織物を彼ら〔王宮当局〕は通関させ、〔それらが現在我らの手許に〕ある。（中略）

〔さて、今回プシュ・ケンの運搬人〕イルラアの息子は密輸品を〔間道経由で〕プシュ・ケンのもとに送った。しかし、〔途中で〕彼の密輸品は差し押さえられるとともに、プシュ・ケンは王宮〔当局〕によって捕縛され牢に入れられた。警備は厳重である。〔カニシュの〕女王はルフサディア、フラマ、シャラフシュワ[5]と彼女の国土〔全て〕に密輸〔取締り〕を指令し、警戒を厳重にさせた。だから、後生だから貴殿は〔途中で〕抜け荷しようなどとせずに、ティミルキアに入ったら、私〔ども〕に宛てた貴方の鉄[6]は、あなたの部下のうち最も信頼できる一人とともにティミルキア[5]に残して欲しい。貴殿自身は〔正規の幹線路で隊商とともに〕こちらへ向かうように。ここで、善後策を検討しよう。万一、わずかな銀のために貴殿を説得して「錫《すず》であれ織物であれ私に託せば抜け荷して御覧にいれましょう」などという者がいても、私〔ども〕が責任を取るので決して興味を示してはならない。そちらで貴殿〔自身〕のために〔自らの〕輸送品をしっかり管理するように。

（1） 書簡の差出人。カニシュで荷主の代理人を務める商人たち。
（2） 書簡の宛先。この書簡で報告されている隊商の荷主の一人であり、アッシュルからカニシュへ向かう後発の隊商に同行している。
（3） 当時のバビロニア地方は織物の一大生産地であり、アッシリア商人たちもシッパルなどに在外商館を運営していたことが判っている。
（4） アッシュル政府とアッシリア商人団を代表する通商部の事務所。
（5） いずれもカニシュの領域に至る幹線もしくは間道上の宿場町。
（6） アッシリア商人は時に鉄を手に入れ、貴金属（銀の価格のおよそ三〇—四〇倍）として販売していた。

【出典】 B. Kienast (ed.), *Die altassyrischen Texte des orientalischen Seminars der Universität Heidelberg und der Sammlung Erlenmeyer-Basel* (Berlin, 1960), pp. 86-89 (no. 62, ll. 1-17, 28-46).

【解説】 現在我々がアッシリアと呼ぶ民族と国家の起源は、前三千年紀後半にティグリス川中流西岸に発生した都市アッシュルにまで遡ることが出来る。その後、ウル第三王朝の支配に服属した一時期を経て、前二千年紀初頭に都市国家としての独立を回復したアッシュルは、文明の中心地であったバビロニア地方と周辺の資源供給地を結ぶ交易路上の中継点という地の利を活かし、アッシリア史上最初の繁栄期を迎えたのであった。但しこの繁栄は、中アッシリア時代以降のような軍事的な領土拡大によるものではなく、国際交易の場を舞台とした商人たちの活躍がもたらしたものであった。

ヒッタイト語の解読者としても名高いB・フロズニーによって一九二五年に開始されたキュルテペ(古代名カニシュ、現在のトルコ・カイセリの北東約二〇キロメートルにある遺跡)での発掘はその後、遺丘の裾野に広がるアッシリア人の在外居留地跡(カールム地区)に埋もれていた二万枚以上の商業記録の発見へとつながった。当時、本国から八〇〇キロメートルも離れたこの地に長期の通商拠点を置いたアッシリア商人たちは、アナトリアからシリアにかけて独自の交易網を張り巡らせ、バビロニア地方などから運んできた織物製品や錫(青銅生産の原料)などの商品をアナトリアで豊富に産出された金や銀に換金し、新たな買い付け資金として本国へ返送した。また、彼らの交易は扱う品物の地域ごとの価格差に目をつけたものであり、互いに競合あるいは提携し合う様々な規模の個人商会による私的な企業活動であったことも判ってきた。「抜け荷」の失敗を伝える珍しいこの書簡を含め、彼らの残した記録はあらゆる手段で利益を追求する当時のアッシリア商人たちの健かな商魂を我々に物語るのみならず、本国アッシュルやヒッタイト建国以前のアナトリアの様子を伝える貴重な史料と言えよう。

（川崎康司）

16　シャムシ・アダド一世によるアッシリアの王位簒奪(前一八一三年)

「アッシリア王名表」(粘土板写本、前八世紀)

(前略)ナラム・シン(1)の子エリシュ〔ム二世〕は[…]年間統治した。イル・カブカブの子〔シャム〕シ・アダドは、ナラム・シンの治世[年間に]、〔カルドゥニ〕アシュ(2)へ向かった。イブニ・アダドのリンム年(3)に〔シャムシ〕・アダドはカルドゥニアシュから至り来て、エカッラトゥ〔ム〕(4)を占領した。三年間、彼はエカッラトゥ〔ム〕に滞在した。アタマル・イシュタルのリンム年にシャムシ・アダドはエカッラトゥ〔ム〕から至り来た。彼はナラム・シンの子エリシュ〔ム二世〕を廃位し、〔アッシュル市の〕王座を簒奪した(5)。彼は三三年間統治した。シャムシ・アダドの子イシュメ・ダガンは四〇年間統治した。(後略)

(1)　アッシュル市の王。アッカド王朝のナラム・シン(史料8参照)とは別人。
(2)　前二千年紀後半以降使用された「バビロニア地方」を指すカッシート語に由来する用語。従ってこの箇所は後代に訂正もしくは加筆された部分と考えられる。
(3)　アッシリアでは伝統的に、王の業績に由来するバビロニア型の年名表記ではなく(史料19注1参照)、リンム年という独特の年表記法が採用されていた。この年表記法は、当時、リンム職と呼ばれる一年任期の執政官職に籤引きで選ばれた有力な男性アッシュル市民の名前をもってその年の名称とするというものであった。
(4)　エカッラトゥムはティグリス川中流にあった未確認の要塞都市。
(5)　シャムシ・アダド以前のアッシリアは未だ都市国家の段階にあり、行政面でその王権はかなり制約を受けたものであったことが判っている。

【出典】 I.J. Gelb, "Two Assyrian King Lists," *Journal of Near Eastern Studies* 13(1954), pp. 212-214 (i 37-ii 3).

【解説】「アッシリア王名表」は有史前に遡りアッシュル市とアッシリア人の主人《あるじ》となった歴代の王名を各々の治世年数を付して記録したリストである。現在までに四つの写本が確認され、初代から数えて第一〇九代目のシャルマネセル五世までの王名と治世順を知るための基本史料となっている。

アムル系遊牧部族を率いる有力な指導者の息子であったシャムシ・アダド一世(アッシリア王としての在位前一八一三—一七八一年)は、都市国家アッシュルの王位を簒奪したことに前後して、メソポタミア北部全域を支配下におさめた一大王国を創設し、バビロニアやシリアを脅かした。彼はハブル川上流に新都シュバト・エンリル(現テル・レイラン)を造営するとともに広大な王国を二つの管区に分けて統治し、長男イシュメ・ダガンと次男ヤスマフ・アッドゥを副王として、それぞれエカッラトゥムとマリに配置した。シャムシ・アダドは、バビロニア地方の伝統的王権観を取り入れ、その王号(シュメール語ルガル=アッカド語シャルム)を採用した最初のアッシリア王であり、また自らの王位簒奪を正当化するためにアッシュル王統の始祖を改竄し、「シュメール王朝表」(史料2参照)を手本とした「アッシリア王名表」を編纂させた人物であったと考えられる。しかし、彼の死を境にその王国は急速に衰退し、時代の気運はバビロン王ハンムラビによるメソポタミア統一へと動き出す。

(川崎康司)

17　ハンムラビによるバビロニア統一前夜の政治情勢(前一八世紀中期)

ヤリム・アッドゥからマリ王ジムリ・リムへの書簡(前一七六五年頃)

[我が]主君(1)に言え。[あなたの僕《しもべ》]ヤリム・[アッドゥ(2)]は次のように〔言う〕。

タブ・エリ・マティムとスエン・ベル・アプリム〔を首班とした〕ハンムラビの高官たち(3)よりなる使節団は、マシュカン・シャピル(4)へ派遣されてかなりの時が経過しておりますが、未だに戻って参りません。〔その間にも〕リム・シンはハンムラビのもとへ次のように書き送ってきました、「我が軍団は我が領土内に集結中である。だから、貴方の軍団もまた貴方の領土内に集結させ〔留め〕おくべきである。〔その上で〕もし外敵が貴方に鉾先を向けるようなことがあれば、我が部隊と船団が〔援軍として〕貴方のもとへ馳せ参じるであろうし、もし外敵が私に鉾先を向けるようなことがあれば、貴方の部隊と船団を〔援軍として〕私のもとへお遣わし願いたい」と。このようにリム・シンはハンムラビのもとへ書き送って参りました。〔しかしながら〕両者の部隊は今日まで合流し(5)〔協力し〕あう気配はございません。いずれにせよ、この件に関する最終報告を我が君主に対してお送り申し上げているわけではございません〔ので今後の連絡を今暫くお待ちください〕。

(1)　マリ王ジムリ・リムを指す。
(2)　バビロン駐在のマリ外交官の一人。
(3)　直訳は「高位の僕《しもべ》たち」。
(4)　ティグリス川東岸域に広がるヤムトバルム地方の中心都市。当時、この地域はラルサ王リム・シン(在位前一八二二—一七六三年)の一族によって統治されていた。
(5)　直訳は「彼らの情報」。

【出典】 J.-R. Kupper, *Lettres royales du temps de Zimri-Lim*, Archives royales de Mari 26 (Paris, 1998), pp. 170–171 (no. 367).

【解説】　一九三三年から長らくフランス隊によって発掘されてきた、ユーフラテス川中流に位置する都市遺構テル・ハリリ(古代名マリ)の王宮跡からは計二万枚にもおよぶ粘土板文書が出土した。これらは現在マリ文書と総称され、古バビロニア時代前半(イシン・ラルサ時代)の外交政治史の流れを知る上で貴重な史料となっている。

マリ王国はシュメール初期王朝時代から栄えてきた都市国家の一つであったが、古バビロニア時代にアムル系王朝が成立すると中流全域を支配する列強国家へとのし上がった。ユーフラテス川経由の国際交易が活況を呈したこの時代にあって、マリはシリア・パレスティナ地方とメソポタミアとの間の銅や錫《すず》(いずれも青銅の原料)、木材、ワイン、穀物などの流通を支配した。しかし、ヤフドゥン・リム王が暗殺されると、マリは約二〇年間にわたりシャムシ・アダド一世の次男ヤスマフ・アッドゥ(在位前一七九六頃—一七七六年)の居城となる。その間、義父ヤリム・リムの支配するヤムハド(現アレッポ)で亡命生活を送っていた遺児ジムリ・リム(在位前一七七五頃—一七六一年)は、シャムシ・アダド亡き後の国際紛争に乗じて王朝を再興することに成功する。彼は列強国エシュヌンナへの対抗上、隣国バビロンと同盟しその政権は安定したかに見えたが、意外にもマリの滅亡は同盟者ハンムラビによってもたらされることになる。

おおよそこのようなマリ王国史の流れの中で、マリ文書は様々な歴史的事件の舞台裏で展開された外交の駆け引きやその時々の国際情勢をも克明に我々に伝えてくれる。例えば、この書簡は、ラルサ王朝の滅亡(前一七六三年)前夜にバビロンからジムリ・リムに送られた多数の書簡の内、前一七六五年頃に書かれた一通かと思われる。当時、ジムリ・リムは同盟者ハンムラビのもとに送り込んだ外交団に、王宮内の様子や戦況を独自に調査、報告させていた。その後、国境附近の小競り合いから始まったバビロンとラルサの不和は、やがて外交関係の断絶、バビロン軍のシュメール侵攻へと発展し、ついにはラルサ陥落とリム・シンのバビロン送致で幕を閉じる。そして、この全過程は逐一ジムリ・リムにも報告されていたのであった。バビロンの勝利は当然同盟者ジムリ・リムにとっても吉報であったはずであるが、大国をいとも簡単に滅亡に追い込んだハンムラビの手腕に対しては改めて肝を冷やしたであろう。ただし、その後二年足らずの内にその恐れがジムリ・リム自身の身に降り掛かろうとは、夢にも思っていなかったに違いない。

（川崎康司）

18　バビロニア社会の法（前一八世紀半ば）

「ハンムラビ法典」（前一八六〇年頃）

〔第三条〕もしある男が偽証するために裁判に出廷し〔たり〕、自らが陳述した証言〔内容〕を立証できなかった場合、もしその裁判が死刑〔判決〕に関わる裁判であればその男は殺されるべし。（中略）

〔第三八条〕レドゥーム兵(1)、バーイルム兵(2)、あるいはビルトゥム義務を負う者は、彼のイルクム義務が附随する耕地、果樹園、家作の〔保有〕名義を彼の妻や娘に変更してはならないし、彼の債務〔の抵当〕として譲渡してはならない。

（中略）

〔第一二八条〕もしある男が妻を娶ったとしても彼女に関する契約を〔彼女の実家と〕結ばなければ、その女は妻ではない。（中略）

〔第一九六条〕もしアウィールム(3)が〔別の〕アウィールムの眼を失明させたならば、彼ら(4)は彼の眼を失明させるべし。

（中略）

〔第一九八条〕もし彼〔アウィールム〕がムシュケーヌム(5)の眼を失明させたならば、彼は銀一マヌー(6)を〔賠償金として〕支払うべし。

（1）いずれも王宮に従属して軍役や賦役、納税の義務を負う最下級の官吏。
（2）当時の王領地には大別して直営地（イシュカルム耕地）と貸与地（イルクム耕地）があった。王宮に奉公する者たちは禄《ろく》として貸与地を割り当てられる見返りとして、軍役、賦役、および納税義務（イルクム義務）を果さなければならず、割り当てられる土地の面積や場所は各人の果す役割や地位で規定されていたことが判っている。「法典」第二六―四一条は下級官吏のイルクム（義務と耕地）が主題である。
（3）自由人もしくは貴族階級を指すと考えられる身分。
（4）主語は第三者としての審問官（判事）と考えられる。
（5）王宮に隷属する半自由民もしくは平民階級。
（6）約五〇〇グラム。

【出典】M. T. Roth, *Law Collections from Mesopotamia and Asia Minor*, 2nd ed. (Atlanta, Ga., 1997), pp. 81, 88, 105, 120, 121.

【解説】古代メソポタミアでは伝統的に、社会正義の確立と弱者の保護は王者として欠くことのできない資質の一つと考えられており、その具体的行為としてウル第三王朝時代から古バビロニア時代にかけての支配者たちは法典の編纂に積極的に携わった。具体例としてこれまでに「ウルナンム法典」（史料10）「リピト・イシュタル法典」「エシュヌンナ法典」などが確認されている。なかでも一九〇一年スーサから出土した「ハンムラビ法典」は高さ約二メートルの見事な黒色石碑に装飾性の高い古拙の楔形文字で刻まれ、その頂上部には正義を司る太陽神シャマシュから「法」を授けられるバビロン第一王朝第六代ハンムラビ王（在位前一七九二—一七五〇）の姿が浮き彫りにされている。この碑は元来バビロニアの一地方都市に設置されていたと考えられるが、前一二世紀に侵攻した外敵エラムによって戦利品として本国へ持ち帰られたものであった。

碑文は前文、条文、後文よりなり、王の偉功と大義を謳った前後文の内容から判断して、その制作はハンムラビがメソポタミア全域を支配下に収めた治世末のことであったと考えられている。現存する全二八二条の内容はおおよそ、（裁判）訴訟法＝告発者の責任・（地方）裁判官の責任（第一—五条）、刑法＝窃盗罪・「自治体」の治安維持責任（第六—二五条）、イルクム法（第二六—四一条）、農事法（第四二—a条）、宅地・借家法（第b—（h？？）条）、債権法・商法（第1（？）—一二六条）、家族法＝婚姻法・相続法（第一二七—一九三（＋一九四）条）、刑法＝傷害罪・傷害致死罪（第一九五—二一四条）、職業法＝業務上過失致死罪・賃金法（第二一五—二七七条）、奴隷売買法（第二七八—二八二条）の法規定に分類でき、同害復讐（制裁）法や身分法の原則が採用されている。当時の社会状況を知る上でも欠かせない史料である。ただし、実質的な拘束力を持った成文法（「法典」）とみなす見解には異論があり、慣習法を核とした判例集や王碑文として解釈すべきであるとする意見もある。〔参〕中田一郎訳『古代オリエント資料集成1　ハンムラビ「法典」』（第二版）』リトン、二〇〇二年。

（川崎康司）

19　古バビロニア時代の徳政令（前一八世紀後半）

サムス・イルナの勅令（前一七四二年頃）

〔約一〇行欠損〕サムス・［イルナ王］が王〔座〕の銅製「基壇」、豊穣と充溢をもたらす山河、壮麗なるエ・［…］神殿にてアヌム神〔と〕イナンナ女神の御前《おんまえ》で目を見張るばかりの［…］彼らの「基壇」を設置した年(1)、スィマヌの月(2)［…］日［から〔施行された勅令条項〕］(3)——

〔第一条〕イッシャックム農夫(4)、放牧地の牧夫と［家畜の解体〔皮剝ぎ〕人］、および〔全ての〕ビルトゥム義務を負う者(5)が〔滞納している全ての税の〕未支払い残額は、王が社会正義を確立した〔勅令を発布した〕ことにより免除される。徴税官はビルトゥム義務を負う者の家産にたいしていいかなる強制〔徴収〕も行使してはならない。

〔第二条〕もし[以下欠損]

〔第三条〕[もし……の奴隷が]売られたか、あるいは抵当として〔負債のかわりに〕差し押さえられたか、あるいは抵当として〔債権者のもと〔へ〕〕入れられた場合は、〔この勅令の対象外であり〕彼の解放は認められない。[以下欠損]

(1) 治世第八年の「年名」。バビロニアでは王に関する事績に基づいた年表記法が使用された。
(2) 当時の暦で第三の月名(現在の五―六月頃)。
(3) 王領の直営地や貸与地での賦役耕作に携わる農民層(史料18注2参照)。
(4) 都市周辺の耕地に接する夏の放牧地を指す。
(5) 史料18注1参照。

【出典】 F. R. Kraus, *Königliche Verfügungen in altbabylonischer Zeit*, Studia et Documenta ad iura Orientis antiaui pertinentia 11 (Leiden, 1984), pp. 154-157 (obv. i 1'-rev. 7').

【解説】 ハンムラビの後継者としてバビロン第一王朝第七代の王となったサムス・イルナ(在位前一七四九―一七一二年)は、その治世第八年に勅令を発布した。これは彼にとって治世第二年に続き二回目の徳政令発布となる。法典の編纂事業(史料18解説参照)に加えて、王が行う社会正義のもう一つの具体的行為がこの徳政令の発布であった。古バビロニア時代に興隆した列強国の王たちは即位という慶事の直後をはじめとして、必要に応じてたびたび徳政令を発布し、その伝統は後代にも受け継がれた。ただし、徳政令の内容を具体的に伝える史料としては、アンミ・ツァドゥカ(第一〇代、在位前一六四六―一六二六年)の勅令とこのサムス・イルナの二点が現存するのみである。徳政令の内容は基本的に経済的困窮層を対象とした民間債務の帳消しと債務奴隷の解放であったが、国土全体に広がる災害に際しては納税義務の免除などの措置も取られた。

古バビロニア時代には、それまで都市国家の生産と配分を独占してきた王宮や神殿組織が自足性を喪失し、新たに商人層に代表されるような民間企業家たちが登場して王宮や神殿の耕地経営や徴税、物資の調達を請負うようになる。その結果、私的な経済活動が活性化し、また、土地の私的所有の増加や貨幣的価値を持つ媒体として銀の役割の拡大が見られたが、その反面、市民の間には経済的格差が生じ、小規模自営農や小作農などの下層市民の中には債務奴隷に転落するものが急増した。この状況は当時の為政者にとっては弊害以外の何ものでもなかったに違いない。というのも、後者こそが租税収入や軍役・賦役労働を担うべき国家の維持基盤であったからである。実際、イルクム制度(史料18注2参照)導入によってこれらの人員を有効に活用する方法を見出したハンムラビが編纂させた「ハンムラビ法典」(史料18)では、紹介した不動産担保の禁止(第三八条)を含め多くの条項が下層民(イルクム義務者)の保護のために割かれている。そして、徳政令の発布もまた、弱者救済という建て前とは別に、絶対君主体制を維持する目的を持った必要不可欠な政策の一つであったと見ることができよう。

他方、サムス・イルナによる二度目の徳政令が発布された同じ年は、ディヤラやシュメール地域で相次いで叛乱が起こったことがわかっている。また、この翌年には外敵カッシートの軍隊が大挙侵攻し、メソポタミア北部を荒らし回った。短期に二度の徳政令を発布した直接の要因はわからないが、先代ハンムラビが築き上げた統一国家はその死後わずかな期間で安定を失い、試練の時を迎えていたこととも決して無関係ではないであろう。

（川崎康司）

20　ハンムラビによる占領地（ラルサ）統治（前一七六〇年頃）

ハンムラビの行政書簡 AbB 9 190（前一七六〇年頃）

シャマシュ・ハジルに言え。ハンムラビは次のように〔言う〕。

イッシャックム農夫[1]であるキシュトゥムとアウィル・イリは次のように書き送ってきた、「我らに〔耕作を〕割り当てられた直営地[2]から三〇ブル[3]分の耕地を彼らは我らから取り上げ、シャマシュ・シャタカリムに与えました。現在シャマシュ・シャタカリムは彼らが彼に与えた耕地を〔自ら〕耕作せず、小作人〔たち〕に〔貸し〕与え、小作人たちが耕作しております」と。このように書き送ってきたのである。汝とシャマシュ・ムシャリムが〔この件を〕担当せよ。キシュトゥム、アウィル・イリ、そしてシャマシュ・シャタカリムを汝らのもとに出頭させ、彼らの件について審問し、彼らに対し判決を下すように。そして、彼らに対し汝らが下した評決の詳細を我がもとへ書き送るように。

（1）史料19注3参照。
（2）史料18注2参照。
（3）約一九五ヘクタール（一ブルは約六・五ヘクタール）。

【出典】M. Stol, *Letters from Yale*, Altbabylonische Briefe in Umschrift und Übersetzung 9 (Leiden, 1981), pp. 122–125 (no. 190).

ハンムラビの行政書簡 AbB 9 192（前一七六〇年頃）

シャマシュ・ハジルに言え。ハンムラビは次のように〔言う〕。

ヤムトバルム[1]の知事たちは未だに彼らに〔割り当てられた〕税〔分〕の穀物をバビロンへ〔搬送するために〕集積していない。かの知事たちに催促するとともに、彼らを監督せよ。〔そうすれば〕彼らも即刻彼らに〔割り当てられた〕税〔分〕の穀物をバビロンへ集積するであろう。〔万一〕彼らが彼らの税〔分〕の穀物をバビロンへ集積しなければ、彼らの罪は汝の上に置かれる〔と心得よ〕。

（1）ティグリス川下流の東岸地域。

【出典】*Ibid.*, pp. 124–125 (no. 192).

ハンムラビの行政書簡 AbB 11 1（前一七六〇年頃）

シン・イッディナムに言え。ハンムラビは[次のよう]に〔言う〕。

「〔貢納分として王宮に〕[引き渡される]はずであった家畜の延滞[銀]は将軍たちが支払うべきでしょうか。〔それとも〕中隊長たちや小隊長たち、レドゥーム兵士たちも支払うべきでしょうか。我が主が決定を私にお伝えくださいますように」と、汝が我が元へ書き送ってきた件について

――汝が我が元へ書き送ってきた〔その〕件に関しては、[引き]渡されるはずであった家畜の延滞[銀]は将軍たちと中隊長たちが支払うべきである。小隊長たちやレドゥーム兵士たちが支払う必要はない。

【出典】 F.R. Kraus, *Briefe aus dem Britisch Museum* (*Ct. 43 und 44*), Altbabylonische Briefe in Umschrift und Übersetzung 1 (Leiden, 1964), pp. 2-3 (no. 1).

【解説】 治世第三〇年(前一七六三年)に宿敵リム・シンを破りシュメール地方を手にしたハンムラビ(史料17解説参照)は、占領地統治の手始めとして徳政令を発布して人心の動揺を抑えるとともに、行政官僚団を派遣して旧都ラルサに地方行政府を設置させた。これは、ラルサから出土した二〇〇枚にもおよぶ「ハンムラビ書簡」の分析から判明したことである。

これらの書簡から判断する限り、ハンムラビの最大の関心は新たに王領地として接収した耕地の経営であり(第一史料)、円滑な税の徴収であった(第二、第三史料)。ラルサ地方府の長官はシン・イッディナムという人物であり、彼が占領地全般の行政や人事を統括していた。彼の権限はまた、シュメール地方に駐屯するアムル人部隊の統制や家畜税の徴収などにも及んでいたと見られる(第三史料)。一方、耕地行政の責任者として送り込んだシャマシュ・ハジルを通して、ハンムラビは円滑な直営地(イシュカルム耕地)経営を図るとともに、現地で新たに採用した有能な人材を含めた様々な階層の王宮官吏に禄《ろく》となる貸与地(イルクム耕地)を割り当てた。ただし、シャマシュ・ハジルを含む有力者による不当な耕地の接収などの事件は後を絶たなかったようで、その度に被害者からハンムラビ王自身へ直訴がなされている(第一史料)。総じて、ハンムラビは主に上級官吏による貸与地の不正取得や耕地経営の怠慢、納税の滞りなどに自ら積極的に目を光らせ、多くの案件に関して逐一公正かつ詳細な指示を与えた。これらの書簡からは、まさに「ハンムラビ法典」の編纂者に相応しい有能で厳格な絶対君主像が浮かび上がってくる。

（川崎康司）

21　ナディートゥム女神官の経済活動(前一八世紀初期)

シッパル出土の債務契約(前一八世紀初期)

銀一〇シクル[1]をマル・エルツェティムが、〔また〕銀三分の一シクルはイルム・アビが――〔両者は〕マフヌム・イリ

の息子たちであり、〔元本には各々〕シャマシュ神の利子(2)が付加される――シャマシュ神のナディートゥム女神官(3)でシャマシュ・アビシュの娘アヤ・リシャトから受領した。収穫期に彼〔ら〕(4)は〔元本の〕銀とその利子を支払うべし。(二名の証人リスト、省略) キスリムの月(5)〔一四日〕、［バビロンの］イナンナ女神の玉座〔を作った〕(6)年。

(1) 約八三グラム(一シクルは約八・三グラム)。
(2) 正義の神シャマシュが定めた適正な利子の意。銀債務では年利二〇%、穀物債務では年利三三・三%が採用されていた。
(3) 古バビロニア時代に登場する高位の女神官職。特にバビロン市の主神マルドゥクとシッパル市の主神シャマシュに仕える女性たちがよく知られており、「ハンムラビ法典」の条項にも登場する。
(4) 原文では「彼が」。書記のミスと考えられるが、兄弟の父親を返済義務者とすると解釈することも可能か。
(5) 当時の暦で第九の月名(現在の一一―一二月)。
(6) ハンムラビの治世第一四年の年名(史料19注1参照)。

【出典】 M. Schorr, *Urkunden des altbabylonischen Zivil- und Prozessrechts* (Leipzig, 1913), pp. 76-77 (no. 41A, ll. 1-7, 13-15).

シッパル出土の商用契約(前一八世紀初期)

シャマシュ神のナディートゥム女神官でプズル・アクシャクの娘ラマッシの投機〔分〕として錫《すず》八と二分の一マヌー(1)は、ベルシュヌの子イブニ・ティシュパクの債務である。彼は一五日後までにエシュヌンナ(2)で彼女の代理人(3)にその八と二分の一マヌーの錫を量るべし。〔万一〕期限を越えた時は、一〇シクルにつき三分の一シクルの錫を利子として加えるべし。(四名の証人リスト、省略) シャバトゥの月(4)一四日、ハンムラビ〔が即位した〕年。

(1) 約四・二五キログラム(一マヌーは約五〇〇グラム)。
(2) ディヤラ川左岸にあった都市(遺跡名テル・アスマル)。交易の中継地として栄え、特に青銅鋳造の原料となる錫の市場となっていた。
(3) 原文では「彼女の使者」。
(4) 当時の暦で第一一の月名(現在の一―二月)。

【出典】 *Ibid.*, pp. 103-104 (no. 69, ll. 1-13, 21-22).

【解説】 古代メソポタミアは契約社会であり、契約証書の最古の出土例は前三千年紀前半にまでさかのぼることができる。ウル第三王朝時代には貸し付けや売買、雇用などの経済活動から結婚・相続などの家族関係にいたるまでの様々な契約や証書を規定する書式が整備され、その後の西アジア社会に広く普及した。また、これらの証書は契約不履行の際には法廷係争の証拠として採用されたほか(史料22参照)、契約終了時にはその粘土板文書を割ることで破棄された。特に古バビロニア時代には個人の私的な経済活動の活性化を背景として、多種多様な契約証書類が各地から出土している。

一例としてここに訳出したシッパル出土の史料は、債務証書(第一史料)と錫の買い付けを依託した商用契約(第二史料)である。これらはどちらも当時の典型的な書式に基づいて作成されたものであるが、その一方で、ナディートゥムと呼ばれる女神官たちが証書の所有者あるいは契約の債権者として登場するというユニークな特色を持つ。当時の女性は一般に父親や夫の後見のもとに置かれ、財産権や公共の場での経済活動が厳しく規制されていた。実際、経済関連の契約では夫や父親が負った債務の人質（担保）として登場することはあるにせよ、単独で契約の当事者となることは稀である。しかし、これらシッパル文書の出土によって、この女神官たちは商人も顔負けの商売を手広く展開していたことを知ることができる。

（川崎康司）

22　古バビロニア時代の民事裁判（前一七一〇年）

アダド・ムバッリトの離婚訴訟（前一七一〇年）

イブニ・アダドの子アダド・ムバッリトが娶った、ウバナーヌムの娘ゲメ・アサッルヒは、彼女の父親〔の負債未納〕を理由に王宮の命令により監獄に収監されたが、アビ・エシュフが王勅令(1)を発布した際、監獄から解き放たれた。しかし、彼女の夫アダド・ムバッリトが〔その間に〕別の〔妻〕を娶ったので、ウバナーヌムは（中略）〔婚姻時に娘の持参財として持たせた〕家財に対し〔その返済を求める〕訴えを起し、彼ら〔の係争〕は商人長と〔ラルサ市の〕裁判官たち〔の裁定〕にゆだねられた。彼ら〔裁判官〕は彼ら〔原告と被告〕の証言を吟味した。（以下夫の弁明、省略）彼〔ウバナーヌム〕は持参財〔の受渡し〕に立ち会った証人たちを連れてきて、彼らが次のように証言した、「我らは持参財が与えられたことは知っております。しかるに、〔それから〕随分時間が経っておりますし、〔具体的な〕目録については存じません」と。〔また〕ゲメ・アサッルヒが持参財の〔領収〕証書を持っていなかったので、商人長アブム・ワカルとラルサ市の裁判官たちは次のように判決した、「アダド・ムバッリトはラルサのウトゥ(2)神殿にて〔神の戦闘〕網にかけて〔持参財はすでに弁償済みであること〕（中略）を宣誓すべし」と。商人長とラルサ市の裁判官たちが〔このように〕判決した後、彼らはウトゥ神殿へと出向いた。ウトゥ神殿の神官長とティールム神官の立ち会う中、彼ら〔判事たち〕は彼ら〔原告と被告〕に示談を勧めた。〔というのも〕アダド・ムバッリトは、ウトゥ神の前で宣誓することを拒否したからで、〔結果〕アダド・ドゥムキという名の女奴隷と銀一〇シクル(3)をマルドゥク神のナディートゥム女神官たるゲメ・アサッルヒに引き渡した。〔これにより離婚は成立し〕将来、アダド・ムバッリトは彼の意中の女を娶ることができる。〔それに対して〕ゲメ・アサッルヒは決して異議を申し立ててはならない。一方、ゲメ・アサッルヒも彼女の意中の夫と結婚することができる。〔それに対して〕アダド・ムバッリトは決して異議を申し立ててはならない。〔これらのことを〕彼らは、ウトゥ神、マルドゥク神、そしてアビ・エシュフ王〔の名に〕にかけて宣誓した。(証人リスト、省略)タシュリートゥの月[4]二八日、アビ・エシュフが即位した年。[5]

(1) アビ・エシュフ王(バビロン第一王朝第八代、在位前一七一一―一六八四年)の治世第二年(注5参照)に発布された徳政令。
(2) ラルサ市の主神。シュメール起源の太陽神で古バビロニア時代にはシッパルのシャマシュ神と同一視されている。
(3) 約八三グラム。
(4) 当時の暦で第七の月(現在の九―一〇月頃)。
(5) この当時は年明けに即位式を行い年名を改めるのが慣行となっており、即位年の年名は実質統治二年目となる。

【出典】M. Jursa, "'Als König Abi-ešuh gerechte Ordnung hergestellt hat': Eine bemerkenswerte altbabylonische Prozessurkunde," *Revue d'assyriologie et d'archéologie orientale* 91 (1997), pp. 135–140 (BM 16764, ll. 1-7, 8-11, 15-26, 35-47, 54-56).

【解説】大英博物館所蔵の膨大な未公刊史料から近年その発見が報告されたこの裁判記録は、古バビロニア時代のラルサで行われた民事裁判の法廷や進行過程を我々に教えてくれるのみならず、当時の社会の様相を網羅した興味深い史料である。実家の借財(税の滞納か)のために牢に収監されていたナディートゥム女神官(史料21注3参照)が徳政令のお陰で嫁ぎ先に戻れたのはよいが、妻の座にはすでに別の女性が座っており、もはや離婚は免れない。正式に離婚するにあたって、この裁判の争点となったのは妻が嫁入りの際に実家から贈られた持参財(金)である。

当時の慣行では、結婚は女性の実家の承諾(史料18「ハンムラビ法典」第一二八条参照)を取り付けた後、「結納金」(テルハトゥム)の支払い、新婦側を招いての披露宴を経てはじめて正式なものとされた。また、新婦には実家がある程度の財産を持参させるのが一般的で、その所有権は結婚後も新婦が保持し、この権利は「ハンムラビ法典」においても保護されていた。

果してその持参財を返還したかどうかを巡って、前妻の父親と前夫が複数の裁判官の前で繰り広げた口頭弁論は、証書の有無の確認、証人喚問へと続き、夫側有利のまま神殿での宣誓式(結審)の場面へと進む。ところが、ここで夫が宣誓を拒否するという大どんでん返しが待っていた点がこの裁判のまさにユニークなところである。結局、それまで夫の証言を支持してきた裁判官も気が引けたのか両者の示談を促し、その合意を取り付けて結審する。ちなみに、「ハンムラビ法典」では重大案件における法廷での偽証は死刑とあるが(第三条)、この裁判において前夫の宣誓拒否(法廷侮辱行為)は何らお咎めを受けなかったらしい。

(川崎康司)

23　ヌジにおける偽装養子縁組(前一五世紀)

エギギによるテヒプ・ティラの養子縁組契約(前一五世紀)

ハルッタの子エギギの養子〔縁組〕文書。彼〔エギギ〕は、プヒ・シェンニの子テヒプ・ティラを養子とし、〔播種量が〕一イメールと五アウィハル[1]の灌漑された、アペナシュ[2]

のズラエ地区にある耕地を、彼〔エギギ〕の相続分としてテヒプ・ティラに与えた。そしてテヒプ・ティラは、一二イメールの麦を彼の贈り物としてエギギに与えた。

もしその耕地について訴訟が起きたなら、エギギが清算し、テヒプ・ティラに与えるべし。もしエギギが違約するならば、二マヌー(3)の金をテヒプ・ティラに支払うべし。

(後略)

(1) 約一五〇リットル(一イメールは約一〇〇リットル、一アウィハルは約一〇リットル)。
(2) ヌジ近郊の町。
(3) 約一キログラム。

【出典】 E.-M. Cassin, *L'adoption à Nuzi* (Paris, 1938), pp. 56–57 (JEN 5, ll. 1–15).

【解説】 ヌジ(現在のヨルガン・テペ遺跡)はメソポタミア北東部の都市であり、前三千年紀にはガスルと呼ばれていた。ヌジからは数千枚におよぶアッカド語で書かれた粘土板文書が出土しているが、中心は前二千年紀中葉のアラプハ王国領の一都市であった時代のものである。そしてこのアラプハ王国は、ミタンニ王国の支配下にあった。粘土板文書に見られる人名から、この都市の住民の多くはフリ人であったことが知られており、ヌジ文書はフリ人社会の様子を知ることのできる貴重な史料である。ここにあげた文書は、エギギという人物がテヒプ・ティラを養子とするものであるが、これは単なる養子縁組ではない。この文書でも、「相続」の形で土地がテヒプ・ティラに渡されているが、かわりに「贈り物」として大量の麦がエギギに支払われている。したがってこれは「養子縁組」の形式をとった、実質的には「不動産売買」の証書なのである。テヒプ・ティラは、これ以外にも多くの同じような文書を残しており、こうした手段を通じて不動産を買い集めていたことがわかる。また、このような例はテヒプ・ティラのみに限られるわけではなく、おそらく不動産売買が正式には認められていなかったと思われる当時のヌジでは、そうした偽装養子縁組を通した実質的な不動産売買が広く行われていた。

(小野哲)

24　ミタンニとエジプトの政略結婚(前一四世紀中期)

トゥシュラッタからアメンヘテプ三世への書簡(前一四世紀中期)

大王、エジプトの王、我が兄弟、私の義理の息子、私を愛し、私が愛[する]者ニンムリヤ[に]言え。大王、[あなたの]義理の父、あなたを愛する者、ミタンニの王、あなたの兄弟トゥシュラッタは次のように〔言う〕。

我が方は平安である。あなたの方も平安であるように。あなたの家、我が妹(1)、あなたの他の妻たち(2)、あなたの息子たち、あなたの戦車、あなたの馬、あなたの兵士たち、あなたの国、あなたのすべてのものが、まことにまことに平

安であるように。（中略）

我が兄弟は、その使者マネを送ってきた際に、こう言った、「あなたの娘を我が妻として送れ。〔彼女が〕エジプトの女主人となるように」と。私は我が兄弟の心を煩らわせることなく、直ちに「もちろん」と言った。我が兄弟が望んだ者を、私はマネに示し、そして彼は彼女を見た。彼が彼女を見た時、彼は彼女を非常に賞賛した。私は彼女を安全に我が兄弟の国へ送り届けよう。シャウシュカ女神とアマヌム神(3)が、彼女を我が兄弟の心に描いている通りにしてくださいますように。（中略）

我が兄弟が、加工していない金を、きわめて大量に、私に送ってくれるように。我が兄弟が、我が父〔に送った金〕よりも〔大量の〕金を送ってくれるように。我が兄弟の国の中には金が塵のごとくたくさんある〔と、私は聞き及んでいる〕。神々が、今我が兄弟の国に金があるごとくに、〔金が〕豊富であるままとしてくださいますように。そして今ある金よりも一〇倍に増やしてくださいますように。私が望んだ金が、我が兄弟の心の煩いとならないように。私としては、我が兄弟の心を煩わせたくない。我が兄弟が、加工していない金を、きわめて大量に、私に送ってくれるように。我が兄弟がその家に必要なものは何でも〔私に〕書いてよこし、〔それに応えて私が送ったものを〕受け取るように。私は我が兄弟が望むものの一〇倍を差し上げよう。この国は我が兄弟の国、この家は我が兄弟の家〔だから〕である。（後略）

（1）すでにアメンヘテプ三世に嫁いでいたミタンニの王女ケル・ヘパ。なお、後出のトゥシュラッタの娘はタドゥ・ヘパ。

（2）すなわちエジプトの戦車隊。「戦車」とは軽戦車(chariots)を指す。前二千年紀半ば以降、古代オリエントの軍隊ではそうした戦車隊が中心的存在となっていた。

（3）シャウシュカはフリ系の女神で、メソポタミアのイシュタル神と同一視されることが多い。フリ人居住地域の東部では、主神テシュプの妻、西方の北シリアやアナトリアではテシュプの妹とされ、主要な神の一つであった。アマヌムはエジプトの主神アメン。

【出典】J.A. Knudtzon, *Die El-Amarna-Tafeln*, Vol.1 (Leipzig, 1907), pp. 136–143 (no. 19, ll. 1–8, 17–24, 59–70).

【解説】この書簡は、いわゆる「アマルナ書簡」の一つである。アマルナ文書(略号EA)はエジプトのエル＝アマルナ遺跡、すなわちアメンヘテプ四世の築いた都アケトアテンから見つかった粘土板文書であり、数点を除き、当時の古代オリエント世界における国際共通語であったアッカド語で書かれている。その多くはエジプトの宗主権下にあったパレスティナ諸国からの書簡であるが、当時のオリエント世界における大国であるミタンニやバビロニアなどの国々からの外交書簡も含まれている。ここにあげた文書は、ミタンニ王トゥシュラッタからエジプト王アメンヘテプ三世へ宛てたものである。前二千年紀後半の古代オリエント世界は、エジプトをはじめメソポタミアにカッシート朝バビロニア、北メソポタミアから北シリアにミタンニ、アナトリアにヒッタイト、というように四つの大国が並立する状況にあった。これらの国々の王は多くの属国を支配下に置き、お互いに「大王」の地位を認めあい、また相手を「兄弟」と呼んでいた。

ミタンニ王国については、その首都ワシュカンニがいまだ発見されていないこともあって、詳しいことはわかっていないが、前二千年紀半ば頃には、ユーフラテス支流のハブル川流域を中心に強盛を誇っていた。この王国は民族系統不詳のフリ人の国であった。ヒッタイトとの条約文書には、インド・イラン系と見られる神々の名が現れるなど、フリ人とインド・イラン系文化との接触があったことが推測される。しかし、かつて主張されたようなミタンニ王国の支配層がインド・イラン系の人々であったとする説に対しては、その後否定的な見解も示されている。ミタンニとエジプトとの友好関係は、政略結婚と贈り物の交換によって良好なものとなっていった。この文書でもトゥシュラッタの妹が、エジプトへ嫁すことが述べられている。ただし、エジプトからはミタンニを含む他の国々へ王族の女性が嫁すことはなかった。また、トゥシュラッタはエジプト側に大量の金を送るよう懇願しているが、エジプトから他国への贈り物としての金は重要な外交戦略の手段でもあった。なお、ミタンニの親エジプト政策の背景には、北シリアの支配権をめぐるミタンニとヒッタイトとの対立があったと考えられる。

（小野哲）

25　アッシリアの台頭（前一四世紀中期）

アッシュル・ウバリト一世からアメンヘテプ四世への書簡（前一四世紀中期）

エ[ジプト]の王に言え。[アッ]シリアの[王]アッシュル・ウバリ[ト]は次のように〔言う〕。

あなた、あなたの家、あなた[の国]、あなたの戦車、あなたの兵士たちが平安であるように。

私はあなたとあなたの国を訪問させるべく、あなたのもとに我が使者を送った。これまで我が父祖たちは〔エジプトに使者を〕送ったことはなかったが、(1) 今日、私はあなたのもとに〔使者を〕送った。[私は]贈り物[とし]てよき戦車一両、馬二頭、上質のラピス・ラズリ〔で作った〕なつめやし〔の形の飾り物〕一つをあなたに送る。訪問す[べ]くあなたのもとに送った[使]者〔の帰国〕を遅らせてはなら[な]い。彼は訪問し〔た後〕、〔ただちに〕出立すべし。彼はあなたの様子とあなたの国の様子を見〔た後〕、〔ただちに〕出立すべし。

(1)　ただし別の書簡（下記EA 16）には、彼の父祖アッシュル・ナディン・アヘの時代にエジプトに使者を送ったことが述べられている。このアッシリア王が一世（前一五世紀）か二世（在位前一三九〇―一三八一年）かについては議論が分かれる。

【出典】 W. Moran, "Amarna Texts (Nos. 102, 103)," in: I. Spar (ed.), *Cuneiform Texts in the Metropolitan Museum of Art*, Vol. 1: *Tablets, Cones, and Bricks of the Third and Second Millennia, B.C.* (New York, 1988), pp. 149–150 (no. 102).

【解説】 本史料(アッカド語)は、エジプトで出土したアマルナ文書(史料24解説参照)のうち、エジプトが西アジアの列強と交わした「国際書簡」の一例(EA 15)である。これは、ミタンニ崩壊を機に、長らく弱体化していたアッシリアを強国へと再生させつつあったアッシュル・ウバリト一世(在位前一三五三—一三一八年)が、外交関係を結ぶべくエジプト王(アメンヘテプ四世)に送った最初の書簡と思われる。ここでは、アッシリアの伝統的な王号「アッシュル(神／市)の副王」の代わりに、対外的に初めて「アッシリア王」が使用されている。この時点では相手のエジプト王の名は不明だったようであるが、その後送られたもう一通の彼の書簡(EA 16)の冒頭部は以下の通り。

[大王]、エジプトの王、我が兄弟ナプフリ[ヤ]〔アメンヘテプ四世〕に言[え]。[アッシリ]アの王、大王、あなたの兄弟アッシュル・ウバリトは次のように〔言う〕。

あなた、あなたの家、あなたの国が平安であるように。

宛名に相手の名前、正式な称号が言及され、お互いを「大王」、「兄弟」と呼んで相手を祝福するのは上記「国際書簡」に共通する特徴である。エジプトと対等な大国の王としての自覚がここには見られるが、事実アッシュル・ウバリトは、旧ミタンニ領を侵食して領土を拡大する一方、王女をバビロニア王ブルナ・ブリアシュ二世に嫁がせて同盟を結んだ。その後、前一三二八年、彼女が産んだカラ・ハルダシュはバビロニア王に即位したが、まもなく暗殺された。これに対しアッシュル・ウバリトは、直ちにバビロニアに侵攻して反乱を鎮圧すると、ブルナ・ブリアシュの王子クリガルズ二世を擁立し、王位に就けた。今やアッシリアは、隣接する大国カッシート朝バビロニアの政治を左右するほどの実力を身につけたのである　(山田雅道)

26　アッシリアの支配圏拡大(前一三世紀後期)

トゥクルティ・ニヌルタ一世の碑文(前一三世紀後期)

(前略)我が統治の初め、我が治世の初めに、私はユーフラテス川対岸地方から二万八八〇〇人のヒッタイト人を追い立て、我が国内へと連行した。

我が手はパプフ〔と〕ウクマヌの地を、シャルニダ〔と〕メフルの地に至るまで征服した。私は毎年定期的に、それらの地の貢ぎ物とそれらの山々の産物を受け取った。私はカトムフ、ブッシュ、アルズ、マダヌ、ニハヌ、アラヤ、テプルズ、プルルムズの地、広大なシュバルの全土を、首枷《くびかせ》に〔つないだかのように〕支配した。私はそれらの統治者たる王たちを我が足元に屈服させ、〔彼らに〕労役を課した。私は、我が超大な力によって、いかなる王もその道を知らない大いなる山々〔や〕険しい山並みを幾度も越えた。私は銅の鶴嘴《つるはし》をもってそれらの山々を切り開き、それらの隘路を広げた。私はナイリの地の王四〇人との戦いにおいて〔彼らを〕打ち倒し、彼らの軍隊を撃破した。私は彼らの全地の主君となった。（中略）

偉大な神々にして我が主なるアッシュル、エンリル、シャマシュのご支援をもって、〔また〕我が軍隊の前を進まれる天界〔と〕冥界の女主人イシュタルのご助力をもって、私はカルドゥニアシュ(1)の王カシュティリアシュと戦うために近づいていった。私は彼の軍隊を撃破し、彼の戦士たちを倒した。その戦闘のさなか、我が手はカッシート人の王カシュティリアシュを捕らえた。私は捕虜となった彼を縛り、我が主アッシュルの御前に連行した。私はシュメールとアッカドの地全域の主君となった。（後略）

(1)　カッシート朝バビロニア。バビロニアを指す伝統的な名称は、以下の「シュメールとアッカドの地」。

【出典】 A.K. Grayson, *Assyrian Rulers of the Third and Second Millennia BC (to 1115 BC)*, The Royal Inscriptions of Mesopotamia: Assyrian Periods 1 (Toronto, 1987), pp. 272-273 (A.0.78.23, ll. 27-49, 56-68).

【解説】 アッシュル・ウバリト一世に始まったアッシリアの復興は、トゥクルティ・ニヌルタ一世時代(在位前一二三三―一一九七年)に一度頂点を迎えた。この史料では、彼の領土拡大の模様がまとめられている。まず西方では、治世初期に大量のヒッタイト人を強制移住させたとする。これはユーフラテス河を挟んで対峙していたヒッタイト軍を撃破した結果と理解されよう。パプフ以下は、アッシリアの北方、広範なティグリス川上流域およびアナトリア東部のヴァン湖地方(ナイリ諸国)の征服を扱う。山岳地方を越えての厳しい遠征の様子が描写されている。最後は南方のバビロニア遠征であるが、前一二二〇年、トゥクルティ・ニヌルタはバビロニアに侵攻し、カシュティリアシュ四世を捕虜とした。この後、前一二一一年にアダド・シュマ・ウツルが王位を奪還するまで、バビロニアはアッシリアの支配下に置かれた。

それまでのアッシリア史上最大の版図を誇り、ティグリス川を挟んで首都アッシュルの対岸に自らの名を冠した新都カール・トゥクルティ・ニヌルタを築いたトゥクルティ・ニヌルタであったが、最後は王子によって暗殺され、アッシリア国内は混乱状況に陥った。

（山田雅道）

27　中アッシリア社会における身分(前一四世紀)

奴隷イリマ・イリバによるアスアト・ディグラの解放と結婚(前一四世紀)

アスアト・[ディグラ]の印章。(1)

[アムル・ナ]ツィルの奴隷[イリ]マ・イリバは、[ニル

ビヤ］の娘［アスアト］・ディグラをイバッシ・イリの息子アッシュル・レツヤの家から解放した。アムル・ナツィルの奴隷イリマ・イリバは、アスアト・ディグラの言葉に従って彼女を女奴隷の身分から自由にし、自分の妻とした。イリマ・イリバは彼女の夫、アスアト・ディグラは彼の妻である。彼らが生きている限り、市外[2]と市内〔において〕彼らは互いに世話をしあ［う］。彼らのうち〔この契約に〕［違反する］者は、銀三マヌー[3]を［支払う］。彼が［彼女を］女奴隷の身［分］から［解放し］、彼女を［自分の］妻としたので、アスアト・［ディグラ］と［彼女の］子らは、アム［ル・ナツィル］と彼の息子たちの村落民である。彼らは村落民としてのイルク義務[4]をアムル・ナツィルと彼の息子たちのために果たす。アムル・ナツィルと［彼の］息子たちは、アスアト・ディグラと彼女の子らを女奴隷および奴隷とし［て］はならない。アスアト・ディグラ解放の代替者〔と〕彼女の自由化に関するアッシュル・レツヤの印章の〔押された〕文書[5]は、アムル・ナツィルの家に置かれる。（印章押印者と証人のリスト、省略）

……［月］一八日、［リンム］：［ナイムティ・イリ］の子キディン・［マル］ドゥク。

（1）冒頭に関係者の印章が押印されるのは、アッシリアの契約文書の特徴。
（2）直訳は「野、耕地」。
（3）約一・五キログラム。
（4）通常は王宮から土地を貸与された自由人が果たす軍役その他の義務・税。古バビロニア時代にはイルクム義務と呼ばれた（史料18注2参照）。
（5）KAJ 167（出典書 pp. 55–56, 144–145）を指す。

【出典】C. Saporetti, *Assur 14446: Le alter famiglie*, Vol. 2 (Malibu, Cal., 1982), pp. 57–60, 145–146 (KAJ 7, ll. 1–33, 44–45).

【解説】前二千年紀後半のアッシリア社会における身分は自由人（「人」ないし「アッシリア人」）と奴隷に大別される。本史料の本文末で言及された文書（注5参照）によると、アスアト・ディグラは本来自由人（「アッシリア人」）であったが、生活苦のためアッシュル・レツヤの家に（女奴隷として）入った後、奴隷であるイリマ・イリバが別の女性をアッシュル・レツヤに与えて彼女を解放したという。これを受けて本史料は、彼が彼女を元の自由人の身分に戻した後、彼女と結婚したことを記す。奴隷と自由人女性の結婚は異例であるが、この場合、イリマ・イリバは奴隷のままであるとして、妻と二人の間に生まれた子供の身分と処遇はどうなるのかが問題となる。後者（特に息子たちであろう）は自由人の身分を得るものの、おそらく夫／父がアムル・ナツィルの奴隷であるがゆえにその主人と息子たちの果たすべきイルク義務を引き受けるという。奴隷であるイリマ・イリバは同義務を負わないものの、自由人でありながら他者に従属する彼の家族はその負担を変則的に強いられるという点で興味深い史料と言えよう。

文書の末尾に見られる年表記にも注目しておこう。バビロニアでは、伝統的に「年名」方式(前年の主要事件による年表記、史料19注1参照)が用いられていたが、カッシート朝時代に「統治年」方式(王の治世第X年、史料29注5参照)への転換が見られた。これに対しアッシリアでは、前二〇世紀から帝国滅亡に至るまで、各年を、当初は有力なアッシュル市民(史料16注3参照)、後に政府高官の人名で呼ぶ「リンム」(アッカド語、しばしば「エポニム(年)」とも訳される)方式が一貫して採用された。前二千年紀後半に関してはリンム表が発見されていないために正確な年代決定は困難ながら、キディン・マルドゥクがリンムであった年は、エリバ・アダド一世(在位前一三八〇—一三五四年)ないしアッシュル・ウバリト一世(在位前一三五三—一三一八年)の時代に年代づけられる。

（山田雅道）

28　バビロニアとエジプトの友好関係(前一四世紀中期)

ブルナ・ブリアシュ二世からアメンヘテプ四世への書簡(前一四世紀中期)

エ[ジプト]の王にして[我が兄弟である]ニプフリリヤ(1)に言え。カラドゥニアシュ(2)の王にしてあなたの兄弟であるブルナ・ブリアシュは次のように〔言う〕。

我が方は平安である。あなたの方も、あなたの家、あなたの妻たち、あなたの息子たち、あなたの国、あなたの重臣たち、あなたの馬、あなたの戦車が、まこ[と]に平安であるように。

我が父祖とあなたの父祖とが互い[に]友好を宣言した時以来、彼らはすばらしい贈り物を互いに贈りあい、そして素晴らしいものの要求を互いに拒まなかった。今、我が兄弟は、二マヌー(3)の金を私への贈り物として送ってきた。〔もし〕今、〔あなたのもとに〕金がたくさんある〔なら〕、あなたの父祖〔が我が父祖に贈ったのと〕同じくらい、私に送りたまえ。しかし、もし〔金が〕少ないのなら、あなたの父祖〔が我が父祖に贈ったもの〕の半分〔の量の金〕を私に送りたまえ。なぜあなたは〔たった〕二マヌーの金を、私に送ってきたのか？　今、〔新築中の〕神殿における私の仕事は多く、私はとても忙しくしている。〔もっと〕たくさんの金を私に送りたまえ。我が国にあってあなたが必要としているものは何でも、私に書いてよこせば、〔こちらは〕あなたのもとに〔それを〕持って行く〔所存である〕。

我が父祖クリガルズ〔一世の治世〕に、すべてのカナン人たちが彼に〔手紙を〕書いてよこして、このように言った、「あなたが国境へ向かってくだされば、我らは反乱を起こし、あなた[と]同盟いたします」と。我が父祖は彼らにこう〔返事を〕書き送った、「私との同盟をあきらめよ。もし我が兄弟たるエジプトの王に対しお前たちが敵対し、他の誰かと同盟するならば、私がやって来てお前たちを略奪しない〔とでも思っているのか〕。どうしてお前たちが私と同盟することなどありえようか」と。我が父祖は、あなたの父祖のために、彼ら〔の言うこと〕を聞かなかったのだ。今、私に従う者たちであるアッシリア人たちについて言えば、私は彼らをあなたのもとへ送ったりはしなかった。どうして彼らは、自分たちの意志で〔勝手に〕あなたの国へ行ったのか。もしあなたが私を愛しているなら、彼らは何も買い物できない〔はずだ〕。彼らを手ぶらで私のもとへ帰らせよ。私はあなたへの贈り物として、三マヌーの本物のラピス・(4)ラズリと五両の戦車用の五組の馬をあなたに贈る。

(1)　アメンヘテプ四世(アクエンアテン)。ただしトゥトアンクアメンとする説もある。
(2)　すなわちカルドゥニアシュ。カッシート朝バビロニアを指す。
(3)　一マヌーは約五〇〇グラム。
(4)　「本物の」と訳した語の直訳は「山の」。人工の青色ガラスとの区別が意図されているのであろう。

【出典】 J.A. Knudtzon, *Die El-Amarna-Tafeln*, Vol.1 (Leipzig, 1907), pp.88-91 (no.9).

【解説】 この文書は、いわゆる「アマルナ書簡」(史料24解説参照)の一つで、バビロニアのカッシート王朝のブルナ・ブリアシュ二世(在位前一三五四―一三二八年)から、エジプト王へ宛てたアッカド語の書簡である。バビロン第一王朝が滅んだ後、バビロニアを支配したのは、民族系統不明のカッシート人であった。大国が分立する前二千年紀後半のオリエント世界において、カッシートは、王女をエジプト王へ嫁がせるなど、エジプトとの外交関係を重視した。

この書簡で、ブルナ・ブリアシュ二世はそれまでの両国関係の緊密さを強調し、エジプト王へ贈り物をする一方、エジプトに対して大量の金を送るよう求めている。実際、この時代のバビロニアには膨大な金が流入していたらしく、商取引ではそれまで主に用いられていた銀ではなく、金によって支払いが行われる場合も多くみられる(史料29参照)。

なお、この頃メソポタミア北部では、アッシリアが台頭し始め、アッシリア王アッシュル・ウバリト一世(在位前一三五三―一三一八年)もまたエジプトへ書簡を送っている(史料25)。ブルナ・ブリアシュ二世は、本書簡において、アッシリアがエジプトへ使者を派遣したことを非難し、アッシリアを自らの家来と呼び、彼らに何も与えないよう要請している。しかし、その後もアッシリアの勢力は拡大し、後のカッシート王たちはヒッタイトとの関係強化を図るなどの対抗策をこうじたが、カッシートはアッシリアの圧迫を受け続けることになった。

(小野哲)

29　中バビロニア時代における金の流通（前一四—前一三世紀）

ウル出土の少女売買契約書（前一二二五年頃）

一人の少女——カルド[ゥニ]アシュ[1]生まれ、身長二アンマトゥ[2]、名前はグラ・シェマト。彼女の父[イッデ]ィン・スッカル、彼女の母ブラリトゥ、彼女の父の兄弟シ[ャムフ]トゥ、彼女の母の兄弟エ[ア・ナディン・シュ]ミ、そして保証人である鍛冶師イッディン・ニヌルタ[か]ら、ダヤナトゥの子シャマシュ・エティルが〔以下の〕全額で〔彼女を〕買った。

二と二分の一シクル[3]の金に対して一頭の雌ロバ、二シクルの金に対して四クルの麦、一シクルの金に対して一着の上等な衣服と一枚のナフラプトゥ〔外套〕、二シクルの金に対して二枚のタクティーム〔毛布〕一五スートゥ、二分の一シクルの金に対して一着のナフラプトゥ〔外套〕。

合計八シクルの金がグラ・シェマトの対価である。シャマシュ・エティルの手から、イッディン・スッカル、ブラリトゥ、シャムフトゥ、エア・ナディン・シュミ、およびイッディン・ニヌルタは〔これを〕受け取った。彼らは債務を負わず、不満もない。いつでも後日、兄弟であれ、息子であれ、親類縁者であれ、いるかぎりの誰であろうとも、立ち上がり、グラ・シェマトについて抗議し、あるいは〔契約の文言を〕変えたり、訴訟を起こしたりする者については、カシュティリアシュ王の定めに従い、〔人々は〕彼を扱うべし。彼らは一マヌー[4]の髪と一マヌーの羊毛を彼の口に詰め、彼の口の中に銅の釘を打ち込み、一マヌーの……と一マヌーの鉛を彼の口に注[ぐべし]。彼はその[……が黒]い[白]馬を[カシュティリアシ]ュ王へ与えるべし。

その少女が〔何者かによって〕権利を主張される〔ならば〕、イッディン・スッカル、シャムフトゥ、エア・ナディン・シュミ、および保証人イッディン・ニヌルタは、一人の少女の代わりに、二人の少女をシャマシュ・エティルに支払うべし。

証人：イムビ・スッカルの子クットゥヌ、証人：ヤウヤの子アダド・シュマ・エリシュ、証人：ムカンニ[シュ]の子アフ・アイ・アンシ。

アッダルの月一二日、カシュティリアシュ王の〔治世〕第三年[5]。

彼女の父イッディン・スッカルの爪印、保証人イッディン・ニヌルタの印章。

(1)　カッシート朝バビロニアを指す。
(2)　一アンマトゥは約五〇センチメートル。
(3)　一シクルは約八・三グラム。以下の単位に関し、一クルは約三〇〇リットル、一スートゥは約一〇リットル。
(4)　約五〇〇グラム。
(5)　アッダルの月は当時の暦で第一二の月名(現在の二―三月)。カッシート時代には、伝統的な「年名」(史料19注1参照)に代わり、新たな年表記法として「統治年」が採用された。カシュティリアシュ四世の治世第三年は前一二二五年頃に相当する。

【出典】 O.R. Gurney, *The Middle Babylonian Legal and Economic Texts from Ur* (London, 1983), pp. 84-86 (no. 25).

【解説】 この文書は、当時カッシート王朝支配下にあったウルで発見されたもので、一人の少女が家族によって女奴隷として売られた際の契約書である。この少女の価値は、金八シクルであるが、金と麦や衣類などとの換算が示されている。こうした場合、古代オリエント世界では銀で価値を示すのが普通であるが、前一四世紀以後は金で示されることが多くなり、カシュティリアシュ四世(治世前一二二七―一二二〇年)時代に属する本契約書はその一例である。このような変化はエジプトから大量の金がもたらされたからであるといわれる(史料28解説参照)。しかし、後代には再び銀による表示に戻り、金による表示は一時的なものであった。

(小野哲)

30　バビロニア王ネブカドネツァル一世によるエラム遠征(前一二世紀後期)

「マルドゥクの予言」(粘土板写本、前七世紀)

(前略)私は偉大な主にして運命と決定の主、マルドゥクである。〔私以外に〕誰がこの旅をしただろうか。私は自分が行った場所〔から〕(1)帰ってきた。私はエラムの地へ行き、全ての神々が〔そこへ〕行ったのである。私が〔それを〕命じたのである。私は諸神殿の供物を断ち、シャッカンとニサバを天に昇らせた(2)。シリスは国内を病ませ(3)、人々の死骸は門を塞いだ。兄弟がその兄弟を食べ、友人がその友人を武器で打ち殺した(4)。自由民は〔施しを求めて〕貧民に手を伸ばした。笏は短くなり、不正がその地に蔓延し(?)、[…]王たちは国土を減少させた。ライオンが〔人々の〕通行を遮断し、犬は[狂って(?)]人々を噛んだ。それら〔の犬〕が噛[ん]だ〔者〕は皆、生きてはおらず死亡した。私は我が日々を満たし、我が年々を満たした(5)。私は我が町バビロンと〔我が神殿〕エクル・サギラを心に留めた。私は全ての女神たちを呼んで命じた、「汝[ら]の貢ぎ物を運んで来い、諸国よ、バビロンへ」と。

〔新たな〕バビロンの王が現れ、すばらしい神殿エクル・サギラを修復する。彼はエクル・サギラ内に天と地の図面を描き、その高さを二倍にする。彼は我が町バビロンに対し解放令を発布する。彼は我が手を取って、［私を］我が町バビロンとエクル・サギラへと永遠に入れる。（中略）

私ならびに全ての神は彼と和解する。彼はエラムを粉砕し、その町々を粉砕し、その要塞を取り除く。彼はデール(6)の大王を彼のものではない玉座から立ち上がらせ、彼の〔もたらした〕荒廃を改め、彼の悪を……する。彼は彼の手を取って、彼をデールと〔その神殿〕エクル・ディムガル・カランマへと永遠に入れる。（後略）

(1)　現在のイラン西部にあった強国。
(2)　それぞれ家畜の神と穀物の神。飢饉を示唆する。
(3)　シリスはビールの神。疫病を示唆する。
(4)　王権、治世の象徴。
(5)　バビロンにあったマルドゥクの神殿。
(6)　バビロニア北部の都市。その「大王」とはイシュタラン神を指すか。

【出典】 R. Borger, "Gott Marduk und Gott-König Šulgi als Propheten: Zwei prophetische Texte," *Bibliotheca Orientalis* 28 (1971), pp. 5–17 (i 18'–ii 27, iii 21'–30').

【解説】 本史料は神の予言という形式をとった珍しい歴史記述である。この中でバビロニアの主神マルドゥクは自らの意志で三度バビロンを離れ、異国に滞在したことが述べられる。最初はヒッタイト、次にアッシリア、最後はエラムである。しかしこれらが実際に指示するのは、バビロニアを征服した敵が戦利品としてマルドゥク像を奪い去ったという事実である。最初の略奪はバビロン第一王朝を滅ぼしたヒッタイト王ムルシリ一世によって(前一五九五年)、第二のそれはバビロニア王カシュティリアシュ四世を戦争捕虜としたアッシリア王トゥクルティ・ニヌルタ一世によって(前一二二〇年)なされたが、いずれの場合も奪われた神像はバビロンに戻ってきた。

訳出した部分は、カッシート王朝を倒したエラム王クティル・ナフンテによる第三の略奪(前一一五五年)に関わる。主神マルドゥクの不在はバビロニアに荒廃をもたらしたが、未来の王がエラムを破り、彼をバビロンに帰還させ、秩序と繁栄を回復するという「予言」である。実際にそれを成し遂げたのは、イシン第二王朝のネブカドネツァル一世(在位前一一二五—一一〇四年)であったことが知られている。したがって「マルドゥクの予言」とは、ネブカドネツァルによるエラム撃退とマルドゥク神像の奪還を讃え、その王権を正当化するために創作された事後予言として理解できよう。またバビロニアの過去の敗北(神像の略奪)までも自らの意思によるものだとすることで、最高神マルドゥクによる世界と歴史の支配を主張している点も注目される。

（山田雅道）

31 アッシリア帝国の大量住民交換政策（前八世紀後期）

旧約聖書列王記（下）一七章（前六世紀以降）

ユダの王アハズの〔治世〕[1]第一二年に、エラの子ホシェアがサマリアでイスラエルの王となり、九年間〔王位にあった〕[2]。彼は主の目に悪〔とされること〕を行ったが、彼以前のイスラエルの王たちほどではなかった[3]。アッシリアの王シャルマネセル[4]が〔攻め〕上ってきた〔とき〕、ホシェアは彼に服従して、貢ぎ物を納めた。しかし、アッシリアの王は、ホシェアが謀反〔を企てて〕、エジプトの王ソ[5]に使節を派遣し、アッシリアの王に年ごとの貢ぎ物を納めなくなったのを知〔るに至〕り、彼を捕らえて牢につないだ。アッシリアの王はこの国のすべての地に〔攻め〕上ってきた。彼はサマリアに〔攻め〕上って来て、三年間これを包囲し、ホシェアの〔治世〕第九年にサマリアを占領した。彼はイスラエル〔人〕を〔捕らえて〕アッシリアに連れて行き、ヘラ、ハボル、ゴザン川、メディアの町々に住まわせた。（中略）アッシリアの王はバビロン、クト、アワ、ハマト、セファルワイムの〔人々〕を連れて来て、イスラエルの人々に代えてサマリアの住民とした。〔この人々〕[6]がサマリアを占拠し、その町々に住むことになった[7]。（後略）

(1) 翻訳は新共同訳『聖書』（日本聖書協会、一九九一年）に従うが、ヘブライ語原典に無い補いの部分は〔　〕で表示した。
(2) 列王記においては、二つのヘブライ王国、北イスラエル王国と南ユダ王国の歴史が交互に語られ、一方の王国における王の即位を他方の王の治世年によって示すことにより、両王国の歴史の年代的な相関関係が示される。
(3) 列王記はダビデの家系を引くユダ王国の家系を正当な王統とし、エルサレム神殿を神ヤハウェの唯一の神殿とするユダ王国の末裔により編集された。そこでは、ダビデの血を引かず、北イスラエル国内に別の聖所（ダン、ベテル）を設けたイスラエルの王たちは一貫して批判される。
(4) シャルマネセル五世（在位前七二六―七二二年）。
(5) 「ソ」は明らかに固有名詞であるが、古代エジプト史料にはイスラエルのホシェアと同時代と考えられる類似した名のエジプト王は知られていない。「ソ」をオソルコン（四世）の短縮形とする説や、王名ではなく都市名サイスとし「エジプトの王ソに」ではなく「サイス〔へ〕エジプト王に」と解釈する可能性などが論じられている。
(6) 原文では「彼ら」。
(7) サマリア包囲は前七二二年冬に終了したが、シャルマネセルの死のため、サマリアで住民の入れ替えが行われたのは――アッシリア史料が示すように――実際にはシャルマネセルの跡を継いだサルゴン二世の時代であったと考えられる。

【出典】 K. Elliger & W. Rudolph (eds.), *Biblia Hebraica Stuttgartensia* (Stuttgart, 1977), pp. 652-653.

【解説】 旧約聖書は紀元後一世紀頃、ユダヤ人の信仰と民族の伝統を伝える複数のヘブライ語（一部アラム語）の書物を結集したものである。列王記原本の正確な成立年代は不明だが、前六世紀のバビロニア捕囚期にはその底本が書かれていたと考えられる。

前九世紀以降、アッシリアの領土拡張は西方においてシリア・パレスティナにおよび、特に前八世紀の後半からアッシリア軍はシリア・パレスティナの諸王国を征服すると、その領土を次々とアッシリアの行政州として再編し、帝国の一部として併合した。列王記(下)一七章(訳出した部分は一―六、二四節)はアッシリアの領土拡張政策によって北イスラエル王国が滅ぼされたことを記録している。アッシリアは、貢納・従軍義務を含む政治的服従を不服として属国が反乱すると、これを征服、その王朝を廃し、アッシリアの地方行政州として併合した。行政州にはアッシリア中央政府直属の行政長官が置かれ、行政的にアッシリア中央と直接結びつけられた。新行政州建設にあたり、住民の反乱を未然に防ぐためエリート層を含む占領地の住民を大量にアッシリア本国やその他の遠隔地に捕らえ移す一方、大量捕囚の行われた土地が荒廃しないように、他国からの捕囚民が植民された。こうした政策はアッシリアの帝国支配を実現する手段として多方面で組織的に行われ、広範囲に人口動態の変化をもたらした。

（山田重郎）

32 アッシリア帝国の拡大（前八世紀後期）

サルゴン二世の碑文（前八世紀後期）

偉大な王、強き王、全世界の王、アッシュルの地の王、バビロンの管理者、シュメールとアッカドの地の王、偉大な神々の心に適う者サルゴンの宮殿。アッシュル神、ナブー神、マルドゥク神は、並ぶものなき王権を私にお与えになり、私の良き名を最高の名声に高められた。シッパル、ニップル、バビロン、ボルシッパ[1]の世話を私は常に怠りなく行った。特権をもつ人々全てに対して彼らが失ったものを回復し、デール、ウル、ウルク、エリドゥ、ラルサ、クラバ、キシク、ネメド・ラグダの労役を取り除いて、住民に安寧をもたらした。長い間忘れ去られていたバルティル[2]とハランの〔税と労役の〕免除と廃止されていた彼ら〔住民〕の特権を、私は回復した。神々は変わりない心で好意をもって私をご覧になり、王たちの中で〔特に〕私に男らしい強さを賜り、私の姿を優れたものにしてくださった。私の治世中、私に並ぶ王はなく、私は戦いと争いにおいて私を打ち負かすものに出会うことがなかった。敵対する国々すべてを、壺を割るように粉砕し、四方世界の王たちに軛をつけた。（中略）

私の武器を前進させる我が主、偉大な神々の力と強さによって、私は全ての敵を撃った。日の沈む海の中のヤドナナ[3]からエジプトとムシュキ[4]の地区まで、広大なアムルの地、ハッティの地[5]すべて、グティウムの全地、ビクニ山地区のメディアの地、エラムの国境にあるエリッピとラシの地まで、ティグリス川沿いにイトゥア族、ルブ族(中略)、サラップ川、ウクヌ川沿いにガンブル族、ヒンダル族、プクドゥ族(中略)、カルドゥニアシュ(6)の地の上から下まで、ビート・アムカニ、ビート・ダクリ、ビート・シラニ、ビート・サアラ、〔すなわち〕カルデアの全地、「苦い海(7)」の岸にあるビート・ヤキン、ディルムン(8)地域まで。すべてを私は支配し、私の宦官たちを行政長官として彼らの上に置き、私の主権の軛を彼らに負わせた。(後略)

(1)　これら四都市はいずれもバビロニア(メソポタミア南部)の中心的聖所。
(2)　アッシュル市の異称。
(3)　地中海に浮かぶキプロス島。
(4)　フリュギア。
(5)　ともにシリア・パレスティナを指す。
(6)　カッシート時代から用いられたバビロニアの異称。
(7)　ペルシア湾。
(8)　バハレーン。

【出典】 A. Fuchs, *Die Inschriften Sargons II, aus Khorsabad* (Göttingen, 1994), pp. 190–197, 343–344 (ll. 1–14, 16–23).

【解説】 訳出した碑文は、コルサバードのサルゴン二世(在位前七二一―七〇五年)の王宮跡において発見されたもので、複数の部屋の内壁に張られた石板上に刻まれた楔形文字アッカド語碑文である。訳出した冒頭部分に続き、即位から治世第一五年までの王の軍事業績と新首都ドゥル・シャルキン(現コルサバード)における建設事業を記録する。

通常アッシリアの諸王は、父の系譜を記して自らが伝統的王統の直系にあることを示すのが慣例であったが、これに反してサルゴンは、この碑文にも見られるように父の名を記さない。また「真の王」を意味するサルゴン(原語はシャル・キン)という王名は、前三千年紀の大王アッカドのサルゴンを意識しつつ、ことさらに正当な王権を主張しているように見える。そのためサルゴンは王位を簒奪して新王朝「サルゴン朝」を創設したと考えられ、サルゴン以降のアッシリア王国の歴史は一般に「サルゴン朝時代」と呼ばれてきた。しかし、サルゴンが前任者シャルマネセル五世の兄弟であったことを示す史料が残っており、サルゴンを全く新しい王朝の支配者とみることはできない。いずれにせよ、正式の皇太子ではなかったため革命により王権を掌握した人物であろう。

サルゴンは、前八世紀後半から本格的に始まったアッシリア帝国期の目覚しい領土拡大の完成者であり、以後のアッシリア帝国最盛期の基礎を築いた人物である。訳出した碑文は、メソポタミア全域、シリア・パレスティナを含む東地中海世界、アナトリア東部、ザグロスとクルディスタンの山岳地、ペルシア湾岸に君臨した帝国の領土的広がりを示している。

(山田重郎)

33　アッシリア王センナケリブの宗教改革（前八世紀末—前七世紀初期）

アッシュル神の「天命の印章」（印影銘文、前七世紀前半）

神々の王であるアッシュルが、天と地の神々であるイギグとアヌンナクの天命と人間の天命の定めに調印するための天命の印章。すべて〔アッシュルがこの印章によって〕調印することは変更してはならない。それを変更する者を神々の王であるアッシュルと〔その配偶〕女神ムリスが、彼らの息子たち〔である神々〕と共に、彼らの強力な武器によって打ち殺すように。［アッシリア］の王である私センナケリブはあなた〔アッシュル〕を畏れ敬う君主である。記された我が名を消す者、あなたのこの天命の印章を紛失させる者〔があればその者〕の名と子孫を消し去りたまえ。

【出典】D.J. Wiseman, "The Vassal-Treaties of Esarhaddon," *Iraq* 20 (1958), p.15.

【解説】　この円筒印章の銘文は楔形文字によるアッカド語で刻まれたもので、センナケリブ（在位前七〇四—六八一年）の子エサルハドン（在位前六八〇—六六九年）が作成させた誓約文書にある印影から読み取れる。

アッシリア王エサルハドンはバビロニアの王も兼ねていたが、自分の死後に息子のアッシュル・バニパルをアッシリア王位に、別の息子シャマシュ・シュム・ウキンをバビロニア王位に就かせることを決めた。これはアッシュル・バニパルを優遇する決定であったが、彼は長男ではなく、混乱を招くことが予想された。そこでエサルハドンは前六七二年にアッシリア内外の要人を集めて王位継承の定めを遵守することを誓わせた。この際に発行されたと考えられる大量の誓約文書のうち九部が一九五五年にカルフ（現ニムルド）から出土している。

この誓約文書にも誓いを破る者には、神々によって罰が下されることを願う大量の呪いの言葉が記されている。そしてアッシリアの最高神アッシュルが彼自身の三つの円筒印章によって誓約文書の一つ一つに調印したことになっている。これら印章（それぞれ前一八世紀頃、前一三世紀頃、前七世紀前半のもの）のうち最も新しい前七世紀前半のものが上記の銘文をもつ。この銘文から、センナケリブが宗教改革の一環としてアッシュルに献じた「天命の印章」であることが判明した。

メソポタミアのいくつかの神話で語られているように、最高神は他の神々や人々の天命を決定し、それを記した「天命の書板」に自ら調印して天命を有効にすると信じられてきた。センナケリブは宿敵バビロニアを降し、首都バビロンを破壊した後、アッシュルがバビロニアの主神マルドゥクを凌ぐ最高神となったこと示すために「宗教改革」を行った。その内容として、マルドゥク神の世界創造を語るバビロニアの創造神話「エヌマ・エリシュ」を改訂して、マルドゥクをアッシュルに置き換えたアッシリア版を作ったこと、アッシリアの祈りのしぐさ(右の人差し指を前に出す)ではなく、バビロニアのしぐさ(右手に何かをもって鼻の前に近づける)で祈る自らの姿を岩壁や印章に刻ませたことなどが知られていた。そして、エサルハドンの誓約文書の調印に用いられた印章の一つが「天命の印章」であったことから、神々と人間の「天命」を決定する最高神の役割もアッシュルに付与されたことが分かった。さらに一九八六年には、センナケリブがアッシュルに献じた「天命の書板」の写しも発見された。そこには「神々の王アッシュルが手にとって(胸に)つけた天命の書板」と宣言され、治世の安泰と子孫の存続が天命として定められることをアッシュルに願うセンナケリブの祈りが記されている。アッシュルが「天命の書板」を「天命の印章」で調印する儀礼が実際に行われたのであろう。

紀元前三千年紀にアッシュルと呼ばれていた土地の神格化によって誕生した「ローカルな」神アッシュルは、アッシリアの拡大に伴って強大となったが、アッシュル像の崇拝が国外で強制されたことはなかった。しかし、エジプトに及ぶアッシリアの最大版図を達成したエサルハドンには新たな政策が必要となった。彼は国内の要人と、支配下にあった外国人施政者に誓いを立てさせ、全員にアッシュル像が印影として刻まれた巨大な誓約文書(縦四五、横三〇、厚さ七センチ)を、自分たちの神として敬うことを命じて持ち帰らせた。石材とは違って無限に入手できる粘土はマス・メディアとして適していた。しかしこの文書は粘土板としては例外的に垂直方向ではなく、本のように水平方向に回転させて裏面を読むため、台座の上に石碑のように立てて、その周りを回りながら読むものであった。また大量生産された「天命の書板」であり、崇拝対象であった。エサルハドンはセンナケリブの「宗教改革」を推進して、アッシュルの更なる「グローバル化」を図ったのである。〔参〕渡辺和子「古代オリエントの誓約と神の印章」脇本平也・柳川啓一編『現代宗教学4』東京大学出版会　一九九二年。(渡辺和子)

34　アッシリア帝国による東地中海交易支配(前六七六年頃)

エサルハドンとバアルの条約(前六七六年頃)

〔アッシリア王センナケリブ〕の子アッシリア〔王〕エサルハドンがティルス王〔バア〕ル〔……および……彼の息子たち、彼の孫たち、ティルスの人々すべ〕て——老いも若きも(1)——〔との間に結んだ条〕約。(以下破損、中略)

あなた〔バアル〕のところにやってくる〔船……〕彼の言う事を聞いてはならない。王の代理人がいないところで〔…〕また、私〔エサルハドン〕があなたに送った書簡を〔アッシリア王の〕代理人がいないところで開いてはならない。もし代理人が不在であれば、彼を待ってそれを開くか、あるいは使者を〔…〕。

もしバアルあるいはティルスの人々の船がペリシテの地(2)あるいはアッシリア領内で難破した場合、船の積荷はすべてアッシリア王エサルハドンのものである。しかし、船の中の人々はすべて傷つけず、彼らの国へ送還する。

これらはアッシリア王エサルハドンがその僕《しもべ》バアルに使用を許可した港と道である——アッコ、ドル、ペリシテの地の範囲内すべて、また海岸沿いのアッシリア領内の町々すべて。そしてビブロス、レバノン山、山中の町々のなか。

(中略)

［もしあなた方、ティルス王バアルとその臣下の者がこの誓いを守らなかったら］(3)［……アルベラに住む］イシュタル女神があなた方に［慈悲と同情を与えないように］。偉大なる医師グラ女神が、あなた方の［心に病と辛苦を、あなた方の身体に癒されない傷を］置くように。［そして］水を浴びるように血と膿を浴びよ！　雄々しい神々スィビッティ(4)が［猛り狂う］武器であなた方を［打ち倒す］ように。(後略)

(1)　人民すべてであることを強調する文学的表現。

(2)　パレスティナの地中海沿岸地方。

(3)　神前で誓われる誓約を遵守しなかった場合に、神々によって違反者に下されるべき呪いが誓約文書の末尾に長々と記されることで、誓約には宗教的拘束力が加えられた。

(4)　すばる。

【出典】　S. Parpola & K. Watanabe, *Neo-Assyrian Treaties and Loyalty Oaths*, State Archives of Assyria 2 (Helsinki, 1988), pp. 24-27 (no. 5, i 1-3, iii 11'-21', iv 2-5).

【解説】　アッシリア王エサルハドン(在位前六八〇—六六九年)と有力フェニキア都市ティルスの王バアルの条約はニネヴェ(現クユンジク)から出土した粘土板断片に刻まれたものである。条約は、おそらく前六七六年にティルス北方の都市シドンの対アッシリア反乱が鎮圧された直後に結ばれたものと考えられる。エサルハドンの碑文によると、この時、アッシリアはシドンの領土の大部分を併合し、残りをティルスのバアルに与えて彼に以前より重い貢納義務を課した。

条約はティルスの宮廷内にアッシリア王の「代理人」が置かれ、ティルス宮廷内の動向を監視していたことを示している。また、アッシリアによる東地中海支配の実態を明らかにしている。当時ティルス南方の代表的な港アッコとドルはアッシリアの直接管理下にあり、ペリシテ諸都市やビブロスはアッシリアの朝貢国として間接的支配下にあった。ビブロスの北方は前八世紀後半にはアッシリアの行政州となっていたことが明らかである。アッシリアは支配する東地中海の港湾や交易路の使用権を全面的にティルスに認め、交易センターとして繁栄する経済大国ティルスの商業活動を保護しながら税と貢物としてその収益の一部を吸収する政策をとったらしい。しかし、しだいに東地中海の交易活動に深く介入するようになっていくアッシリアに対し、この条約締結後ティルスはしばしば反乱したことがアッシリアの史料から知られている。

(山田重郎)

35　アッシリア帝国における王権観（前七世紀半ば）

アッシュル・バニパルの即位礼祝詞（前六六八年）

天と地の王であるシャマシュ神(1)があなたを四方［世界］の牧者の地位に引き上げますように。あなたに［王笏を与］えたアッシュル神があなたの年月を長くしますように。あなたの足下にあなたの国を広大にしてください。シェルア女神があなたの神〔アッシュル〕に対して［あなたの名を］高めますように(2)。穀物、銀、油、シャッカン神の［家］畜、バリクの町の塩が喜ばしいものであるように、アッシュル・バニパルが彼の国の神々にとって喜ばしいものでありますように(3)。雄弁、理解力、真実、正義が賜物［として］彼に備わっていますように。

アッシュル市［民］は三〇クル(4)の［穀］物を銀一シクルで買えますように。アッシュル市［民］は三スートゥの油を銀一シクルで買えますように。アッシュル市［民］は三〇マヌーの羊毛を銀一シクルで買えますように。弱き者が声をあげると、［強き者］が耳を傾けますように。強き者が声をあげると、［弱き者］が耳を傾けますように。調和と平安が［アッシリ］アにありますように。

アッシュル神は王です。まことにアッシュル神は王です(5)。彼〔アッシュル神〕の手が創造したアッシュル・バニ［パル］はアッシュル神の［副王］です。偉大な神々が彼の治世を確固たるものとしますように。アッシリア王［アッシュル・］バニパル［の命］を守りますように。（中略）

彼〔祭司〕は祈りの言葉を述べた後、シャマシュ神の前に置かれた香炉の口のほうに向いて次の祈りの言葉を言う。（中略）天と地のすべての神々よ、お集まりください。思慮深い者アッシュル・バニパル王を祝福してください。彼の手に戦闘の武器を持たせてください。頭の黒い者たち〔人間たち〕を彼にお与えください。そして彼が彼らの牧者として治めますように。

(1)　天空にあって東から西に全土を巡る太陽神シャマシュは、しばしばアッシリア王の即位に関与している。

(2)　シェルアは、前二千年紀後半のアッシュルの配偶女神の名であるが、ここでは新アッシリア時代の配偶女神ムリスの別名として用いられている。配偶女神に対しては、夫である配偶神に向かって（この場合は王についての）よいことを語り、とりなし役を担うことが願われる。

(3)　神々にとって王が、塩（tabtu）のように喜ばしいもの（tābtu）であるという一種の言葉遊び。シャッカンは動物の守護神。バリク市の位置は不明。

(4)　以下の単位に関し、一クルは約三〇〇リットル、一シクルは約八・三グラム、一スートゥは約一〇リットル、一マヌーは約五〇〇グラム。

(5)　神アッシュルは、アッシュルと呼ばれた土地の神格化によって生じ、アッシュル市とそれを中心とするアッシュル国(アッシリア)の最高神となった。

【出典】 A. Livingstone, *Court Poetry and Literary Miscellanea*, State Archives of Assyria 3 (Helsinki 1989), pp. 26–27 (no. 11, obv. 1–16, rev. 3-4, 15-17).

【解説】 粘土板にアッカド語(楔形文字)で書かれた本史料は、アッシュル・バニパル(在位前六六八―六二七年)の即位礼において祭司によって唱えられた祝詞とされる(裏面三―四行にある「彼は祈りの言葉を……」の記述は祭司への指示)。アッシリア帝国最大の版図が実現した後にも、戦争によって「四方世界」すなわち全世界の支配者となるべきことが祈念されている。しかしアッシリアの王とは、単なる軍事的征服者を理想としていたわけではない。訳出した部分にも見られるように、そもそもアッシリアの王権観では、最高神アッシュルこそが「王」であり、地上の王はその意志を実行する「副王」にすぎなかった。そのような者としてアッシリア王には、「真実」や「正義」をもって国内を治めること、自らの正しい発言(「雄弁」)はもとより、正しいことに耳を傾ける「理解力」が期待されていたのである。ここで理想的な王が実現する社会の姿として、銀一シクルで多くの物が買える経済的繁栄と、強者が弱者を虐げず、両者が互いの意見を聞き合う社会的公正・融和が挙げられている点は重要である。アッシリア王は好戦的とみなされがちであるが、この時代の多くの文書は王の信心深さも伝えている。特にアッシュル・バニパルは、王としては例外的に文字を読むことができたのであり、深い教養があった。さまざまな文学を収集して書き写させ、ニネヴェの図書館に納めたことでも知られる。

(渡辺和子)

36　新バビロニアとメディアによる反アッシリア同盟(前七世紀後期)

「バビロニア年代誌」三(前七世紀末以後)

ナボポラッサルの〔治世〕第一〇年――アヤルの月[1]に、彼はアッカド[2]の軍勢を動員し、ユーフラテス川に沿って進軍した。スフ人とヒンダヌ人は彼と戦うことをしなかったが、彼の前に貢ぎ物をおいた。アブの月に、アッシリアの軍勢はガブリニの町で戦闘の準備をし、ナボポラッサルは彼らに向かって行った。アブの月一二日、彼はアッシリアの軍勢と戦い、アッシリアの軍勢は彼の前から退却した。彼はアッシリアに大敗を被らせ、彼らから大規模に略奪した。彼は彼ら〔アッシリア人〕を助けに来たマンナ人とアッシリアの高官たちを捕虜とした。その同じ日、彼はガブリニの町を攻略した。アブの月に、アッカドの王と彼の軍勢はマネ、サヒリ、バリフの町々に向かった。彼はそれら〔の町々〕を略奪し、それらから大規模に奪い去り、それらの神々〔の像〕を持ち去った。ウルルの月に、アッカドの王と彼の軍勢は帰還し、その途中で彼はヒンダヌの町〔の人々〕とその神々〔の像〕をバビロンに連れて来た。タシュリートゥの月に、エジプトの軍勢とアッシリアの軍勢がガブリニの町までアッカドの王を追って来たが、彼らはアッカドの王に追いつけず撤退した。アッダルの月に、アッシリアの軍勢とアッカドの軍勢はアラプハ〔近郊〕のマダヌで互いに戦い、アッシリアの軍勢はアッカドの軍勢の前から退却した。彼ら〔アッカドの軍勢〕は彼ら〔アッシリアの軍勢〕に大敗を被らせ、彼らをザブ川まで押し戻した。彼らは彼らの戦[車]と馬を捕らえ、彼らから大規模に略奪した。彼らはそれらとともに多くの[…]にティグリス川を渡らせ、バビロンに〔運び〕入れた。

〔治世〕[第一一年]――アッカドの[王]は彼の軍勢を動員し、ティグリス川に沿って進軍し、アヤルの月にバルティル(3)に対して野営した。スィマヌの月[…日]、彼はその町を攻撃したが攻略できなかった。アッシリアの王は彼の軍勢を動員し、アッカドの王をバルティルから押し戻し、ティグリス川沿いの町タクリタインまで彼を追撃した。アッカドの王は彼の軍勢をタクリタインの城塞に配置した。アッシリアの王とその軍勢は、タクリタインに配置されたアッカドの軍勢に対して野営した。彼〔アッシリアの王〕は一〇日間彼らと戦闘を行ったが、その町を攻略できなかった。城塞の中に配置されたアッカドの王の軍勢はアッシリアに大敗を被らせた。アッシリアの王と彼の軍勢は[撤退]し母国に戻った。アラフサムナの月に、メディア人がアラプハに下って来て[…]。

〔治世〕第一二年――アブの月に、メディア人はニネヴェ(4)に〔進軍し〕[…]、急行して彼らはニネヴェ地域の町タルビツを攻略し、[…]。彼らは[ティ]グリス川に沿って行き、バルティルに対して野営した。彼らは町を攻撃し[…]、[…]を破壊した。彼らは大勢の人々に恐るべき敗北を被らせ、彼らから略奪し、奪[い去った]。メディアを助けに行った[ア]ッカド[の王]と彼の[軍]勢は戦闘に間に合わなかった。その町[…]。[アッカ]ド[の王と]ウ[マキ]シュタル(5)は町で会い、互いに協定を結んだ。[……ウマキ]シュタルと彼の軍勢は母国に戻った。アッカドの王と彼の軍勢は母国に戻った。(後略)

(1) 当時の暦で、アヤルは第二月の月名(現在の四―五月に相当する)。本史料に言及される月名に関し、以下同様にスィマヌは第三月(五―六月)、アブは第五月(七―八月)、ウルルは第六月(八―九月)、タシュリートゥは第七月(九―一〇月)、アラフサムナは第八月(一〇―一一月)、アッダルは第一二月(二―三月)。
(2) バビロニアを指す。
(3) アッシュル市の異称。

（4）　当時のアッシリアの首都。現クユンジク。
（5）　メディアの王キャクサレス（在位前六二五—五八五年頃）。

【出典】 A. K. Grayson, *Assyrian and Babylonian Chronicles*, Texts from Cuneiform Sources 5 (Locust Valley, N.Y., 1975), pp. 91-93 (Chronicle 3, ll. 1-30).

【解説】「バビロニア年代誌」三は新バビロニア王朝創設者ナボポラッサル（在位前六二五—六〇五年）の業績を年代順にまとめたもので、彼の治世第一〇年から一八年（前六一六—六〇八年）までが記録されている。この年代誌は「新バビロニア年代誌シリーズ」と呼ばれるバビロニア起源の年代誌の一つで、ナボポラッサルの軍事活動とアッシリア帝国の崩壊を記録し、この時期の政治史を再構成する上での重要な史料の一つである。ここでは、前六一四年メディアの王キャクサレスがアッシリアの古都アッシュルを陥落させ、ナボポラッサルと同盟を結ぶ所までを訳出した。ナボポラッサルはアッシリア王アッシュル・バニパルの死去後にバビロンで即位したが、バビロニアを完全に掌握したわけではなかった。バビロニア出土の行政経済文書の中には、ナボポラッサルの治世年（統治年）を持つ文書とアッシュル・バニパルの跡を継いだ三人のアッシリア王の治世年を持つ文書が存在し、アッシリアの勢力が以前バビロニアに残っていたことを示している。現時点で前六一六年以前のナボポラッサルの軍事活動は記録が残っていないが、おそらくバビロニアからアッシリアの勢力を駆逐することに活動の中心があったと考えられる。

（鵜木元尋）

37　アッシリアとフリュギアの和平（前七〇九年）

サルゴン二世からクエの知事アッシュル・シャル・ウツルへの書簡（前七〇九年）

アッシュル・シャル・ウ［ツル］への王の言葉。私は平安であり、アッシリアも平安である。あなたは喜ぶように[1]。

あなたは私に「ムシュキ人ミター[2]の使者が私のもとへ参りました。彼は、ウリク[3]が使者としてウラルトゥへ派遣したクエの人々一四人を、私のもとへ連れてきました」と書いてきたが、これは極めて喜ばしいことである。今や、私の神々であるアッシュル、シャマシュ、ベール、そしてナブー[4]がお働きになり、戦うこともなく、何を［することもなく］そのムシュキ人〔ミター〕は我らに彼の意思を伝え、私たちの味方となったのだ！

あなたは私に「私の主なる王〔の許可〕なくそのムシュキ人に我が使者を送ることはいたしません」と書いてきたが、私は今〔こうして〕、あなたの使者をそのムシュキ人の前から絶やすことのないようにと書き送る。彼に好意的な言葉を書き送り、私に時間的余裕ができるまで常に彼についての情報を聞きなさい。

あなたは私に「彼が私の主なる王の臣下〔一四人〕を私に送ってきたように、私は彼の臣下を彼に送るべきでしょうか」と書いてきたが、〔彼らを〕彼に送りなさい。そうすれば彼の心は我らの方に向けられるであろう。彼の臣下が一〇〇人でも一〇人でも、次のように彼に書き送りなさい、「あなたが私にお送りくださったクエの人々について、私は私の主なる王に書き送りました。私の主なる王はことのほかお喜びです。そして「ムシュキ[人]をあなたのもとに一人[たりとも]留めることなく[速やかに]ミターに送りなさい」という返事を私に書き送ってこられました。私の主なる王の命により、今こ[れら]の人々をあなたにお送りいたします」と。(後略)

(1)　新アッシリア時代の王の書簡の形式に従って「王の言葉」(abat šarri)で始まり、王に特有の挨拶文が続く。王名は記されていないが、内容からサルゴン二世(在位前七二一―七〇五年)の行政書簡であることがわかる。書簡の受け取り手アッシュル・シャル・ウツルは、サルゴン配下のクエ(アナトリア半島南東部キリキア地方)の知事。

(2)　アナトリア半島中西部の国フリュギア(アッカド語でムシュキ)の王ミダスと同定される。古典作品において彼は、触れた物を全て金に変えてしまう伝説的人物として知られる。

(3)　ティグラト・ピレセル三世(在位前七四四―七二七年)時代にアッシリアに服属したクエの王。サルゴン時代には、アッシリア人知事アッシュル・シャル・ウツルの監督下に一定の自治的支配を行っていたと考えられる。

(4)　これらはアッシリア王が崇拝した主要な神々。

【出典】 S. Parpola, *The Correspondence of Sargon II, Part I: Letters from Assyria and the West*, State Archives of Assyria 1 (Helsinki, 1987), pp. 4, 6 (no. 1, ll. 1-25).

【解説】　この粘土板の書簡は、アナトリア半島東部の支配権をめぐって争いを続けてきたアッシリアとフリュギアが、前七〇九年に和平へと転じたことを伝える。クエの属王ウリクがアッシリア北方の敵国ウラルトゥへ密かに派遣した使節団をフリュギアの王ミダスが捕らえ、クエの知事アッシュル・シャル・ウツルに引き渡したことは、関係改善への明白な意志表示であった。サルゴン二世の年代記はこれを、その前年にクエの知事がミダスと戦い勝利した結果としての朝貢とするが、本史料においてサルゴンが「今やム[シュキ]人〔ミダス〕は私たちと和睦し、……した。タバルの地方の全ての王たちに一体何ができようか。あなたはこちら側から、そのムシュ[キ人]はあちら側から、彼らを圧迫すべし」(四六―五〇行)とクエの知事に命じているように、アナトリア高原東南部を中心とする新ヒッタイト系連合国タバルに対する同盟目的とも考えられる。いずれにせよ、この報告を受けたサルゴンもまた、友好的な信書を携えた使節の派遣と情報収集、フリュギア人捕虜の返還をもって対応するよう同知事に指示を送っている。当時(前七一〇―七〇九年)サルゴンはバビロニア遠征中であった。ニムルド(古代名カルフ、当時のアッシリアの首都)で出土した本史料は、おそらくバビロニアにて書かれ、遠征後に故国に持ち帰られたものと推定される。全文七一行から成るが、最後の行は途中で終わっていることから、実際に送られた書簡の草稿(もしくは二枚組の粘土板文書の写しの前半）と考えられる。

（渡辺和子）

38　新バビロニア王国の台頭（前七世紀後期）

ナボポラッサルの碑文（前七世紀後期）

〔私は〕ナボポラッサル、正義の王、牧夫、マルドゥク神に召されし者、崇高な女主人にして女王の中の女王であるニンメンナ女神の造りし者、ナブー神とタシュメート女神に手を摑まれし者、君主、ニンシク神に愛されし者である。我が若年時代、〔まだ〕何者でもなかった頃、私は我が主なるナブー神とマルドゥク神の聖域を常に心にかけていた。我が心は彼らの典礼の確立と彼らの祭儀の完遂に向けられていた。我が関心[1]は公正と正義にあった。天と地の神々の心を知る主、絶えず人間の行いをご覧になっているマルドゥク神は、人々の中で認められていなかった若年の私に関し、我が意図するところをご覧になり、〔我が〕父祖の地の長に私を置き、その地と人々の支配権〔者〕に私をお召しになった。彼〔マルドゥク神〕はよき守護精霊に我が側を歩かせ〔たので〕、彼〔守護精霊〕は私が行った全てのことを成功させてくださった。〔また〕彼は神々の中で最も強きネルガル神に我が側を歩かせ〔たので〕、彼〔ネルガル神〕は我が敵を殺し、我が敵兵を撃ち倒して下さった。神々の怒りゆえにアッカドの地を支配し、その重い軛で〔この〕地の人々を悩ませたアッシリア人に関しては、弱き者、力なき者、絶えず主の中の主を求める私〔ナボポラッサル〕が、我が主なるナブー神とマルドゥク神の強き力[2]によって、彼ら〔アッシリア人〕をアッカドの地から追い払い、彼らの軛を投げ捨てさせた。（後略）

（1）直訳は「我が両耳」。
（2）史料36注2参照。

【出典】F. N. H. al-Rawi, "Nabopolassar's Restoration Work on the Wall Imgur-Enlil at Babylon," *Iraq* 47 (1985), pp. 3, 5 (BM 26263, i 1-ii 5).

【解説】以下、バビロンの城壁「イムグル・エンリル」の再建事業の記事が続くが、この碑文の作成年代は、バビロニアからアッシリア勢力を駆逐した前六二二年以降と考えられる。ナボポラッサルが即位した時は、未だアッシリアの味方につくバビロニアの都市もあり、彼はそうした都市勢力とも戦わなければならなかった。この碑文では「イムグル・エンリル」再建に際し、エンリル神とシャマシュ神とマルドゥク神の労働者を召集したとある（第二欄三一行）。エンリル神はニップル、シャマシュ神はシッパル、マルドゥク神はバビロンで祀られていることから、これらの都市はナボポラッサルの支配下に入ったことを示している。なお、新バビロニア王朝時代の王碑文は、アッシリアの場合とは異なり、神殿の建設や再建といった王の活動が主に記録されることが多い。軍事活動に関してはあまり記録されず、訳出した本史料のように記録されたとしても具体的ではなく、マルドゥク神をはじめとする神々の力を讃美するかのような記述になることが特徴になっている。（鵜木元尋）

39 アッシリア帝国の崩壊――ニネヴェ陥落（前六一二年）

「バビロニア年代誌」三（続）（前七世紀末以後）

〔ナボポラッサルの治世〕［第一三年］――アヤ［ル］の月[1]に、スフ人[2]がアッカドの王に背き、戦争になった。［アッカドの王］は彼の［軍］勢を動員しスフに進軍した。（中略）

〔治世〕［第一四年］――アッカドの王は彼の軍勢を動員し、［……へ進軍し］た。ウンマン・マンダ[3]の王がアッカドの王に向かって［進軍し］、［…］で、彼らは出会った。アッカドの王は［……ウ］マキシュタル[4]……渡らせ、彼らはティグリス川に沿って進軍した。［……彼らは］ニネ［ヴェ］に対して［野営し］た。スィマヌの月からアブの月まで三カ［月］間、［…］彼らは町を激しい攻城にさらした。アブの月［…日……］、彼らは大勢の［人々に大敗］を被らせた。その時アッシ［リア］の王シン・シャラ・イシュクンは［死んだ。……］。彼らは町と神殿から莫大な戦利品を持ち去り、その町を廃［墟］の山に［変えた］。アッシリアの［…］は敵から逃げ、命〔乞い〕のためにアッカドの王の足を［摑ん］だ。ウルルの月二〇日、ウマキシュタルと彼の軍勢は母国に戻った。（中略）［…］月［…日、アッシュル・ウバリト〔二世〕］がアッシリアを統治するためハランで王位に就いた。（中略）

〔治世〕第一六年――アヤルの月に、アッカドの王は彼の軍勢を動員し、アッシリアへ進軍した。［…月］からアラフサムナの月まで、彼らはアッシリアの中を勝ち誇って進んだ。アラフサムナの月に、アッカドの王を助［けに］来たウンマン・マンダは、その軍勢を一緒に繰り出し、アッシリアで王位に就いた［アッシュル・ウバリ］トに向かってハランへ進軍した。敵に対する恐れがアッシュル・ウバリトと［彼を助けに］来たエジ［プト］の軍勢を襲い、彼らは町を見［捨］て、［…］渡った。アッカドの王はハランに達し、［…］その町を攻略した。彼は町と神殿から莫大な戦利品を持ち去った。（中略）

〔治世第一七年〕――ドゥムズの月に、アッシリア王アッシュル・ウバリトとエジプトの大軍が［……ユーフラテス］川を渡り、ハランを征服するために進軍し、［……その町を攻略し］た。彼らはアッカドの王が内部に配置していた守備隊を打ち負かした。彼らが〔その部隊を〕打ち負かした時、彼らはハランに対して野営［した］。ウルルの月まで彼らはその町を攻撃したが何も得［られ］なかった。〔しかし〕彼らは撤退しなかった。アッカドの王は彼の軍勢を助けに行った。［…］彼はイザラ［へ］上って行き、山中の多くの町を［……し］、彼らの［…］に火をつけた。その時［…］の軍勢がウラルトゥ地域まで［進］軍した。［…］の地で［…］、彼らは彼らの［…］を略奪した。（中略）

〔治世〕［第一八］年――［ウル］ル［の月に］、アッカドの王は彼の軍勢を動員した。

［ナ］ブー神とマルドゥク神を愛す［る者に］〔この文書を〕守らせよ。彼は〔それを他者の〕手に渡さないように。

（1）本史料に言及される月名に関し、史料36注1参照。なお、ドゥムズは第四月（六―七月）。
（2）史料36注2参照。
（3）メディアを指す。
（4）史料36注5参照。

【出典】A. K. Grayson, *Assyrian and Babylonian Chronicles*, Texts from Cuneiform Sources 5 (Locust Valley, N.Y., 1975), pp. 93–96 (Chronicle 3, ll. 31–32, 38–47, 49–50, 58–64, 66–73, 76–78).

【解説】「バビロニア年代誌」三に関しては、史料36解説参照。ここでは前六一三年のユーフラテス川中流にあったスフの反乱から年代誌の最後までを訳出した。前六一四年にアッシュルを落としたメディア王キャクサレスと同盟を結んだナボポラッサルは、二年後にアッシリアの首都ニネヴェを攻略した。本文中では、破損のため不明であるが、その後アッシュル・ウバリト二世がハランで即位したとあることから、シン・シャラ・イシュクンはこの時死んだと考えられている。前六一〇年、アッシリアとエジプトの連合軍がハランを攻めたことが記録されているが、これが年代誌におけるアッシリアの軍事活動に関する最後の記録である。「年代誌」三は前六〇九年にナボポラッサルが軍隊を動員したところで終わっているが、彼の遠征はさらに続き、エジプト軍との戦闘を記録している「年代誌」四が現存している。

（鵜木元尋）

40　最古の「世界地図」（前九世紀以降）

バビロニア世界地図（前六世紀頃）（図40-1）

【出典】W. Horowitz, *Mesopotamian Cosmic Geography*, Mesopotamian Civilizations 8 (Winona Lake, Ind., 1998), pp. 20–22.

【解説】この地図は世界最古の世界地図といわれ、ビート・ヤキンなど一部の地名の初出年代を考慮すると成立は前九世紀以降とされ、現存する粘土板は新バビロニア時代に書き写された。粘土板の表には地図とその地図に出てくる地方の動物名が書かれている。動物名の部分は後の時代に書き足されたと推定されている。裏面にはそれらの地方の状況が描写されている。「地図」は鳥瞰をもって描かれ、二つの同心円の内側がバビロニアをはじめとする陸地を表し、外円の外側と三角形は遠く離れた未知

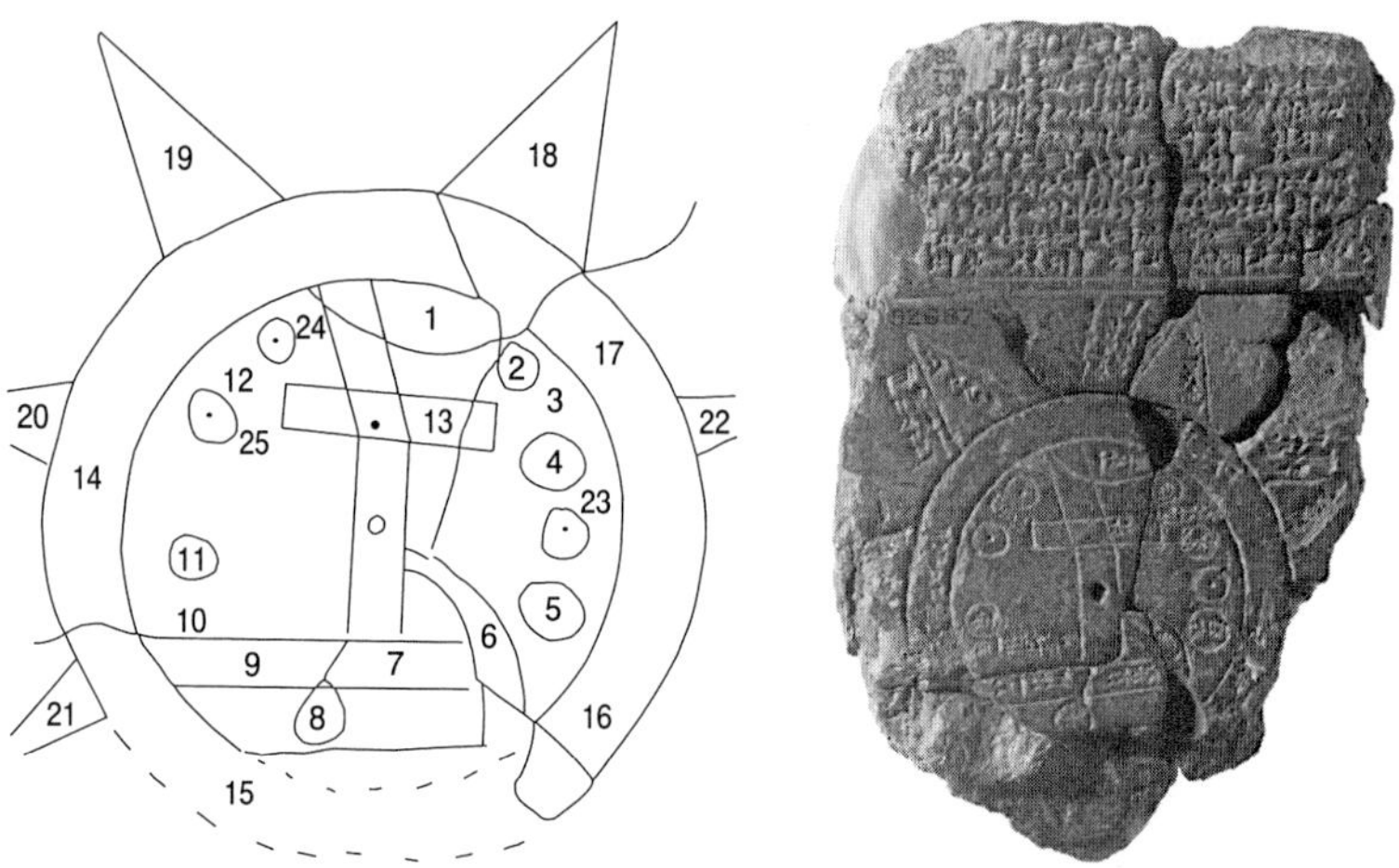

1. 山，2. 町，3. ウラルトゥ，4. アッシリア，5. デール，6. ［破損］，7. 沼沢地，8. スーサ，9. 水路，10. ビート・ヤキン，11. 町，12. ハッバン，13. バビロン，14. 海，15. ［海］，16. ［海］，17. 海，18. 太陽が見られない場所で，間に6ベールある大きな壁，19. 間に6ベールある地方，20. ［…地］方，21. ［…地］方，22. 間に8ベールある地方，23-25. 見出しなし.
（ベールは長距離を表す単位で，約10.8キロメートル）

図40-1　バビロニア世界地図(大英博物館所蔵)

の領域を、二つの同心円の間は「海」を表している。

（鵜木元尋）

41　新バビロニア王による神殿行政の統制（前六世紀半ば）

ナボニドスのエアンナ神殿改革文書（前五五一年）

王の役人〔兼〕エアンナ神殿(1)の監督官ナブー・シャラ・ウツルは、ギミル・ナナヤの子孫でナブー・バラッス・イクビの子、ウルクの知事マルドゥク・シュマ・イッディン、ギミル・ナナヤの子孫でムシャリム・マルドゥクの子、神殿職員のシェシュガル職ベール・ウバリト、エギビの子孫でイブナヤの子ゼーリヤ、シャ・ナブー・シュの子で神殿書記ナブー・アヘ・ブリト、（中略）神殿職員、下級祭司、エアンナ神殿の書記に対して〔次のように言う〕。

王は我々に〔次のように〕仰せられた、「エアンナ神殿の供物を、バビロンの王ネブカドネツァル〔二世〕当時の通りに与えよ」と。〔そこで〕神殿職員、下級祭司、エアンナ神殿の書記はネブカドネツァル(2)時代の書写板と文書を調べた。日〔毎〕に、大麦一〇マシーフ、ナツメヤシ三と六分の五マシーフ、エンマー小麦一と六分の五マシーフ、大きな枡で

〔量った〕ティルムン・ナツメヤシ三クーをウルクの女主人〔イシュタル女神〕の前に、大麦九と三分の一マシーフ、ナツメヤシ三と六分の五〔マシーフ〕、エンマー小麦一と三分の一〔マシーフ〕、大きな枡で〔量った〕ティルムン・ナツメヤシ三クーをナナヤ女神の前に、大麦五と四分の三マシーフ、ナツメヤシ三と三分の一〔マシーフ〕、エンマー小麦一と三分の一〔マシーフ〕、ティルムン・ナツメヤシ一と二分の一クーをレーシュ〔神殿〕の女主人の前に、大麦四と六分の五マシーフ、ナツメヤシ三と三分の一〔マシーフ〕、エンマー小麦一と四分の一〔マシーフ〕、ティルムン・ナツメヤシ一と二分の一クーをウツル・アマッス女神の前に、大の月(?)に、四六と六分の五マシーフをマルドゥク神の神殿と〔他の〕諸神殿に、ゴマ、日々の供物、月々の供物、甘い焼き菓子、ダンヌ〔桶〕、ナムハル〔容器〕、およびエアンナ神殿〔に関するも〕のは何であれ、ネブカドネツァル時代に与えられていた通りに与えられるべし。

書記：エギビの子孫でベール・アヘ・イキシャの子ナディヌ。

ウルク〔にて〕、スィマヌの月(3)二日、バビロンの王ナボニドスの〔治世〕第一年。

(1)　ウルク市の主神イシュタル女神の神殿。

(2)　マシーフとは「枡」を意味する言葉で、当時の単位では四八クーに相当する(一クーは約一リットル)。ただし、マシーフとクーの換算は時代によって変動し、一マシーフは四五クーに相当するという見解もある。

(3)　当時の暦で第三月の月名(現在の五―六月に相当する)。

【出典】G. Frame, "Nabû-šarra-uṣur, and the Eanna Temple," *Zeitschrift für Assyriologie und vorderasiatische Archäologie* 81 (1991), pp. 38-41 (PTS 2097, ll. 1-5, 14-31).

【解説】新バビロニア王国最後の王ナボニドスの治世第一年(前五五五年)に書かれた本史料は、王によるウルクの主神殿エアンナの改革を扱う。すなわち、同市の主要な女神たちに対する供物奉納をネブカドネツァル二世(在位前六〇四―五六二年)時代のあり方に戻すようにとのナボニドスの命令を、神殿役人の一人が他の神殿役人たちへ伝える文書である。王位簒奪者であるナボニドスは自らの王権の基盤を強化するため、治世の初期に神殿行政の改革を行った。この文書ではウルクのエアンナ神殿における供物に関する改革が記録されているが、この他同神殿所有地の経営にも介入し、神殿行政を直接統制しようとしたことが他の文書から分かっている。ここで注目されるのは、王の命令を伝達している人物である。上記したエアンナ神殿行政における王の代理人が「王の役人〔兼〕エアンナ神殿の監督官」であった。ここでは王の命令を伝達しているだけだが、神殿内の地位も高く、神殿行政で最も重要な土地経営に関しても大きな権限が与えられていた。

(鵜木元尋)

第二節

シリア・パレスティナ

42　アララハ王イドリミの半生（前一五〇〇年頃）

イドリミ碑文（前一五世紀）

私はイドリミ、イリムイリンマの子にして、テシュプ神、ヘパト女神、そしてアララハの女主人であり我が女主人でもあるシャウシュカ女神の僕《しもべ》である。

アレッポにおいて、我が父の家に［…］悪いことが起こった。そして我々は〔アレッポから〕逃れた。エマル市の支配者たちは、我が母の姉妹たち〔の親族〕であり、我々はエマルに住むことになった。我が兄弟たちは、私よりも年長であったが、私とともに住んだ。しかし、〔誰も〕私が考えていた事柄を、考えていなかった。このように私は〔自問した〕、「誰が彼の父の家にいるのか。それは君主の長子である。しかしエマルの人々とともにいる者は、下僕である」と。私は、私の馬と戦車と従者をともない、砂漠へと進んでいった。ストゥ人たちの中に私は入った。彼〔従者〕とともに、私はザッカル[1]の玉座の前で〔夜を〕過ごした。翌日、私は出発し、キナヌム[2]の地へ行った。キナヌムの地には、アンミヤの町があった。アンミヤの町には、アレッポの人々、ムキシュの人々、ニヒの人々、そしてアマエの人々がいて、彼らは〔そこに〕住んでいた。彼らは私が彼らの主君の子であると見て取り、私のもとへ集まってきた。（中略）

さらに七年間、強き王であり、フリの兵士たちの王であるパラタルナは、私のことを敵視していた。七年目に、私はアンワンダを派遣して伝えた。我が父祖の努力を。我が父祖たちは〔フリの〕兵士たちの王であるパラタルナに対し、フリの兵士たちの王とは互いに親交を結び、我らの父祖はフリの兵士たちの王と良好な関係にあった。そして彼らの間で強き誓いを結んだ。強き王〔パラタルナ〕は、我らの父祖の努力と彼らの間の誓いについて聞き知り、誓いに対して畏れを感じた。誓いの言葉のゆえに、そして我らの努力の故に。我が挨拶を、彼は受け入れた。私は供物を増やし、そして失った家を彼に返した。家臣の地位において、我が忠誠心において、私は友好的に彼に言った。そして私はアララハで王になった。

（後略）

（1）　おそらくストゥ人の首領。

（2）すなわちカナン。南シリアからパレスティナにかけての地域。アンミヤ（現代名アムユーン）はトリポリ（レバノン）の南約一五キロメートルの内陸に位置する。

【出典】M. Dietrich & O. Loretz, "Die Inschrift der Statue des Königs Idrimi von Alalah," *Ugarit-Forschungen* 13 (1981), pp. 204-205 (ll. 1-26, 42-58).

【解説】このイドリミ碑文は、アララハの王イドリミの座像に楔形文字（アッカド語）で刻まれたものである。アララハは、現在のテル・アチャナ遺跡にあたり、トルコとシリアの国境に近い、オロンテス川の東岸に位置している。

イドリミは、何らかの事件の起こったアレッポからエマル（ユーフラテス川大湾曲部右岸、現在のメスケネ遺跡）へ逃れたが、やがてそれまで敵対していたミタンニ王パラタルナの助力を得てアララハの王となった。このことは、彼がミタンニに服属したことを示しており、ミタンニ勢力が北シリアへ拡大していった状況をうかがわせる。彼の支配領域には、彼の故郷であるアレッポは含まれておらず、アレッポはミタンニの直接支配下にあった可能性も指摘されている。

この碑文は、イドリミ自身による「自伝」の形式をとっている。しかし、実際には別の人間によって、彼よりも後の時代に書かれたものであると考えられている。したがって、前一五世紀の北シリアに関する貴重な史料ではあるが、多くの脚色が施されている可能性があることを忘れてはならない。（小野哲）

43　エジプトによるアジア支配の弱体化（前一四世紀中期）

ティルスの領主アビ・ミルクからエジプト王宛の書簡（前一四世紀中期）

我が太陽、我が神、我が神々なる王へ。あなたの僕《しもべ》アビ・ミルクは次のように〔言う〕。

私は我が主なる王の足下に七度と七度ひれ伏しました。私は我が主なる王のサンダルの下の塵です。

ご覧ください、私は我が手にお委ねになられた王の町を、しっかり守っております。私は我が主なる王のご尊顔を拝するために〔エジプトへ〕参りたいと存じておりますが、シドンの〔領主〕ジムレッダのために、〔それが〕できません。彼は私が〔王の御前に〕入ろうとしていると聞くと、私に戦いを仕掛けてきました。我が主なる王の町を守るために、我が主なる王が〔兵〕二〇人を私にお与えくださいますように。そうすれば私は我が主なる王の御前に入[り]、その麗しいご尊顔を拝することが出来ます。（中略）

我が主なる王は私に書き送られました、「汝がカナン(1)にて聞いたことを私に書き送れ」と。ダヌナの王が死に、その後、彼の兄弟が王になりました。彼の地は平穏です。ウガリトの王宮が火災によって焼失しました。その半分は焼失し、その〔もう〕半分は〔被害が？〕ありませんでした。ヒッタイトの軍勢はおりません。カデシュの君主アイタカマと〔アムルの〕アジルが戦っています。その戦いは〔ダマスクスの〕ビルヤワザに対するものです。私はジムレッダの蛮行を見ました。彼は私に対し、アジル〔支配下〕の町々から船団と軍勢を集めたのです。我が主のご家臣(?)が〔彼らを〕恐［れ］てよいものでしょうか。〔しかし〕彼ら全員が恐れてしまいました。王がその僕〔である私〕を顧みられ、〔こちらに〕お向かいくださいますように。

(1)　当時エジプト支配下にあったパレスティナとフェニキア海岸南部地方。

【出典】 J.A. Knudtzon, *Die El-Amarna-Tafeln*, Vol. 1 (Leipzig, 1907), pp. 622–627 (no. 151, ll. 1–34, 49–70).

【解説】 カナン語色の強いアッカド語で書かれた本史料は、アマルナ書簡(史料24解説参照)のうち、エジプト支配下にあったシリア・パレスティナ諸都市国家の王がエジプト王(アメンヘテプ四世)に宛てて送った「属王書簡」の一例である。冒頭部に見られるように、属王が宗主の正式な称号および名前に言及することははばかられた。これらの書簡では各国とその周辺の情勢が報告されるが、隣国との領土紛争に言及する場合が多く、この地域に対するエジプト支配の実態が必ずしも安定したものではなかったことを示唆する。

本書簡からは、そうした属王が局地的な情勢以外にアナトリア半島南東部(ダヌナ)、シリアの北部(ウガリト、ヒッタイト軍の動向)、中部(カデシュ、アムル)、南部(ダマスクス)という広範な地域におよぶ情勢をも把握していたことが窺われ、興味深い。隣国シドンとの紛争自体は、兵「二〇人」の派遣要請に見られるごとく、小規模な軍事衝突であったようであるが、実際にはより大きな歴史的動向と関連していた。当時ヒッタイトのスピルリウマ一世はエジプト支配下にあったカデシュとアムルを奪い、積極的なシリア侵攻を進めていたが、本書簡はその余波がフェニキア海岸地方のティルスやシリア内陸部のダマスクスにまで及んでいたことを示す。こうした脅威に対し、属王たちはエジプトに軍事遠征を要請したが、自らの宗教改革によって国内に混乱状況を引き起こしたアメンヘテプ四世は、有効に対処することができなかった。

(山田雅道)

44　ウガリト王国の滅亡前夜(前一二世紀初期)

ウガリト王からアラシア王への書簡(前一二世紀初期)

我が父なるアラシアの王(1)に言え。あなたの息子ウガリトの王は次のように〔言う〕。

私は、我が父の足下にひ［れ伏しまし］た。我が父が平安でありますように。あなたの家々、あなたの妻たち、あなたの軍[隊]、〔そして〕我が父なる[ア]ラシ[ア]王のあらゆるものが、まことにまことに平安でありますように。

我が父よ、今や、敵の船団がやってきました。私の[町]々は火で焼き尽くされ、彼らはよか[ら]ぬことを国中で行いました。我が父はご存[知]ないのでしょうか、我が全軍がハッティ国[2]におり、我が全船[団]がルッカ国[3]にあることを。これ[ま]で彼らは私の元へ戻ってきていませんし、国土はこのように見捨てられています。我が父が、このことを御承知おきくださいます[よう]に。今や、やってきた敵の船七隻が〔おり〕、〔敵は〕悪事を私たちになしています。今、もし別の(?)敵の船が存在するならば、〔それについて〕私が知ることができるように、[ど]こかで(?)報告を私にお書き送りください。

（1）　現在のキプロス島にあったと考えられる国。当時のキプロス島は、西アジア、エジプト、アナトリアおよびエーゲ海沿岸を結ぶ交易の要地であった。

（2）　ウガリトの宗主国であるヒッタイト王国のこと。

（3）　アナトリア西部地中海沿岸部のいずこかにあったと考えられる国。後のリュキアにあたるといわれている。

【出典】　J. Nougayrol, "Textes suméro-accadiens des archives et bibliothèques privées d'Ugarit," in: J. Nougayrol *et al.*, *Ugaritica*, Vol. 5 (Paris, 1968), pp. 87–89 (no. 24).

【解説】　ウガリト(現在のラス・シャムラ遺跡)は、北シリアの地中海東岸に位置し、東地中海交易の拠点であったが、前二千年紀後半にはヒッタイト王国の属国となり、以後は滅亡するまでヒッタイトの宗主権下にあった。

ラス・シャムラ遺跡からは多数の粘土板文書が発見され、ウガリト人はメソポタミア系の楔形文字とは異なる独特なアルファベット式の楔形文字(ウガリト文字)を用いて彼ら自身の言語を書き記していたことが明らかとなった(史料45図45-1参照)。またメソポタミア系の楔形文字と当時の国際語であるアッカド語も、外交文書などに用いられていた。

右にあげた文書は、アッカド語で書かれた外交書簡であり、ウガリト王(おそらくアンムラピ)からアラシア王へ宛てられたものである。この書簡からは、当時のアナトリアからシリアの地中海沿岸地域の緊迫した状況を窺うことができる。そうした中、ウガリトの兵力はほとんどが宗主国ヒッタイトへ援軍として派遣されており、そこへ敵の船団がやってきてウガリトの領土を襲ったのであろう。

ヒッタイトを含む東地中海の国々の多くは、いわゆる「海の民」によって滅ぼされたとエジプトの碑文には記されている。「海の民」の実態は不明であり、エジプトの碑文の記述をそのまま信ずるだけの十分な同時代史料はないが、しかし東地中海の広い範囲で同時期に動乱が生じたことは明らかであり、このウガリト出土の書簡は、そうした状況を反映するものと思われる。

（小野哲）

45　アルファベットの誕生と発展（前一七―前二世紀頃）

ウガリトの楔形文字（前一四世紀）（図45-1）

【出典】 G. Garbini, "The Question of the Alphabet," in: S. Moscati (ed.), *The Phoenicians* (Milan, 1988), p. 91.

フェニキア語碑文（ノラ碑文、前九―前八世紀）（図45-2）

【出典】 E. Lipiński, *Itineraria Phoenicia*, Orientalia Lovaniensia Analecta 127 (Leuven, 2004), p. 239.

ポエニ語碑文（前三―前二世紀）（図45-3）

【出典】 S. F. Bondi, "Political and Administrative Organization," in: S. Moscati(ed.), *The Phoenicians* (Milan, 1988), p. 129.

【解説】　文字を書くという行為は、物事を記録にとどめるという人類の根源的な要求からはじまった。特に収穫や家畜の飼育に関わる経営管理の必要性から、メソポタミア南部の都市遺跡であるウルクの第四層からは、前三二〇〇年頃の最古の粘土板文書が出土しており、そこには楔形文字の原型となる絵文字風の文字が記されている。シュメール人が編み出した楔形文字は表意文字と表音文字の二種類の機能を兼ね備えていたが、文字数は複雑で五〇〇以上もあり、文字の使用は高度な訓練を積んだ書記などごく一部の人々に限られていた。

楔形文字はその後もアッカド語やエラム語、ヒッタイト語など、主に西アジアの言語を表すのに用いられたが、前一四世紀頃、シリア沿岸部のウガリトでは、楔形文字をこれまでの音節文字ではなく、一文字で一つの単音を表す音素文字として初めて使用した。それはわずか三〇文字からなる楔形文字による最初のアルファベットであったが（図45-1）、前一二〇〇年頃、東地中海世界一帯を襲った大きな変動と混乱（史料44参照）の中でウガリトが滅亡し、それと同時にこの楔形アルファベット文字の使用も途絶えてしまった。したがって、今日、われわれが使用するアルファベットの系譜は、別に求められなければならない。

現在のアルファベットの起源となる文字体系が出現したのは、前二千年紀中頃のカナン（シリア・パレスティナ）およびシナイ半島である。この一連の文字群は原カナン文字（原シナイ文字を含む）と呼ばれるが、中でも二〇世紀初頭にシナイ半島のセラビト・エル＝ハデム神殿およびその近郊で発見された前一五〇〇年頃の奉納碑文は特に有名である。これらの文字はエジプトの象形文字の影響を受けた絵文字風の表音文字であり、たとえば、人の頭を表す文字は「r」、水を表す文字は「m」というように、各字母の最初の単音を音価としている。これに従えば、「アルファベット」とは、文字列の最初の二文字、すなわち牛の頭を表す「aleph（アレフ）」と家を表す「bēth（ベート）」に由来する表現に他ならない。

初期のものは文字数も一定せず、また文字を記す方向もまちまちで縦書きのものもあったが、前一一世紀の中頃には、右から左への横書きで二二文字からなる線状アルファベットが完成した。なお、文字表記は子音のみで母音はない。このアルファベットは、セム語の中でも北西セム語を話す人々によって用いられたが、代表的な言語にフェニキア語(図45-2)やヘブライ語、アラム語がある。とりわけ、フェニキア人は前一千年紀初期の地中海に積極的に乗り出し、彼らの海外発展(史料47参照)に伴って、この文字の使用は西方へ広まっていった。フェニキア人が西方の拠点としたカルタゴでは、ポエニ語として母市の文字文化をさらに発展させた(図45-3)。

ところで、ミケーネ文明の崩壊とともにそれまでの文字(線文字B)を失ったギリシア人が、前八世紀の中頃から自らの言語を書き留めるために使用したのが、フェニキア人との接触によってオリエントから伝わったこのアルファベットであり、それはフェニキア文字と呼ばれた(ヘロドトス『歴史』第五巻五八章)。この時点では子音しかなかったセム語のアルファベットは、母音代用文字によってギリシア語では母音を表記することが可能になり、やがて中世ラテン語を経て、現在の二六文字のアルファベットへと発展していくのである。(佐藤育子)

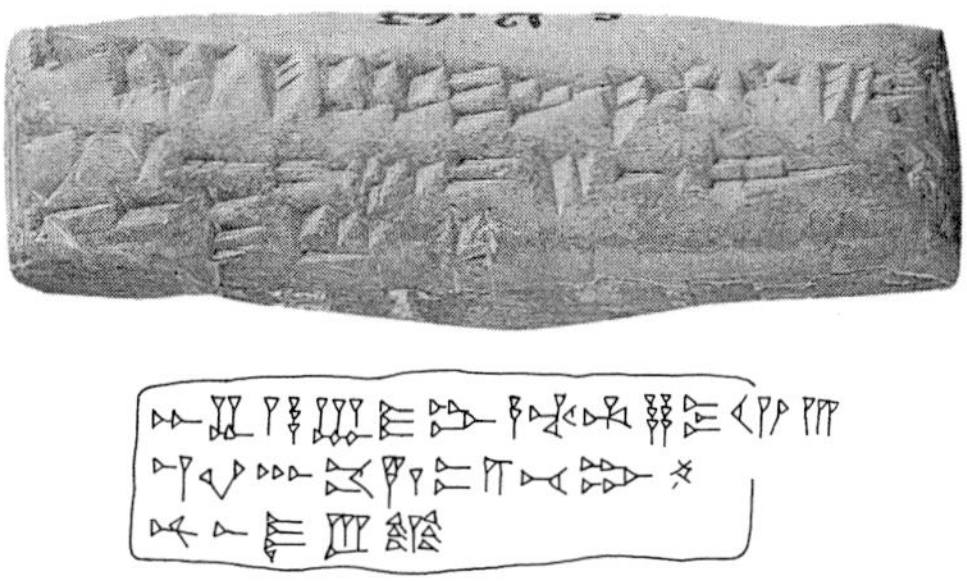

図 45-1 楔形文字によるアルファベット(前14世紀頃，ウガリト出土，ダマスクス国立博物館蔵)

図 45-2 フェニキア語碑文(前9-8世紀，サルディニア島のノラ出土，カリアリ国立考古学博物館蔵)

図 45-3 ポエニ語碑文(部分)(前3-2世紀，カルタゴ出土，カルタゴ国立博物館蔵)

46　最古のフェニキア語アルファベット碑文（前一〇〇〇年頃）

アヒラム王の石棺碑文（前一〇〇〇年頃）

ビブロス(1)の王、アヒラム(2)の子［イ］トバアル(3)が、彼の父アヒラムのために、彼を永遠の家に横たえた時に造った石棺。もし、王たちのなかから一人の王が、総督たちのなかから一人の総督が、軍隊の指揮官が、ビブロスに攻め上り、この棺を暴いたならば、彼の支配の笏は落とされ、彼の玉座は転覆させられるように。ビブロスから平穏は去るように。そして彼に関しては、彼の銘文が……の鋭さで(4)(?)拭い去られるように。

(1)　原文ではgbl。ギリシア語表記に由来するビブロスのこと。
(2)　「我が兄弟は高められた」の意。
(3)　人名の最初の一文字が欠損しているが、イトバアルないしはエトバアル、「バアル神は彼とともにいる」の意。
(4)　文末のšblは意味不明であるが、碑文を削るための道具の可能性がある。

【出典】H. Donner & W. Röllig, *Kanaanäische und Aramäische Inschriften*, Vol. 1 (Wiesbaden, 1962), p. 1; Vol. 2 (1964), p. 2 (no. 1).

【解説】ビブロスの王墓群（全九基）の第五王墓出土の石棺の一つに刻まれたこの碑文は、現存するフェニキア語最古のもの。一九二三年に発見され、石棺は現在ベイルート国立博物館に展示されている。

アヒラムの石棺が他の石棺に比べ際立って重要なのは、棺の上蓋と長方形の棺の四面すべてに施された装飾、さらには石棺に刻字された碑文のゆえにである。発見当初から石棺の年代に関しては、石棺自体と碑文のそれとをめぐって長年論争の的になってきた。長側面には玉座に座る支配者（死者）と彼に供物を捧げる臣下の行列、短側面には胸をあらわに嘆き悲しむ泣き女が浅浮彫で描かれており、石棺の四隅は丸彫りのライオンの頭部によって支えられている。近年、レバントにおいてエジプトの影響力が薄れた前一二世紀前半（初期鉄器時代）にこの石棺の制作年代を置く説も注目され、北シリアで生まれた新しい芸術の潮流の息吹を感ずることができる。

一方、碑文には、棺に被葬された人物の名前と墓所を汚しその棺を暴く者にたいしての呪いの言葉が記され、ビブロス出土の他の碑文との字体の比較から、前一〇〇〇年頃のものと研究者の見解はほぼ一致している。つまり、石棺は父王アヒラムを埋葬するためにイトバアルによって再利用され、そのために石棺の製作年代と碑文の年代に誤差が生じたものと考えられる。

（佐藤育子）

47　フェニキア人の海外発展（前一二世紀末頃―前六世紀半ば頃）

カルタゴ出土の金製のペンダント（前八世紀後半）

アシュタルテ(1)に　ピュグマリオン(2)に　パディ・ヒレツの子ヤダミルク(3)〔が捧げたもの〕〔彼は〕ピュグマリオンが救った者なり。

（1）　フェニキア・ポエニ世界で崇拝された女神。ティルスやキプロス島のキティオンにはこの女神を祀る神殿があった。
（2）　ここでは神の名前だが、ティルスやキプロスの王名にも見られる。
（3）　ペンダントの所有者。

【出典】　H. Donner & W. Röllig, *Kanaanäische und aramäische Inschriften*, Vol.1 (Wiesbaden, 1962), p.16; Vol.2 (1964), p.91 (no.73).

【解説】　青銅器時代末から初期鉄器時代(前一二〇〇―一〇五〇年頃)にかけてのシリア・パレスティナは、古代イスラエル人や「海の民」など外来者の移住や侵入により、領土の縮小や人口圧の増大など混乱を極めた。造船技術や航海術に優れたこの地の先住民であるカナン人は、やがて交易を目的として積極的に地中海方面に乗り出していったが、東方からやってきたこれらの人々をギリシア人はフェニキア人と呼んだ。フェニキア人という名称は、彼らの交易品を代表するアクキガイ(ムーレックス)の体液を抽出して得られる赤紫の染料に由来すると考えられている。後代のギリシア・ローマ史家の叙述によれば、この時期のフェニキア人たちは、すでに地中海のはるか西方に進出し、前一一〇四／三年頃、スペインにガデス、その数年後、北アフリカにウティカを(ウェッレイウス・パテルクルス『ローマ史』第一巻二章三節)、さらにガデスに先んじてモロッコ沿岸部にリクススを(プリニウス『博物誌』第一九巻六三節)建設したとされる。だが、これらの地域から前八世紀前半以前にさかのぼる考古史料は出土しておらず、伝承年代との間には隔たりが生ずる。

フェニキア人は、中継交易に才長けた商人であると同時に装飾品や調度品等の金属加工に優れた職人集団であり、その原料となる金、銀、銅、錫《すず》、鉛など当時貴重であったさまざまな金属獲得のため、地中海の各地、遥か西方にまで進出した。スペイン南西部のタルテッソス流域は特に古代の鉱物資源の宝庫であり、前述の伝承が示唆するように、このような取引のための交易所はやがて植民都市へと発展していったと考えられる。彼らが扱った商品は奢侈品であり、威信財として特に在地の有力者層に珍重され、このようなペンダントは護符としての役割も担っていた。考古学的調査は、前九世紀半ばにはキプロス島のキティオンにフェニキア人の植民の拠点が築かれたことを明らかにし、クレタ島のコモスからもフェニキア式特徴を持つ前九世紀末の神殿遺構が出土している。また、サルディニア島のノラからは前九世紀末から前八世紀前半のものと見られるフェニキア語碑文(ノラ碑文)が発見されている(史料45図45-2参照)。

フェニキア最大の植民都市カルタゴ(フェニキア語で「新しい都市」を意味する)は、複数の伝承によると前八一四/三年、ティルス出身のフェニキア人の一派によって建国された。ティルス王家から離反した一部の者たちの逃亡に端を発する建国伝説(ポンペイウス・トログス〈ユスティヌス抄録〉『フィリッポス史』第一八巻四―六章)は、カルタゴが単なる寄港地としてではなく、当初から新都として計画された場所であった可能性を暗示する。伝承年代からは半世紀ほど遅れるものの、共同墓地等から出土する考古史料から、前八世紀の半ば以降カルタゴにおいて本格的な植民が開始されたことは確実であり、当該史料もこのような文脈のなかで考えるべきであろう。なお、アシュタルテやピュグマリオンという名前はティルスやキプロスと関連が深く、一行がティルスからキプロスを経由してカルタゴに辿りついたという建国伝説とも符合するのは興味深い。

ところで、フェニキア人が本格的な海外発展を遂げていく前九世紀から前八世紀前半にかけて、地中海はいまだフェニキア人の独占領域であったが、前八世紀半ばからは新たにギリシア人が地中海で活発な植民活動を展開し、やがてシチリア島の領有を巡って先にその地に到来していたフェニキア人との間に摩擦が生じるようになる(トゥキュディデス『ペロポネソス戦争史』第六巻二章六節)。一方、オリエント本土では新アッシリア、新バビロニア、アカイメネス朝ペルシアとめまぐるしく支配者が交替する中、フェニキア諸都市はたびたび大国による蹂躙を受け、次第に衰退していった。このような状況下、地中海交易の結節点としての地の利を生かしたカルタゴは、時には軍事力をも行使し、前六世紀半ば以降、母市であるティルスに代わって西方地中海の政治的・経済的覇権を掌握していくことになる。

(佐藤育子)

48　初期イスラエルの姿(前一三世紀末)

メルエンプタハ王の碑文に付された詩文(前一三世紀末)

首長たちはひれ伏して言う「平安を!」
九弓[1]の民の一人としてその頭を上げるものはない。
チェヘヌ[2]は略奪され、ケト[3]は平和だ。
カナンはあらゆる悪に囚われている。
アスカロンは征服され、ゲゼルは掌握された。
イェノアム[4]は消滅した、
イスラエルは荒廃し、種子[5]は枯れた。
カルウ[6]はエジプトのために寡婦となった。
不穏なものが動き回った土地は全て平和になった、
上下エジプト王、バエンラー・メリアメン、
ラーの息子、メルエンプタハ、マアトに満足するもの、
ラーのごとく永久に、生命があたえられたものによって。

(1) 古来、エジプトの敵を示す表現。時代によってそれが示す具体的な敵は異なった。
(2) リビア。
(3) またはケタ。ヒッタイト。
(4) 一説にはメギドに近い北パレスティナの都市、正確な位置は不明。
(5) ここではイスラエルだけが土地を示す決定詞ではなく人を示す決定詞で記されている。従ってイスラエルは都市ではなく人々の集団を示し、「種子」は「子孫」をも意味すると考えられる。
(6) フリ。シリア地方を指す。

（森際眞知子訳・注）

【出典】K. A. Kitchen, *Ramesside Inscriptions: Historical and Biographical*, Vol. 4 (Oxford, 1968), p. 19 (IV, 19, ll. 1-10).

【解説】　エジプト第一八王朝のトトメス三世(在位前一四七九―一四二五年頃)がシリア・パレスティナ(カナン)を属州として再編以来、この地域は長くエジプトの支配下に置かれてきた。旧約聖書創世記一〇章の「諸民族の表」で、言語学的にはセム語族に属するカナンがエジプトと同じくハムの子孫として分類される(六節)のも、両者のこのような歴史的繋がりに由来する。アマルナ時代のエジプトの外交政策は属州統治にまったく関心が払われず、その支配力は明らかに低下したが、第一九王朝に入ると、エジプトは再び属州支配の強化を図り、遠征によってこの地の勢力奪回と確保に努めた。メルエンプタハの父、ラメセス二世とヒッタイトのムワタリ二世がオロンテス河畔で激突したカデシュの戦い(前一二七五年)からは、この地方をめぐる当時の二大大国の思惑を読み取ることができる。

　ラメセス二世の息子である第一九王朝第四代の王メルエンプタハ(在位前一二一三―一二〇三年頃)は、治世第五年にシリア・パレスティナ方面への遠征を行っており、その時、敵対した相手として、聖書外史料(エジプト側史料)に初めて「イスラエル」の名前が現れる。特に、ともに言及されるアスカロン(アシュケロン)、ゲゼル、イェノアムは都市名であるのに対し、「イスラエル」がここで人々の集団として考えられている点は注目すべきであろう。近年の考古学は、後期青銅器時代の都市遺構がほとんど存在しなかったパレスティナの山間部に、初期鉄器時代には急激に小規模の集落が増加したことを明らかにしており、この地における新たな人々の到来が示唆される。これはメルエンプタハ時代の「イスラエル」の存在を示す碑文とも整合性があり、ここで描かれる「イスラエル」は、社会的民族集団を形成し山地に居住する、都市国家システムの枠外に存在した人々であった可能性がある。つまりそれは、最初は人のまばらな山間部から入植を開始し、やがて緩やかな部族連合を形成していく初期イスラエルの姿を投影したものと考えられる。

（佐藤育子）

49　最古のヘブライ語碑文――農事暦（前一〇世紀）

ゲゼル・カレンダー（前一〇世紀）

収納のふた月　種まきのふた月
遅まきのふた月

亜麻の刈り入れのひと月
大麦の収穫のひと月
〔小麦の〕収穫と計量のひと月
〔ぶどうの〕(1)刈り込みのふた月
夏の果実のひと月
アビヤ(2)［フ］
PNYH(3)［…］

（1）ぶどう、いちじく、など。
（2）左欄外。最後が欠損しているが、人名と考えれば碑文を記した人物である可能性が高い。
（3）裏面。文字自体が不鮮明であり、詳細は不明である。レンツ版では人名ペニャフ。

【出典】J. Renz, *Die althebräischen Inschriften*, Teil 1, Handbuch der althebräischen Epigraphik 1 (Darmstadt, 1995), pp. 34-36 (Gez(10):1).

【解説】一九〇八年にイスラエルのテル・ゲゼルより出土した石灰岩製の小板(長さ六・七―一一・一センチメートル、幅七・二センチメートル)に刻まれた碑文。年代は前一〇世紀に位置づけられ、現在知られている最古のヘブライ語碑文である。イスタンブール考古学博物館蔵。

石板に記された筆致の稚拙さから書記を養成する学校の練習用書板か、あるいは豊穣を願う、農民の神への祈願文とも考えられている。興味深いのは、一年にわたる一二カ月の農作業がそれぞれ一カ月ないしは二カ月ごとに順を追って列記されている点であり、当時、ゲゼル一帯で用いられた農事暦とも解釈される。なお、この農事暦では秋を一年の始まりとしており、春を始まりとするバビロニア暦とは別に、古来よりイスラエルには秋分を起点とする暦法(太陰暦)が存在していたことが証明される。現在のユダヤ暦においても新年(ローシュ・ハ・シャナー)は九月に始まり、現在の月名を当てはめるならば、以下のようになろう。

ティシュリ月とマルヘシュワン月	九―一一月
キスレウ月とテベト月	一一―一月
シェバト月とアダル月	一―三月
ニサン月	三―四月
イヤル月	四―五月
スィワン月	五―六月
タンムズ月とアブ月	六―八月
エルル月	八―九月

（佐藤育子）

50　イスラエルに対するモアブ王メシャの反乱（前九世紀中頃）

メシャ碑文（前九世紀中頃）

私はケモシュ［ヤト］の子メシャ、モアブの王でありディボンの人。我が父は三〇年間モアブの王であった。そして私は我が父の跡を継いで王になった。(中略)イスラエルの王オムリ[1]は、長い日々、モアブを苦しめた。なぜなら、ケモシュ[2]が彼〔自身〕の国に対して怒られたからである。そして彼〔オムリ〕の子[3]が跡を継ぎ、彼もまた言った、「私もモアブを苦しめよう」と。私の時代、彼は[そのように]言ったのである。

しかし私は、彼と彼の家に勝利した。イスラエルは滅びた。永遠に滅びた。オムリはメデバの地を占領した。そして彼の治世と彼の子の治世の半分、四〇年間をそこに住んだ。

しかし、私の治世にはケモシュがそこに[住]んだ。私はバアル・メオンを建設し、そこに貯水池を造った。そしてキルヤタイムを[建]設した。ガドの人々はアタロトの地にずっと以前から住んでおり、イスラエルの王はアタロトを自分のために建設した。私は〔この〕町を攻撃し、占領した。(中略)

私はアロエルを建設した。私はアルノン川沿いに道路を造った。また私は、ベト・バモトを建設した。なぜならそれは破壊されていたからである。私はベツェルを建設した。なぜなら[それは]廃墟となっていたからである。ディボンの五〇人の男と[ともに]。というのは、ディボン全土が私に従ってくれたから。そして私は、私が国土に加えた何百もの町々を治めた。

私は[また、メデ]バを、ベト・ディブラタイムを、ベト・バアル・メオンを建設した。(中略)またハウロネン[4]はそこに住んだ。[……そして]ケモシュは私に言った、「下って行き、ハウロネンと戦え」と。そこで私は下って行き[…]、私の治世にはケモシュがそこに[住んだ。](後略)

（1）北イスラエル王国の王(在位前八七八—八七一年)。オムリ王朝の始祖。
（2）モアブ人の崇拝する神。イスラエルのヤハウェに相当。
（3）アハブ王(在位前八七一—八五二年)。
（4）旧約聖書のホロナイム(イザヤ書一五章五節等)に同定される。

【出典】H. Donner & W. Röllig, *Kanaanäische und Aramäische Inschriften*, Vol. 1 (Wiesbaden, 1962), p. 33; Vol. 2 (1964), pp. 168–169 (no. 181, ll. 1-11, 26-33).

【解説】一八六八年にヨルダンのディバン(古代のモアブ人の町ディボン)で発見されたメシャ王の碑文(別名モアブ石)は、最も長くまとまった北西セム語の碑文として知られる(ルーブル美術館蔵)。碑文の製作年代は前九世紀中頃と考えられ、旧約聖書(列王記〈下〉三章四—二七節)に記述されたモアブの反乱とメシャ王の実在性を証明することになった。なお、聖書ではメシャの反乱はアハブの子ヨラムの治世に始まり、北王国イスラエルは南王国ユダとモアブの南方エドムの援軍を得て遠征軍を組織したとある。碑文に登場する地名の多くは死海東岸アルノン川以北にあり、碑文によればメシャはイスラエルに占領されていたこれらの町々の再建に力を注いでいる。イスラエルとモアブの境界線は死海東岸アルノン川周辺を流動的に動いていたが、碑文はアルノン川以北のアタロトに古くからイスラエル系のガド人が居住していたことを認める一方で(一〇行)、メシャ自身がディボンの出身であることを宣言していることから(一―一二行)、メシャの即位当時、モアブの北限はすでにアルノン川を越えていた可能性がある。オムリ、アハブ時代のイスラエルのヨルダン川東岸地方への覇権拡大は、モアブの豊かな羊毛産業を押えることが狙いであった(列王記〈下〉三章四節)。碑文の最後の部分は欠損部が多く詳細は不明であるが、モアブ南部の町ハウロネン(ホロナイム)に対する征服を示しているものと考えられる。この地はアルノン川のはるか南、首都キル・ハラセテの南方に位置しており、イスラエルの支配は及ばなかった地域である。おそらくこの記述は、碑文では明言されなかったエドムとの戦い(同三章二六節)を反映しているものであろう。モアブとイスラエルの勝敗の帰趨は曖昧な点も多いが、イスラエルに対するモアブの反乱はアラム人の攻撃で弱体化しつつあったオムリ王朝の衰退に拍車をかけ、その後まもなくクーデターにより同王朝は滅亡する(前八四五年)。他方でメシャの反乱は、アルノン川以北の永続的な定住をモアブにもたらしたが、彼のその後については碑文も旧約聖書も何も語っていない。

(佐藤育子)

51　カルカルの戦い――アッシリアの西方拡大に対する抵抗(前八五三年)

シャルマネセル三世の碑文(前八五三年頃)

(前略)私はサハララを出発してカール・シャルマネセルに向かった。私はヤギの皮で作った筏で再びユーフラテス川をその増水時に渡った。私はユーフラテス川の向こう側の王たち〔すなわち〕カルケミシュのサンガラ、クムフのクンダシュピ、ビート・アグシのアラメ、メリドのラリ、ビート・ガッバルのハヤヌ、パティンのカルパルンダ、グルグムのカルパルンダの貢ぎ物――銀、金、錫《すず》、青銅、青銅の壺――を、ユーフラテス川の向こう側のサグラ河畔のアッシュル・ウテル・アツバト――ハッティの地の人々はピトルと呼ぶ――で受け取った。(中略)

私はアルガナを出発してカルカルに向かった。彼〔ハマトのイルフレニ〕の王都であるカルカルを私は破壊し、火で焼き払った。ダマスクスのアダド・イドリの戦車一二〇〇、騎兵一二〇〇、歩兵二万、ハマトのイルフレニの戦車七〇〇、騎兵七〇〇、歩兵一万、イスラエルのアハブの戦車二〇〇〇、歩兵一万、ビブロスの歩兵五〇〇、エジプトの歩兵一〇〇〇、イルカタの歩兵一万、アルワドのマティヌ・バアルの歩兵二〇〇、ウサナタの歩兵二〇〇、シアンのアドゥン・バアルの戦車三〇、歩兵［X］〇〇〇、アラブ人ギンディブのラクダ一〇〇〇、ビート・ルフビのバアサの歩兵［X〇］〇〇、〔および〕アンモン人〔の軍勢〕。これら一二人の王たちの軍勢を〔イルフレニは〕彼の援軍とした。私と戦いを交えるため、彼らは私に向かってきた。私は、私の主アッシュル神が賜った大いなる力と［私の前］を行くネルガル神がお恵みになった強い武器で彼らと戦った。カルカルからギルザウに至るまで、私は彼らを打ち破った。彼らの兵士一万四〇〇〇人を私は武器で打ち倒した。私は、アダド神のように、破壊の洪水を彼らの上に降り注いだ。私は彼らの屍を広げ、それで野を埋めた。彼らの大軍勢を私は武器で〔打ち倒し〕彼らの血を流した……平野は〔屍で埋め尽くされて〕彼らの身体を打ち倒すには狭くなった。広い平原は彼らを葬るために使い尽くされた。私はオロンテス川を彼らの死体で土手のように堰き止めた。戦いの最中、彼らの戦車、騎兵と軛に繋がれた馬を奪った。

【出典】 A.K. Grayson, *Assyrian Rulers of the Early First Millennium BC*, Vol. 2: *(858–745 BC)*, The Royal Inscriptions of Mesopotamia: Assyrian Periods 3 (Toronto, 1996), pp. 22–24 (A.0.102.2, ii 81–86, 89–102).

【解説】 訳出したアッシリア王シャルマネセル三世（在位前八五八—八二四年）の碑文は、ティグリス川上流域のクルクで発見された高さ二二〇センチメートルほどの石碑に刻まれたものである。この碑文は王の治世始めから第六年までの軍事遠征を記録する年代記である。シャルマネセルの時代、アッシリアは従来の勢力圏をはるかに越えて遠方へ毎年の軍事遠征を行い、その支配を拡大したが、わけてもシリアは最重要の軍事標的であった。訳出した部分は第六年に行われたシリア遠征を扱っており、前年までに北シリア諸国を服属させたアッシリアがシリア南部に軍を進め、これをシリア諸国がオロンテス河畔のカルカルで迎え撃った戦い（カルカルの戦い）を描いている。碑文では、アッシリア軍が勝利をおさめたことが強調されているが、けっして敗北を記録しないアッシリアの王碑文の主張をそのまま受け入れることはできない。戦いは引き分けに終わり、アッシリア軍はカルカル近郊で進軍を阻まれたと見るのが妥当であろう。この後もアッシリア軍は同様の同盟と繰り返し戦いを交えたが、その度にシリア南部への進出を阻まれている。アッシリアがシリア南部侵攻に成功するのは、シリア同盟が内的要因から崩壊した後の前八四一年のことであった。〔参〕Y・アハロニ、M・アヴィ＝ヨナ／池田裕訳『マクミラン聖書歴史地図』原書房、一九八八年、図127。

（山田重郎）

52　アラム・ダマスクスとイスラエル、ユダ王国の戦い（前九世紀後期）

テル・ダン碑文（前九世紀後期）

[……]……そして[……]切った。[……]私の父は上っていき[……]で戦った。私の父は横たわり、彼の[父たちの所]へ行った(1)。そしてイ[ス]ラエルの王は、かつて私の父の地に侵入していた。[そして]ハダド神が私を王にした。ハダド神は私の前を行き(2)、私は……[……]から出発した。私の治[世?……]そして私は[数]千の戦車と数千の騎兵を持つ[力あ]る王[たち]を殺した。イスラエルの王[アハブの]子[ヨ]ラム[を私は殺し]、ダビデの家(3)の[王ヨラム]の子[アハズ]ィヤフを殺した。そして……[……]彼らの土地を[……]他の[……イエフが]イス[ラエル]で王[となった。……私は……]を包囲[し……]（以下破損）

（1）死亡したことをあらわす婉曲表現。
（2）神が王を導いてその前を行くのは、神による加護のもとで戦いに勝利する王を描く古代オリエントの王碑文に共通した文学的モチーフである。
（3）「ダビデの家」は、ダビデ王の家系を引く王朝であるユダ王国を意味する。

【出典】 A. Biran & J. Neveh, "The Tel Dan Inscription: A New Fragment," *Israel Exploration Journal* 45(1995), pp. 12-13.

【解説】 一九九三年から九四年にかけてイスラエル北部のテル・ダンで古代アラム語の刻まれた石碑断片が三点発見された。ここに示したのは、これら断片を接合して復元された石碑上にみとめられる全一三行の碑文の訳である。

断片の接合と碑文の解読を行ったA・ビランとJ・ナヴェの研究において特に注目すべき点は、碑文の後半部分に「イスラエルの王[アハブの]子[ヨ]ラム」と「ダビデの家（ユダ王国）の[王ヨラム]の子[アハズ]ィヤフ」を修復して読み取り、碑文の著者を、旧約聖書においてこの二人の王と戦ったとされる前九世紀後半のアラム・ダマスクスの王ハザエル（列王記〈下〉八章二八節以下参照）と同定した点である。この見解は現在広く支持されている。碑文はかなり断片的であるため、細部の解釈に関して研究者の意見は分かれており、ここに示した修復と翻訳も仮説の域をでない部分も残る。

碑文は、前任者であるアラムの王の死後、ハザエルが神による任命を受けて即位し、外敵と戦って勝利を収めたことを記しており、特に南の隣国イスラエル王国とユダ王国に対する戦いに焦点が当てられている。史料として読むときに最大の問題となるのは、ヨラムとアハズィヤ（アハズィヤフ）の死をめぐる旧約聖書（列王記〈下〉九章）の記事とテル・ダン碑文との対立である。列王記によれば、ヨラムとアハズィヤは同盟してラモト・ギレアドでハザエルに対して戦った後、イスラエルの軍人イエフの革命により殺害されたが、テル・ダン碑文は、彼らの殺害はハザエルによるものだと主張する。この矛盾をめぐる研究者の見解は分かれている。一部の研究者は、テル・ダン碑文はハザエルの軍事的勝利を「qtl 殺す」という強い言葉使いで誇張して表現しており、実際のヨラムとアハズィヤの殺害は、列王記が語るようにイエフに帰せられると考えるが、他の研究者は同時代史料であるテル・ダン碑文の記述を重くみて、列王記の記事を神学的動機により脚色された歴史性のない物語として退ける。〔参〕山田重郎「テル・ダン出土のアラム語碑文とアラム・イスラエル関係」『日本の聖書学』5、一九九九年。

（山田重郎）

53　アッシリア王センナケリブによるエルサレム包囲（前七〇一年）

センナケリブの年代記（前六八九年）

（前略）第三の遠征において、私はハッティの地[(1)]に行った。

（中略）

そして私の軛に服さなかったユダのヒゼキヤに対しては、彼の城壁のある要塞の町四六とその周辺の数限りない小さな町々を、塁壁を踏み固め、破城槌を近づけ、歩兵隊の攻撃を行い、トンネルを掘り、城壁に破れを作り、攻城機(?)を用いて包囲、征服した。二〇万一五〇の人々――老いも若きも、男も女も――、数限りない馬、ラバ、ロバ、ラクダ、牛、羊をそれら〔の町々〕から引き出して戦利品として数えた。彼自身については、籠の鳥のように彼の王都エルサレムに閉じ込めた。私は彼に対して土塁を築き、彼が町の門を出ることができないようにした。私は、私が略奪した彼の町々を彼の領土から切り離し、アシュドドの王ミティンティ、エクロンの王パディ、ガザの王ツィル・ベールに与え、彼の領土を小さくした。彼ら〔アシュドド、エクロン、ガザの王〕の従来の年貢にさらに私の主権に対する贈り物を増し加えて〔支払うように〕彼〔ら〕に課した。私の主権が発する恐ろしい光輝がヒゼキヤを圧倒し、彼は、彼の王都エルサレムを強化するために連れてきて援軍とした特別部隊[(2)]と彼の優れた軍勢、三〇ビルトゥ[(3)]の金、八〇〇ビルトゥの銀、選りすぐりのアンチモニー、立派な紅玉髄の塊、象牙の寝台、象牙の肘掛け椅子、象皮、象牙、黒檀、つげ、ありとあらゆる高価な宝物、彼の娘たち、彼の宮廷の女たち、男女の歌い手を、私の王都であるニネヴェ[(4)]に〔引き上げた〕私の後〔を追って〕運び込ませ、貢納と服従の〔意を表する〕ために使者を送ってよこした。（後略）

(1)　シリア・パレスティナ。
(2)　原語は urbi.

（3） ビルトゥは重量単位で約三〇あるいは六〇キログラム。
（4） 当時のアッシリアの首都。現クユンジク。

【出典】 R. Borger, *Babylonisch-Assyrische Lesestücke*, Vol. 2, Analecta Orientalia 54/2, 2nd ed. (Rome, 1979), pp. 73-75 (Oriental Institute Prism, ii 37, iii 18-49).

【解説】 ここに訳出したのは、アッシリア王センナケリブ(在位前七〇四―六八一年)の複数の遠征を年代記形式で記録するアッカド語文書(Chicago Oriental Institute Prism)の中の第三次遠征(前七〇一年)について記した部分である。この遠征においてセンナケリブは、シリア・パレスティナ地方の反乱を鎮圧すべく西方に向かい、地中海岸に至ると、軍を率いて海岸を南下した。アッシリア軍は抵抗するシドンとアシュケロンを攻撃、屈服させ、反乱を支援するエジプト軍とパレスティナ南部で一戦を交え、エクロンの反乱者を処罰した後、反乱の中心であったユダ王国を攻撃した。旧約聖書の列王記(下)一八―一九章もまた、センナケリブのユダ王国に対する攻撃とエルサレム包囲を描いている。一八章一三―一六節はヒゼキヤがアッシリアに大量の貢物を支払ったと記しており、この点でセンナケリブの年代記と一致している。しかし、それに続く部分は、エルサレムを包囲するアッシリア軍が神の使いに撃たれて殲滅された結果、センナケリブはニネヴェに帰還したと記し、聖都エルサレムの神による救済物語として事件を描いている。これはユダ王国の全土がアッシリアの攻撃を受けて壊滅したにもかかわらず、なおエルサレムが無傷で残ったことに神の力を感じた人々によって生みだされた伝説と考えることができる。　（山田重郎）

54　ユダ王国末期の情勢（前六世紀初期）

アラド書簡（前六世紀初期）

エルヤシブへ。さて今、三バト[1]のぶどう酒をキッティム[2]に与えよ。そしてその日にちの名前を記しておけ。そして最初の小麦粉の残りから一ホメル[3]を挽いて粉にするように。彼らにパンを作ってやるために。そして鉢型の容器から[4]〔彼らに〕ぶどう酒を与えよ。

（1） 液体の容量単位。一バトは約二一リットル。
（2） 地中海・エーゲ海方面、特にキプロスからやってきたギリシア系の人々。ユダ王国の軍隊に傭兵として参加していたものと見られる。
（3） 固体の容量単位。一バトの一〇倍。なお、当該部分は文字ではなく記号で記されていたので、一ホメルではなくその十分の一の一エファ(一バトに相当する穀類の容量単位)という解釈もある。
（4） ぶどう酒を水で割って飲むための容器。

【出典】 J. Renz, *Die althebräischen Inschriften*, Teil 1, Handbuch der althebräischen Epigraphik 1 (Darmstadt, 1995), pp. 355-357 (Arad (6) : 1).

ラキシュ書簡（前六世紀初期）

ヤハウェが今日、よき知らせを、我が[主に]お聞かせくださるように。さて今、我が主が〔書き〕送ったすべてに従って、あなたの僕《しもべ》はその通りに行いました。私は[我が主が〕私に〔書き〕送られた通りに、すべてを戸の上(1)に書き記しました。ところで、我が主がベト・ハラピド(2)の事に関して〔書き〕送られた時、そこに人は一人もいませんでした。（中略）そして、彼〔我が主〕が知って下さるように。我らが、我が主が与えて下さったすべての合図に従って、ラキシュ(3)からの狼煙を見守っていることを。なぜなら、我らはアゼカ(4)〔からの狼煙〕を見ることができないからです。

(1) パピルスの巻物の書欄（旧約聖書エレミヤ書三六章二三節参照）あるいは書板と解釈することもできる。
(2) 正確な位置は不明。当時の軍事拠点のひとつであったと考えられる。
(3) ユダ王国の要塞都市。前七〇一年、アッシリア軍の攻撃を受け陥落するが、その後、ヨシヤ王の時代（在位前六三九—六〇九年）に再建された。
(4) ユダ王国の町、ラキシュの北方に位置する。

【出典】 *Ibid.*, pp. 421–422 (Lak(6) : 1.4, ll. 1–6, 10–13).

【解説】 イスラエル王国時代のヘブライ語書簡として、二点を挙げるが、これらの書簡はすべて土器片にインクで記されたものであり、当時の書簡の一般的形態と考えられる。ここで取り上げるアラド書簡とラキシュ書簡は、ユダ王国に対して行われたネブカドネツァル二世による第一次バビロニア捕囚（前五九七年）と第二次バビロニア捕囚（前五八六年）の時期とそれぞれ重なり、王国滅亡直前の社会状況を伝えるものとして興味深い。

　アラドは、ネゲブ砂漠北東部に位置するユダ王国南東の要衝である。一九六二年から六七年にかけての発掘で、ヘブライ語、アラム語、ギリシア語、アラビア語を含む多くの碑文史料が発見された。うち、ヘブライ語碑文はすべてが鉄器時代Ⅱ期に属するものである。特に「エルヤシブ書簡」と名付けられた一連の碑文史料は、アラドを守備する司令官エルヤシブに宛てられた主に物資の配給命令で、ここでの支給対象はユダの軍隊で働くキプロス出身のギリシア人傭兵である。エルヤシブ書簡の一〇通に、キッティムという名称が登場するが、おそらく彼らは行軍のための食料をアラドで受け取り、周辺の軍務に服していたと推測される。だが、バビロニア軍による首都エルサレム攻略の混乱の中、アラドの要塞も破壊された。前五九七年一月一六日から始まるテベト月が、おそらくアラド陥落の時期であったと考えられる。

　ラキシュは、海岸平野からヘブロンへ向かう道路沿いにあり、アゼカとともにバビロニア軍のユダ侵攻時の最後の防衛の拠点となった（エレミヤ書三四章七節）。一九三五年と三八年の発掘により、併せて二一通のヘブライ語書簡が発見されたが、軍務に服する下士官が司令官にあてた本書簡は、前五八六年のユダ王国滅亡直前の絶望的な周辺の状況を伝えている。おそらくこの書簡の差出人である下士官は、ラキシュとアゼカの両方の地を見ることができる場所にいたのであろう。アゼカはすでに陥落したのか、もはや狼煙をみることができないとラキシュにいる司令官に訴えている。ラキシュからの指示を待ち望む緊迫した雰囲気が伝わって来る史料である。

（佐藤育子）

55 ユダ王国滅亡と第二次バビロニア捕囚（前五八六年）

旧約聖書列王記（下）二五章（前六世紀以降）

〔ゼデキヤ〕(1)の治世第九年の第一〇の月の一〇日に、バビロンの王ネブカドネツァルは全軍を率いてエルサレムに到着し、陣を敷き、周りに堡塁を築いた。都(2)は包囲され、ゼデキヤ王の第十一年に至った。その月(3)の九日に都の中で飢えが厳しくなり、国の民の食糧が尽き、都〔の一角〕が破られた。カルデア人が都を取り巻いていたが、戦士たちは皆、夜中に王の園に近い二つの城壁の間にある門を通って〔逃げ出した〕。〔王〕(1)はアラバ(4)に向かって行った。カルデア軍は王の後を追い、エリコ(5)の荒れ地で彼に追いついた。〔王〕(1)の軍隊はすべて〔王〕(1)を離れ去ってちりぢりになった。王は捕らえられ、リブラ(6)にいるバビロンの王のもとに連れて行かれ、裁きを受けた。彼らはゼデキヤの目の前で彼の王子たちを殺し、その上で〔バビロンの王〕(1)は彼(7)の両眼をつぶし、青銅の足枷をはめ、彼をバビロンに連れて行った。

　第五の月の七日、バビロンの王ネブカドネツァルの第一九年のこと、バビロンの王の家臣、親衛隊の長ネブザルアダンがエルサレムに来て、主の神殿、王宮、エルサレムの家屋をすべて焼き払った。大いなる家屋もすべて、火を放って焼き払った。また親衛隊の長〔と共に来た〕カルデア人は、軍をあげてエルサレムの周囲の城壁を取り壊した。民のうち都に残っていたほかの者、バビロンの王に投降した者、その他の民衆は、親衛隊の長ネブザルアダンによって捕囚とされ〔、連れ去られ〕た。この地の貧しい民の一部は、親衛隊の長によってぶどう畑と耕地にそのまま残された。（中略）親衛隊の長は、祭司長セラヤ、次席祭司ツェファンヤ、入り口を守る者三人を捕らえた。また彼は、戦士の監督をする宦官一人、都にいた王の側近五人、国の民の徴兵を担当する将軍の書記官、および都にいた国の民六〇人を都から連れ去った。親衛隊の長ネブザルアダンは彼らを捕らえて、リブラにいるバビロンの王のもとに連れて行った。バビロンの王はハマト地方のリブラで彼らを打ち殺した。こうしてユダは自分の土地を追われて捕囚となった。（後略）

(1) ヘブライ語原典では「彼」。以下、翻訳は新共同訳『聖書』(日本聖書協会、一九九一年)に従うが、原文に無い補いの部分は〔　〕で表示した。
(2) 直訳は「その町」。以下、同じ。
(3) エレミヤ書三九章二節、五二章六節では「四月」。
(4) ガリラヤ湖から死海を経て南方にのびる地溝帯上の荒野。

（5） 死海の北に位置する町。
（6） ネブカドネツァルが西方遠征の拠点としたレバノン峡谷北部の町。
（7） 原文では「ゼデキヤの」。

【出典】 K. Elliger & W. Rudolph (eds.), *Biblia Hebraica Stuttgartensia* (Stuttgart, 1977), pp. 671–672.

【解説】 前五九七年、ユダ王国の首都エルサレムはバビロニア軍に占領され、ヨヤキン王以下の主立った王族や家臣、住民はバビロニアに強制移住させられた（第一次バビロニア捕囚）。この時ネブカドネツァル二世（在位前六〇四—五六二年）はヨヤキンの叔父ゼデキヤをユダ王に任命し王国を存続させたが、彼もまたおそらくエジプトの後援を得て反旗を翻した（列王記〈下〉二四章）。その結果が二五章（訳出した部分は一—一二、一八—二一節）に描かれた前五八六年の王国滅亡と第二次バビロニア捕囚である。「バビロニア年代誌」（史料36解説参照）はネブカドネツァルの治世第一一年までの部分しか残存しておらず、この事件を直接扱う史料は、現在のところ旧約聖書のみである（その成立年代に関し史料31解説参照）。列王記（特に〈上〉一一章以下）の編著者はヤハウェ礼拝の純粋化、すなわち異教祭儀の排除とエルサレムへの祭儀集中を理想とする申命記と同じ厳格な宗教観に従って歴史を叙述するため、「申命記史家」と呼ばれる。彼（ら）によると、ユダ王国滅亡は王と国民の背教に対し神自らがもたらした処罰であり（〈下〉二四章一九—二〇節、また一七章一九—二〇節参照）、神自身の敗北ではなかった。また北イスラエル王国に対し住民交換・混淆を伴う強制移住政策を採ったアッシリア（史料31参照）と異なり、バビロニアは一方的かつ分離的な強制移住政策を実施した。このためユダには、将来における祖国帰還と再建の希望が残されたのである。

（山田雅道）

56 アラム人の台頭（前一二世紀末期）

ティグラト・ピレセル一世の年代記（前一二世紀末期）

（前略）私は、我が主なるアッシュル神のご支援をもって、我が戦車隊と勇士たちを連れ、荒野へと向かった。私は、我が主なるアッシュル神の敵であるアフラム・アラム人(1)に対して進軍した。私は一日でスフの地(2)からハッティの地のカルケミシュ(3)までを奪った。私は彼らを大量虐殺し、彼らの戦利品、財産、所有物を無数に持ち帰った。我が主なるアッシュル神の武器の前から逃亡した彼らの残りの軍勢は、ユーフラテス川を渡った。私は彼らの後を追って、革の筏(4)でユーフラテス川を渡った。私はビシュリ山麓(5)にあった彼らの六つの町々を征服し、火をかけ、取り壊し、破壊し、彼らの戦利品、財産、所有物を、我が町アッシュルに運んだ。（後略）

（1） 本来「アフラム（人）」は民族集団名であったが、ここでは「牧羊民、野蛮人」の総称として用いられている。

(2) ユーフラテス川中流沿岸、バビロニアとの国境地域。
(3) ユーフラテス川右岸、現在のトルコ・シリア国境上に位置していた都市。ここで「ハッティ(ヒッタイト)の地」とは、旧ヒッタイト王国が支配下に置いていたシリア地方を指す。カルケミシュは同国の重要な衛星国であった。
(4) 山羊などの革を縫合して風船状にふくらませた浮き袋。
(5) ユーフラテス川大湾曲部の南東に位置する。

【出典】 A.K. Grayson, *Assyrian Rulers of the Early First Millennium BC*, Vol.1: *(1114-859 BC)*, The Royal Inscriptions of Mesopotamia: Assyrian Periods 2 (Toronto, 1991), p. 23 (A.0.87.1, v 44-63).

【解説】 アッシリア王ティグラト・ピレセル一世(在位前一一一四―一〇七六年)は、トゥクルティ・ニヌルタ一世の暗殺後衰えていたアッシリアを立て直すべく、バビロニア侵攻や地中海遠征など積極的な勢力拡大を図った。他方、国内には新たにシリア砂漠方面から牧羊民であったアラム人が流入し、諸都市を襲撃するなどしたため、その対応を迫られた。アフラムとの複合形ながら、「アラム人」への言及に関し、本史料はその初例である。引用部分中に言及された遠征先はユーフラテス川沿岸とその南方地域であるが、これによると当時彼らの根拠地の一つはビシュリ山地方にあったらしい。ティグラト・ピレセルの別の碑文によると「私は〔全部で〕二八回、一年に二回、アフラム・アラム人の後を追ってユーフラテス川を渡った。私はアムルの地のタドマル〔パルミラ〕、スフの地のアナトからカルドゥニアシュ〔バビロニア〕の地のラピクまで彼らを撃破した。私は彼らの戦利品〔と〕所有物を取り去り、我が町アッシュルに運んだ」(出典書 p. 43 [A.0.87.4, ll. 34-36])という。彼らの撃破を誇ってはいるものの、「二八回」という回数自体がその排除がいかに困難であったかを示唆する。

ティグラト・ピレセルとその子アッシュル・ベル・カラ(在位前一〇七三―一〇五六年)の遠征にもかかわらず、アラム人の流入は続き、彼らは結局シリアとメソポタミアの大部分に定着した。次の前一千年紀、彼らは各地に独立国家を建国し、帝国期のアッシリア、バビロニアによる征服を受けつつも、その文化、特に言語はこれらの国家内に深く浸透していくことになる。そしてアカイメネス朝ペルシアの時代に至り、アラム語はそれまでのアッカド語に代わる国際共通語の地位を獲得するのである。

(山田雅道)

57 アッシリアの地方行政(前九世紀)

テル・フェヘリエ碑文(前九世紀半ば)

ハダド・イスィの似姿――シカンのハダド神〔すなわち〕天地の水の管理者、豊穣を降らせる者、全地に牧草地と水場を与える者、安息と〔捧げ物の入った〕器を兄弟たちである神々全員に与える者、全ての河川の管理者、全地を歓ばせる者、彼に祈ることは甘美である慈悲に満ちた神、シカンに住まう者、大いなる主、彼〔ハダド・イスィ〕の主の前に、彼〔ハダド・イスィ〕が据えたもの。

ゴザンの王サス・ヌリの子、ゴザンの王ハダド・イスィは、彼の健康と彼の日々が長くなるよう、彼の年々を多くするよう、彼の家、子孫、人民の平安のため、彼から病を取り除くよう、彼の祈りが聞き届けられるよう、彼の発言が受け入れられるよう、それを建立し、捧げた。

後にそれを運び、新たに建立する者は、私の名をそこに記すように。私の名をそこから取り除き、自らの名を記す者には、雄々しきハダド神が彼の敵となるように。

ゴザン、シカン、およびアズランの王ハダド・イスィの像。彼の王座を確かなものにする(?)よう、彼の人生を長くするよう、彼の発言が神々と人々に取って良いものとなるよう、この似姿を造り、〔さらに手入れをして〕以前よりも良いものとした。シカンにお住みになるハブルの主ハダド神の前に彼の像を据えた。

私〔ハダド・イスィ〕の主であるハダド神の神殿の物品から私の名を取り除く者は、私の主ハダド神がその者の手から彼のパンと水を受け取らないように。私の女主人シャラ神がその者の手から彼のパンと水を受け取らないように。彼が種を播いても収穫することがないように。彼が千〔単位分〕の麦を播いても〔わずか〕……をそこから得るように。一〇〇頭の雌羊が一頭の子羊に乳をやっても、それを満足させることがないように。一〇〇頭の雌牛が一頭の子牛に乳をやっても、それを満足させることがないように。一〇〇人の女が一人の赤子に乳をやっても、彼を満足させることがないように。一〇〇人の女が窯でパンを焼いても、それを満たすことがないように。彼の人民がごみの中から麦を拾って食べるように。疫病とネルガル神の厄災が彼の国から離れないように。

【出典】 Ali Abou-Assaf, P. Bordreuil & A.R. Millard, *La statue de Tell Fekherye et son inscription bilingue assyro-araméenne* (Paris, 1982), pp. 23-25.

【解説】 一九七九年、ハブル川上流の水源ラス・エル・アイン近くのテル・フェヘリエにおいて等身大の立体人物像が発見された。ここに訳出した碑文は、この人物像の腰下部分を取り巻くように、楔形文字アッカド語と線文字アルファベット・アラム語で刻まれていたものである。人物像は、その形状、碑文のスタイルおよび字体から判断して前九世紀のものとされる。像の奉献者ハダド・イスィの父として碑文中に言及されるサス・ヌリをアッシリアのリンム表において前八六六年のリンム(史料27の解説参照)として記録されるシャマシュ・ヌリと同定する見解に従えば、碑文の年代を前九世紀半ば頃に限定することができる。アッカド語テクストとアラム語テクストは、内容上並行で、碑文は、同一テクストを二言語で表現したものである。本稿は、多くの箇所でより長く詳しい表現がみられるアラム語テクストを底本として訳出した。

像の出土地テル・フェヘリエは近隣のゴザン市（現テル・ハラフ）の聖域があった古代のシカンと同定される。前九世紀半ばには、この地域はアッシリアの政治的影響下に置かれていたとみられ、ハダド・イスィは、アッシリアの行政長官として、ハブル川上流域を統治していたアラム系の地方豪族である可能性が高い。現地語であるアラム語ではハダド・イスィの称号が「ゴザンの王 mlk gwzn」であるのに対し、アッシリア本国の主要言語であるアッカド語では「ゴザンの行政長官 šakin guzani」であることは、この地域の地方豪族の王朝が、アッシリアの州行政システムに組み込まれた状況を反映していると見ることができる。いずれにせよ、本碑文は新アッシリア時代初期のアラム系グループとアッシリアの政治的・文化的共生関係を端的に示す史料といえる。

（山田重郎）

58　シリアにおける内部対立（前九世紀末―前八世紀初め）

ザクル碑文（前九世紀末―前八世紀初め）

［ハ］マトとルアシュの王ザクルが［その主人である］イルウェル神のために据えた石柱。私は、ハマトとルアシュの王ザクルである。私は取るに足らない人間〔であったが〕バアル・シャマイン神が私［をお救いになり］、私と共にお立ちになった。そしてバアル・シャマ［イン神はハ］ズラク［で］私を王とされた。

アラムの王ハザエルの子バル・ハダドは一［六］人の王たちの同盟を私に対して組織した。彼らはバル・ハダドとその軍勢、バル・グシュとその軍勢、クウェ［の王］とその軍勢、ウムクの王とその軍勢、グルグ［ム］の王［と］その［軍］勢、サムアルの王とその軍［勢］、メリズの王［とその軍勢、……の王とその軍勢、……の王とその軍勢、その他の］七人とその軍勢である。これらの王たちすべてはハズラ［ク］を包囲し、ハズラクの城壁より高く塁壁を積み上げ、［その］堀より深く溝を掘った。私はバアル・シャ［マイ］ン神に両手を上げ〔て祈り〕、バアル・シャマイ［ン］神は、私にお答えになった。バアル・シャマイン神は、私に対して見者と使者を通［して語りかけた］。バアル・シャマイン神は［私に言った］、「恐れるな、私が［あなたを王］にしたのである。［私は］あなたと共に［立］ち、あなたを包囲した［これらの王たち］すべてからあなたを救う」と。そして［バアル・シャマイン神は］私に言った、「［あなたに包囲を］かけたこれらの王たちすべては［滅ぼされるであろう（?）。……］そして［彼らが積み上げた］この塁壁は［くずされるであろう（?）。……］」（後略）

【出典】 H. Donner & W. Röllig, *Kanaanäische und aramäische Inschriften*, Vol. 1 (Wiesbaden, 1962), p. 37; Vol. 2 (1964), pp. 204–205 (no. 202A, ll. 1–17).

【解説】 このアラム語碑文は、一九〇三年シリアのアレッポの南西四五キロほどに位置するアフィスで発見された四角柱の石碑に刻まれたものである。石碑は現在パリのルーブル美術館に所蔵されている。碑文はその内容から見て前九世紀末か前八世紀初めのものと考えられる。

ハマトとルアシュの王の名ZKR(アラム語は子音のみで記される)は、長い間ザキル(Zakir)と母音を補って読まれてきた。しかし、一九九〇年代初頭にトルコ南東部アンタキア近郊出土のアッカド語石碑にこの王の名がザクル(Zakur)と記されていることが指摘され、以来この読みが受け入れられている。

アラム語碑文は、ハマト(現在のハマ)から北方のルアシュの地に勢力を伸ばしハズラクの支配者となったザクルに対して、この拡張を嫌ったとみられる隣国が、同盟してハズラクを攻撃したことを記している。反ザクル同盟への参加国はハマトの南のアラム・ダマスクス以外はいずれもハマトより北方の北シリアとアナトリアの国々である。事件の顚末を語る部分は断片的にしか残っていないが、天空神バアル・シャマインの加護のもとザクルが同盟軍の攻撃を退けたという戦勝が記録されていたことは確実である。碑文の続きには、戦勝後のハズラクとアフィスの再建とこの石柱をアフィスのイルウェル神のために建立したことが記録されている。

先述のアンタキア近郊出土アッカド語碑文はハマトとその北の隣国アルパド(バル・グシュ)の国境をアッシリア王アダド・ニラリ三世と将軍(タルタン)シャムシ・イルが調停して定めたことを記しており、本アラム語碑文に記録された紛争の終結には、アッシリアの介入が何らかの役割を果たした可能性がある。

(山田重郎)

第三節

アナトリア（ヒッタイト）

59　クッサラ王アニッタによる小アジア中央部の征服（前一八世紀頃）

アニッタ文書（粘土板写本、前一六世紀頃）

クッサラの王、ピトハナの子アニッタは〔言う〕。〔受取人に〕言え[1]。

彼〔父〕は天の嵐神に寵愛されていた。そして彼が嵐神に寵愛されていた時に、ネサの王がクッサラの王に［……した］。クッサラの王は大挙してその都市からやって来て、一夜のうちに力でもってネサを占拠した。彼はネサの王を捕らえたが、ネサの住民にはいかなる悪事も行わず、彼らを母や父のように扱った。我が父ピトハナに従って、私も同じ年に反乱を鎮圧した。どの国が反乱を起こそうとも、それら全てを私は太陽神のご加護で打ち負かした。（中略）

かつてツァルパの王ウフナが我々の太陽神〔の像〕をネサからツァルパに運び去ったが、後に、大王である私アニッタが我々の太陽神〔の像〕をツァルパからネサに持ち帰った。私はツァルパの王フッツイヤを生かしてネサに連れてきた。しかし、彼がハットゥサ[2]に［……した］ので、私はそれを見捨てた。その都市が後に飢えで苦しんだ時、我が太陽神は玉座女神にその都市を委ねて、私は一夜にして力でもってその都市を占拠し、そこに雑草を生やした。私の後に王となって、ハットゥサに再び入植する者は、天の嵐神が彼を罰するであろう。

私は我が顔をサラティワラに向けた。サラティワラはそこから戦士たちを私に向かわせ、私は彼らをネサに連れて来た。そして、私はネサの防備を固めた。その都市の［防備の］後に、私は天の嵐神のための神殿と、我々の太陽神のための神殿を建てた。また、私は玉座女神のための神殿と、我が主なる嵐神のための神殿、我々の太陽神のための神殿も建てた。私が遠征から持ち帰った品々で、私は［それらの神殿を］飾り付けた。（後略）

（1）この表現は書簡冒頭の形式「差出人は次のように〔言う〕。受取人に言え」に準拠したものである。
（2）現在のトルコ共和国の首都アンカラから東方約一五〇キロのボアズカレ村の近くに位置する（遺跡名ボアズキョイ）。

【出典】 E. Neu, *Der Anitta-Text*, Studien zu den Boğazköy-Texten 18 (Wiesbaden, 1974), pp. 10–15 (KBo III 22, ll. 1–12, 39–58).

【解説】　アニッタ文書はヒッタイト古王国時代に作成された文書であるが、内容的にはヒッタイト王国建国(前一七世紀)前のアッシリア商人による植民地時代(前二〇―一八世紀頃)に小アジアに進出したヒッタイト勢力の伝承を記述したものである。ヒッタイト人が自己の言語を「ネサ語」と称したのは、アニッタ文書に散見されるネサの地名に由来するもので、同都市はアッシリア商人の小アジアにおける重要な商業中心地であったカニシュ(現在の遺跡名キュルテペ)に相当する(史料15解説参照)。この地からは、「領主アニッタの王宮」という銘が彫られた青銅製の槍の穂が出土していることや、当時のアッシリア文書にもアニッタ、ピトハナの人名表記が見られること、アニッタが居をネサに移して防備を万全にし、神々の神殿を建てたというアニッタ文書の内容などから、ネサの地はヒッタイト人の小アジア進出にとっての重要な拠点であったことが理解できるが、ピトハナやアニッタのクッサラ王家と後代のヒッタイト王家との関連は不詳である。

(大城光正)

60　ヒッタイト王国建国当時の領土拡大(前一七世紀)

ハットゥシリ一世の年代記(粘土板写本、前一三世紀頃)

大王、[ヒッ]タイト[国の王](1)、クッサラの人である「[タバル]ナ」(2)ハットゥシリ[一世]。

タワナンナ(3)の甥である彼はヒッタイト国を[治めていた]。彼はサナウィタに進軍し、そこは破壊しないで、その国を滅ぼした(4)。そこで私は戦士を守備隊として二カ所に配置し、守備戦士には[どん]な牧柵でも与えた。それから私はツァルパに進軍してそこを滅ぼした。そして私はそこの神々の彫像を手に入れ、アリンナの太陽神に三台の寝台車を奉納した。また嵐神の神殿には銀の雄牛像と銀のゲシュプ(5)(?)を奉納した。そして手に入れた神々[の像]をメツラ神の神殿に奉納した。

次の年に、私はアララハ(6)に進軍し、そこを滅ぼした。続いて私はワルスワに進撃した。そしてワルスワからイカリに進撃し、さらにイカカリからタスヒニヤに向けて進撃した。そして私はこれらの国を滅ぼした。私はそこの品々を奪って、それでもって我が居を満たした。

次の年に、私はアルツァワ(7)に進軍して、そこから家畜と羊を奪った。しかし私の背後からフリ人からなる敵が我が国に侵入して、そこで私の[支配していた]国々がすべて私に背いた。今ではハットゥサの一都市のみが残った。アリンナの太陽神の寵愛を受けた大王、「タバルナ」である私を、彼女は[膝に乗せ]、我が[手をとって]、戦闘では我が前を進んだ。そして私がニナサに戦いで進行し、ニナサの人々が我が姿を見て彼らは都市の門を開けてくれた。それから私はウルマ国に進撃すると、ウルマ国の人々は二度も私に対して戦いを挑んだが、二度とも私は彼らを撃退した。そして私はウルマ国を滅ぼして、そこに[雑草]の種をまいた。私はアリンナの太陽神の神殿には七つの神〔像〕を、アランハピラニ山のカティッティ女神には銀の雄牛〔像〕を持ち帰り、残りの神々の像はメツラ神の神殿に奉納した。私がウルマ国から撤退して、サラフスワ国に進軍すると、サラフスワ国はみずから火を放って明け渡し、そこの人々は我が配下になった。それから私は我が都市ハットゥサに帰還した。(後略)

(1)　原文はハッティ(Ḫatti)国。「ハッティ」とは古代小アジアの先住民族名であったが、のちに同地域に進出して彼らを征服した印欧系民族の名称にもなった。そこで両者を区別するために新来の民族名には「ヒッタイト」を使用。
(2)　ヒッタイトの伝承では、クッサラ出身のラバルナ王がヒッタイト建国の創始者となっており(史料61参照)、後代において同名が国王の称号(別称タバルナ)にもなっている。なお、現在のところ伝承以外に同王の在位の確かな証拠がないために、ハットゥシリ一世をヒッタイト建国の創始者と見なす説が有力である。
(3)　ラバルナ王の王妃であるが、後代に王妃の称号となる。
(4)　冒頭からこの箇所まではハットゥシリ一世を三人称で表記し、それ以降は一人称で表記。
(5)　シュメール語表記 GEŠPU は原意「拳、前腕、権力」であるので、何らかの権力を象徴する物を示唆している。
(6)　北シリアの古代都市(現在名テル・アチャナ)。
(7)　小アジア西方のルウィ人による抵抗勢力で、その後も西方のヒッタイト敵対勢力としてしばしばヒッタイト文書に登場する。

【出典】 F. Imparati & C. Saporetti, "L'autobiografia di Hattušili I," *Studi Classici e Orientali* 14 (1965), pp. 44-47 (KBo X 2, i 1-45).

【解説】 ハットゥシリ一世の年代記は、アッカド語版とヒッタイト語版が残されている。本抄訳はヒッタイト語版に依っている。ヒッタイト王国の都ハットゥシャを建設してヒッタイト王国の創始者となって、自ら「ハットゥサの人」(ハットゥシリ)を名乗った。同王は彼の治世にヒッタイト王国内の抵抗勢力のみならず、おそらくアナトリア高原からタウルス山脈を越えてシリア北部の諸都市を制圧し、さらに小アジア西方の抵抗勢力も制圧して権勢を誇り、ヒッタイト王国の基盤を固めた。同文書の後半部分では、同王は二回目のシリア遠征を行い、ハルパ(現在名アレッポ)に後押しされたハスワ勢力を打倒し、さらに同王がアッカドのサルゴン王も渡ったユーフラテス川を徒歩で渡ったとあり、同王の遠征がユーフラテス川東方に達したことを示唆している。

(大城光正)

61　ヒッタイト王国の王位継承法(前一六世紀後期)

テリピヌの勅令(粘土板写本、前一四—前一三世紀頃)

大王である「タバルナ」(1) テリピヌは[次のように]〔言う〕。かつてラバルナは大王であった。彼の息子たち、彼の兄弟たち、彼の姻族たち、彼の血族たちと彼の戦士は一つにまとまっていた。国は小さかった。彼がどこに遠征しようと、敵対する国を力でもって制圧した。彼は国々を破壊して、それらを無力にした。彼は海をそれらの境界とした。[2]そして王が遠征から帰ると、彼の息子たちはそれぞれの国〔を治めるため〕に赴任した。すなわちフピスナ、トゥワヌワ、ネナッサ、ランダ、ツァララ、パルスハンタ、ルスナの国々を治めた。そして大きな都市も〔彼らに〕割り当てた。

その後、ハットゥシリ〔一世〕が王になった。同様に、彼の息子たち、彼の兄弟たち、彼の姻族たち、彼の血族たちと彼の戦士は一つにまとまっていた。そして彼がどこに遠征しようと、彼もまた敵対する国を力でもって制圧した。彼は国々を破壊し、それらを無力にした。彼は海をそれらの境界にした。彼が遠征から帰ると、彼の息子たちはそれぞれの国〔を治めるため〕に赴任した。彼の手で大きな都市も〔彼らに〕割り当てられた。しかし後に王子たちの家臣が反逆して、彼ら〔王子たち〕の家を食い物にし、自分たちの主人に対して陰謀を企てて、何度となく彼ら〔王子たち〕の血を流し始めた。

ムルシリ〔一世〕がハットゥサで王になると、彼の息子たち、彼の兄弟たち、彼の姻族たち、彼の血族たちと彼の戦士は一つにまとまっていた。敵対する国を力でもって制圧し、無力にした。彼は海をそれらの境界にした。彼はハルパ[3]に進軍し、ハルパを滅ぼして、ハルパの捕虜と戦利品をハットゥサに運んだ。それから彼はバビロンに進軍し、バビロンを破壊し[4]、フリ人の戦士たちを打ち負かし、バビロンの捕虜と戦利品をハットゥサに持ち帰った。（中略）

今や王室の殺戮が増えた。王妃イスタパリヤが亡くなり、王子アンムナも亡くなった。そして「神の人々」が何度となく言う、「見よ、ハットゥサでは殺戮が増加した[5]」と。そこで私テリピヌはハットゥサでトゥリヤを招集した。今後は誰もハットゥサで血族の息子に危害を加えたり、刀を抜いてはならない。

王には第一王子がなるべし。もし第一王子がいなければ、第二王子が王になるべし。もし王に跡取りの息子がいなければ、第一王女に婿を取らせて、その者が王になるべし[6]。

将来、私の後に誰が王になろうと、その者の兄弟たち、息子たち、姻族たち、血族たち、戦士は一つにまとまるべし。汝は敵対する国を力でもって制圧することもあろう。しかし、汝は「私は赦免を与える」と言ってはならない。汝は如何なる赦免も与えず、より一層攻め続けよ。血族の者を誰であれ殺してはならない。それは良くないことである。（後略）

（1）　史料60注2参照。

（2） 直訳は「彼はそれら〔の国々〕を海の境界にした」。内容的には、自分が配下にした国々が小アジアの海岸線（地中海）まで達したことを示唆している。
（3） 当時のシリア北部の中心都市（現在名アレッポ）。ハットゥシリ一世の遠征で平定できなかった同市をムルシリ一世が平定したことになる。
（4） 当時はバビロン第一王朝の都としてその繁栄と権勢を誇っていた。
（5） 古王国時代に存在した貴族の集会組織（「パンク」も同様の組織）で、王の認知や国事行為に対する助言や補佐等、王権に対して何らかの制限を加える権限を持っていた。
（6） つまり、正室の息子、側室の息子、正室の娘婿の順序。

【出典】 I. Hoffmann, *Der Erlass Telipinus*, Texte der Hethiter 11 (Heidelberg, 1984), pp. 12–19, 30–33 (BoTU 23 A, i 1–31, ii 31–45).

【解説】 テリピヌ王は古王国時代後期の雄王で、「ヒッタイト法典」（史料62）を最初に成文化した王である。また、この文書では、ヒッタイト王国の創始者をラバルナ、次王をハットゥシリ（一世）としているが、ラバルナ王の治世に関する確かな文書が存在しないことから同記述の信憑性は非常に低い。さらに、王室内部の王位継承をめぐる争いに終止符を打つために規定した世襲制による王位継承法は、後代のヒッタイト王による絶対君主的な国家体制への道を開いた。

（大城光正）

62　ヒッタイト社会における法（前一六世紀後期—前一四世紀頃）

「ヒッタイト法典」（粘土板写本、前一四世紀頃）

〔第一条〕 もし何者かが男または女を［口］論から殺すならば[1]、［その〔被害〕者を〔埋葬のために〕送り届］け、そして男にせよ、女にせよ、〔遺族に代償として〕四人を与えるべし。また、［彼〔加害者〕の家］も〔責任を〕負うべし。（中略）

〔第三条〕 ［もし］何者かが自由民の［男］または自由民の女を殴り、そしてその者が死亡するが、彼の手が［罪］を犯す場合ならば[2]、彼はその者を〔埋葬のために〕送り届け、そして〔遺族に代償として〕二人を与えるべし。また、彼〔加害者〕の家も〔責任を〕負うべし。（中略）

〔第七条〕 もし何者かが自由民の目を見えなくするか、またはその者の歯を打ち落とすならば、以前は銀一マヌー[3]を与えていたが、現在では銀二〇シクルを与えるべし[4]。また、彼の家も〔責任を〕負うべし。（中略）

〔第九条〕 もし何者かが人の頭を傷つけるならば、以前は銀六シクルを与えていた。〔すなわち〕傷つけられた者が三シクルを取り、王宮に銀三シクルを納めた。現在では王

は王宮の取り分を放棄し、傷つけられた者のみが銀三シクルを取る。（中略）

〔第二八条〕もし娘がある男と〔結婚の〕約束をしていながら、他の男が彼女を誘い出し、そしてその誘いが行われると、最初の男が与［えた］ものはすべて彼に返却すべし。父母は償いをしない。もし父母が彼女を他の男に与えるならば、父母が償うべし。もし父母が拒否するならば、彼女を彼から引き離すべし。(5)（中略）

〔第五七条〕もし何者かが雄牛を盗むならば、もしそれが離乳したばかりの子牛であるならば、それは〔成長した〕雄牛には当たらない。もしそれが一歳の牛であるならば、それも雄牛ではないが、もしそれが二歳の牛であれば、それは雄牛に当たる。以前は三〇頭の牛を与えていたが、現在は一五頭の牛を与えるべし。〔すなわち〕二歳の牛五頭、一歳の牛五頭、離乳したばかりの牛五頭を与えるべし。また、彼の家も〔責任を〕負うべし。(6)（後略）

（1）「口論から」の殺人は故意の殺人を意味する。

（2）「手が罪を犯す」殺人は過失致死を意味し、過失致死の量刑は故意殺人の半分に相当する。

（3）一マヌー（シュメール語表記 MA.NA）は約五〇〇グラムで、本法典では四〇シクル（シュメール語表記 GÍN）に相当。

（4）「以前は～、現在では～」という表現を含む条文は第七、九、五七条以外にさらに一九の条文に見られ、第五一条を除くすべての条文で以前より量刑が軽減されている。

（5）ヒッタイトでは家父長的な社会であったが、娘婿の決定に関しては、母親は父親と同等の権利を有していた（第二九条も同様）。さらに、第一七一条では母親による廃嫡権の行使が規定されている。

（6）牛、馬、羊、豚等の家畜の窃盗や危害に関する条文は四〇条近くにのぼり、量刑もそれぞれ重いことから、王国経済が牧畜業を中心としていたことが理解される。

【出典】H. A. Hoffner, *The Laws of the Hittites: A Critical Edition* (Leiden, 1997), pp. 17-18, 21-23, 37-38, 68-69.

【解説】ヒッタイト史料には行政・経済文書が非常に少ないために、「ヒッタイト法典」はヒッタイト王国の社会を知るうえでの貴重な史料である。「ヒッタイト法典」は古王国時代のテリピヌ王（前一六世紀後期）によって集大成されたと考えられており、その後幾度か編集し直されて現在のところ約一〇〇近くの異本が存在する。法典の構成は「もし男を」で始まる第一書板（奥付には「もし男が」の書板とある）と、「もし葡萄の木を」で始まる第二書板（奥付には「もし葡萄の木が」の書板とある）から成り、各書板は一〇〇の条文で構成されていた（ただし、現存の第二書板は総計一五条分欠損）。また、条文のなかには、「以前は～、現在では～」のような「法典」には不適切な表現が見られることから、この法典は、王国各地に存在していた法規を一つの文書として集大成した「法書」の性格が強い。さらに、この法典では、「ハンムラビ法典」（史料18）の報復の原理と違って、賠償による和解の精神が認められる。（大城光正）

63　ヒッタイト王国の強大化（前一四世紀後期）

「スピルリウマ一世の偉功録」（粘土板写本、前一四世紀末期頃）

（前略）我が父〔スピルリウマ一世〕がカルケミシュ[1]国近くにいた時、彼はルパキとタルフンツァルマをアムカ国に差し向けた。彼らは発ってアムカ国を攻撃し、我が父のもとに捕虜と牛と羊を連れ帰った。エジプトの人々がアムカ国への攻撃を耳にすると、彼らは恐怖でおののいた。というのは、彼らの王ニプフルリヤ[2]が死去していたので、ダハムンツ[3]というエジプトの王妃は我が父のもとに使者を送り、次のように書いていた、「我が夫は亡くなりました。私には息子がいません。しかしあなたのもとには息子がたくさんおられるそうです。もし私にあなたの息子一人を与えてくださるならば、その者は我が夫となります。私は家臣を夫にすることはまったくありません。私はとても(?)怖いのです」と。我が父がこれを耳にすると、協議をするために高官たちを招集して〔曰く〕、「このようなことは我が生涯で一度もなかったことだ」と。そこで我が父はエジプトに侍従ハットゥサツィティを差し向け〔て言っ〕た、「行け、そして真実を私に持ち帰れ。おそらく彼らは私を騙そうとしている。彼らの主人にはおそらく子供がいるにちがいない。真実を私に持ち帰れ」と。（中略）

春になると、ハットゥサツィティがエジプトから〔帰ってきた〕。また、エジプトの使者の顕官ハニが彼とともにやって来た。我が父がハットゥサツィティをエジプトに送る時に、「おそらく彼らの主人には子供がいるはずだ。彼らは私を騙そうとしており、我が息子を王位に望んではいない」と言明していたので、エジプトの王妃は我が父に書簡を書き送ってきた、「なぜあなたは「彼らは私を騙そうとしている」と言われたのですか。もし私に息子がいれば、私自身のことや我が国の恥を他国に書き送ったでしょうか。あなたは私を信じなかったので、あのようなことを私に語ったのでしょう。我が夫は亡くなりました。私には息子がおりません。決して我が家臣を夫にすることはありません。私は他のどの国にも書き送っていません。あなたのもとにのみ書き送りました。あなたにはたくさんの息子がいるそうです。その一人を私に与えてください。その者は私にとって夫であり、またエジプトの王でもあります」と。そこで、我が父は情け深かったので、王妃の申し出に従い、息子の件に同意した[4]。（後略）

(1)　史料68注1参照。
(2)　トゥトアンクアメン王を指すとする説が有力である。
(3)　注2の場合、トゥトアンクアメン王の王妃アンクエスエンアメンを指す。
(4)　同文書の断片的な異本に、「我が父がツァンナンツァの殺害を耳にすると、ツァンナンツァを嘆き悲しんだ」という記述があり、スピルリウマ一世がエジプトに送った王子は暗殺されたものと思われる。

【出典】　H. G. Güterbock, "The Deeds of Suppiluliuma as told by his son, Mursili II," *Journal of Cuneiform Studies* 10 (1956), pp. 94–97 (KBo V 6, iii 1–25; no. 12, iii 24–25; KBo V 6, iii 44–54, iv 1–15).

【解説】　この文書はスピルリウマ一世の息子のムルシリ二世が父の偉功を記録したものである。スピルリウマ一世は絶対君主的な国家体制を築き上げることで、ヒッタイト王国を名実ともに古代オリエントの強国にのし上げた。それゆえ、この王の治世以後は「ヒッタイト帝国時代」と呼称されることもある。彼は武力でもって敵対する勢力を鎮圧して支配下に収めただけでなく、周辺諸国と友好条約の締結や婚姻政策を駆使することによって、強固な国家体制を構築することができた。この文書は早死にしたエジプトのトゥトアンクアメン王の王妃がヒッタイト王子をよこすように依頼したものと思われ、当時のヒッタイト王国の強大化を物語っている。

(大城光正)

64　ヒッタイトにおける馬の調教(前一五世紀)

キックリの「馬調教文書」(粘土板写本、前一三世紀)

(前略)〔一七八日目〕早朝になると、馬に馬具を付ける。それから御者は馬を半ダンナ速歩《トロット》(1)させ、そして「三周り」、〔すなわち〕半ダンナ駆足《ギャロップ》(2)させる。馬から馬具をはずすと、暖水で馬体を洗う。馬を川に連れて行って、五回馬体を水に浸ける。一回目と二回目の際には、馬に何も与えない。三回目に水から上げる際に、一ウプヌ(3)の干草を与えるが、四回目には再び何も与えない。〔最後に〕馬を川から連れ出すと、その尾を巻く。それから馬を「駆足七周り」、〔すなわち〕一ダンナ駆足させる。馬の馬具をはずす時に、馬の端綱《はづな》ははずさない。そして、馬体の手入れをして、馬に休息を与える。

そして再び馬に馬具を付け、半ダンナ速歩させる。その後、半ダンナと七イクー駆足させる。馬から馬具をはずすと、馬体の手入れをして水を飲ませる。それから馬に一ウプヌの干草と一ウプヌの小麦を与え、馬にそれらを食べさせる。馬が食べ終えると、馬具を付ける。それから半ダンナ速歩させ、二〇イクー駆足させる。その後馬から馬具をはずすと、馬体の手入れをして、水を与える。さらに、馬を厩舎に連れていく。馬は〔そこで〕三ウプヌの小麦、二ウプヌの大麦、六ウプヌの干草を混ぜたものを食べる。

馬が食物を食べ終えると、その夜中にも馬に馬具を付ける。それから半ダンナと二〇イクー速歩させ、そして三〇イクー駆足させる。馬から馬具をはずすと、暖水で馬体を洗う。さらに馬を川に連れて行き、三回馬体を水に浸ける。それから馬に馬具を付ける。「九周り走路」は一ダンナと八〇イクー駆足、〔すなわち〕一走路は、縦が六イクーと横が四イクーで、その走路を九周りすることになる。馬から馬具をはずすと、馬体の手入れをするが、水は与えない。そして厩舎に馬を連れて行く。それから馬に、一ウプヌの小麦、一ウプヌの粗挽き穀粒、一ウプヌの大麦と四ウプヌの干草を混ぜて与える。（後略）

（1）ダンナ（シュメール語表記DANNA）とイクー（同IKU）は長さの単位で、一ダンナは一〇〇イクー（約一・五キロメートル程度）。
（2）速足《トロット》とは歩くのと走るのとの中間の走り、駆足《ギャロップ》とは速足よりも速い走り。
（3）ウプヌ（アッカド語表記*UP. NA*）は容量の単位で、原意「手の一盛り」。

【出典】A. Kammenhuber, *Hippologia Hethitica* (Wiesbaden, 1961), pp. 134-141 (KBo III 2, obv. 64-rev. 30).

【解説】この文書は、ミタンニ出身の馬調教師キックリによる「馬調教文書」（新王国時代の作成）の抄訳で、現在のところ世界最古の馬調教文書と言える。この文書には、四枚の粘土板に分けて一八四日間の調教規程が記されている。なお、この文書における馬の調教とは、正確には二輪軽戦車を牽引する馬の調教のことである。ヒッタイトが古代オリエントにおいて強国の一つになった要因として、馬の調教とその馬による二輪軽戦車の実戦使用が挙げられる。ヒッタイト文書中の二輪軽戦車戦士を示す語に、シュメール語表記のANŠE.KUR.RA（原意は「馬」）が使用されていることからも、戦車と馬の深い関係が推察される。ヒッタイトの二輪軽戦車は六本スポークの車輪で、車体には御者と戦士と盾持ちの三人（エジプトの戦車は御者と戦士の二人乗り）が乗り込んでいた。

（大城光正）

65　エジプトとヒッタイトの和平（前一三世紀半ば）

ラメセス二世とハットゥシリ三世の条約（粘土板写本、前一三世紀半ば）

アメン［に愛されし者］、大王、［エジプト国］の王である［ラメセス〔二世〕］が、大［王］、ヒッタイト国の王、彼の兄弟である［ハットゥシリ〔三世〕と］、両者の間に永［遠に大いなる平和］〔と〕大いなる［友］好を［確立するために銀製の書板において締結した条約］。

大王、［エジ］プト［国の王］、英雄であるミンパフタリア(1)の孫で、大王、エジプト国の王、英雄である［ミンム］リア(2)の子で、アメン［に愛されし者］、大王、エジプト国の王、全ての国々の英雄である［ラ］メセス〔二世〕は、大王、ヒッタイト国の王、英雄であるスピルリウマ〔一世〕の孫で、大王、［ヒッタイ］ト［国の王］、英雄であるムルシリ〔二世〕の子で、大王、ヒッタイト国の王、英雄であるハットゥシリ〔三世〕に〔次のように言う〕。

今、私はエジプトとヒッタイトの［間に］永遠に真の平和〔と〕真の友好を築くために、我々の間に永遠に真の［友好］〔と〕真の平和を築いた。大王たるエジプト国の王［と大王たる］ヒッタイト国の王の関係〔に関する限り〕、これから永遠に［条約に基づいて］、神が両者の間の反目を許しはしない。アメンに愛されし者、大王、エジプト国の王であるラメセスは、これから永遠に［両者の］間で反目し［合うことがない］ように、［太陽神］と嵐神が当初の関係〔のとおり〕にエジプト国とヒッタイト国のために確立してくれた関係を築くために〔これを〕執り行う。

アメンに愛されし者、大王、［エジプト］国の王であるラ［メセ］スは、大王、ヒッタイト国の王、［彼の］兄弟である［ハットゥシ］リと、［我々の］間に永遠［に］真の平和〔と〕真の友好を築くために、この［日］に銀製の書板による条約の締結に至った。［私に］と［って］彼は兄弟であり、〔私とは仲が良い〕。彼にとって私は兄弟であり、彼とは永［遠］に仲が良い。〔そして〕［我］々が我々の〔間の〕友好と［平］和を確立すると、かつてのエ［ジプト国と］ヒッタイト国の間の友好と平和よりも〔さらに〕良い〔ものとなろう〕。

［大］王、エジプト国の王であるラメセスは、大王、ヒッタイト国の王である［ハットゥシリ］とは、真の平和〔と〕真の友好関係にある。アメンに愛されし者、〔大王〕、エジプト国の王であるラメセスの息子たちも、大王、［ヒ］ッタイト国の王であるハッ［トゥシ］リの息子たちと、永遠に平和〔と〕友好関係にある〔ように〕。そして、彼らが我々のような友好と［平］和関係にある〔ならば〕、エ［ジプト］国とヒッタイト国も我々のように永遠に平和〔と〕友好関係にある〔であろう〕。（後略）

（1）　ラメセス一世。
（2）　セティ一世。

【出典】 E. Edel, *Der Vertrag zwischen Ramses II. von Ägypten und Ḫattušili III. von Ḫatti*, Wissenschaftliche Veröffentlichungen der Deutschen-Orient-Gesellschaft 95 (Berlin, 1977), pp. 5-7, 20, 24 (KBo I 7, obv. 1-21).

【解説】 本史料は、カデシュの戦い（史料89参照）の後、エジプトのラメセス二世とヒッタイトのハットゥシリ三世の間で締結された平和条約文書で、正式には銀の書板に作成されたが、現存する書板は当時の外交言語のアッカド語によるボアズキョイ出土の粘土板の複製である。また、同条約に関するエジプト語史料としては、カルナックのアメン大神殿とラメセウム（ラメセス二世の葬祭殿)にエジプト聖刻文字の記録が残されている。トルコ共和国のボアズキョイの発掘は一九〇六年にドイツのアッシリア学者のフーゴ・ヴィンクラーによって始められた。その発掘調査で、一万枚にものぼる楔形文字が記述された粘土板が出土したが、当時まだヒッタイト語が解読されていなかったので、即座に当地がヒッタイトの都ハットゥサであることは確認できなかった。しかし、しばらくすると、彼のもとにすでに周知のアッカド語の粘土板文書が運び込まれた。そこには、この抄訳のエジプト王ラメセス二世とヒッタイト王ハットゥシリ三世の間で締結された書簡形式の平和条約の内容が記されていたことから、当地がヒッタイト王国の都であることが確認された。

（大城光正）

66　ヒッタイトにおける鉄器製造（前一三世紀中期）

ハットゥシリ三世からアッシリア王への書簡（粘土板写本、前一三世紀中期）

（前略）トゥリラ(1)［の人々］は絶えず〔我が〕国を荒らす。彼らは［一方］で(?)［カル］ケミシュ(2)を、他方で(?)［…を絶えず荒ら］す。ハニガルバト国の王は私に絶えず書き送ってくる、「［トゥ］リラ(3)は私のものである」と。その一方(?)、あなたも私に絶えず書き送ってくる、「トゥリラは私のもの、〔また〕トゥリラはあなたのものである。〔しかし〕ハニガルバト国の王のものではない」と。あなたはトゥリラの事情を知らないのか。トゥリラ〔の人々〕が〔我が〕国を荒らすと、彼らはトゥリラに略奪品を持ち帰る。逃亡した我が家臣もまたトゥリラに行くのを常とする。もしトゥリラがあなたのものであるならば、〔それを〕討て。〔ただし〕あなたはその町にいる我が家臣の所有物を狙ってはならない。もしトゥリラがあなたのものでないならば、私に〔それを〕討ってくれるように私に書き送りなさい。その町にいるあなたの戦士たちの所有物が狙われることはない。

（中略）

あなたが私に書き送った良質の鉄に関して、良質の鉄は〔現在〕キツワトナ(4)の我が倉庫にはない。私がすでに書き送っている〔ように〕、〔今は〕鉄の生産には〔都合の〕悪い〔時期である〕。彼ら〔鍛冶師〕は良質の鉄を生産しているが、今のところまだ〔生産し〕終えてはいない。彼らが〔生産し〕終えたら、私はあなたのもとに〔それを〕送ろう。〔それゆえ〕今日のところは、一振りの鉄の短剣の刃をあなたに［送］る〔ことにした〕。

あなたが私に「これらの代わりに［鉄の剣の］刃を［送るように］」ということで送ってきた［甲］冑(?)［に関して］、

彼らはまだ[それらの鉄の剣の刃を]生産し終えていない。[彼らが〔生産し〕終えたら]、私は〔それらを〕あなたに[送ろう]。（後略）

(1) カルケミシュ(史料68注1参照)の東または北東に位置していたと思われる町。
(2) フリ人の国家ミタンニとその後継国を示すアッシリア的表記。
(3) 文意を通すため、表面九行の動詞を二人称単数形(〈ta〉-al-ta-nap-pa-ra)に読みかえる。
(4) 小アジア南東地域で、当時は鉄製品の重要な保管場所となっていた。

【出典】A. Götze, *Kizzuwatna and the Problem of Hittite Geography*, Yale Oriental Series, Researches 22 (New Haven, 1940), pp. 26-29 (KBo I 14, obv. 6-18, 20-27).

【解説】これは当時の外交言語のアッカド語で書かれたヒッタイト王ハットゥシリ三世からアッシリア王(おそらくアダド・ニラリ一世)宛の書簡である。ヒッタイトが古代オリエントにおいて強国の一つになった要因に、独占していたとは言えないが、当時としては他国と比肩できないくらいの鉄器製造能力を持っていたことが推察される。おそらくヒッタイトはアナトリア先住民のハッティ人からこの技術を受け継ぎ、国家的な独占技術として鉄器製造に関わっていたものと思われ、その様相を伝える史料としてしばしばこの書簡が引用される。

（大城光正）

67　ヒッタイトの衛星国タルフンタッサの分離・独立（前一三世紀後期）

トゥトハリヤ四世とクルンタの青銅板条約文書(前一三世紀後期)

大王、ヒッタイト国の王、英雄であるトゥトハリヤの子孫で、大王、ヒッタイト国の王、英雄であるスピルリウマ〔一世〕の曽孫で、大王、ヒッタイト国の王、英雄であるムルシリ〔二世〕の孫で、大王、ヒッタイト国の王、英雄であるハットゥシリ〔三世〕の子で、大王、ヒッタイト国の王、英雄である「タバルナ」[1]トゥトハリヤ〔四世〕は次のように〔言う〕。

我が父ハットゥシリが、ムワタリ〔二世〕の子ウルヒテシュプと争い、彼を王位から退けた時、クルンタはいかなる罪も犯さなかった。ヒッタイトの人々がいかなる罪を犯そうとも、クルンタは全く関わらなかった。かつてムワタリ王が我が父ハットゥシリに彼〔クルンタ〕の養育を委ねると、我が父は実際に彼を養育した。

我が父がウルヒテシュプを王位から退けた時に[2]、我が父はクルンタを引き立てて、タルフンタッサ国の王位に就けた。我が父が彼と取り交わした条約と、彼とどのように国境を確立したかについては、我が父が彼と条約の書板を作成し、それはクルンタのもとにある。(中略)

大王である私トゥトハリヤはまだ王でなかったが、神はその時でさえクルンタと私をともに友情で引き合わせ、我々はお互いに尊重しあった。我々は「お互いがともに守りあうように」と誓い〔合った〕。その頃、我が父は王位継承者として我が兄を任命していて、その時はまだ私の王位を決めてはいなかった。しかし、その時もクルンタは私を薦めて、次のように私に誓った、「たとえあなたの父があなたを王位に就かせなくとも、あなたの父があなたに就かせるいかなる地位であれ、私はあなたに対して信義を守り、あなたの家臣〔となる〕」と。そして私はクルンタに次のように誓った、「私もあなたに対して信義を守る」と。

しかし、我が父が皇太子として任命していた我が兄を退けて、私を王位に就かせ、クルンタと私の間の敬意と友情を悟った時、我が父は我々をともに呼びつけて、互いに誓わせた、「お互いがともに守りあうように」と。我が父が我々に誓わせると、我々はお互い同盟した同志となった。そしてクルンタは私との信義を守り、彼が私の前で誓った誓いを決して破りはしなかった。「我が太陽(3)」である私は次のように彼に言った、「もし神々が私を選び、私が王になると、私にとって良いことはあなたにおいても同様である」と。

我が父が亡くなって、国が分裂状態になっても、クルンタはその時でも私のために命を落とす覚悟であった。彼は私に信義を守り、彼が誓った誓いを決して破らなかった。

(後略)

(1) 史料60注2参照。
(2) ヒッタイトから分離・独立した、小アジア南東部の領域国家。都は「タルフント神の(町)」を意味する同名の古代都市(現在地は不詳)。ムワタリ二世の治世にはハットゥサに代わってヒッタイト全体の都が置かれた。
(3) 特に新王国時代のヒッタイト王に付加された王の称号(アッカド語読み「シャムシ」)。

【出典】H. Otten, *Die Bronzetafel aus Boğazköy: Ein Staatsvertrag Tudḫalijas IV*, Studien zu den Boğazköy-Texten, Beiheft 1 (Wiesbaden, 1988), pp. 10-11, 16-19 (Bo 86/299, i 11-17, ii 31-56).

【解説】古代オリエントの国家間で締結される正式の条約文書は金属製の書板に作成されていたが、ヒッタイト条約文書の金属製書板の出土は皆無であった。しかしながら、ドイツ考古隊による一九八六年のボアズキョイの発掘調査で出土したのがこの条約文書で、縦三五センチ、横二三・五センチ、厚さ八―一〇ミリ、重さ五キロの青銅製書板である。出土した時、この書板には直径一・八センチの穴が二つあり、双方に長さ三一センチの青銅の鎖が通されていたために、この鎖によって吊されて保管されていたものと思われる。

この文書はヒッタイト王トゥトハリヤ四世によるタルフンタッサ国のクルンタ王との宗主権条約である。トゥトハリヤ四世は王位継承者でないハットゥシリ三世(ムワタリ二世の嫡子ウルヒテシュプ＝ムルシリ三世を追放して王位に就く)の息子であるのに対して、クルンタはムワタリ二世の息子で、ハットゥシリ三世に追放されたムルシリ三世の兄弟に当たり、トゥトハリヤ四世よりも王位継承者に近い人物である。トゥトハリヤ四世治世の末期、クルンタは王国の弱体化に乗じて反乱を起こし、ヒッタイトの都ハットゥサを一時占拠してヒッタイトの王位に就いたことが、当地出土のクルンタ王の名を刻んだ印影から推察される。

(大城光正)

68　ヒッタイト滅亡後の新ヒッタイト諸国(前一二―前八世紀)

カルケミシュ王カトゥワの碑文(前一〇―前九世紀初期)

私は国主スヒの子、カルケミシュ(1)の国主、統治者のカトゥワ〔である〕。タルフント神が私に我が父の王位継承を認めてくれた時、このカルケミシュのタルフント神は我が父や我が祖父のためにはその身を称揚しなかったが、私、カルケミシュの国主たるカトゥワのためには、〔私の〕身を称揚してくれて、笑みに満ちた顔で私を見てくれた。そして、〔その顔は〕我が治世において、国内に穀物神と葡萄酒神をもたらしてくれた(2)。また、我が治世に、羊一匹が〔大麦〕一〇……(3)になった。そこで私は彼のために、このタルフント神の神殿を慈善をもって建てた。しかし我が名前を削り取る者があれば、このカルケミシュのタルフント神がその者を破滅に至らしめるであろう。そして、その者にその場所をさえ……しないであろう。そして将来、この神殿に害悪を加えようとする者が、王であろうと、国主であろうと、また神官であろうと、カルケミシュのタルフント神が……をもってその父方の家々に対して害悪を加えるであろう。

(1)　シリア国境近くのユーフラテス河上流域西岸に位置する、トルコ共和国ジェラブルス。遺跡自体は国境上に位置している。

(2)　穀物神と葡萄酒神の到来は国内の豊穣を暗示する。

(3)　表意文字表記 ASINUS の原意は「ロバ」。この箇所は大麦の容量単位(正確な数量は不詳)を示す。

【出典】 J.D. Hawkins, *Corpus of Hieroglyphic Luwian Inscriptions*, Vol. I/1 (Berlin, 2000), p.109 (KARKAMIŠ A2).

【解説】　この碑文はカルケミシュから発見された、ヒッタイト象形文字の浮彫による王碑文である。トルコや北シリアでは、このような独特のヒッタイト象形文字で刻まれた石碑文(使用言語は象形文字ルウィ語)が多数発見されている。ヒッタイト王国滅亡(前一二世紀初期)後に、小アジア南東からシリア北方の地域に、ヒッタイト文化を継承して独自の文化を築き上げたルウィ系民族の都市国家がいくつも作られ、前七〇〇年頃まで存続した。この時期を新ヒッタイト時代、また、これらの国家を新ヒッタイト国家と呼称し、カルケミシュはその中心的な都市国家であった。旧約聖書に見られる「ヘト人の王たち」(列王記〈上〉一〇章二九節、同〈下〉七章六節等)はこれらの国々の王を示唆している。

(大城光正)

第二章　エジプト

第二章は、前三〇〇〇年頃の統一国家の成立以降、前三三二年のアレクサンドロス大王の征服までのエジプトの王朝時代の史料を収録している。この間のエジプトの歴史は通例、初期王朝時代(第一—二王朝)、三つの繁栄期、すなわち古王国時代(第三—六王朝)・中王国時代(第一一—一二王朝)・新王国時代(第一八—二〇王朝)、各時代の間の衰退期(第一中間期・第二中間期・第三中間期)、末期王朝時代(第二五—三一王朝)の八期に区分されるが、本章では第一節「統一国家の成立から古王国の衰退まで」(前三一—前二一世紀)、第二節「中王国時代」(前二一—前一六世紀)、第三節「新王国時代から末期王朝時代まで」(前一六—前四世紀)に分け、さらにエジプトの思想と文化に関する史料を扱った第四節を加えた。

古代エジプトの史料は、主に神殿や墓の壁面、石碑などに彫り込まれた銘文と、パピルスやオストラコンなどにインクで記された文書に大別される。前者は記念碑的な性格を持つ公的記録や宗教的碑文が中心であり、ヒエログリフ(聖刻文字)で記されている。他方後者は主として行政文書や会計文書、書簡など世俗的・日常的な文書類であり、ヒエログリフの簡略書体ヒエラティック(神官文字)で記されたものが多い。ただし、「死者の書」(史料99)などの宗教文書は、パピルスに記された場合でもヒエログリフあるいはそれをやや崩した書体が用いられている。ヒエログリフは文字であると同時に図像としての性格も保持し続けており、神聖な記録にふさわしい文字と見なされたためである。なお、第二六王朝以降になると、ヒエラティックに代わってさらに簡略な書体デモティック(民衆文字)が日常的な文書に用いられるようになる。

エジプトにおける文字(ヒエログリフ)の使用は、シュメール人による文字の発明よりかなり遅れて、王国統一前後に始まったと考えられてきた。しかし近年、先王朝時代の墓から発見された史料から、前三二〇〇年頃にはすでに表意文字と表音文字を併用した文字体系が後代とあまり変わらない形で使用されていたことが明らかとなり、メソポタミアからの影響によりエジプトで文字が作られたとする通説は大きく揺らいできている。さらに、この時期にすでに統一国家が出現していた可能性も指摘されている。とはいえ、ナルメルの化粧板(史料69)など初期王朝時代の史料は、絵ないし絵文字と解釈すべきか、文字として読むべきか判別しがたい事例が多く、判読可能な文字は王名や地名などに限られる。古王国時代に入ると、王族や官僚の墓に刻まれた墓碑などの形で文字史料が徐々に増えるが、史料の種類や数が飛躍的に増加し多くの情報が得られるようになるのは、古王国時代の後半、第五王朝以降のことである。それゆえ、先王朝時代から古王国前半までの王名と年毎の事績が記録された年代記パレルモ・ストーンは、後代の写しであるとはいえきわめて貴重な史料なのである(史料70、71、73)。第一節ではこのほか、第五王朝以降の官僚の墓碑文(史料72、74、75)を取り上げ、この時期に確立した王権と官僚制の一端を示した。この二つの要素は、以後もエジプトの国家と社会を規定し続けることになる。この時期には官僚の地方への赴任と定住が進んだことにより、地方からの出土史料も増加する。

その後、王権が衰退し国土は分裂状態に陥ったが、エジプト中・南部では地方豪族が有力となり、互いに覇を競うようになる。こうした地方勢力は国土が再統一された中王国時代前半まで残り、新たな社会や文化を生み出す原動力ともなった。しかし、第一二王朝下には行政機構の改革と官僚の育成が進められ、再び中央集権的な国家体制が確立された。また、南方のヌビアに対して恒常的な支配を目指し遠征や要塞の建設が盛んに行われるようになる。第二節には、国土再統一や第一二王朝成立の経緯(史料77、78)、ヌビア政策(史料79)に関する史料のほか、人々の生活の様子を示す書簡も収録した(史料80)。中王国時代はまた、後世に残る文学作品が数多く作られた時代でもあった。本節ではこのうち特に歴史的な出来事や当時の人々の意識を反映すると考えられる文学作品を取り上げた(史料77、78、81)。

異民族ヒクソスの放逐(史料82)に始まる新王国時代は、古代エジプト史上最大かつ最後の繁栄期であったが、とりわけ対外的に積極的な拡張政策が採られたことで知られている。異民族に支配された経験を経て、エジプト人たちは周辺世界との関係に常に気を配らざるを得なくなったのである。第一八・一九王朝時代の王たちはシリア・パレスティナ地方へ繰り返し軍事遠征を行い、その支配をめぐって西アジアの国々と対立しながらもエジプトは大国の地位を得た。国内においても、王たちは軍事力の掌握と神殿との結びつきを背景にその権力を強めていく。第三節では新王国時代の王権に関する碑文(史料84、86)や軍事遠征の記録(史料85、89)に加え、王権の専制化の帰結とも言うべきアクエンアテン王のアマルナ宗教改革に関連して「アテン讃歌」(史料87)と「信仰復興碑」(史料88)などを取り上げた。この時期のエジプト出土史料のうち、アマルナ文書とメルエンプタハ王の碑文については第一章を参照していただきたい(史料24、25、28、43、48)。新王国時代末以降、エジプトは海外の支配地域を失って経済が衰退するとともに、たびたび異民族の侵入を受けるようになる。本節の後半では前一三—前一二世紀に地中海一帯を席巻した「海の民」との戦いの記録(史料90)のほか、第三中間期の内乱(史料93)やヌビア系王朝とペルシア支配下の様子を伝える碑文(史料94、95)、墓作り職人たちのストライキの顚末を記したパピルス文書(史料91)などを取り上げた。また、エジプトにおいては、女性も自らの財産を所有するなど一定の法的権利を有していたことが知られているが、こうした女性の権利に関する史料(史料92)も本節に含まれる。

最後に第四節には動物戯画(史料97)のように庶民の心性を表す史料のほか、葬祭関連の史料(史料99)や「ナイル讃歌」(史料98)などを収録した。

なお、本章の史料は図像史料を除きすべて古代エジプト語で書かれている。この言語は文法的特徴から前期エジプト語(古エジプト語・中エジプト語)と後期エジプト語(新エジプト語・デモティック・コプト語)に二分される。中王国時代末に話し言葉に大きな変化が起こり、以後日常の文書にはそれが反映された新エジプト語が用いられるようになったが、公的な碑文類にはその後も長らく中エジプト語が古典語として使用され続けた。本章第一節の史料は古エジプト語で書かれており、第二節から第四節までの史料のうち、新王国時代以降のパピルス文書では新エジプト語、それ以外の碑文ではおおむね中エジプト語が用いられている。ただし、第一九王朝以降は碑文においても徐々に新エジプト語の影響が認められるようになってくる。

(畑守泰子)

第一節　統一国家の成立から古王国の衰退まで

69　統一国家の形成（前三一世紀）

ナルメル王の化粧板《パレット》（前三〇〇〇年頃）（図69-1）

【出典】 J. E. Quibell, *Hierakonpolis I* (London, 1900), pl. XXIX.

【解説】 エジプトは気候・風土の異なる二つの地域から成る。すなわち南（ナイル川の上流）に延びる、東西に砂漠の段丘が迫る上エジプトと、北（ナイル下流）にひろがるデルタ地域の下エジプトである。この二つの地域は前三〇〇〇年頃に一人の王の下に統一されたと考えられているが、その王国成立の事情を示す史料とみなされてきたのが、上エジプトのヒエラコンポリスで発見されたナルメル王の泥岩製の化粧板《パレット》である（カイロ博物館蔵 JE32169）。化粧板は、目の周囲に医療（呪術）を兼ねた化粧を施す時に使う道具で、その上で顔料を溶剤（肌に顔料をのせるための液体）と混ぜ合わせた。この化粧板は神殿に奉納された大型の記念碑で、実用的なものではない。円型に窪んだ部分（二頭の怪獣の首の間）のある側が本来の化粧板の機能を果たす部分に対応するため、表面とする。

表

裏

図69-1　ナルメル王の化粧板（ヒエラコンポリス出土，高さ64 cm，泥岩製　カイロ博物館蔵）

表側には、最上段中央にナルメル王の名(ナマズがナル、大工道具のノミがメルの発音を表す)、次段にはサンダル持ちを従え下エジプト王の冠(赤冠)を被る王の姿にナルメルの名が添えられている。王の前を進むのは大臣(宰相)と、エジプトの地域(後に行政区として扱われる州、ギリシア語のノモス)の四本の標印をそれぞれ持つ四人の家臣たちで、その先には、後ろ手に縛られ、首を切り落とされた敵の遺体が一〇体並ぶ。彼らの頭は両足の間に置かれている。その下の段には二つの国すなわち、上エジプトと下エジプトの統一を象徴的に表すと見られる二頭の怪獣が首をからめ合わせる図が描かれている。最下段には敵を踏みつけ、角で町(要塞)を突き崩す牡牛の姿があるが、この牡牛は王の化身と考えられている。後代、王は「力強き牡牛」と呼ばれた。

裏側には、中央に上エジプト王の冠(白冠)を被り、敵を打ち据える王の姿。王の顔前には捕虜の上唇に縄を通して連行するハヤブサの神ホルスの姿が描かれるが、これも王の化身と見られる。捕虜の身体にあたる部分からは下エジプトを象徴する植物であるパピルスの株が生える。王の背後には王のサンダル持ちが控える。

この化粧板の図柄は、上エジプト王による上下エジプトの統一を表現したものと従来考えられてきた。また、新王国時代以降の伝承に記されたエジプト初代の王メニ(プトレマイオス朝初期のエジプト人神官マネトの著書『エジプト史』ではメネス、ヘロドトスの『歴史』ではミンと呼ばれる)は、このナルメル王あるいは次の王アハにあたるとも考えられてきた。しかし近年では、この図は特定の歴史的事件を表すものではなく、敵を倒し秩序を守るという王の役割を象徴的に表現したものとする解釈が優勢になってきている。ここに記された状況が史実をそのまま反映したものではないとしても、ナルメル王やその前任者たちが上エジプトの支配者であり、被征服者の図像が後代の下エジプトの象徴と結びついている点などから見て、王国の統一が上エジプトの勢力の主導による下エジプトの統合の形で成し遂げられ、ナルメル王の化粧板がそのような統一の記憶を象徴的に表す記念碑であることは否定できないであろう。

なお、エジプト王は上エジプト下エジプトそれぞれの王として位置づけられ、それぞれに固有の権標が定められている。その代表が王冠で、上エジプト王の王冠は背の高い白色のもの(白冠)、下エジプト王の王冠は平らで赤色のもの(赤冠)とされ、この二つの地域を支配する王はこの二つの冠を組み合わせた二重冠を被った姿でも表現される。

(吉成薫)

70　初期王朝時代の王の事績(前三〇〇〇—前二七世紀)

パレルモ・ストーン(前二五世紀)

〔碑文表面Ⅲ段〕

〔デン王?の治世〕[1]

〔治世X＋二年〕　アジア人[2]を討った〔年〕。四……メフ[3]。

〔治世X＋三年〕上下エジプト王の登場、セド祭(4)〔の年〕。

〔治世X＋四年〕西・北・東の土地とすべての民〔を据えた年〕。(中略)

〔治世X＋七年〕セシャト神官〔による〕「神々の玉座」の館の大いなる扉の縄張り(5)〔の年〕。

〔治世X＋八年〕「神々の玉座」の館の池の開削、カバを撃った(6)〔年〕。(中略)

〔碑文表面Ⅳ段〕

ニネチェル王(7)〔の治世〕。

〔治世第七年〕ホルスの巡行(8)、第四回目の数え上げ(9)〔の行われた年〕。

〔治世第八年〕上下エジプト王の登場、生命の息子〔アピス〕の疾走(10)〔の年〕。

〔治世第九年〕ホルスの巡行、第五回目の数え上げ〔の行われた年〕。(後略)

(1)　王名部分は欠損しているが、他の史料との類似から第一王朝第五代のデン王と推定。王名の下の欄は、「年」を表す文字(上端が湾曲した縦線)で区切られ、その中に各王の一年ごとの事績が記されている。各年は「〜が行われた年」のように、出来事にちなんで名付けられた。初めの何年分か欠損しているため、正確な治世年数は不明。

(2)　パレスティナ地方の住民、または国境付近の遊牧民を指す。

(3)　その年のナイル氾濫時の最高水位。メフ(腕尺／キュービット)は肘から中指の先までの長さを基にした単位で、一メフは約五二・五センチメートル。以下水位の記述は省略。

(4)　セド祭は原則として王の在位三〇年目に行われる王位更新の儀式だが、実際にはもっと早く行われることが多い。即位儀礼を模した戴冠儀式や、国境を象徴する二つの標識の間を王が走る儀式(王の活力を示すためか)などから成る。「上下エジプト王の登場」もこれと関連する儀式であったらしい。

(5)　セシャトは記録や文字を司る女神で、縄張りは方位を決定するための星の観測に関連した建築開始の儀式。「神々の玉座」の館は神殿か。

(6)　宗教的儀式か。カバは秩序を脅す混沌を象徴する。

(7)　第二王朝中頃の王。

(8)　ホルス神と同一視された王が随行の臣下らとともにエジプト各地を巡行する儀式。

(9)　徴税のための国勢調査。対象は当初家畜が主であったが、第二王朝末頃から、耕地などの調査も行われるようになった。ニネチェル王治下では二年に一度定期的に調査が行われているが、第一回調査が治世初年かその次年かが不明なため、この年は治世八年の可能性もある。以下の治世年についても同様。

(10)　聖牛アピス(古代エジプト語ではハピ)に関わる豊饒祈願の儀礼。セド祭とも関係が深い。

【出典】　T. A. H. Wilkinson, *Royal Annals of Ancient Egypt* (London, New York, 2000), fig. 1.

【解説】　シチリアのパレルモ考古学博物館収蔵の石碑パレルモ・ストーン(パレルモ年代記)には、国家統一以前の下エジプト王の名前から第五王朝までの王名および年毎の重要な出来事が記されている。初期王朝時代(第一―二王朝)については古い記録を写したらしくごく簡単だが、その記述はおおよそ事実に即していると考えられている。出来事は主に宗教儀式と王宮や神殿の建造、軍事遠征、徴税のための調査などであり、これらの活動が王国統一後の国家体制確立のために重要と認識されていたことがわかる。ただし、石碑の文字は磨耗が激しく、欠損や判読困難な部分も多い。同じ石碑ないしその写しの一部と推定される断片がカイロ博物館に五つ、ロンドンのピートリ博物館に一つ収蔵されているが、その同定には異論もある。パレルモ・ストーン自体が後代の写しである可能性も指摘されているが、オリジナルが古王国時代（第三―六王朝）に編纂されたことはほぼ間違いない。このほか類似史料として、「トリノ王名表」「アビュドス王名表」など、王名や治世年などを記録した「王名表」と呼ばれる一連の史料があるが、いずれも新王国時代（第一八―二〇王朝）のものである。古王国時代に作られたパレルモ・ストーンは、古さにおいても、内容においても、特に重要な史料なのである。

（畑守泰子）

71　スネフェル王の治世（前二七―前二六世紀前半）

パレルモ・ストーン（前二五世紀）

〔碑文表面Ⅵ段〕

〔治世第一三年〕メルウ材〔レバノン杉〕で長さ一〇〇メフの船「ドゥワ・タウィ〔二国の礼拝〕」、一六[1]〔型の〕の王の船六〇艘を造った。ネヘシ〔ヌビア〕を攻略し男女の捕虜七〇〇〇人、牛と山羊二〇万頭を連れて来た。南と北の壁「スネフェルの館」を建設した。木材を満載した船四〇艘を運んで来た〔年〕。

〔治世第一四年〕三五の領地と一二二の牛の牧場（?）を創設した。アシュ材〔杉〕で一〇〇メフの船「ドゥワ・タウィ」一艘とメルウ材の一〇〇メフの船二艘を造った。第七回目の数え上げ〔の行われた年〕。

〔治世第一五年〕南の門の上に「カア・ヘジェト・スネフェル〔スネフェルの白冠は高し〕」、北の門の上に「デシェレト・スネフェル〔スネフェルの赤冠〕」〔という名の建物?〕を建てた。王宮の門をメルウ材で建造。第八回目の数え上げ〔の行われた年〕[2]。

〔カイロ断片Ⅳ中段〕[3]

〔治世X年〕上エジプト王の登場、第四回のアピスの疾走[4]。黄金のホルス・ネブマアトの誕生[5]、[…]神々[…]チェヘヌの地〔リビア〕から男女の捕虜一一〇〇〇人、小家畜一万三一〇〇〇頭を連行〔した年〕。（後略）

（1）　一六が船の長さ（その場合は一六×一〇メフか）なのか、櫓の数ないし他の物の数を指すのかは不明。一メフは約五二・五センチメートル。

（2）　この年と前年には徴税のための数え上げ調査（史料70注9参照）が二年続けて行われている。

（3）　この欄は、パレルモ・ストーンないし類似碑文の一部と推定される断片（カイロ博物館所蔵 JdE44860）の記述。

（4）上エジプト王の登場、アピスの疾走については史料70注4および注10参照。
（5）ネブマアトはスネフェル王の別名（ホルス名、ホルス神の顕現としての王名）で「マアト（秩序）の主」の意味。この一文は、スネフェル王の彫像が金で造られたことを示す。

【出典】T. A. H. Wilkinson, *Royal Annals of Ancient Egypt* (London, New York, 2000), figs. 1, 9.

【解説】第四王朝初代の王スネフェル（在位前二六一三―二五八九年頃）は、第三王朝の最後の王フニの息子あるいは女婿と言われている（王朝区分そのものが前三世紀の神官マネトの著作に依っており、事実関係は不明）。スネフェルの治世に関する同時代史料はシナイ半島のワディ・マガラ鉱山の石碑などごくわずかで、王名と称号を列記したものにすぎない。パレルモ・ストーンはスネフェルの時代から二〇〇年ほど後に記されたものだが、第四王朝以降の記述は初期王朝時代の部分と比べて格段に詳しくなっており、第四王朝初期にはすでにまとまった歴史記録が存在し、それを基にパレルモ・ストーンが製作されたことがわかる。この王の治世の間に、メイドゥムに一基、ダハシュールに二基の計三基のピラミッドが建設されたが、ピラミッド建設に直接言及した文献史料は残っていない（史料72参照）。

多くの領地の設立やリビアやヌビアに対する大規模な軍事遠征の成果、あるいは木材の輸入や多くの船の建造から推定される海外交易の盛行は、王権による国土の支配の拡大と経済力の向上を示唆している。王宮の門や扉の新築、黄金の王像の建造なども、王権の神性を強調し、権威を誇示する目的に役立ったはずである。このように、スネフェルの治世は古王国の最盛期を準備したひとつの画期であった。なお、スネフェルが複数のピラミッドを造った理由としては建造途中の亀裂の発生などが推定されており、王の実際の埋葬地はダハシュールの北のピラミッドと考えられている。古王国末以降、スネフェル王は神格化され崇拝の対象となった。

（畑守泰子）

72　ピラミッド複合体の建設と変遷（前二七―前二二世紀）

ペピアンクの〔への〕手紙[1]（前二三世紀前半）

[…]カア・ネフェル・メルエンラー[2]〔メルエンラーの完璧さが出現する〕、〔それの〕[…]〔で?〕立派に作られた。〔私は〕[…]〔の〕命令の通りにカア・ネフェル・メルエンラーで〔一〕年を過ごした。〔そのピラミッドは〕まことに完璧である[…]。

（1）ペピアンクが手紙の差出人か受取人かはパピルスの欠損のため不明。
（2）メルエンラー王のピラミッドの名。

【出典】P. Posener-Kriéger, "Fragments de papyrus provenant de Saqqarah," in: *Revue d'Égyptologie*, 32 (Cairo and Paris, 1980), p. 84, pl. 6.

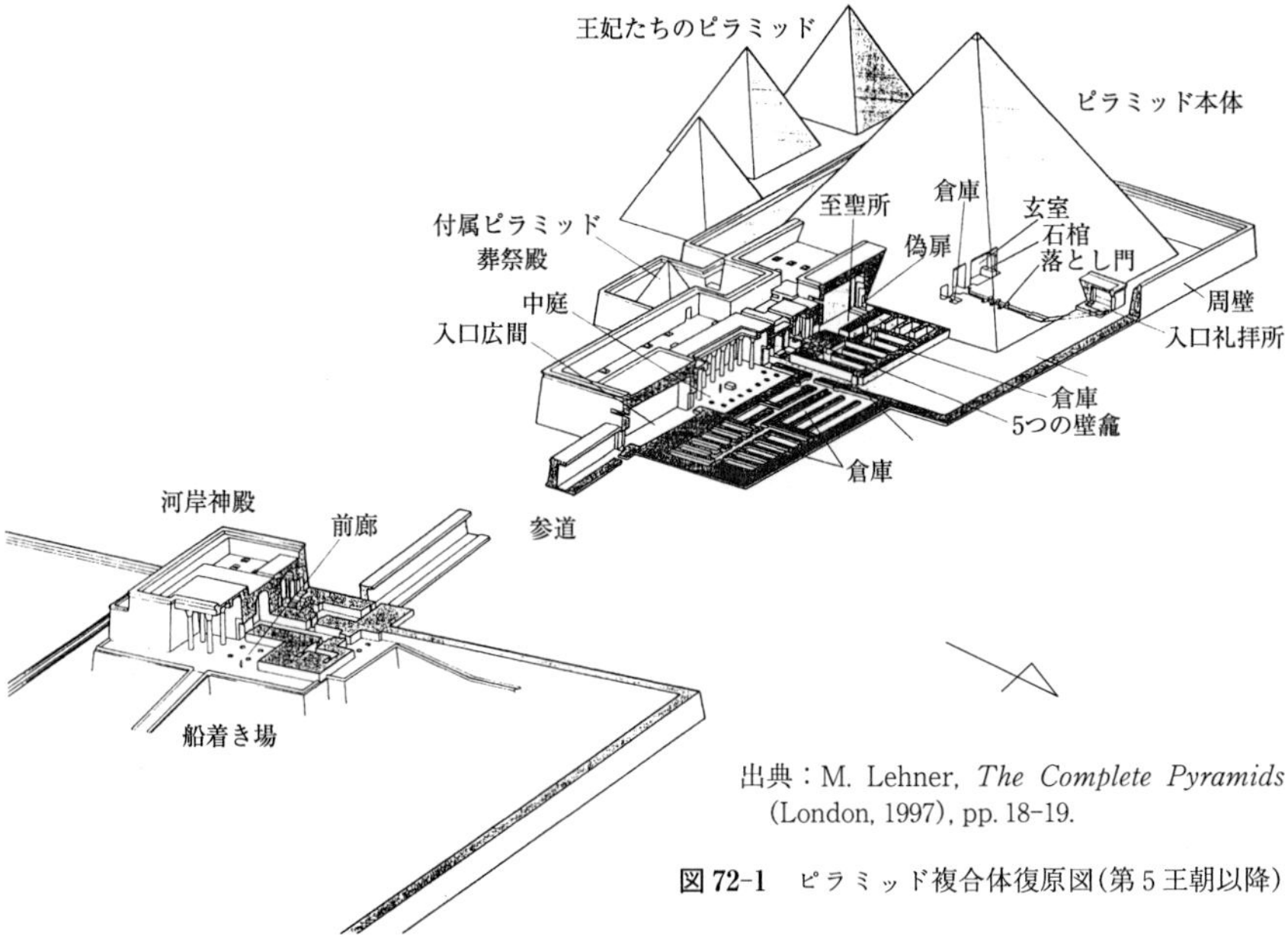

出典：M. Lehner, *The Complete Pyramids* (London, 1997), pp. 18-19.

図 72-1　ピラミッド複合体復原図(第5王朝以降)

ウェニの墓碑文(前二三世紀前半)

陛下〔メルエンラー王〕は、花崗岩の偽扉(1)とその敷居、花崗岩の戸口とまぐさ石を持ち帰るために、また、我が女主人たるカア・ネフェル・メルエンラーの〔葬祭殿の〕上の部屋〔用〕の花崗岩の戸口と敷居を持ち帰るために、私をエレファンティネ(2)へ派遣なさった。

(1) 死者のカア(人や神の生命力を表すとされる霊的存在)が通るために造られた模造の扉。この扉の前で儀式が行われた。
(2) エジプト南端の島。史料82注4参照。

【出典】K. Sethe, *Urkunden des Alten Reichs*, 2nd ed. (Leipzig, 1933), p. 107.

【解説】ピラミッドの建設についてはヘロドトスの記述(『歴史』第二巻一二四―一二五章)がよく知られているが、エジプト人自身がピラミッドの建設に言及した史料はほとんど残っていない。第一史料はパピルスに書かれた手紙の断片(カイロ博物館所蔵JE52001A)で、表面に手紙の本文、裏面に差出人または受取人であるペピアンクの名前と称号の一部のみが残る。第六王朝のメルエンラー一世(在位前二二八七―二二七八年頃)から次のペピ二世(在位前二二七八―二一八四年頃)時代のものと推定される。ペピアンクが穀倉関連職と神官職に就いていたため、訳出した手紙(表面)の内容が、ピラミッドの建設労働に関係するものであるのか、あるいは完成後のピラミッド付属神殿の祭儀などの活動を意味するのかは不明。第二史料もほぼ同時代の官吏ウェニ(史料75参照)の墓碑の一部である。ここでは、メルエンラー王のピラミッド付属神殿のために、ウェニがエレファンティネで花崗岩の輸送に従事したことが述べられる。

第三王朝第二代のジェセル王(在位前二六六七—二六四八年頃)がマスタバ(長方形の上部構造物を持つ墓で、ジェセル以前の王墓の様式)を六段重ねた形の階段ピラミッドを自らの墓として建造した後、数十年ほどの間に、ピラミッドとその関連施設の形態や配置は大きく変化した。第四王朝のスネフェル王の治世下に、ピラミッドの形状は階段状から正四角錐形の真正ピラミッドへと変化し、さらに次代のクフ王(在位前二五八九—二五六六年頃)、カフラー王(在位前二五五八—二五三二年頃)、メンカウラー王(在位前二五三二—二五〇三年頃)の時代に、ピラミッド本体とその東側に隣接する葬祭殿(祭儀の場)、河岸神殿などの付属施設からなるピラミッド複合体(ピラミッド・コンプレックス、図72-1)が次第に整備されていったのである。これには太陽神信仰の高まりが大きな影響を与えたと考えられている。王は、現世では創造神(太陽神)の役割を果たして世界の秩序を維持することを任務とし、死後は太陽神と一体化ないしその陪神になるとされた。ピラミッドの周囲には王族や高官のマスタバ墓や岩窟墓が造営された。ピラミッド建設には常時数千から数万人の労働者を徴用し働かせるための組織が必要で、この必要性から官僚制が発達したのである。葬祭儀式の継続のために、広大な土地と多数の人員が各ピラミッドに配備されるようになった。第五王朝以降になるとピラミッド本体の規模と建造技術は目立って低下してゆくが、それを補うように葬祭殿や河岸神殿、付属ピラミッドなど、王の神性を誇示するための儀式空間の整備・拡大に力が注がれるようになる(図72-1)。こうした傾向は第六王朝末まで続くが、その後新たなピラミッドはほとんど建造されなくなり、既存のピラミッドでの儀式や経済活動も衰退する。ピラミッドの建設と儀式が復活するのは、およそ二〇〇年後の中王国第一二王朝時代のことであった。

（畑守泰子）

73　第五王朝と太陽神信仰（前二五世紀前半）

パレルモ・ストーン（前二五世紀）

〔碑文裏面Ⅱ段〕

〔ウセルカフ王の治世〕

〔治世第六年〕上下エジプト王ウセルカフ、彼は自らの記念物として、〔次のものを〕与えた。ヘリオポリスのバア(1)に毎〔月〕六日の祝祭に二〇の供物(2)と、ウセルカフの［…］から三六と八分の七セチャト(3)の耕地。ネケン・ラー〔ウセルカフの太陽神殿〕の神々にウセルカフの［…］から二四セチャトの耕地、牛二頭とガチョウ二羽を毎日。太陽神ラーに下エジプトの諸州に四四セチャトの耕地。ハトホル女神に下エジプトの諸州で四四セチャトの耕地。(中略)

〔治世第七年〕〔上下エジプト王ウセルカフ、彼は自らの記念物と

してラー神に?〕次のものを与えた。一七〇四〔+X〕セチャトの耕地。（中略）

〔碑文裏面Ⅳ段〕

〔ネフェルイルカラー王の治世〕

〔治世第一年〕上下エジプト王ネフェルイルカラー、彼は自らの記念物として〔次のものを〕与えた。ヘリオポリスのバアとケルアハ〔地名〕の神々へ東州〔下エジプト第一三・一四州〕(4)に〔領地〕「ネフェルイルカラー・メリ・バアウ・イウヌウ」(5)の耕地一一セチャト〔…〕、下エジプト第一四州に二五二セチャト〔…〕の耕地。〔それは〕彼〔ラー〕の家〔神殿〕の二人のウル・マア〔ラー神の高位神官〕と神官たち、役人たちの管理の下にある。〔それは〕神の供物として耕地と同様免除される。（後略）

（1）　ヘリオポリスは太陽神信仰の中心地。バアはカアと同様、神や人間の霊的部分の一種だが、ここでは太陽神信仰と密接な繋がりのある神的存在を示すと見られる。

（2）　パンとビールなどからなる供物。

（3）　一セチャト(アルーラ)は一〇〇メフ平方の面積で、約二七三五平方メートル。文字通りには36(+)½(+)¼(+)⅛セチャトと記されている。一メフは約五二・五センチメートル。

（4）　州はエジプト語ではセパアト、ギリシア語でノモスと呼ばれる行政区で、中王国時代までに上エジプトに二二、下エジプトに二〇存在した。

（5）　ネフェルイルカラー王のピラミッドへ供物を供給するために設立された領地。「ネフェルイルカラー、ヘリオポリスのバアに愛されし者」の意味。

【出典】　T. A. H. Wilkinson, *Royal Annals of Ancient Egypt*(London and New York, 2000), figs. 2, 3.

【解説】　ウセルカフ王を初代とする第五王朝期(前二四九四―二三四五年頃)には、第四王朝下で目立ち始めた太陽神ラーに対する王家の帰依がいっそう顕著となった。後代の説話「ウェストカー・パピルスの物語」では、第五王朝初めの三人の王(ウセルカフ、サフラー、ネフェルイルカラー)が、ラー神と神官の妻の間に生まれた三つ子とされ、その誕生の予言が成就するのをクフ王が危惧したことになっている。ここに示唆されるように、当時の太陽神信仰の興隆は、新しい王朝の王がその正統性の根拠をラー神との密接な結びつきに求めたことに由来するのではないかと考えられている。ラー信仰への傾倒は、歴代の王による太陽神殿の建立にも表れている。現存する太陽神殿の遺構から、それらが王のピラミッドを凌ぐ規模の壮麗な建造物であったことがわかっている。これらの神殿はピラミッド複合体と類似した構造を持つところから、王の葬祭を補完する役割をも担っていたと見られる。ここで取り上げたパレルモ・ストーン裏面に刻まれた第五王朝の記録は、以前の時代の記録(史料70、71)と比べ、一年分の記述が飛躍的に増加し、その大半が神殿への供物と耕地の寄進である点に特徴がある。寄進された耕地からの収穫物は供物と同様、神殿での日々の儀式に使用されたり、神官ら神殿職員への手当として用いられたと見られる。なお、ラー神およびラー神の娘とされるハトホル女神など、太陽神関連の神々への寄進が多いが、寄進対象が不明確なウセルカフ王の治世第七年の寄進を除けば、一回あたりの寄進面積はそれほど大きなものではない。また、寄進は厳密には神殿ではなく神(像)に対して行われたため、同じ神に対するものでも、恩恵を受けた神殿が異なる場合もあった。したがって結局のところ、これらの寄進がヘリオポリスの太陽神殿とその神官たちの勢力拡大を助長したかどうかは、それほど明確ではないのである。

(畑守泰子)

74　古王国時代の王と官僚(前二五―前二三世紀)

ラアウェル碑文(前二五世紀中頃)

上下エジプト王ネフェルイルカラー〔陛下〕は、神の船の船首の引き綱を持つ日に、下エジプト王として登場した。(1) その時セム神官ラアウェルはセム神官と王の御衣係の職務で陛下の御前にいた。(2) 陛下の手中のアメス笏が、(3) セム神官ラアウェルの足を打ち〔行く手を阻んだ〕。〔すると〕陛下は彼に向かって仰せられた。「汝、安泰であれ」。陛下は〔そう〕仰せられた。そして、陛下は〔さらに〕仰せられた。「〔余は〕汝が大いに安泰であることを望む。彼は打たれなかった〔のだから〕」。彼はいかなる人物よりも陛下の下で高貴であった〔からである〕。陛下は墓地にある彼〔ラアウェル〕の墓で命令を書くことをお命じになった。陛下は王宮の区域で、ご自身の傍らで彼のために書かれた文書を作成させた。〔御命令に従って〕、墓地にある彼の墓に書くために。

（1）　儀式の一場面。「下エジプト王の登場」については史料70注4参照。
（2）　口開きの儀式などの重要な葬祭儀式を担当する神官。元来は故人の息子の役割で、王の場合は後嗣の王子がその任務を果たすが、古王国時代には廷臣が王子の代理で特に王(像)の衣服に関わる職務を行った。なお、エジプトでは神官職と行政職は基本的には区別がなく、同じ人物が任命次第でどちらの職にも就くことができた。
（3）　王と神が持つ笏杖の一種。

【出典】 K. Sethe, *Urkunden des Alten Reichs*, 2nd ed.(Leipzig, 1933), p. 232.

ネケブ碑文(前二四世紀後半―前二三世紀前半)

唯一の友〔廷臣の称号〕、王の建築家、メリイプタハアンクメリイラー〔ネケブ〕、彼は語る。私は我が主、〔上下エジプト王〕メリイラー〔ペピ一世〕の働き手である。陛下は〔そこでのすべての労働の〕監督のために私を遣わされ、私は陛下がご満足くださるように上下エジプトで〔その職務を〕行った。(中略)陛下はそれについて〔高官たち〕の面前で、私を讃えてくださった。陛下は私に黄金の護符とパンとビールをたくさん賜り、それらを携えた王都の一団を門に到着するまで来させた。なぜなら、〔私は〕陛下が王家の領地の区域(?)に派遣された他のいかなる王の建築家よりも、陛下のお覚えが目出度かったからである。

【出典】 D. Dunham, "The Biographical Inscriptions of Nekhebu in Boston and Cairo," in: *Journal of Egyptian Archaeology*, 24 (London, 1938), pp. 1-8.

【解説】 古王国時代の官僚の墓には多くの碑文が残されている。墓の壁面や柱などに残されたこれらの碑文の中には、墓主の役職と名前、供養のための呪文などのほかに、墓主の生前の職歴や行動、重要な出来事などを記した自伝を持つものもある。こうした自伝の中でとりわけ強調されたのは、自分がいかに有能で徳の高い人間であったか、どんなに王から寵愛され、いかにすばらしい褒美を賜ったかという点であった。官職の王族独占体制が崩れた第五王朝以降、官吏の自伝にはしばしば王が登場するようになるが、これは当時の官吏たちが、現世の出世にとっても来世での永遠の生命獲得にとっても王の寵愛が不可欠であり、業績や有能さこそ王の寵愛を得る手段と考えていたことを示している。

訳出した史料はともにギザに墓を持つ官僚の墓碑文である。このうち第二史料のネケブの墓碑(ボストン美術館所蔵No. 13.4331)は自伝碑文の典型的な例である。ネケブは第六王朝第三代のペピ一世(在位前二三二一—二二八七年頃)に仕えた高官で、王の葬祭施設の建設や石材運搬用の運河の建設に携わった。彼に与えられた褒美は護符(装飾品)と食物(供物)であったが、他には墓や棺(あるいはそのための石材)、土地や官職などを贈られた者もいる。一方、第一史料のラアウェル碑文(カイロ博物館所蔵J66682)は、やや特異な内容を持つ。ラアウェルは第五王朝ネフェルイルカラー王(在位前二四七五—二四五五年頃)治世下の廷臣で、セム神官称号のほか、王宮の理髪師や衣服の管理官の称号を持つ、王の身の回りの世話に携わる官吏であった。儀式の最中、王がラアウェルを誤って笏で打ってしまったため、彼が災厄に見舞われないように言葉と文書で保証したという内容になっている。その背景には、儀式の邪魔をしたり、王の神聖な持ち物(おそらくは王の身体も)に不用意に触れると危険であり、それを打ち消すために王の言葉が重要な役割を果たすという考え方があったと見られる。王は神々とは同等の存在ではないが、神性を持つ存在と認識されていたのである。

(畑守泰子)

75　第六王朝の対外政策(前二四世紀後半—前二二世紀前半)

ウェニの墓碑文(前二三世紀前半)

陛下〔ペピ一世〕は、上エジプト全土、〔すなわち〕南はエレファンティネ〔上エジプト第一州〕から北はメジェニト〔上エジプト第二二州〕までの地と、下エジプト、〔すなわち〕二つの地区、セジェル〔西デルタ〕とケンセジェル〔東デルタ〕までの地[1]、そしてイルチェト、メジャア、イアム、ワワト、カアウのヌビア人、チェメフ〔リビア〕人から、何万人もの兵士たちをお集めになり、アアム〔アジア人〕の〔中の〕砂漠の民に対して戦いを挑まれた。陛下は私をこの軍隊の先頭に派遣された。（中略）私こそ、彼らを指揮した者である。（中略）〔兵士の〕一人でも仲間を傷つけることのないように、旅人からパンやサンダルを奪わないように、いかなる町からも腰布(?)も奪わないように、誰からも山羊一匹奪わないように〔するために、私が指揮を任されたのである〕。（中略）

この軍隊は無事に帰って来た、砂漠の民の国を破壊して。

この軍隊は無事に帰って来た、砂漠の民の国を平定して。

この軍隊は無事に帰って来た、その要塞を破壊して。

この軍隊は無事に帰って来た、そのイチジクやブドウの木を切り倒して。

この軍隊は無事に帰って来た、そのすべての[…]に火を放って。

この軍隊は無事に帰って来た、何万という軍団を殺戮して。

この軍隊は無事に帰って来た、捕虜として多くの軍団を連れ帰って。(2)

陛下はいかなることにも増して私を誉めてくださった。

陛下は、砂漠の民が反乱を起こす度に、その国を破壊するため五回にわたってこの軍隊を率いるよう私を遣わされた。私は陛下が何にも増してそのことで私をお褒め下さるように〔この仕事を〕行った。（後略）

（1）イルチェトからカアウまではいずれもヌビア地方の地名。

（2）この一連の文は実際に兵士たちが歌う軍歌のようなものであったと考えられている。

【出典】K. Sethe, *Urkunden des Alten Reichs*, 2nd ed. (Leipzig, 1933), pp. 101–104.

【解説】ウェニは、第六王朝初代のテティ王(在位前二三四五―二三二三年頃)からその息子のペピ一世、さらにその息子メルエンラー一世の三代の王に仕えた官僚であった。アビュドスのウェニのマスタバ墓に刻まれていた墓碑(カイロ博物館所蔵CG1435)は古王国時代の官僚の自伝碑文としては最も長大なものであり、少し後の時代の遠征隊長ハルクフの墓碑文と並んで、第六王朝の対外政策を知る上で特に重要な史料となっている。

この時期、エジプトはシナイ半島や西方のリビア、南方のヌビアなどへ積極的な対外遠征を繰り返した。その成果により、ヌビアの多くの地域やリビアの住民がエジプト王に恭順の意を示し、兵士や物資を供給するようになっていた。ただし、ここで取り上げたようなシナイ半島やパレスティナの遊牧民に対する軍事遠征も、その目的は銅や貴石、建築用の石材などの獲得のために交易路を確保することにあり、それらの地域の永続的な支配を目指したわけではなかった。それゆえ、いったんエジプトの国力が弱まると、住民が離反し交易が滞る可能性があったのである。ウェニはほかにも、ヌビアやエジプト国内で採石遠征やそのための運河の掘削も指揮しており、その功績によりメルエンラー一世の下で上エジプト全体を統括する「上エジプト長官」に任命された。なお、この自伝碑文にはほかに、陰謀に加担した王妃の裁判に彼が立ち会ったことや、上エジプトからの税の徴収で功績を挙げたことなど、当時の政治・経済の状況について重要な情報も記されている。その後、ペピ二世の治世後半にはヌビアでエジプトに対する反乱が次第に拡大し、たびたびエジプトの軍隊が鎮圧に向かったことが、アスワン在住の官吏ペピナクトの碑文などから知られている。（畑守泰子）

76　地方豪族の台頭（前二二世紀）

コプトス勅令Ⅰ（前二二世紀前半）

[…]ピラミッド都市長官[1]、宰相、上エジプト長官、神官長、ミン神のセマア神官[2]、シェマイ〔への王の勅令。〕[…]〔余は〕汝の監督下にあるこの上エジプト〔について汝に知ら〕しめた、〔すなわち〕上エジプト第一州から第二二州までの諸州[3]〔についてである〕。余は汝のために、それら〔諸州〕を上エジプト長官の管理下に置かせた。この上エジプトにいる[…]いかなる高官、いかなる[…]、いかなる書記長官、[…]、いかなる証人(?)についても、彼らは汝の監督下に行動せねばならない。（後略）

（1）本来は王のピラミッドの維持・管理のために設けられた集落（ピラミッド都市）の管理責任者の称号だが、古王国末から名誉称号化している。
（2）神像の身仕度を担当する神官職。ミン神は豊饒神で、上エジプト第五州の州都コプトスはミン信仰の中心地。
（3）原文では上エジプト第一州から二二州まですべての州名が南から順に列挙されている。

【出典】H. Goedicke, *Königliche Dokumente aus dem Alten Reich* (Wiesbaden, 1967), p. 175.

コプトス勅令M（前二二世紀前半）

神に愛されし者、世襲貴族、ピラミッド都市長官、宰相、神官長[…]〔シェマイ〕への王の勅令。汝の息子、侯、神官長イディ〔について〕。彼〔イディ〕は、南は上エジプト第一州から北は上エジプト第七州までの侯、王の印璽官、上エジプト長官、神官長である。そこにいる侯、王の印璽官、唯一の友、神官長、長官、町の統治者、関係者たちは彼の監督下で働く。余は彼が高官として仕え、これらの州において汝の命令に従って模範となり、汝の伝令官となることを命じた。それについていかなる者にも請求権はない。（後略）

【出典】*Ibid.*, p. 187.

【解説】第六王朝のペピ二世は九〇年以上統治したと言われるが、その死後間もなく王統は絶え、エジプトは最初の混乱期である第一中間期に入る。その初期にあたる第七・八王朝（前二一八一―二一六〇年頃）については、多数の王名が知られてはいるものの、彼らがメンフィスを拠点とし、いずれも短い在位期間しか持たなかったことなど、ごくわずかなことしかわかっていない。この時代に関する最も重要な史料が、上エジプト第五州のコプトスから発見された十数通の勅令である（コプトス勅令H—T）。それらは、第八王朝の三人の王、ワジカラー、ネフェルカウホル、ネフェルイルカラーがコプトス在住の豪族シェマイ一族のために発布した勅令（パピルス文書）を石碑に写したものであり、シェマイらに対する役職の任命や、葬祭儀式とそのための土地財産の保証などを内容としている。ここで取り上げた二つの勅令は、いずれもネフェルカウホル王が発布したもので、I勅令（カイロ博物館所蔵JE43053）はシェマイに対して上エジプト長官としての職務権限を確認したもの、M勅令はシェマイの息子イディを上エジプト長官に任命する旨の勅令である。

上エジプト長官は、もともと第五王朝末に上エジプトにおける税収確保のために設けられた要職だが、親子は同時にこの職に就いていたようである。両者の違いはシェマイが上エジプト全体を管轄するのに対し、イディは南端の七州のみを担当している点にあった。これらの勅令に見る限り、以前と同様上エジプト全体に王の支配権が及んでいたように映る。しかし王朝の存続期間がせいぜい数十年程度であったにもかかわらず、王たちがつぎつぎと勅令を出しシェマイ一族に特権を与え、しかも父親の生前から息子への職の世襲を認めている点、宰相と神官長という行政と神殿の最高職をシェマイ親子に与えるというかつてないほどの特権の付与、シェマイが王と姻戚関係（妻が王女）で結ばれていた点などから見て、弱体化した王権はこの一族との密接な結びつきによって支えられていたと考えられるのである。その後、第八王朝の滅亡とともにメンフィスの王統は絶え、王国は分裂し地方豪族間の争いが激化する。

（畑守泰子）

第二節　中王国時代

77　第一中間期の国家分裂（前二一世紀）

「メリカラー王への教訓」（前二一世紀後半）

南部〔テーベの第一一王朝〕と悪い関係にあってはならない。このことについて、王都で予言されたことをお前は承知している。「以前に起こったのと同じことが起こる」(1)と。彼ら〔南部の者たち〕は宣言した通りに〔国境を〕踏み越えることはしない。私はティス(2)の南の境である［…］まで侵攻し、そこを豪雨のように占領した。そんなことは、故メルイブラー王〔第九王朝の創始者〕も行わなかった。（中略）南部と良い関係であれ。お前のところに、貢ぎ物を担いだ者たちがやって来る。私は先祖たちと同じように行動した。彼の穀物(3)がない時、私が与えた。気前よくあれ。なぜなら彼らはお前のパンとビール(4)とで満足しているからである。花崗岩(5)は妨げられることなく、お前のところに来る。（中略）王よ。喜びの主よ。お前は自らの力を信じて、休息し眠ることができる。私がなしたことで、お前は望みのままにできる。お前の国境の内側には、敵はいない。（中略）お前の南部との国境が混乱におちいるとき戦いの帯を身につけるのは、異民族である。下エジプトに砦を建てよ(6)。（中略）私の治世に悪しきことが起こった。ティス地域が破壊された。まさにそれは、私のなしたことで(7)起きた。私はそれを、なされたあとで知った。（中略）お前はそのようなことをしないように注意せよ。一撃はそれと同じような一撃で報復される。すべての行為は結果をともなう。

（1）因果応報の思想を示す言い回しと考えられる。
（2）上エジプト第八州にあり、第一王朝の王たちの出身地とされる。ティニスと呼ばれる場合もある。
（3）次の行の「彼ら」もともに南部の人々を指す。第九・一〇王朝の王たちは自らを古王国時代のメンフィスの王朝の正統な後継者とみなし、テーベの王朝はその支配下で満足していると考えていたようである。
（4）エジプト人にとっての基本的な食事。
（5）エジプト南端のアスワンの産物。第一一王朝の支配地域を通ってもたらされた。
（6）南の王朝と事を構えてはならない理由として、デルタ地域に入り込んでいる異民族が不穏な行動に出る恐れが挙げられている。
（7）あるいは「私の意図とは無関係に」。

【出典】W. Helck, *Die Lehre für König Merikare* (Wiesbaden, 1977), pp. 43, 46-48, 66, 74-75.

【解説】第一中間期の後半に存在した第九―一〇王朝（前二一

六〇―二〇二五年頃)は、古王国時代の王都メンフィスより南、上エジプトの北端に近いヘラクレオポリスに都を置いた王朝であった。メリカラー王は第一〇王朝末期に在位した王。この教訓はメリカラー王の父が王に与えたものであるが、父王(ケティ三世か)の名は失われている。当時上エジプトのテーベ(現在のルクソール)には別の王統である第一一王朝が存在し、ヘラクレオポリスの第一〇王朝と国土を二分する状況にあった。メリカラーの父王は、南の第一一王朝と友好関係を保つべきことを再三説いている。父王はティス地方を占領したことを誇っているが、同時に、その際に不都合が起こり、ティスの墓地であるアビュドスの旧跡(初期王朝時代の王墓群)が略奪されたことを告白し、それに伴い何か悪い結果が起こったことをほのめかしている。

　ティス地方での衝突については、第一一王朝のアンテフ二世の石碑(カイロ博物館蔵 20512, メトロポリタン美術館蔵 13.182.3)にも言及があり、それをメリカラー王の父の時代の戦況と考えるのが一般的である。アンテフ二世の二代後の王メンチュヘテプ二世(在位前二〇五五―二〇〇四年頃)が北方へ侵攻し、第一〇王朝を滅ぼして王国の再統一に成功し、中王国時代が始まる。メンチュヘテプの軍門に降った第一〇王朝の王は、メリカラーあるいはその後継王であったと見られる。

　「メリカラー王への教訓」は中王国時代初めに書かれたと推定されるが、現存する写本は前一五世紀後半に作られたものである。サンクト・ペテルブルク・パピルス(旧レニングラード・パピルス)(1116A)、モスクワ・パピルス(4658)、カールスベルク・パピルスⅥが主な写本である。

(吉成薫)

78　第一二王朝の成立と支配(前二〇世紀前半)

ワディ・ハンママート碑文 M113(前二〇〇〇年頃)

ネブタウイラー、永遠に生きよ。治世第二年、アケト季第二月一五日。[1](中略)〔宰相〕アメンエムハトが言う。「わが主、上下エジプト王ネブタウイラーが私を派遣した。(中略)私は「生命の主」〔石棺〕をもたらした。

(1)　古代エジプトの暦では、一年はアケト(増水)季、ペレト(出現)季、シェムウ(欠乏)季の三季に分けられ、それぞれの季節には三〇日ずつの四カ月が属する。

【出典】 C. R. Lepsius, *Denkmäler aus Ägypten und Äthiopien*, Ab. II, (Genève, 1972), Bl. 149(e).

「ネフェルティの予言」(前二〇世紀中頃)

南の王がやって来ることになる。その名はアメニ。[1] 上エジプト第一州の女の息子であり、上エジプト生まれである。彼は白冠〔上エジプト王冠〕を受け、赤冠〔下エジプト王冠〕を被るであろう。彼は二つの力強き者をひとつにし、二つの主を彼らが望むもので満足させるであろう。[2](中略)「支配者の壁」[3]が建てられ、アアム〔アジア人〕[4]たちはエジプトに下ることを許されなくなろう。

（1）　アメンエムハトの短縮形。
（2）　二国すなわち上エジプトと下エジプトの両方を治める王座に即くこと。
（3）　アメンエムハト一世が治世の早い時期に建設した、デルタ地方東部の要塞。
（4）　シリア・パレスティナ地方の住民の総称。ここではデルタ地方に来る遊牧民を指す。

【出典】　W. Helck, *Die Prophezeiung des Nfr.tj* (Wiesbaden, 1992), pp. 51–52.

「アメンエムハト一世の教訓」（前二〇世紀中頃）

それは夕食の後、夜になってからのことだった。私はひと時の食休みをとった後で、疲れて寝台に横たわっていた。私はうとうとし始めていた。その時、私の護衛に〔あるいは護衛の〕武器がひらめいた。（中略）もし私が武器を急いで手にしていたら、卑怯者を退かせることができたであろう。しかし、夜、武勇を誇れる者はいないし、人は一人では戦えない。助太刀なくして成功は生まれない。お前がそばにいない時に殺人が起きたのだ。

【出典】　W. Helck, *Der Text der "Lehre Amenemhets I. für seinen Sohn"* (Wiesbaden, 1969), pp. 42–43, 48–52.

【解説】　エジプト中部のコプトス付近から紅海へ至るワディ（涸れ谷）は、ワディ・ハンママートと呼ばれ、紅海への交易路としてだけではなく、石材の調達地としても活用された。ここには、古王国以来採石遠征隊の残した碑文が数多く残されている。第一一王朝末メンチュヘテプ四世（ネブタウイラー王）の治世下にも、宰相アメンエムハトが王墓に納める石棺の切り出しのため遠征隊を指揮したことが、ここにあげたワディ・ハンママートの碑文から知られている。王の信任が厚く有能な家臣であったこのアメンエムハトこそ、のちにクーデタを起こし、王を退位させて新たに第一二王朝を開いた人物であった。この王位簒奪を正当化するために作られたのが、次の「ネフェルティの予言」だと考えられている。第四王朝の賢王スネフェルの御代に遡って舞台を設定したこの偽予言は、第一二王朝の創始者アメンエムハト一世（在位前一九八五―一九五六年頃）の即位を正当化するための宣伝文学と見なされている。

三つめの「アメンエムハト一世の教訓」は、暗殺されたアメンエムハト一世が自らの災難を語る内容である。実際にこの教訓を作らせたのはもちろん死んだアメンエムハト一世ではなく、その息子で後継者のセンウセレト一世（在位前一九五六頃―一九一一年頃）と言われる。また、古代エジプトの文学の最高傑作とされる「シヌヘの物語」の冒頭は、アメンエムハト一世の王の死の記事から始まるが、そこには暗殺を示す記述はない。リビア遠征からの帰路にあったセンウセレト一世は、父王の死の知らせを受けると、従者たちのみを伴って王都に急行し、一方、物語の主人公シヌヘは王の死後の跡目争いに巻き込まれることを恐れて、アジア方面へ逃亡を企てた。このように、第一二王朝初期は王朝内の争いが激しく、その支配も不安定なものだったと考えられる。「アメンエムハト一世の教訓」や「シヌへの物語」は、そうした争いを制したセンウセレト一世が自らの王位の正統性を裏付けるために作らせたと考えられているのである。

「ネフェルティの予言」の現存する写本のうち唯一のほぼ完全なものは、第一八王朝に作られたサンクト・ペテルブルク・パピルス(1116B)である。一方、「アメンエムハト一世の教訓」の現存する写本は、第一八王朝から第二〇王朝にかけてのもので、書記養成学校の生徒の手になる不完全なものばかりである。

（吉成薫）

79　第一二王朝のヌビア支配（前一九―前一八世紀）

センウセレト三世の運河開削碑文（前一八世紀）

上下エジプト王カーカウラー陛下の治世第八年。陛下は新たに運河を作ることを命じた。この運河の名は「カーカウラーの道は美しい」である。後日、陛下は卑しいクシュ〔ヌビア〕を打ち倒すために、ナイル川を遡られた。この運河の長さ一五〇メフ(1)、幅二〇メフ、深さ一五メフ。

(1)　一メフは約五二・五センチメートル。

【出典】K. Sethe, *Ägyptische Lesestücke zum Gebrauch im akademischen Unterricht, Texte des Mittleren Reiches* (Leipzig, 1924), p. 85.

センウセレト三世のヌビア国境碑（前一八世紀）

上下エジプト王カーカウラー陛下の治世八年に定められた南の国境。どんなヌビア人にも、またヌビア人のどんな牛、山羊、羊にも、陸路でも船でも、これを越えさせないため〔のものである〕。例外は、商取引のためにイケン(1)からやって来るヌビア人、あるいは使者。彼らにはできる限り良くすること。ただし、ヌビア人の船はヘフ(2)を永久に通過させない。

(1)　ヌビア第二急湍付近のミルギッサ周辺の土地。
(2)　同じく第二急湍近くのアブ・シンベル付近。

【出典】*Ibid.*, pp. 84-85.

センウセレト三世の国境再確定碑（前一八世紀）

治世第一六年ペレト季第三月(1)。陛下は南の国境をヘフに定めた。「余は余の国境を、父たち〔の国境〕を南に越えて定めた。余は〔先王たちから〕課せられたことを上まわる働きをした。余は有言実行の王である。余は計画したことは自らの手で実現させる。（中略）余は彼らの女たちを略奪した。余はその住人たちを連行した。彼らの井戸に行き、彼らの牛を追いたて、彼らの大麦を刈り取り、そこに火をかけた。（中略）余が定めたこの国境を強固なものにする余の息子は誰であれ、余のために生まれた余の息子である。父を助ける息子にふさわしい人物である。生んでくれた者のために国境を強固にする者である。それ〔国境〕を脆弱にし、そのために戦わない者は、余の息子ではない。余のために生まれた者ではない。余は余の彫像を、余が定めたこの国境に作らせた。お前たちがそれを見て力を得、それを見て戦うために」。

(1)　暦については史料78第一史料注1参照。

【出典】*Ibid.*, pp. 83-84.

【解説】エジプトのヌビア地域に対する侵攻はすでに初期王朝時代には始まったが、古王国時代までは主に交易や石材採掘などのための遠征隊の派遣が中心であった。中王国時代になると特に第一二王朝（前一九八五―一七七三年頃）の王たちは、ヌビアのナイル地域にいくつもの要塞を建設し、そこに兵士たちを常時駐屯させるようになった。ただし、こうした要塞はヌビアをエジプトの領土として支配するためのものではなく、交易路を確立し、金や奴隷などエジプトにとって重要なヌビアの資源を確保するために築かれたものであったようだ。

一つめの史料はカーカウラーすなわち第一二王朝第五代の王センウセレト三世（在位前一八七〇―一八三一年頃）がクシュすなわちヌビアへの遠征に際して、アスワン付近の急流（第一急湍）を迂回して軍船を通すための運河を造らせた記録で、現地に碑文として残されている。二つめは同王が治世第八年のヌビア遠征で第二急湍の上流のセムナを確保し、そこに国境を定めた時の記録であり、三つめは、同じくセンウセレト三世が第八年に定めた国境を第一六年に再確定し、その国境を確保することを後継者たちに勧めたものである。後ろの二つはともにベルリン美術館に収蔵されている石碑（14753, 1157）に刻まれている。王はセムナ付近にレンガ造りの要塞をいくつも建設し、南への守りを固めた。こうした要塞の司令官たちからの報告が残っているが、なかでもセンウセレト三世の次に王位についたアメンエムハト三世（在位前一八三一―一七八六年頃）の治世初期のものは、当時のヌビア守備隊の日常をよく伝えている。

（吉成薫）

80　中王国時代の農業経営（前二〇世紀）

ヘカナクト文書　書簡1（前二〇世紀）

葬祭神官(1)ヘカナクトによりメリスウ(2)に語られた言葉。

我々の耕地の中で、氾濫の及ぶすべて〔の場所〕について、それを耕すのはお前と、お前とともにいる私のすべての者たち〔家族や使用人〕だ。（中略）しっかり耕しなさい。私の種穀を守りなさい。私のすべての財産を守りなさい。（中略）お前はヘティの息子ナクトとサアネブニウト(3)をペルハア(4)へ行かせなさい。〔我々のために〕彼らに一〇〔セチャト(5)〕の耕地を借りて耕すように。彼らにその借地をそこ〔家〕で織られた布で手に入れさせなさい。もし彼らがペルハアでエンマー小麦を得たならば、それで払わせなさい。(中略)もしお前たちがそこで二〇〔セチャト〕の耕地を耕せるなら、耕しなさい。お前たちはケペシイトの良き耕地で、エンマー小麦〔用〕に一〇〔セチャト〕、大麦〔用〕に一〇〔セチャト〕を見つけなさい。誰か〔他の者〕の耕地へは行ってはならない。ハウに〔貸す土地があるか〕尋ねなさい。もし彼のところで見つからなかったら、フウネフェルの前へ行きなさい。お前たちにケペシイトの水の〔豊かな〕耕地を与えてくれるのは彼だ。(中略)シンウィ〔地名〕の私のすべての窪地〔氾濫時に冠水する土地〕についてだが、私はそこに亜麻を植えていた。いかなる者もそこに行かせて〔貸して?〕はならぬ。(中略)お前は窪地に大麦を作りなさい。そこにエンマー小麦を作ってはならない。ただし氾濫〔の水位〕が高かったら、エンマー小麦を作りなさい。(後略)

(1)　葬祭儀式を行う神官。他の多くの神官同様、宗教的な専門家ではない。契約により一定の土地の用役権と引き替えに葬祭儀式を請け負った。
(2)　ヘカナクト家の使用人頭(家令)か。以前はヘカナクトの長男と考えられていた。
(3)　ヘカナクト家の使用人か。
(4)　地名。ヘカナクトの家はテーベ西岸近郊のネベシイトという所にあったが、ペルハアも後出のケペシイトもその近郊の土地。
(5)　単位の記載はなく数字の書き方も異例なため、解釈には諸説あるが、近年の説にしたがった。一セチャトは約二七三五平方メートル。

【出典】 J. P. Allen, *The Heqanakht Papyri*(New York, 2002), pls. 26–29.

【解説】 この文書は、テーベにある第一一王朝期の墓から発見されたヒエラティックのパピルス文書の一つで、葬祭神官ヘカナクトが家族に書き送った手紙二通のうちの一通である(メトロポリタン美術館所蔵パピルス MMA22.3.516)。一緒に発見された手紙類や会計文書などと併せて、中王国時代の一庶民の暮らしを伝える貴重な史料となっている。

ヘカナクトは当時何らかの理由で家を離れてデルタ地方に滞在中であり、そこからテーベ近郊の留守宅にこまごまとした指示を書き送った。一家には親族ないし使用人と思われる何人かの男性が所属しており、このうち使用人頭とおぼしきメリスウがヘカナクトの留守中代理として家政を預かっていた。この家にはほかに息子たち、ヘカナクトの母親、後妻、女性の使用人など総勢十数人がいた。

ヘカナクトは葬祭神官という称号を持ってはいるが、実際には農業生産が一家の生計の支えであったので、ここでは農業経営に関する部分を取り上げた。一家は所有地(これが葬祭神官の職によって得られた土地かどうかは不明)の他に、近郊にもハウやフウネフェルという名の知人から土地を借りて主に大麦を栽培していた。氾濫時の水位や土地の状態によってはエンマー小麦や亜麻が植えられる場合もあった。耕作と家畜の世話に従事するのは使用人や息子たちであった。別の手紙には、ヘカナクトが家族一人一人に割り当てた麦の分配リストがあるが、その少なさに皆が不満を持たないよう、飢えが蔓延した当時の世情が強調されている。

なお、従来ヘカナクトは文書の発見場所の墓主メセンの主人である宰相イプの葬祭神官で、メンチュヘテプ三世治下(在位前二〇〇四―一九九二年頃)の人物と考えられてきたが、近年イプとの関係は疑問視され、年代も第一二王朝まで引き下げる見解が出されている。

(畑守泰子)

81　中王国の官僚養成(前一九―前一八世紀)

「ドゥアケティの教訓」(前一九世紀後半)

ドゥアケティという名のシレ(1)の男が、ペピという名の息子に与えた教訓の始まり。その時、彼は、その息子を王都で最もすぐれた学校に、貴族の子供たちと一緒に入学させるために、王都に向かって船で南へと行くところだった。そして彼は彼〔ペピ〕に言った。私は鞭で打たれる者を見た。お前はその心を書物に向けるべきだ。労働者として人が連れ去られるのを見なさい。書物に勝るものはない。それは水上の船だ。ケミイト(2)の終りを読みなさい。そこにはこの言葉がある。曰く、「書記は王宮のどんな地位にあっても、そこで困窮することはない」。彼〔書記〕は他人が満足して立ち去らないとしても、〔すでに〕その者の窮地を救っている。私はこんな言葉が言われるような職を〔他に〕見たことがない。(中略)さらにそれはどんな職よりも偉大で、地上に匹敵するものはない。(中略)私は官命を委ねられた彫刻師や、使者として送られた金細工師を見たことがない。炉口で働いている銅細工師は見ている。その指はワニの爪のようで、〔その身体は〕魚の卵よりも生臭い(中略)。ごらん、監督者のいない職は書記以外にはない。なぜなら、書記こそ監督者なのだから。もしお前が書くことができるなら、それは私がお前に示したどんな職業も問題にならないくらい、お前にとって良いことなのだ。(後略)

(1)　東デルタのシリア・パレスティナとの国境の町。ドゥアケティには称号がなく、庶民であることがわかる。
(2)　書記教育の基本的教科書。「全書」と訳される。

【出典】 W. Helck, *Die Lehre des Dw3-Htjj* (Wiesbaden 1970), pp. 12–38, 118–123.

「忠臣の教訓」(前一九世紀後半)

心の底から王を敬え。心から陛下を崇めよ。一日中彼への畏怖を吹聴し、常に彼への称賛を生み出せ。(中略)彼の名のために戦え。彼〔の名のもと〕に誓い、彼を呼べ。(中略)どんな場合でも、民衆のために戦え。彼らはその主人〔王〕に有益な家畜である。

【出典】 G. Posener, *L'enseignement Loyaliste: Sagesse égyptienne du Moyen Empire* (Genève, 1976), pp. 58-61, 92, 134.

【解説】 第一二王朝はアメンエムハト一世のクーデタによって成立したとされる(史料78参照)が、クーデタ成功の鍵を握っていたのは、第一一王朝の支配を快く思わなかった第一中間期の州侯の末裔たちで、彼らの協力によって第一二王朝が成立したと考えられる。彼らはその褒賞として旧来の特権を付与され、それが第一二王朝の支配にとって妨げとなった。第一二王朝の王たちは、これに代わる勢力を創り出し、自分たちの支持基盤にするため、庶民の子弟に教育を施し抜擢しようと考えた。エジプトで出世する、すなわち高級官僚になるためには、行政文書類を自由に扱う読み書きの能力を身につける必要があったが、その際教材として使われたのが「ドゥアケティの教訓」である。ここには、他の職業と対比させて書記職のすばらしさを示すことで、学習意欲をかきたてようという意図が見られる。そうした工夫によって育成された「新貴族」が、州侯の末裔たち「旧貴族」に取って代わるのは、センウセレト三世の時代(史料79参照)であった。この王の治世に、州侯の末裔たちに許されていた特権を伴う称号が、廃止されたことがうかがわれるからである。

　こうして生まれた「新貴族」の心得を述べた一種の宣伝文学が「忠臣の教訓」である。ここでは、家臣は王を敬い、王のために戦い、さらに民衆のためにも戦うことが説かれている。「忠臣の教訓」の前半部分は第一二王朝後半の高官セヘテプイブラーの石碑に刻まれたものが残る他、新王国時代の写本(ルーブル・パピルスE. 4864s.)がある。「ドゥアケティの教訓」は、第一二王朝初期に作られたと見られるが、現存する最古の写本は新王国時代初期のもの(アマースト・パピルス)である。

(吉成薫)

第三節　新王国時代から末期王朝時代まで

82　ヒクソスのエジプト支配〔前一七—前一六世紀〕

「カーナヴォン・タブレット」〔前一六世紀中頃—前一五世紀〕

治世第三年〔中略〕。陛下〔カーメス〕は彼の宮殿で彼に従う顧問会議の家臣たちに仰せられた。「余のこの力は何のためにあるのか、それを教えよ。一人の支配者がアヴァリス[1]におり、別の者がクシュ〔ヌビア〕にもいる。余はここに座して、アジア人〔ヒクソス〕とクシュ人とともにいるのだ。それぞれが、このエジプトの〔国土の〕一部分を所有し、余とともに国土を分けあっている。〔我々の中の〕誰もエジプトの水の中にあるメンフィスまで渡ることができない。見よ、彼〔ヒクソス王〕がヘルモポリス[2]をも所有している。〔その上〕アジア人によって税を搾り取られてしまうので誰も安閑としていられない。余は彼と対決し、彼の腹を切り裂こう。余の望みはエジプトを救い、アジア人たちを打ち砕くことだ」。

彼の顧問である家臣たちは言った。「ご覧ください。クサエ[3]までがアジア人達の水〔支配下〕です」。彼らは、一斉に言った。「我々はエジプトの我々の部分で心地よく〔暮ら〕しています。エレファンティネ[4]は強力です。中央部分はクサエまでが我々のものです。彼らの畑の最も良いものが、我々のために耕されています。我々の家畜もデルタに置かれています。エンマー小麦も我々の豚のために運ばれています。我々の家畜は連れ去られていません。……彼〔ヒクソス王〕はアジア人たちの土地を所有し、我々はエジプトを所有しているのです。ですから我々のもとに〔敵対〕行動をする者がやって来たならば、その時に我々は彼に対して行動を起こしましょう」。

その結果、彼らは、陛下の御心を不快にした。〔後略〕

（1）デルタ東部地域にあったヒクソスの首都。現在のテル・エル・ダバア。
（2）上エジプト第一五州の州都。現在のアシュムネイン。
（3）上エジプト第一四州の町。現在のエル・クスィーヤ。ヘルモポリスの南四〇キロに位置する。ヒクソスと第一七王朝の支配地域の境界にあたる。
（4）現在のアスワン対岸、ナイル川に浮かぶ島。古代エジプトの最南端であり、上エジプト第一州の州都。この時期クシュの支配下にあった。

【出典】W. Helck, *Historische-biographische Texte der 2. Zwischenzeit und neue Texte der 18. Dynastie* (2., überarbeitete Auflage.) (Wiesbaden 1983), pp. 82–86.

【解説】第二中間期後半、エジプトは、「ヘカウ・カスウト(異国の支配者たち)」を語源とするヒクソスの宗主権下にあった。ヒクソスについては不明な部分が多いが、西アジア系の集団にシリア・パレスティナ系の人々が混入した民族と考える説が有力である。彼らは戦車や馬、新しい武器や軍事技術などをエジプトにもたらし、デルタ地域に樹立した第一五王朝の下で大きな影響をエジプト全土に及ぼした。本史料は、ヒクソス支配下のエジプトの状況を具体的に記したものであり、当時、デルタ地域にヒクソス、上エジプトのテーベ(現ルクソール)付近にエジプト土着の第一七王朝、そしてエレファンティネ以南にヌビア人、とエジプトは三分割されていたことがわかる。ヒクソスの支配は、比較的緩やかであったと史料からは推定されるが、エジプトの王たちは、この状況からの脱却を目指し、ヒクソスの追放と国土の再統一に乗り出した。戦いは第一七王朝のセケンエンラー王に始まり、カーメス(在位前一五五五―一五五〇年頃)が引き継ぎ、さらに第一八王朝の創始者アハメス(在位前一五五〇―一五二五年頃)がヒクソスの根拠地であるパレスティナのシャルーヘンを占領することによって完遂された。御前会議の後カーメスは家臣たちの反対を抑えて北進し、ヒクソスの支配下にあったベニ・ハッサン近郊と推定されるネフェルシを攻略したことが、訳出部分の後に記されている。この史料は一九〇八年にテーベ西岸、デル・エル・バハリの東端にある墓から出土した木製の碑板に記されていた。発見者のイギリス人貴族カーナヴォン卿(ツタンカーメン王墓の発掘の出資者として有名)に因み「カーナヴォン・タブレット」と呼ばれている。カルナックのアメン神殿に建立されていた石碑の内容を、書記が練習用に書写したものと考えられる。元の石碑の断片は一九三五年にアメン神殿で発見され、こちらは「カーメス第一碑文」と呼ばれている。石碑の方は断片的にしか残っていないが、書式や残存部分の内容は碑板とほぼ同一であるため、内容全体のおよそ五分の一が判明している。カーナヴォン・タブレット(収蔵番号 JE41790)、カーメス第一碑文(収蔵番号 Temp. II. I. 35. I)ともに現在はカイロ博物館に所蔵されている。

(佐々木純子)

83 「王家の谷」の成立(前一六世紀末)

イネニの自伝碑文(前一五世紀前半)

私は陛下〔トトメス一世〕の墓を掘る〔作業〕を〔たった〕独りで監督した。誰も見ることもなく、誰も聞くこともなしに。私はそのために役に立つ物を求めた。[…]私は慎重に役に立つ物を探した。私は墓地の彼ら〔王〕の墓〔の壁〕に塗る漆喰の土を作り出した(1)。それは以前に行われたことのない仕事であった。私がそこで行うよう指示されたことは、充分に果たされた。(中略)私は後世の人々のために〔役立つものを〕求めた。それは、私の心に叶う仕事であった。私の行動〔業績〕は、知識力〔を発揮したから〕であって、年長者の指導が私に与えられたわけではない。私が行ったことを手本とする人々によって、年月が過ぎた後、私はその知識を称えられるだろう。そして、私は[…]。私はすべての仕事の監督官になった。私に対する賞賛は宮廷の中に定着しており、私に対する好意が廷臣たち〔の間〕にあった。陛下は私に下僕を与えてくださり、私への食料も、毎日王宮の倉庫から運ばれてきた。

(1)　墓壁を漆喰で均し、その上に装飾の壁画やレリーフを描いた。

【出典】　K. Sethe, *Urkunden der 18. Dynastie*, Heft 1-4(Berlin, 1961), pp. 53-58.

【解説】　新王国時代になるとテーベ(現在のルクソール)のナイル川西岸に王たちの墓地が造られた。後世「王家の谷」と呼ばれるこの地は、ワディ(涸れ谷)に位置し、背後にピラミッドを思わせるエル・クルン峰が聳えていた。王たちはワディの断崖の下を掘削して墓を造営し、地上部を目立たなくすることによって、長年悩まされて来た盗掘の被害を防ごうとした。本史料は、第一八王朝時代アメンヘテプ一世(在位前一五二五―一五〇四年頃)からハトシェプスト女王(在位前一四七三―一四五八年頃)とトトメス三世(在位一四七九―一四二五年頃)の共同統治時代まで、五人の王たちに仕えた官僚イネニの自伝の一部である。彼はテーベの市長、アメン神殿の穀倉長、カルナック神殿の建設長官の要職を歴任した人物であり、「王家の谷」の建設にも深く関わっていた。引用箇所は、トトメス一世(在位前一五〇四―一四九二年頃)の王墓造営に関する部分であるが、如何に工事が秘密裏に行われたかが述べられている。また、脆い岩盤に塗る漆喰を得ることは、大きな課題であったらしく、その獲得に成功したことが彼の大きな誇りであった。「王家の谷」は東谷と西谷の二カ所に分かれており、東谷に六〇基、西谷に四基の合計六四基の墓が登録されているが、墓はトゥトアンクアメン(ツタンカーメン)のものを除きいずれも盗掘の被害を受けていた。なお、イネニの墓は、シェイク・アブド・エル・クルナにある(TT81号墓)。

(佐々木純子)

84　ハトシェプスト女王の時代(前一五世紀前半)

「ハトシェプスト女王誕生碑文」(前一五世紀前半)

「〔私トト神が〕(1)汝(2)〔アメン神〕に語ったその女性、……アハメスが彼女の名である。彼女はこの国の中にいるすべての女性よりも美しい。彼女こそ上下エジプト王アアケペルカラー(3)王、永遠に生命を与えられたもの、の妻である。そして陛下は若い。さあ[…]に行け(4)」。この神、尊きアメン、両国の王座の主によることば。彼〔アメン神〕は彼女〔王妃アハメス〕の夫である、上下エジプト王アアケペルカラー陛下に姿を変えた。彼ら〔アメン神とトト神〕は彼女が、彼女の宮殿の奥で休息しているのを見つけた。彼女は神の芳香に目覚め、陛下(5)の前で微笑んだ。そして彼はすぐに彼女のもとに歩み、そして彼女に情欲を覚え、そして彼女を望んだ。そして彼女の前に行った後、神である彼の姿を彼女に示した。彼の美しさを見て彼女は慶び、彼の愛が彼女の体を走った。宮殿は神の芳香で溢れた。彼の芳香はすべてプント(6)からのものであった。(中略)

両国の玉座の主、アメンによる彼女への言葉。「クヌムトアメン・ハトシェプスト〔という名〕が、確かに〔私が〕汝の胎内においた娘の名前である。(中略)彼女〔ハトシェプスト〕は、この国中のこの素晴らしい王権を行使するだろう。私の魂〔バア〕は彼女のものであり、私の力は彼女のものである。私の誉れは彼女のものであり、私の王冠は彼女のものである。そして彼女は両国を支配し、彼女はすべての生き物を導くだろう」。

(1) 朱鷺の頭をもつ神。神々の書記であり、知識の神。
(2) テーベの守護神、特に第一八王朝以降、国家最高の神となった。
(3) トトメス一世。アアケペルカラーは王の即位名。
(4) トト神はアメン神を王妃アハメスのもとに連れて行く。
(5) アメン神は、王トトメス一世に姿を変えている。
(6) 香木の産地。紅海のアフリカ側南端地域と考えられるが、正確な位置は特定されていない。

【出典】 K. Sethe, *Urkunden der 18, Dynastie.* Heft 1-4(Berlin 1961), pp. 218-221.

【解説】 古代エジプトにおいて女性が王位に即いた例は数例あるが、いずれも男子の後継者がいない場合に限られていた。トトメス二世(在位前一四九二―一四七九年頃)は、正妃ハトシェプストとの間に王女を儲けていたが、王子はいなかった。そのためトトメス二世の死後は、庶出のトトメス三世が王位を継承し、ハトシェプストが摂政となった。しかし彼女はその地位にあきたらず、自らも「王」を称し、トトメス三世の共同統治者として政権を掌握した。このような行為は前例がなかった。そのため彼女は、自らの正当性を強化、強調する目的で、テーベ西岸のデル・エル・バハリ葬祭殿第二テラスに本碑文と浮き彫りを刻ませた。最高神アメンが、ハトシェプストの父王トトメス一世に姿を変え、王妃アハメスのもとを訪れる。その結果誕生したのがハトシェプストであり、彼女は神の子で、その即位は神の意志による正当な行為であるというのがその主張である。同じデル・エル・バハリの葬祭殿第二テラスには、父トトメス一世がハトシェプストを後継者に指名し、即位式を挙げる碑文もある。

ハトシェプストは約二〇年間トトメス三世の共同統治者として政権を握ったが、その治世は概ね平和で、デル・エル・バハリ葬祭殿の建築、カルナックのアメン神殿の増築、また、乳香や没薬《ミルラ》などの産地プントに交易を求めて遠征隊を送ったことが知られている。

(佐々木純子)

85　トトメス三世の軍事遠征と対外政策（前一五世紀）

「トトメス三世年代記」（前一四五〇年代―前一四二〇年代）

〔第一回遠征〕（前略）治世第二三年、シェムウ季[1]第一月一六日、ヤハム[2]の町に到着。陛下は彼の勝利の軍隊に会議[3]を開かせ、次のように話した。「あの卑劣な敵、カデシュ[4]〔侯〕はメギッド[5]に来て、今その中にいる。彼はかつてエジプトに忠実だったナハリン〔ミタンニ〕に至るまでの[…]すべての外国の諸侯と彼らの馬、軍隊、人々を、彼の下へと集めた。彼は次のように話したと報告されている。「私〔カデシュ侯〕はここメギッドで、陛下〔トトメス三世〕と戦うために待つ」」。（中略）

治世第二三年、シェムウ季第一月二一日……夜明けに王〔トトメス三世〕は姿を現した。（中略）陛下は軍の先頭に立ち彼らを圧倒した。（中略）陛下は彼の軍隊に命令の言葉を発した「うまく捕らえよ、わが勝利の軍隊よ。見よ、この日ラー神の命令によってすべての外国[6]がこの町の中に閉じ込められている。すべての北の国の諸侯たちがこの中に閉じ込められているために、メギッドの掌握は千の町を掌握することになる。捕らえよ、徹底的に」。（中略）陛下の力のもとに捕らえられたすべての諸侯は、銀、金、ラピス・ラズリ、トルコ石の貢物を担いで、陛下の軍隊のために穀物、ワイン、大小の家畜を運んだ。（中略）陛下はすべての町の諸侯を新たに指名した。（後略）

〔第六回遠征〕治世第三〇年。さて陛下は第六回勝利の遠征でレテヌ〔シリア〕の国にいた。カデシュの町に到着。町を破壊し、木々を倒し、穀物を刈り取った。（中略）さて諸侯の子どもたちと兄弟がエジプトに連れて来られ人質となった。これらの諸侯の誰かが亡くなると、陛下は彼の息子を行かせてその地位に就かせた。この年連れて来られた諸侯の子どもの数、男三六人、男と女の奴隷一八一人（後略）

（1）シェムウ季については史料78第一史料注1参照。
（2）メギッドの南に位置する都市国家。
（3）メギッド攻略のため、どのルートをとるかという軍議。
（4）オロンテス川中流の都市国家。
（5）パレスティナ北部の都市国家。
（6）ヌビアのジュベル・バルカルにあるアメン神殿内庭のトトメス三世石碑によれば、第一回遠征時にメギッドに参集した敵の諸侯の数三三〇、メギッド包囲の期間は七カ月とある。

【出典】K. Sethe, *Urkunden der 18. Dynastie*, Heft 9–12(Berlin, 1984), pp. 647–667, 689–690.

【解説】　トトメス三世治世前半、事実上実権を掌握していた共同統治者ハトシェプストがシリア・パレスティナ地域に軍事遠征を行わなかった結果、この地域の都市国家はエジプトに対する大規模な反乱を起こした。これに対し治世第二二年に単独政権になるや、トトメス三世は治世第四二年まで一七回の西アジア遠征を行った。その記録が、テーベ(現ルクソール)のカルナック神殿第六塔門背後の二つのホールの壁に刻まれた「トトメス三世年代記」と呼ばれるこの碑文である。

第一回遠征では、撃破したシリア・パレスティナ都市国家に新しく親エジプト諸侯を配置したこと、第六回遠征では、諸侯の息子達を人質としてエジプトで教育し父王が亡くなると新施政者として送り返した、いわゆる人質政策がとられたことが記されている。トトメス三世時代、西アジアの強国はヒッタイト、アッシリア、カッシート朝バビロニア、ミタンニ、エジプトで、当時のエジプトの主要敵国はミタンニであった。両国の交戦の模様は、トトメス三世がユーフラテス川東岸のトトメス一世境界碑の横に境界碑を建立したことを記した第八回遠征碑文と第一〇回遠征碑文に記されている。

第一八王朝の王たちが遠征で得た莫大な戦利品をカルナックのアメン大神殿に寄贈した結果、アメン神官団の力は強大化し王権に干渉するまでになった。その最たる例は、アメン神官団の神意解釈権を背景に、トトメス三世在位中にもかかわらずアメン神の娘と称し、その神性を根拠に即位したハトシェプストに見ることができる(史料84参照)。一方、トトメス三世は自らの王権の正統性の根拠をアメン神の息子としての神性の他、十数度の遠征を成功させた将軍としての個人のカリスマ性にも求め、相対的にアメン神官団と距離をとった。　(森際眞知子)

86 トトメス四世　夢の神託(前一四世紀前半)

「スフィンクス碑文」(前一三九〇年代)

〔トトメス四世〕治世第一年、アケト季[1]第三月一九日。(中略)さて彼〔トトメス四世〕は、従者を伴い、戦車で遠出をしてはメンフィスとその南や北の砂漠で、銅の的を射、ヒョウや砂漠の小動物を狩って楽しむ。(中略)そのような日々のある日、次のようなことが起こった。王の息子トトメスが遠出をして真昼にここを通った。彼はこの偉大な神[2]の陰に腰を下ろした。太陽が一番高く昇った時、強い眠りが彼を捉えた。彼は、この偉大なる神陛下が彼自身の口で告げられるのがわかった。それは父がその息子に語るかのようだった。曰く「私を見よ、私を見るのだ、わが息子、トトメスよ。私はおまえの父、ホルムアケト・ケプリ・ラー・アトム[3]である。私はおまえに生者がつかさどる地上の王権を与える。おまえはゲブ[4]の玉座で白冠と赤冠〔上下エジプトの王冠〕を戴くだろう、王の後継者よ。万物の神の目が照らすところの国土は、その長さと広がりにおいておまえのものである。国中の食料、あらゆる外国からの莫大な貢物、長寿もおまえのものである。私の顔はおまえのほうを向き、私の心もおまえのほうを向いている。おまえは私のためにある。見よ、私の有様を。まるで私の全身がばらばらになってしまったような困った状態にあることを。かつてその上に私がいた砂漠の砂が、私に襲いかかっている。〔しかし〕私はおまえに私の心の中にあることを行わせるためにおまえを待っていた。なぜなら私はおまえが私の息子で私を守る者であることを知っているからである。近づくがよい。私を見よ、私はおまえとともにある。私はおまえを導くものだ」。これらの言葉を聞くと、この王子は驚いて目覚めた。というのは、彼はこの神の言葉を理解したからである。（後略）

（1）　アケト季については史料78第一史料注1参照。
（2）　ホルムアケト・ケプリ・ラー・アトム。注3参照。
（3）　カフラー王のピラミッド横の大スフィンクスは、築後一〇〇〇年以上たったトトメス四世時代には、ホルムアケト（＝地平線のホルス）という太陽神の像と考えられていた。この神はまたラー神やその他の神と習合してひとつの神とみなされていた。
（4）　大地の神。王はゲブの後継者とも呼ばれる。

【出典】W. Helck, *Urkunden der 18. Dynastie*, Heft 17-19(Berlin, 1984), pp. 1539-1544.

【解説】　ギザの大スフィンクス前脚の間にあるこの石碑はトトメス四世（在位前一四〇〇―一三九〇年頃）が建立した。王子時代にホルムアケト・ケプリ・ラー・アトムの像、すなわち大スフィンクスを砂の中から取り出せば彼を王位につけようというお告げを夢で受けたという内容から「夢の石碑」とも呼ばれる。

注目すべきは、トトメス四世がアメン・ラー神ではなくホルムアケト・ケプリ・ラー・アトム神によって王位についたとされている点である。これは、第一八王朝の王たちとその即位を正統化するアメン神との伝統的な関係の中断を意味する。トトメス四世のこうした方針はアメン神からアテン神に王権の正統性根拠を移した後のアクエンアテンの変革が全くの例外ではないことを示している（史料87参照）。

第一八王朝は第二中間期にエジプトを支配した異民族ヒクソスの王朝（第一五王朝）をアジアに放逐して成立した王朝で、王朝成立期から王たちは国境を安定させるため頻繁にアジア方面に軍事遠征を行った。祖父トトメス三世（史料85参照）や父王アメンヘテプ二世（在位前一四二七―一四〇〇年頃）の時代にはミタンニがエジプトの主要敵国であったが、トトメス四世時代はヒッタイトの強大化に伴い、ミタンニ・エジプト関係に変化が生じた。トトメス四世は長期にわたる外交交渉でミタンニと同盟を結び、同国王女をエジプトに迎え、対ミタンニ政策では軍事遠征から外交交渉・政略結婚に舵を切った。次王アメンヘテプ三世（在位前一三九〇―一三五二年頃）もミタンニから二人の王女を妻に迎え、同盟関係を維持しており、西アジアに軍事遠征を行った記録はない。トトメス四世以降エジプトの主要敵国はヒッタイトとなる。

アメンヘテプ三世時代、第一八王朝は全盛期を迎え、王はカルナックのアメン大神殿南にその付属神殿であるルクソール神殿を造営したのをはじめ、テーベ西岸の王宮造営等、建築活動を盛んに行った。アメンヘテプ三世はまた、ラー神ほか伝統的な神々の神殿をエジプト各地に造営し、その結果アメン神官団の王権に対する影響力を相対的に弱めた。

（森際眞知子）

87　アクエンアテン王のアテン信仰（前一四世紀前半）

「アテン讃歌」（前一三四〇年代―前一三三〇年代）

（前略）あなたは天の地平線に美しく現れる、あなたは生けるアテン、[1]生命の始まり。（中略）あなたの光線は、あなたの創った万物の果てまでも、地をも包み込む。（中略）

おお、並ぶもの無き唯一の神、あなたは御自身の望むがままに世界を創られた、お一人で。

すべての人間、家畜、そして野の獣、

地上にあって足で歩くものすべて、高みにあって翼で飛ぶものすべてを。

シリアやヌビアの国、エジプトの国、あなたはすべての人々に各自にふさわしい場を与え、

彼らの求めに応じ日々の糧を与え、その人生の長さを決めた。

彼らの語る言語は異なり、彼らの気質も同様に異なる。

彼らの肌の色は違う、あなたが異国の人々を区別して創られたから。

あなたは冥界にナイルをつくる、[2]望み通りに、エジプトの人々を養うために。（中略）

遠いすべての異国で、あなたは彼らの生命を創る、

あなたは天にナイルを創り、それは彼らのために流れ落ちるだろう、（中略）

天のナイル、それは異国の人々のためにある、足で歩くすべての異国の獣のためのもの。

エジプトのナイルは、冥界から流れくる。（中略）

あなたを知るものは他には誰もいない。あなたの息子、ネフェルケペルルラー・ワーエンラー[3]だけに、あなたの計画と力を熟知させたのだから。（後略）

（1）　アテン神への呼びかけ。アテン讃歌はアクエンアテン王がアマルナに建造させた岩窟墓の壁面に刻まれた、アテンを讃える讃歌。アテン神は太陽神ラーの目に見える形の一つで、先端が人の手の形をした光線を放射する日輪の形で表現される。

（2）　ナイル川の水源は冥界に、雨の水源は天のナイルにあると考えられていた。

（3）　アクエンアテン王。王のみが人と神との間の唯一の仲介者と位置づけられている。

【出典】 N. de G. Davies, *The Rock Tombs of El Amarna*, VI (London, 1908), pl. XXVII.

【解説】　アメンヘテプ（「アメン神は満足したもう」の意味）三

世の息子アメンヘテプ四世（在位前一三五二―一三三六年頃）は治世第五―六年にアクエンアテン（「アテン神にとって有用なもの」）と改名し、カイロ南東約二八〇キロ、テーベ（現ルクソール）とメンフィスのほぼ中間地点の砂漠台地にアテン神のための新都アケトアテン（「アテンの地平」、現アマルナ）を建設、遷都した。この地に首都が置かれた時代をアマルナ時代と呼ぶ。

王のアテン神信仰がどのようなものであったかは、アケトアテンの都市プランと首都の周辺断崖に彫りこまれた境界碑や高官の墓碑文に見ることができる。ここで取り上げたテキストは、王妃ネフェルティティの乳母の夫で重臣のアイ（のちにトゥトアンクアメン王の後継者として王位に就く。在位前一三二七―一三二三年頃）の墓に記された二つのアテン讃歌の長文のほうである。これはアクエンアテン自身が創作したと考えられており、アテン（太陽）は①世界の創造者で唯一の神、②エジプトだけではなく、シリア・ヌビアに至る万物に生命と恵みを与える普遍神的性格を持つ神、と説明されている。またエジプトの伝統的な死者の神オシリスはアテン讃歌には登場せず、死者の復活はアテンの昇る朝に起こり、アクエンアテンのみがアテン神を理解すると考えられている。

遷都を可能にし、国家神をアメン神からアテン神に替え得た王の力は絶大である。ここにおいて王は神官団によって神性を付与される受け身の存在ではなくなり、神意を解釈する権限を独占することにより王権の正統性根拠を自らの手に掌握した。王の親政の完成である。アクエンアテンによる国家神の変更と王名変更・遷都の背景についてはアメン神官団と王権の対立をはじめ多数の議論がある。王の次世代がその変革をどのように評価したかは史料88に見るとおりである。アマルナ出土の楔形文字で記された粘土板の外交書簡、アマルナ文書にはシリア・パレスティナ都市国家の諸侯がエジプトに軍隊派遣・食料等援助を要請している様子が見られる（史料43参照）が、アメンヘテプ三世、アクエンアテン王が西アジアに軍事遠征をした記録は残っていない。シリア・パレスティナの都市国家の多くはその間にエジプトから離反した。

（森際眞知子）

88　アメン信仰への復帰（前一四世紀中頃）

信仰復興碑（前一三三〇―前一三二〇年代）

（前略）よき支配者、父とすべての神々のためによき事を行うもの。彼〔トゥトアンクアメン〕は廃墟となっていたものを永遠永久の記念物として再建し、二国〔上下エジプト〕中の悪事を征服した。正義はあるべき場所に確立され、虚偽は嫌悪の的となり、国は原初の時と同じ状態に戻った。

さて陛下が王になったとき、エレファンティネ(1)からデルタの沼地に至るまでの神々と女神の神殿と町は廃墟と化していた。彼らの祠は朽ち、瓦礫の山となり、雑草が生い茂っていた。彼らの聖域はまるで一度も存在しなかったかのようだ。彼らの神殿は人がめったに通らない小径と化していた。国土は混乱の極みにあり、神々はこの国を見放した。もし軍隊がエジプトの国境を拡大するためにジャヒ(2)へ派遣されたとしても、成果は得られなかっただろう。もし人々が神から助言を得ようと祈ったとしても神は決して現れなかっただろう。……〔神を失った〕彼らの心と体は衰弱し、彼らは造られたものを〔すべて〕破壊した。（中略）

さて陛下は、天のラーのように、「アアケペルカラーの家(3)」の中にある彼の宮殿に住み、この国の国事を行い、両岸〔エジプト〕の日々の政務に当たった。そして陛下は……真に良質の金で堂々とした〔アメン神の〕像を作った。（中略）

さて、陛下は神々のために……永遠・永久の記念物として、聖域を新たに作った、彼ら〔神々〕のために毎日規則的に儀式を行い供物を用意し、地上での食物を供え、〔神々の〕必要なものを捧げることを絶やすことはついぞなかった。……彼は町々の首長の子弟たちの中から、賢く名前が知られた人の息子を、神官(4)〔ヘム・ネチェル〕や〔より下位の〕ウァブ神官に就任させた。彼は、金、銀、青銅、銅などあらゆるものを際限なく捧げ、彼ら〔神々〕の供物台を豊かにした。（中略）

良きことが起こったので全土は歓喜の中にある。（後略）

（1）　史料82注4参照。
（2）　パレスティナ地域とレバノンより南のフェニキア。
（3）　メンフィスのトトメス一世の宮殿。
（4）　神々は人間同様、毎日の食事や衣服が必要だと考えられたので神官は神像の食事や衣服の世話をし、ウァブ神官はその他の雑用をした。

【出典】 W. Helck, *Urkunden der 18. Dynastie*, Heft 22(Berlin, 1984), pp. 2025–2032.

【解説】 本史料は一九〇五年、カルナックのアメン大神殿大列柱室で発見されたもので、赤色花崗岩製である。第一八王朝末期、アクエンアテンのアテン信仰からアメン信仰への回帰があったことを示す重要資料であり、それ故に信仰復興碑と呼ばれる。アクエンアテンの息子トゥトアンクアメン（「アメンの生きた似姿」の意味。在位前一三三六―一三二七年頃）の即位時の名はトゥトアンクアテン（「アテンの生きた似姿」）である。彼はアケトアテン（現アマルナ）で育ち、同地で即位したと考えられる。王の改名の背後には、エジプトの伝統的な神々の神殿の荒廃や、シリアの属領喪失等、国の内外の混乱した状況がある。これは前王アクエンアテンのアテン信仰と遷都による内政の失敗、ならびに対外政策の失敗を意味する。エジプト王は世界の秩序と正義の維持・実現、すなわち国内外の領土・秩序の維持を期待されるが、アクエンアテン時代末期には国内は不穏でシリア・パレスティナの属領の多くが失われていた。

トゥトアンクアメンは国内外の秩序を回復するためアメン信仰に復帰する。しかしながら王は首都をメンフィスに定め、テーベのアメン神官団が王権を左右する危険を回避した。王の統治は重臣アイと将軍ホルエムヘブに補佐されて実現し、対外政策としてはアジア方面に軍隊を派遣した。トゥトアンクアメンの死後、第一八王朝最後の王となるホルエムヘブ（在位前一三二三—一二九五年頃）が海外領土を奪還し、次王に王子ではない将軍ラメセスを指名して第一九王朝の成立を導く。トゥトアンクアメンの墓は盗掘をほぼ免れ、王のミイラや数多くの副葬品が「王家の谷」で一九二二年に発見された。（森際眞知子）

89　カデシュの戦い（前一二七五年頃）

カデシュの戦いの碑文「詩」（前一三世紀中頃）

さて陛下〔ラメセス二世〕は、歩兵、戦車兵、そして陛下が捕虜としたシェルデン[1]、すなわち彼の力強き腕で勝利した際に連行し、あらゆる武器を整備させ、戦いの訓練を施した者たちに準備を整えさせた。陛下は歩兵と戦車兵をともなって北へ向かった。彼は戦いへ向けて、順調な行軍を、その治世第五年シェムウ季第二月九日[2]に開始した。（中略）彼の軍隊は隘路を、エジプト国内の道を行く者たちのように進んで行った。そして、それから何日もが経過したのち、陛下は杉の谷にある町「ラメセス、アメンに愛されたる者」[3]に居た。陛下は北に進んだ。陛下はカデシュの尾根に到着したあと、その父であるテーベの主メンチュ〔戦いの神〕のように進み、オロンテス川の浅瀬を、第一師団[4]「アメンがウセルマアトラー〔ラメセス二世〕、ラーに選ばれた者に勝利を与えんことを」とともに渡り、陛下はカデシュの町に到着した。

さて、その時、ケタ〔ヒッタイト〕の卑劣な者〔ムワタリ王〕は、そのもとに海の果てに至るまでのすべての国々を集めて来ていた。ケタの国全体が来ており、ナハリンも同様で、アルチュ（アルザワ）、ダルダニ、ケシュケシュ、メサ、ピダサ、アルウェン、カルキシャ、ルカ、キズワドナ、カルケミシュ、ウガリト、ケディ、ヌハッシの地全部。ムシャネト、カデシュも来ていた[5]。（中略）それらの首長が彼〔ムワタリ〕とともにそこに居て、すべての男たちが軍隊に参加し、戦車兵は前例がないくらい、まさに多数であった。彼らは山と谷をおおい、その多さから、いなごのようだった。彼は自分の国の銀を余すことなく、また国の財産をすべて投げ打ち、それらをあらゆる国々に与え、自分とともに戦うようにさせた。その時、卑劣な敵ケタは、ともにある多数の国々をともない、カデシュの町の北東に、戦闘準備を整えて隠れていた。（後略）

（1）「海の民」（史料90参照）の一派。

(2) 前一二八六年四月中旬から下旬に相当。シェムウ季は史料78第一史料注1参照。
(3) シリア・パレスティナにおけるエジプトの属州の一つウピ州の州都クミディとされる。
(4) 通常「アメン師団」の名で呼ばれる。
(5) いずれもシリア・パレスティナから小アジアにかけてのヒッタイト支配下の地域。ナハリンは本来ミタンニを指すが、ここではユーフラテス川東岸のアレッポ付近までの地。

【出典】 K. A. Kitchen, *Ramesside Inscriptions, Historical and Biographical*, vol. II (Oxford, 1979), pp. 11–21.

【解説】 第一八王朝末期、エジプト国内の混乱に乗じ、ヒッタイトはシリア・パレスティナのエジプト支配地域に勢力を拡大していき、エジプトとの対決が避けられないものとなった。第一九王朝のラメセス二世(在位前一二七九—一二一三年頃)がエジプト各地の神殿に記録させたヒッタイトとの戦争、カデシュの戦いの碑文には、散文形式の「報告」と韻文形式の「詩」の二種類があり、それぞれがお互いを補う内容を持つ。訳出した部分は、「詩」の中のカデシュ市までの進軍について述べた部分である。エジプト軍は四師団と別働隊からなるが、このあと、カデシュ市の背後から東側を迂回し、市の南側に進出したヒッタイト連合軍が、アメン師団に続いて進軍中だった「ラー師団」と遭遇し、その側面に攻撃を加えたことで、戦いが開始された。陣地を包囲された絶望的な状況で、ラメセス二世の超人的な活躍が展開され、それが「詩」の中心的主題になっている。翌日の戦場の様子が描写されたあと、ヒッタイト側からの和議申し込みがあり、戦いが終了し、エジプト軍が撤収したことを述べ、記述は終わる。カデシュの戦いの結果については、ヒッタイト側の勝利あるいは引き分けと考えられている。この戦いから一六年後の治世第二一年、ラメセス二世はヒッタイトのハットゥシリ三世との間に、平和条約を締結している(史料65参照)。この「詩」はアビュドスのラメセス二世葬祭殿やカルナック神殿、ルクソール神殿などの壁面に刻まれている。

(吉成薫)

90　海の民との戦い(前一三世紀末—前一二世紀前半)

メディネト・ハブ碑文(前一二世紀前半)

(前略)〔ラメセス三世〕[1]陛下の治世第八年。(中略)諸外国〔の者ども〕は、彼らの島々で謀をめぐらせた[2]。戦いによって、国々[3]が一挙に蹴散らされた。いかなる国といえども、彼らの両腕の前に立ちはだかることができなかった。ケタに始まりケディもケルケメシュもアルチュもアルス[4]も、[…]切り刻まれた。〔彼らは、〕アムル[5]の地に打ち揃って陣を[敷いた?]。彼らは、その〔アムルの〕人々とその国を〔まるで〕存在しなかったかのように荒廃させた。彼らはやって来た。エジプトへと向かう彼らの行く手に火の手が上がった[6]。彼らの同盟は、ペレセト、チェケル、シェケレシュ、デニュ、ウェシェシュからなり[7]、国々は統合されていた。

彼らは地上のあらゆる方面の国々を手に掛けていった。彼らの心は、「我らの計画は成就する」と確信に満ちていた。…余〔ラメセス三世〕はジャヒの地に防衛線を設定し[8]、彼ら〔海の民〕の前へ首長たち、部隊指揮官たち、それにマリヤナ戦士たちを配置した[9]。余は、堅固な城壁のように〔ナイルの〕河口を軍船やメネシュ船、それにベル船でもって備えさせた[10]。(中略)我が国境に到達した者ども、彼らに子孫はない。彼らの心と魂は、いつまでも永遠に滅びたままである。海上を一緒に進出してきた者ども、河口では彼らの前に炎が満ち、海岸では長槍の防御柵が彼らを取り囲んだ。〔彼らは〕浜に引きずり込まれ、押し倒され、平伏させられ、そして殺され、真っ逆さまにされて山と積み上げられた。

(後略)

(1)　第二〇王朝二代の王(在位前一一八四―一一五三年頃)。
(2)　「盟約を結んだ」と解釈する説もある。なお、以後の訳文中に現れる「彼ら」は、すべて諸外国の者ども、すなわち海の民を指す。
(3)　後述される小アジアやシリアの国々。
(4)　ケタは小アジアのハッティ(ヒッタイト)、ケルケメシュはシリアのカルケミシュ、アルチュは小アジア南西部のアルザワ、アルスはアラシア(キプロス島)の国々をそれぞれ指すと考えられる。またケディ(あるいはコーデ)の位置は、小アジアからシリアにかけてのどこかであったと推測される。
(5)　アムルはシリア沿岸部と考えられている。
(6)　直訳すると「火がつけられた」、あるいは「炎が準備された」となる。意味が判然としないが、炎を迎撃するエジプト軍の比喩と考えることもできる。
(7)　ペレセトは旧約聖書に現れるペリシテ人に比定されている。またシェケレシュをシチリア(人)に、デニュをホメロスの『イリアス』に現れるダナオイ人に、それぞれ比定する見解もあるが定かでない。
(8)　ジャヒは、南パレスティナの地名と考えられる。防衛線は、原文では「余の境界」。
(9)　首長たちは、エジプトに臣従するパレスティナの首長たちを指すと考えられる。マリヤナは、西アジアでマリヤンヌと呼ばれる戦士のことで、戦車を駆る精鋭部隊を形成した。
(10)　メネシュやベルは、ガレー船あるいは平底船と訳される場合が多い。

【出典】　K. A. Kitchen, *Ramesside Inscriptions: Historical and Biographical*, Vol. V (Oxford, 1983), pp. 37-43.

【解説】　本史料は、テーベ(現ルクソール)西岸に所在するメディネト・ハブ神殿(ラメセス三世葬祭殿)の壁面に刻された海の民撃退を伝える碑文の一部である。海の民は、新王国時代後半以降、時にはリビア人とともにたびたびエジプトに来襲した。この碑文に現れるペレセト、チェケル、シェケレシュ、デニュ、ウェシェシュのほか、アクウェシュ、ルカ、シェルデン、テレシュが海の民として知られる。どのような人々であったのかは、多くの場合不明であるが(注7参照)、図像表現に見られる武器や船の形態などから、エーゲ海周辺や小アジア西方辺りから来た人々ではないかと推測されている。この時の来襲では、海の民は小アジアのヒッタイトを攻撃し、さらにシリアを席巻して南へ向かい陸海両面からエジプトを攻撃した。女子供を乗せた牛車を伴っていたことから、この攻撃は移住を意図した民族移動であったと考えられる。海の民によって惹起された混乱のなか、ヒッタイトやエジプト、それにシリア・パレスティナの諸都市が滅亡あるいは衰退し、当時の国際情勢が一変することになった。

（藤井信之）

91　職人のストライキ（前一二世紀前半）

「ストライキ・パピルス」（前一二世紀中期）

治世第二九年(1)ペレト季第二月一〇日。この日、墓の五つの壁を職人たちが離れる。その言い分。「われわれは飢えている。ひと月の一八日が過ぎた(2)」。彼らは「メンケペルラーの館(3)」の背後で座り込んでいた。墓地の書記、職人たちの親方二人、補佐役二人、役人二人が来て、彼らに呼びかけた。「家に帰るぞ」。彼らは大声で誓った。「あなたたちが帰れ。われわれにはファラオの言葉がついている」。彼らはその場で昼間を過ごし、墓地で眠った。

治世第二九年ペレト季第二月一一日。彼らは再び離れる。「ウセルマアトラー、ラーに選ばれし者の館(4)」の南端の扉に至る。

治世第二九年ペレト季第二月一二日。「ウセルマアトラー、ラーに選ばれた者の館」に至る。その入口で[…]座り込む。その内部に入る。この書記タウルト、警察官の長二人、門番二人、墓地の倉庫の門番二人が[…]警察官の長メンチュメスが町に(5)〔来て〕言うには「私がテーベ市長を連れて来よう」。[…]書記ナクトとこの神殿の「神の父〔神官称号の一種〕」たちが彼らの言い分を聞こうとする。彼らは彼らに言った。「われわれが行っていること、それは飢えと渇きから生じたことである。われわれには衣服がない。われわれには脂がない。われわれには魚がない。われわれには野菜がない。ファラオ、われわれの良き主のもとに、それらについての使者を送れ。われわれのために生命の糧が用意されるように」。彼らに、ペレト季第一月分の支給物がこの日、送られた。

治世第二九年ペレト季第二月一三日、墓地の倉庫で。警察官の長メンチュメスが言ったこと。「さあ、私はお前たちに私の返事を言おう。出かけるのだ。お前たちの道具をまとめろ。お前たちの扉を閉じろ。お前たちの妻と子供たちを連れて来い。「メンマアトラーの館(6)」にお前たちを連れて行く。お前たちをそこで、明日、座り込ませる」。

(1)　第二〇王朝第二代のラメセス三世の時代。ペレト季は史料77第一史料注1参照。

(2)　直訳すると「ひと月に一八日が入った」。給料の支給が毎月どの日に行われたかは不明だが、この文は支給がされないまま一八日が経過したと解釈されている。

(3) 第一八王朝のトトメス三世の葬祭殿。

(4) 第一九王朝のラメセス二世の葬祭殿。

(5) デル・エル・メディーナの職人村のことと思われる。

(6) 第一九王朝のセティ一世(在位前一二九四—一二七九年頃)の葬祭殿。

【出典】 A. H. Gardiner(ed.), *Ramesside Administrative Documents* (Oxford, 1948; repr., 1968), pp. 52-54.

【解説】 第一八王朝から第二〇王朝の王墓は、テーベ西岸の「王家の谷」に造営された。その建造を担当したのが、デル・エル・メディーナに住まわされた職人たちだった。王墓造営は最大の国家事業のひとつであり、それに携わった職人たちには国庫から給料が支給された。その支払いが滞ったため職場放棄(ストライキ)が起こったことを示す史料がこのトリノ美術館所蔵パピルス(1880)、通称「ストライキ・パピルス」である。職人たちは職場、すなわち王墓の壁面装飾の作業の場を放棄し、テーベ西岸の葬祭殿で座り込みを行った。葬祭殿には穀物などを納める倉庫があり、そこから給与が支給される可能性があった。ストライキの最初の記録がラメセス三世の治世第二九年のもので、職人たちは職場を離れた後、王の葬祭殿に座り込み、給与の支給を実現させた。給与支払いがなされたにもかかわらず、警察官の長メンチュメスが職人たちを煽動した真意は不明であるが、次の給料支給をにらんだ行動だったのかもしれない。ストライキは翌月のペレト季第三月にも、また、その二カ月後のシェムウ季第一月にも起きており、さらにラメセス三世の治世第三一年、三二年にもそうした記録が残っている。こうした給与支払いの遅れは、国庫の窮乏に因るものというよりは、役人たちの腐敗に原因があったと見られる。

(吉成薫)

92 ラメセス王朝時代の女性の権利(前一三—前一一世紀)

「パピルス・ナウナクト」(前一二世紀中頃)

上下エジプト王、二国の主、ウセルマアトラー・セケペルエンラー(1)(中略)陛下の治世第三年アケト季(2)第四月の五日。この日この法廷で女性の住人ナウナクトによってその財産についての申し立てが行われた(3)。(中略)

彼女〔ナウナクト〕は言った。「私について言えば、私はファラオのこの地の住人です。私はあなたさま〔王〕のこれら八人の召し使い〔子ども〕を育てあげました。そして私は、その立場に見合うように、彼らすべてに家財道具一式も与えました。だがご覧ください。私は年をとりました。〔それにもかかわらず〕ご覧ください。彼らは私の世話をしないのです。〔それゆえ〕彼らの中で私の手に彼の手を置いた者〔世話をした者〕に、私は私の財産を与えましょう。〔一方〕私に〔手を〕与えなかった者〔世話をしなかった者〕については、私は私の財産を与えないでしょう」。

彼女が〔財産を〕与える職人〔息子〕と女性〔娘〕たちのリスト。職人マアナクトフ。職人ケンヘルケプシェフ。彼女は言った。「私は彼に銅製の水盤を報酬として〔他の〕親族よりも〔さらに〕余分に与えましょう」。(中略)職人アメンナクト。女性の住人ウアセトナクト。女性の住人メナトナクト。女性の住人メナトナクトについては、彼女は次のように言った。「彼女は私の全財産からの分配に与るが、私の三人の息子と女性の住民ウアセトナクトが私に与えてくれた麦と、同じく彼らが私に与えてくれた油は除外します[4]」。

彼女が述べた〔財産を与えない〕彼女の子どもたちのリスト。「彼らは〔夫婦共有財産のうちの〕私の三分の一の〔持ち分の〕分配[5]に与らないでしょう。しかし彼らは、彼らの父[6]の財産である三分の二の〔持ち分の〕分配には与るでしょう」。職人ネフェルヘテプ。女性の住民メナトナクト[7]。女性の住民ヘヌトシェヌ。女性の住民カーターネブ。これら私の四人の子どもたちについては、彼らは私の〔所有する〕全財産の分与に加わることは〔ない〕でしょう。〔すなわち〕私の夫であった書記のケンヘルケプシェフ[8]の全財産、同じく彼の不動産、そして私の父の倉庫、私の夫と私が集めたこの一オイペ〔約一九・二リットル〕の麦について言えば、彼らはその分配に与ることはないでしょう。〔一方〕これら私の八人の子どもたちは、彼らの父の財産の分配には一様に与るでしょう」。(後略)

(1)　ラメセス五世(在位前一一四六—一一四三年頃)。
(2)　アケト季については史料78第一史料注1参照。
(3)　法廷は地域の代表によって構成され、住民間の調整や調停を行った。
(4)　この麦と油は、メナトナクトを除く三人の子どもたちからのナウナクトへの援助か。
(5)　現在の夫カエムヌトとの共有財産のうち三分の一はナウナクトの持ち分。
(6)　ナウナクトの現在の夫。
(7)　メナトナクトの名が、相続人と除外者の双方に記されている。部分的に相続を排除されているためか。
(8)　ナウナクトの先夫。

【出典】 J. Černý, "The will of Naunakhete and the related documents," in: *Journal of Egyptian Archaeology*, 31 (London, 1945), pls. VIII, IX.

【解説】 デル・エル・メディーナ出土の法律文書で、現在はイギリスのアシュモレアン博物館に収蔵されている(Pap. Ashmolean Museum 1945. 97)。「王家の谷」の南東デル・エル・メディーナには、第一八王朝から第二〇王朝にかけて王墓建設に携わった職人の村があり、住民の生活を物語るパピルスやオストラコン(陶片)が数多く発見されている。この文書はパピルスに記された王名から第二〇王朝時代のものと考えられる。申し立てたナウナクトは、職人カエムヌトの妻で、夫との間に八人の子どもがあった。彼女は再婚であり、先夫ケンヘルケプシェフとは死別したと推定される。彼女は亡夫および彼女の父親から相続した動産、不動産を独自に所持し、加えて現在の夫と共に築いた財産のうち三分の一も持ち分として所有していた。彼女は、これらの財産を自分の世話をしてくれる子どもに遺したい旨、法廷に申し立てている。この申し立ては翌年証人立ち会いの上で承認されている。職人の娘や妻たちも財産や相続権を持ち、さらに自らの意志によって処理することが可能であったことを具体的に示す史料である。　　　　　　（佐々木純子）

93　リビア系王朝の支配と国土の分裂（前一〇世紀後半—前八世紀後半）

「オソルコン王子の年代記」（前九世紀後半）

〔タケロト二世〕(1) 陛下の治世一一年ペレト季(2)第一月一日。

（中略）時［に］上エジプト長官、アメン神御自身のお望みで任命された両国の長、テーベのアメン［大司祭］、全土の大将軍にして司令官たるオソルコ［ン］は、彼の国境に位置する「雄叫び大いなるアメンの岩壁」(3) と呼ばれる彼の居所に勇ましく力強く居た。（中略）

テーベ〔の人々〕が国の守護者〔王〕とそこ〔テーベ〕に座します［神々］に反乱を起こしたとき、彼〔アメン神〕への祈願は大神〔アメン神〕によって聞き届けられた。［アメン神の御心？］に適うように、彼〔アメン神〕の名でもってヘラクレオポリス(4)の優れた雄羊〔ヘリシェフ神〕が、彼〔オソルコン〕が悪を鎮めるように彼〔オソルコン〕の許にやって来た。彼〔オソルコン〕は、ケムミスから出ずる［ホルス神］のように(5)、彼の軍隊［の先頭］に現れた。見よ、彼〔オソルコン〕は、（中略）上エジプトの主ら〔神々〕を満足させながら、ヘルモポリス(6)の町へ〔やって来た〕。彼ら〔神々〕の火鉢が設置され、彼らの廟所が修復され、彼らの［…］が諸悪から清められ、彼らの〔神殿の〕周壁が新たに建てられ、上エジプトのあらゆる町において破壊されたものが［復］興された。彼の時代に騒乱状態に陥っていたこの国〔エジプト〕のなかにいた彼〔オソルコン〕の敵は鎮圧されたのだった。彼は南［進し？］、［…］、平穏に航行して、力強き〔町〕［テーベ］に上陸した。（中略）

その後、高貴なるホルス神、彼〔オソルコン〕の父、テーベを支配する神たる陛下〔タケロト二世〕の治世第一五年シェムウ季の第四月二五日。天は月をのみ込まなかった〔凶兆はなかった〕。〔にもかかわらず〕大いなる(?)(7)動乱が［…］のようにこの国に起こった。反乱者の子ら、彼らが上下エジプトの人々に内戦を惹き起こした。（後略）

（1）　タケロト二世は長らく第二二王朝の王とされてきたが、近年では、第二二王朝と並立した諸王のうち、テーベを支配した「テーベ（あるいは上エジプト）の第二三王朝」の王とされる。その治世は前九世紀の後半でおよそ二五年の在位であった。

（2）暦については史料78第一史料注1参照。
（3）中部エジプトの都市エル・ヒバを指す。
（4）ファイユーム地方の中心都市。
（5）ホルス神がデルタ地帯のケムミスで生まれたとされることによる比喩。
（6）上エジプト第一五州の州都。現在のアシュムネイン。
（7）イスラエル人を「イスラエルの子ら」と表現するのと同じ用法。「反乱者」を意味する。

【出典】The Epigraphic Survey, *Reliefs and Inscriptions at Karnak*, Vol. III, *The Bubastite Portal* (Chicago, 1954), pls. 16–18, 21.

【解説】エジプトでは新王国時代後半からリビア人の移住が進み、次の第三中間期(第二一—二四王朝)には、移住したリビア系の人々が支配層を形成した。新王国時代最後の王ラメセス一一世(在位前一〇九九—一〇六九年頃)が没すると、下エジプトではタニスに第二一王朝(前一〇六九—九四五年頃)が興ったが、上エジプトではリビア系の将軍がテーベ(現ルクソール)のアメン大司祭(国家神アメン・ラーの最高神官)を兼ねて、エル・ヒバ以南を支配するようになった。このように国土が二分されるなか、エジプトに定住していた別のリビア人勢力が台頭し、第二一王朝に代わって第二二王朝(前九四五—七一五年頃)を樹立した。第二二王朝は、アメン大司祭を兼ねる将軍に王族を任命してテーベに派遣することによって上エジプトをおさえ、国土の再統一を実現した。しかしおよそ一〇〇年後、上エジプトではテーベの支配権をめぐって王族が対立し内戦が勃発した。本史料は、この争乱の勃発を伝える碑文の一部で、テーベのカルナック神殿第二塔門に南接する「ブバスティス期の門」に刻されている。碑文に登場するタケロト二世(在位前八五〇—八二五年頃)の王子オソルコンは、その後三〇年以上にもわたって戦い続けることになる。この争乱の結果、第二二王朝による統一支配は破綻し、国土の細分化が進んでいった。そして前八世紀後半にクシュ(ヌビア)王ピイのエジプト遠征をむかえることになる(史料94参照)。

(藤井信之)

94　クシュ(ヌビア)王朝のエジプト支配(前八世紀後半—前七世紀中頃)

ピイ王の戦勝碑(1)(前八世紀後半)

(前略)彼ら〔ピイ軍〕は、戦いを求めてヘラクレオポリス(2)の間近に進軍した。(中略)〔ナイル・デルタ地帯の〕西方と東方と中央の島々のあらゆる諸侯と行政区の長官たちは、(中略)テフナクト(3)の両足のもとに一つとなり、忠誠で結束していた。彼らは彼ら〔敵〕に向かって出撃した。そして彼らは、これまでにない規模で彼ら〔敵〕を殺戮し、河の上で彼らの軍船を捕獲した。〔生き〕残った者は河を渡り、ペル・ペガ近郊の西〔岸〕に繋船した。翌日、大地が白み始めると、彼ら〔敵〕に向けて陛下の軍が渡河し、両軍相入り乱れた。そして彼ら〔ピイ軍〕は、彼ら〔敵〕の中の多くの人々と数知れない馬を殺した。〔生き〕残った者に恐怖が生じ、彼ら〔敵〕は下エジプトを指して、何より手痛い大打撃から逃れたのだった。(中略)ニムロト王[4]は、「ヘルモポリス[5]に戦いが迫っています。ご覧ください、陛下〔ピイ王〕の軍隊がその〔ヘルモポリスの〕人々とその家畜を捕らえています」という報に接したとき、南へと河を遡上して逃亡した。そして彼〔ニムロト〕は、陛下の軍隊がウェン州[6]の河の上と河岸の上にあったときに、ウェヌゥ[7]の中へ入った。そして彼ら〔ピイ軍〕はそれを聞くと、出る者を出させないように、入る者を入れさせないように、ウェン州を四方から取り囲んだ。(後略)

(1)　王名については、ピアンキと読むべきとする説もある。
(2)　史料93注4参照。
(3)　意訳すれば、「デルタ地帯全域にわたる」となろう。下エジプトの居住地は丘陵部であったことから、「島々」という語が使われていると考えられる。ヘロドトス『歴史』第二巻九七章参照。
(4)　上エジプトのヘルモポリスの王。クシュ王に忠誠を誓っていたが寝返り、テフナクトのもとに参陣していた。
(5)　史料93注6参照。
(6)　上エジプト第一五州のエジプト名。
(7)　ヘルモポリスのこと。

【出典】N.-C. Grimal, *La stèle triomphale de Pi(ʿankh)y au musée du Caire JE 48862 et 47086-47089*(Le Caire, 1981), pls. I, VI.

【解説】本史料は、ナパタのアメン神殿で発見されたピイ王の戦勝碑に刻された碑文の一部である(カイロ博物館所蔵JE48862, 47086-47089)。碑文はピイ王のエジプト遠征を詳しく記録しており、第三中間期末のエジプト情勢を伝える貴重な史料となっている。ヌビアのナパタに興ったクシュ王国は、前八世紀後半になるとテーベ(現ルクソール)をもその勢力下に置くようになった。当時(第三中間期末)のエジプトは、四人の王(ニムロトはその一人)と諸侯らによって分割統治されていた(史料93参照)。こうしたなか、西部デルタのサイスを拠点とするリビア系諸侯の一人テフナクトが下エジプトの諸勢力を糾合し、エジプト統一に向けて動き始めた。そしてヘルモポリスの王ニムロトがこの動きに呼応すると、いよいよ危機感を強めたクシュ王ピイ(在位前七四七―七一六年頃)はついに北征を決断し、先遣隊をヘラクレオポリスに向けて派遣した。右の訳文は、先遣隊がヘラクレオポリス郊外の決戦でテフナクト軍を撃破し、逃亡したニムロト王がヘルモポリスに包囲されるまでの経緯を伝える箇所である。この後、ピイ率いる本隊がエジプトに侵攻し、敵対した諸勢力を臣従させた。ピイのナパタ帰還後、サイスに第二四王朝(前七二七―七一五年頃)が興るが、これをピイの後継者シャバカ(在位前七一六―七〇二年頃)が滅ぼし、クシュによるエジプト征服が果たされた。このクシュの支配を第二五王朝(前七四七―六五六年頃)としている。その後、第二五王朝はパレスティナへ進出するが、アッシリアに敗れ、ついにはエジプトを放棄してヌビアへと撤退した。こうしてエジプトは一時アッシリアの侵略を許すことになったが、ほどなくサイスに興った第二六王朝(前六六四―五二五年頃)のもと国勢を回復し、その後一三〇年余りの繁栄期をむかえることになる。

（藤井信之）

95　ペルシア支配下のエジプト（前五二五―前四〇四年頃）

ウジャホルレスネトの自伝碑文（前五〇〇年頃）

（前略）彼〔ウジャホルレスネト〕は言う。諸外国の君主の大王(1)ケムビチェト(2)がエジプトにやって来た。時に、あらゆる国の異国人たちが彼と共にあった。彼はこの国を隈なく征服し、彼ら〔異国人たち〕はそこ〔エジプト〕に腰を落ちつけ、彼〔ケムビチェト〕はエジプトの偉大なる支配者にして諸外国の大王であった。陛下は、私を医師長に任命された。彼〔陛下〕は、私を〔王の〕友および王宮の支配人として彼〔陛下〕のお側近くにおかれた。〔私は〕彼〔陛下〕の名として、上下エジプト王メスゥティラーという王号〔即位名〕を考案した。

（中略）

彼〔ウジャホルレスネト〕は言う。ネト神殿(3)に居座るすべての異国人たちについて、そこから彼らが追い払われますように、そして以前のように、ネト神殿がそのすべてにおいて荘厳であらしめられますように、私は上下エジプト王ケムビチェト陛下のお側で請願した。〔すると〕陛下は、ネト神殿に居座る[…]すべての異国人を追い払うように、この神殿における彼らのすべての住まいと彼らのすべての悪しきもの(?)を撤去するようにお命じになられた。（中略）〔さらに〕陛下は、以前のように神の母たる偉大なるネト〔女神〕と、サイスに座します大いなる神々に神の供物を捧げることを命じられ、〔加えて〕陛下は、彼ら〔神々〕のあらゆる祭りと彼ら〔神々〕のあらゆるお出まし(4)を、以前なされていたように[挙行すること?]をお命じになられたのだった。

（中略）

彼〔ウジャホルレスネト〕は言う。時に陛下〔ンデリウチュ〕がエラムの地におられ、彼が諸外国の大王にしてエジプトの偉大なる支配者であられたとき、上下エジプト王ンデリウチュ(5)陛下――永遠に生きられよ――は、荒廃した後の[…]生命の家(6)の施設を復興するために、私にエジプトへ戻るように命じられた。異国人たちは、外国から外国へと私を運び、両国の主〔上下エジプト王〕が命じられたとおり私をエジプトへ送り届けた(7)。（後略）

（1）　ペルシア王が称していた「諸王の王」をエジプト語で表現したものと考えられる。
（2）　ペルシア王カンビュセスのエジプト語読み。第二七王朝初代の王（在位前五二五―五二二年）。

(3) ネイト女神のこと。西部デルタの中心都市サイスの主神。
(4) 祭りの折り、神(像)は神輿にのせられ、行列を組んで神殿から出御した。
(5) ペルシア王ダレイオス(あるいはダリウス)一世のエジプト語読み。他の史料では、デリウチュと記される場合もある。第二七王朝第二代の王(在位前五二二―四八六年)。
(6) 書写室にして諸学問の教育機関であったと考えられる重要な施設。医師長であったウジャホルレスネトは、医術とも関係の深いこの施設で重責を担ったのであろう。
(7) ペルシア帝国内に整備された駅伝制の利用が表現されていると考えられる。

【出典】G. Posener, *La première domination perse en Égypte* (Le Caire, 1936), pp. 1–26.

【解説】第二六王朝は、前五二五年にアカイメネス朝ペルシアに征服された。エジプト学では、このペルシアによる第一次エジプト支配を第二七王朝(前五二五―四〇四年頃)としている。本史料は、この転換期に生きたウジャホルレスネトの彫像に刻された自伝碑文の一部である(Museo Gregoriano Egizio no. 196〈古い出版物ではno. 158(113)とされていた〉)。碑文は、上半身の一部を除いて彫像の体軀を覆うように刻されており、彼が仕えたアハメス二世(アマシス)からダレイオス一世治下までの彼の業績を記録している。この史料からウジャホルレスネトは、第二六王朝のアハメス二世とプサメテク三世の艦隊司令官を務め、ペルシアによる征服後は宮廷および神殿の行政官としてペルシア王に仕えたことがわかる。また、彼がカンビュセスの即位名を考案したことや、ダレイオス一世治下に、理由は不明だが一時スーサの宮廷にいたことが判明し注目される。親ペルシア派エジプト人の証言ではあるが、この史料から、カンビュセスはエジプト王として認められ、伝統的なエジプト王の即位名を持ち、神殿を復興するなどしてエジプトを円滑に支配しようとしていたことが読みとれる。このように同時代の証言からは、ヘロドトス(『歴史』第三巻二七―二九章)などの古典文献史料が伝えるカンビュセスの狂王ぶりは確認できないのである。

(藤井信之)

96　エジプト－ギリシア間の交易(前七世紀半ば―前四世紀)

ネクタネボ一世のナウクラティス碑文(前三八〇年頃)

(前略)そして陛下は仰せになった。金、銀、木材、加工された材木、ハゥネブゥ(1)〔方面〕の海からもたらされるあらゆるもの、その名を〔タ〕ヘント(2)という町における王の家産に計上されるあらゆるものの十分の一。および金、銀、アヌゥ川(3)の畔に位置する別名を〔ニウト〕ケレト(4)というペル・メリト(5)で生じる王の家産に計上されるあらゆるものの十分の一。〔それらを〕そこ〔ネイト神殿〕に以前よりありしもの〔神の供物〕に付け加えて、永久《とこしえ》に我が母ネト(6)〔ネイト〕の神の供物として捧げさせよ。〔そして〕それらから、一片の牛肉と一羽の太った鵞鳥、それにワイン五壺を毎日毎日永続的に、それら〔日々〕の配分〔として〕我が母ネトの宝庫へ納めさせよ。〔なぜなら〕彼女〔ネイト女神〕は海の女主人たる者であり、彼女こそがその富を与える者だ〔からである〕。さらに余は、我が母ネトの神の供物を保護しそして守護するように、また先祖が為したあらゆることをしっかりと継続させるように、そして将来にわたって、後世の者たちによって〔余の〕為したことがしっかりと継続されるように命じた。そして陛下は仰せになった。このことをこの石碑に記録させ、アヌゥ川の畔に位置するニウトケレトに建てさせよ。さすれば余の素晴らしさは永久に記憶されるであろう(後略)

(1)　古代エジプトの世界観では、周囲に九の蛮族(九弓の民と総称される)が配されるが、ハゥネブゥはその一つで、エジプトの北(西)に位置する蛮族を表す。ここではギリシア(人)を指していると考えられる。
(2)　ギリシア語では、はじめトーニス、後のヘレニズム時代以降ではヘラクレイオンと呼ばれた町。カノポス支流河口近くに位置したが、現在ではアブキール湾の海底に没している。
(3)　西部デルタを流れるナイルのカノポス支流。
(4)　ナウクラティスのエジプト語読み。
(5)　ナウクラティスの本来の名であったらしい。
(6)　史料95注3を参照。

【出典】A. Erman, und U. Wilcken, "Die Naukratisstele," in: *Zeitschrift für ägyptische Sprache und Altertumskunde*, 38 (Berlin, 1900), pp. 127–135.

【解説】エジプトでは、第二六王朝期よりギリシア人傭兵が用いられたことから、ギリシア世界との関係が深まった。前五二五年にエジプトはペルシアに征服されたが、その後、前四〇四年に一時独立を回復し、以後ペルシアに再征服されるまでのおよそ六〇年の間に三王朝が交代した(第二八―三〇王朝、前四〇四―三四三年頃)。この独立期のエジプトは、ギリシアのポリスと同盟を結びペルシアと対峙したこともあって、政治的にもギリシアとの関係が強くなっていた。本史料は、この独立期の第三〇王朝初代のネクタネボ一世(エジプト語ではネケトネブエフ。在位前三八〇―三六二年)がナウクラティスに建立したステラ(石碑)に刻されていた碑文の一部である(現在カイロ博物館所蔵)。ナウクラティスは、第二六王朝期に対ギリシア交易のために開かれた港湾都市で、西部デルタの中心都市サイスの南西約二〇キロメートルに位置していた。町はギリシア人の居住地とされ、ギリシアの神々を祀る神殿なども建立されて栄えたが、プトレマイオス朝時代になるとアレクサンドリアに取って代わられ徐々に衰退していった。

この史料から、ナウクラティスに課された関税の一部が、サイスのネイト神殿の日々の供物を賄う財源に充てられたことを知ることができる。また輸入品目でエジプトに乏しい木材が強調されているのが注目される。碑文の解釈には問題もあり、ナウクラティスに十分の一税が課せられたと解するのか、あるいは交易によって王庫に入る関税の十分の一が神殿の財源に充てられたと解するのかで見解が分かれている。後者の場合、関税率は不明ということになる。この碑文は、王朝時代のナウクラティスに関する数少ないエジプト側の史料として貴重なものである。
（藤井信之）

第四節　思想と文化

97　庶民の心性《メンタリティ》（前一三―前一一世紀）

古代エジプトの動物戯画（前一三―前一一世紀）（図97-1）

【出典】 P.F. Houlihan, *Wit & Humour in Ancient Egypt*(London, 2001), figs. 57, 68, 131.

【解説】　ここに示したようなパピルスやオストラコン（陶片、実際には石灰岩片であることが多い）に描かれた動物戯画の多くは、新王国時代後半（第一九―二〇王朝、前一二九五―一〇六九年頃）の墓地職人の手になるものと考えられている。文字による補足説明がほとんどないことから、これらが一体何を表したものなのか正確には分からない。最も有力な説は、これらの多くは当時流布していた民話や神話の場面ではないかとするものである。図97-1(a)・(b)に見られるように、これら動物戯画は、現実にはあり得ない情景が描かれている場合が多い。すなわち、猫が籠城する城塞を鼠が攻撃し、飛べないカバが木の上で木の実を集め、そこへ飛べるはずの鳥（カラスか）が梯子を使って登っているのである。もしこれらが寓話であって何らかの教訓を含んだ物語の一場面であったのなら、これらの物語は

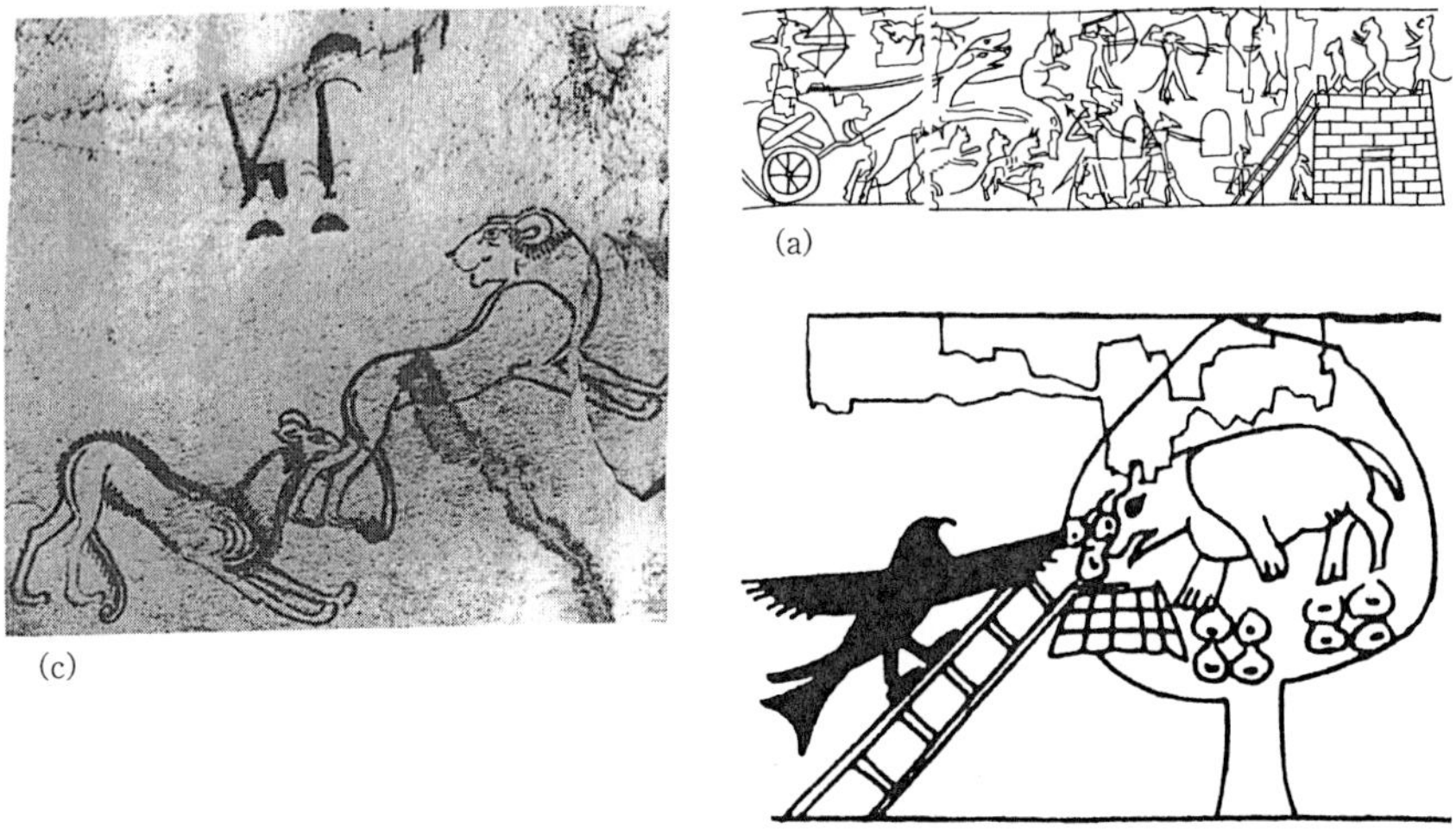

(c)　(a)　(b)

図 97-1　古代エジプトの動物戯画．(a)(b)：トリノ・パピルス 55001 の一部，復原図
(c)：カイロ博物館所蔵　オストラコン CG25084

エジプト人がマアトと呼んだ世の秩序の大切さを説いたものであったかもしれない。あるいは、これらの動物戯画には社会風刺的な意味合いが込められていた可能性も否定できない。図97-1(c)は、百獣の王ライオンが他の動物に追われ噛みつかれている場面を描いているのだが、その上にヒエログリフで「上下エジプト王」と記されているのである。王を揶揄、あるいは批判しているかのようである。たしかに、現実世界とはあべこべのおかしさを楽しむ面もあったかもしれないが、これらが秩序を説く寓話や風刺画であったなら、これらは社会の安寧を祈り、社会の閉塞感を戯画によって吹き飛ばそうとする当時の庶民のメンタリティを示すものとみることもできるであろう。動物戯画は、当時の庶民のユーモアと風刺精神を示す貴重な史料と言える。

（藤井信之）

98　ナイルの恵み（前二千年紀）

「ナイル讃歌」（前一三世紀）

ナイルを讃える。ようこそ、ナイルよ。
大地から流れ出し、エジプトを生かすために来た者。姿を隠した者、昼間の闇よ。
上エジプトの乳。緑野をうるおす者。
渇いたすべての者を生かすために、太陽神ラーが創り出した者。

水から離れた沙漠をうるおす者。それは天から下る露〔として〕である。

大地の神ゲブに愛された者。穀物の神ケプリを支配する者。

工芸の神プタハの技を栄えさせる者。魚たちの主。

鳥を南へ導く者。〔その〕両岸を外れる鳥はいない。

大麦を作る者。小麦を生み出す者。神殿に祝祭を許す者。

もし彼が充分に増水しなければ、鼻孔はふさがり、すべての人々は貧しくなる。

神々への供物がないがしろにされれば、何百万人もの人々が滅びる。

食糧をもたらす者。糧食に富む者。すべての良きものの創造者。

威厳を持つ者。甘い香りの者。彼はその身に香炉を持つ者である。

家畜のために草を生やす者。あらゆる神々のために畜殺を行わせる者。

冥界、天、大地は彼の権威のもとにある。二国〔上下エジプト〕を所有する者。

倉を満たす者。穀倉を広げる者。貧者に財産を与える者。

(中略)

闇から出て輝く者。(中略)

地下に入り、天に現れる者。(中略)

あなたのために、竪琴の歌が始まり、あなたのために、手拍子で歌われる。

あなたのために、若者と子供達が歓声をあげる。

あなたのために群集が、その身に最上の香油を塗り、宝物を持ってやって来る。

人々の膚を若々しくさせ、妊婦の心を生き生きさせる者。

多数のあらゆる家畜を愛する者。(中略)

ナイルが増水するとき、あなたに捧げ物がなされる。牡牛が屠《ほふ》られ、供物が捧げられる。

あなたのために鳥が太らされ、沙漠でライオンが狩られ、火が準備される。

ナイルになされるのと同じように、あらゆる神に捧げ物がなされる。

香、最上の香油、長角牛、短角牛、鳥、そして火〔の捧げ物〕が。(後略)

【出典】 W. Helck, *Die Text des Nilhymnus* (Wiesbaden, 1972), pp. 3-8, 12-15, 18-25, 45, 52, 66-70, 76-87.

ヘロドトス『歴史』(前四二〇年代半ば以前)

実際現在のところは、この地域[1]の住民は、あらゆる他の民族やこの地域以外に住むエジプト人に比して、確かに最も労少なくして農作物の収穫をあげているのである。鋤《すき》で畦《あぜ》を起したり、鍬《くわ》を用いたり、そのほか一般の農民が収穫をあげるために払うような労力は一切払うことなく、河がひとりでに入ってきて彼らの耕地を灌漑してまた引いてゆくと、各自種子をまいて畑に豚を入れ、豚に種子を踏みつけさせると、あとは収穫を待つばかり。それから豚を使って脱穀し、かくて収穫を終えるのである。

（1）デルタ地域をさす。

【出典】ヘロドトス／松平千秋訳『歴史(上)』巻二、一四節、岩波文庫、一九七一年、一六九―一七〇頁。

【解説】増水によってエジプトをうるおし、動植物を育てるナイル川の恵みが歌われている。ナイルはエジプトの生命線だった。エジプト人はナイル川は地下の洞窟から流れ出していると考え、その水源を国土の南端のアスワンに設定した。さらにナイル川は天にも流れ、露あるいは雨として地上に下ると考えていた。ナイルは他の神々とは異なり、神殿を持たず、増水の際だけに供物式が行われた。『歴史』に記されたようなエジプトの恵まれた状況は、やはりヘロドトスの言葉を借りて、「ナイルの賜《たまもの》」(第二巻五章)と表現されることが一般的である。

「ナイル讃歌」の現存するテキストはすべて第一九―二〇王朝期のものであるが、作られたのは中王国時代とされる。古典文学の代表的讃歌と認識されていたらしく、書記養成学校の生徒の練習用の模範的テキストとしての扱いをうけていたために、生徒たちの手になる現存する不完全なテキスト訳から本来の姿を復原するのは非常に困難であり、様々な翻訳が提案されている。

（吉成薫）

99　エジプト人の来世観（前二四―後三世紀頃）

ハルクフの墓碑文（前二三世紀）

王が与える供物、ブシリスの主、オシリス神(1)が与える供物。至福なる者たち(2)が旅する西方の聖なる道の上を、彼〔ハルクフ〕が安全に旅することができますように。（中略）

私〔ハルクフ〕は今日、我が町、我が州から〔死者の国に〕やって来た。家を造り、扉を据え、池を掘り、イチジクの樹を植え、王が私を讃え父が私のために財産を作った後に。私こそは優れたる者、父に愛され、母に讃えられ、兄弟たちからいつも愛された者。私は飢えた者にパンを与え、裸の者に衣服を与え、船のない者を岸に渡してやった。おお、北へ南へ向かい〔この墓の側を通る〕地上の生ける者たちよ。「この墓の主人に一〇〇〇個のパンと一〇〇〇壺のビールを〔与えよ〕」と唱え給え。〔そうすれば〕彼らのために私は墓地で取りなしてやろう。私は優れ満ち足りたアクであり、自分の呪文を知っている朗唱神官である。〔身を〕清めずにこの墓に入るいかなる者に対しても、私は鳥〔を捕らえる〕ように彼の首を捕らえるだろう。彼はそのために大いなる神に裁かれるであろう。（後略）

（1）オシリスは復活と豊穣の神。弟のセトに殺害されたが復活して冥界の王となったとされる。下エジプト第九州の町ブシリスはオシリス信仰の中心の一つ。
（2）至福なる者（イマアクウ）も後出のアクも、来世で復活し永遠の命を得た死者を指す。

【出典】K. Sethe, *Urkunden des Alten Reichs*, 2nd ed.(Leipzig, 1933), pp. 120-122.

「死者の書」呪文一二五（前一五—前一四世紀）

この二つの真理の広間(1)に到着する時に語られるべき言葉。書記ネブセニイ、至福の主、（中略）がすべての罪から離れているように。彼〔ネブセニイ〕がすべての神の顔を見るように。真理の地の主、大いなる神〔オシリス神〕に万歳。私はあなたの御前に来た。我が主よ。あなたが私にあなたの美を見せて下さいますように。私はあなたを知っている。あなたと共に二つの真理の広間にいる四二柱の神々の名を私は知っている。（中略）

おお、ヘリオポリスから来たりし、ウセクネヌテト〔大股で歩む者〕よ、私は悪事を為したことはありません。

おお、ケルアハより来たりしヘペトケト〔炎抱きし者〕よ、私は強奪したことはありません。

おお、ヘルモポリスより来たりし、フェネディ〔くちばし長き者〕よ、私は強欲ではありませんでした。

おお、洞穴から来たりしアムシュウト〔影を貪る者〕よ、私は盗んだことはありません。

おお、ラーセチャウ(2)から来たりしネハヘル〔顔恐ろしき者〕よ、私は人を殺したことはありません。（後略）

（1）オシリスが主宰する死者の裁判が行われる広間。
（2）冥界の一部。

【出典】H. E. Naville, *Das ägyptische Totenbuch der XVIII. bis XX. Dynastie*, Bd. 1(Graz, 1971), Taf. CXXXIII-CXXXV.

【解説】古代エジプト人は、一定の条件が揃えば死後も人は永遠に生き続けることができると考えた。そのために壮麗な墓や副葬品の準備、遺体の保存などの葬祭慣習と独自の来世観が発展したのである。彼らの来世観は、「ピラミッド・テキスト」や「コフィン・テキスト」、「死者の書」などの葬祭文書や、墓碑に見ることができる。

訳出した一つめの史料は古王国第六王朝後半の官吏ハルクフが、アスワンの自らの墓に残した墓碑文の一部である。彼はエジプト南端の州の長官としてヌビア遠征を指揮した人物で、その墓碑はウェニの墓碑文（史料72、75）などと並んで第六王朝の対外政策の史料とされることが多いが、ここでは葬祭に関連する部分を取り上げた。後代まで続く葬祭観念の基本的な要素がこの中に含まれているからである。すなわち、①「王の与える供物＝ヘテプディネスウ」の語で始まる供物奉納の決まり文句(供養文)、②生者への呼び掛け(通りがかりの人間に碑文の言葉を読んでもらい、その言葉＝呪文の呪力で供物が現実となることが期待された)、③墓を冒瀆する者への脅し、④生前の善行の申し立てと悪事の否定などである。特に④は、死者の裁判の観念の広まりとともに、二つめの史料「死者の書」に見られる否定告白(無罪の宣言)へと発展していった。死者はオシリスの治める死者の国で永遠の生命を得るため、生前殺人や盗みなどの罪を犯さなかったことを四二柱の神々に向かって宣誓し、その後その告白の真偽を判定するために心臓の計量が行われると考えられた。なお、古王国時代には、来世は西方と天の両方にあると想定されているが、新王国時代以後は、地下に冥界があるとする考えも一般的になる。第二史料は、第一八王朝の書記ネブセニイの「死者の書」パピルス(大英博物館所蔵BM9900)を訳出したものである。「死者の書」には死後の世界で死者を助ける呪文が挿図とともに描かれた。パピルスの巻物のほか、墓壁や棺などにもその抜粋が記された。(畑守泰子)

100　古代エジプトの文字(前三一—後四世紀)

ヒエログリフ、ヒエラティック、デモティック(図100-1、2)

【解説】　古代エジプトの文字にはヒエログリフ(聖刻文字あるいは神聖文字)、ヒエラティック(神官文字)、デモティック(民衆文字)の三種類がある。ヒエログリフは古代エジプト王国が成立した前後から使われ(近年、より早い時期から使用された証拠も発見されている)、エジプトがプトレマイオス朝、ローマ帝国に支配された後も使われ続けた。最も新しいヒエログリフの碑文は紀元後三九四年のものである。

ヒエログリフはエジプトのナイル沿岸の様々な事物を写した象形文字で、その対象を細密画のように再現する場合もあり、書くのに手間のかかる文字と言える。これに対してヒエラティックは、行政文書など実用的な記録に用いられた文字で、ヒエログリフをくずして、インクを含ませた葦のペンで書かれた。たとえれば、ヒエログリフは漢字の楷書、ヒエラティックは草書にあたると言えよう。ヒエラティックはやはり、エジプト史の非常に早い時期から使われ、行政文書だけでなく、文学などをパピルスに書き留めるのに使われた。

一方、デモティックは、ヒエラティックをさらに簡略化した文字で、末期王朝時代に生まれた。その最古の例は、紀元前七世紀のものとされる。エジプトが統一されてから、アレクサンドロス大王に征服されるまでの約二七〇〇年の間、エジプト語は様々に変化し、文法的にも変わって来た。デモティックは、デモティック文字で綴られる段階の言語を指す用語でもある。

ヒエログリフという用語は、ギリシア語の「聖なる刻み文字」という意味の合成語から生まれた。末期王朝時代にエジプトを訪れたギリシア人たちは、神殿などの聖なる場所に刻まれ

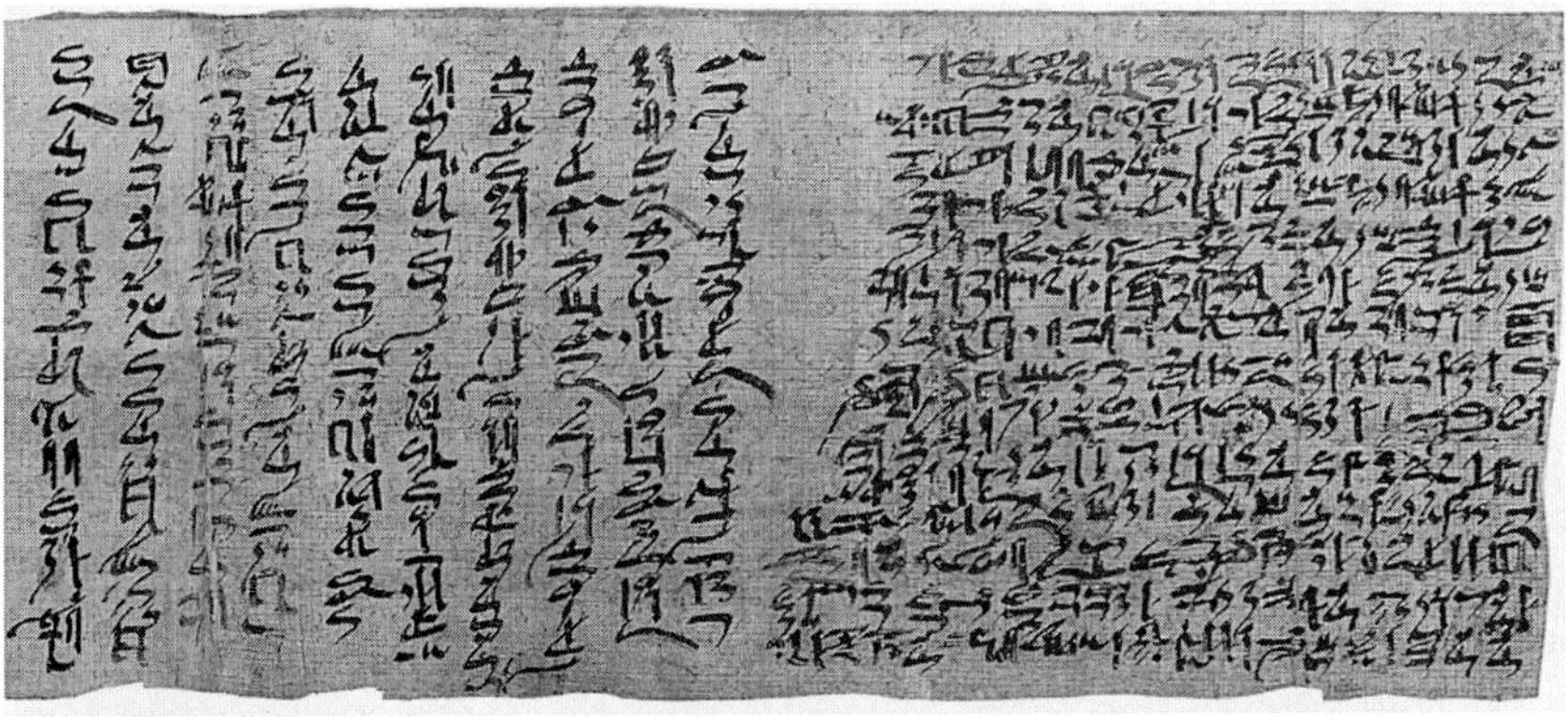

図 100-1　ヒエラティック(「シヌへの物語」(部分), 前 18 世紀, ベルリン博物館所蔵パピルス P3022H)

図 100-2　ヒエログリフ(上部)とデモティック(下部)(ロゼッタ・ストーン, 前 2 世紀, 大英博物館所蔵)

ている文字に注目し、こう名付けたのである。一方、ヒエラティックというのは、やはりギリシア語の「神官たちの文字」という用語から生じたもので、主に宗教文書の記録に使われていたことによる。ちなみにデモティック「民衆の」という用語は、ヒエログリフ「聖なる刻み文字」とは異なり、一般実用のために使われている状況にもとづいてつけられた名称であろう。ヒエラティックはくずし字体であるから、そのくずし方の程度にも様々なものがある。くずし方が少なく、もとのヒエログリフがわかるものは「くずし字体ヒエログリフ」の名でよばれることがある。「死者の書」に綴られている文字は、この形態が多い。漢字の行書に相当すると言えよう。

ルネサンスを経て、ヨーロッパ人がエジプトに関心を持つようになったときには、ヒエログリフは「謎の文字」であった。その解読の気運が一気に盛り上がったのは、ナポレオンのエジプト遠征中の一七九九年八月上旬の「ロゼッタ・ストーン」の発見であった。ヒエログリフ一四行、デモティック三二行、ギリシア文字五四行からなるこの石碑は、そのギリシア語碑文によると、同一の内容を三種の文字で併記したとあり、これを手がかりにすればヒエログリフの解読が可能になるという見通しが生まれた。以後何人もの研究者が解読に挑戦したが、結局、フランスのジャン・フランソワ・シャンポリオンがその栄誉を担うこととなる。彼が解読の成果をパリのアカデミー(学士院)で発表した一八二二年九月末が、ヒエログリフ解読の記念すべき時とされるのである。

(吉成薫)

第三章　ギリシア

第三章は前二〇〇〇年頃から前二世紀初頭にいたるまでの古代ギリシアの史料を収めている。全体は四節から成るがこの四区分は、現在一般的に受け入れられている古代ギリシアの時代区分に従っている。以下、各節の歴史的特質とそれぞれの史料の意義を略述する。

第一節「ミノア・ミケーネ(ミュケーナイともいう)時代」は前二〇〇〇年頃から前一二世紀頃までを対象とするが、これは青銅器時代の後期に相当する。このミノア・ミケーネ時代の末にミケーネ諸王国が何らかの原因で崩壊し、その後に混乱の時代が到来する。人口が減少し、文化活動も低調になった。しばしば暗黒時代と呼ばれるこの時代は、近年では前一〇五〇年頃から始まる鉄器時代との関係で、初期鉄器時代と呼ばれることが多い。

第一節の歴史研究は、考古学の成果に大きく依拠している。とりわけ、一八七六年のH・シュリーマンによるミケーネの発掘、一九〇〇年に始まるA・エヴァンズによるクレタ島クノッソスの発掘などは、ホメロスの叙事詩『イリアス』、『オデュッセイア』やその後の文献に現れる伝承が全くのフィクションではなく、一定の史実を潜在させていることを示し、古代ギリシアの先史時代についての研究に大きく貢献した。史料101はその一例を示す。クノッソスから出土した粘土板に刻まれた三種の文字(神聖文字、線文字A、線文字B)のうち線文字B文書は、ギリシア本土のペロポネソス半島南西部のピュロスなどからも出土したが、この線文字Bがギリシア語を表記していることが、一九五三年のM・ヴェントリスによる解読によって明らかとなった。前掲のホメロスの叙事詩のなかで語られるアキレウスやアガメムノンなどの英雄が実在したか否かは別として、どの時代が物語の舞台であったのか結論は出ていない(「ホメロス問題」、史料104)。線文字Bの解読成功の結果、ピュロスから出土した相当数の線文字B文書を手掛かりに、ミケーネ時代の王国の構造を多少なりとも知ることができるようになった(102、103)。また、クノッソス出土の他の二種の文字は未解読ながら、オリエント系の言語を表記している可能性が高く、それが前一四五〇年頃に線文字Bの使用に替わったことから、線文字Aが使用されていたクレタ島にギリシア本土のギリシア人が到来し、支配層を形成するにいたった歴史的経緯も、推測可能となった。

第二節「前古典期」は前八世紀初め頃から前六世紀末頃まで、アルカイック期とも呼ばれる時代の史料を収める。初期にはオリエントから美術や工芸の技術が導入され、また、フェニキア文字を取り入れてギリシア文字が考案されるなど、いわゆる「東方化革命」と呼ばれる文化的な運動が起こった。それとほぼ時を同じくしてポリスが各地に現れ始める。ポリスとはギリシアに特有の小規模な国家で、それを構成する人々が原則として対等な立場で政治面でも軍事面でも国を共に運営する共同体国家である。このような本質を持つポリスが、以後のギリシアの社会的、文化的発展の質と方向を規定することになる。ポリスはギリシア本土とエーゲ海の周辺にとどまらず、地中海や黒海の沿岸各地にも建設され、多様な個性のポリスを形成し、発展した。

この第二節では、ギリシア文字の考案により土器や石板、金属板に刻まれた文字が貴重な情報を提供してくれる。また、語り伝えられた韻文の叙事詩、抒情詩で文字に定着し、書写されて後代に伝わり、今日に至っている作品も少なくない。史料105はポリス時代直前のギリシア世界の中でも先進の地であったエウボイア島における動きを示す史料で、その背後に交易の活発化を見逃すことはできない(史料106)。詩人ヘシオドスが生まれ育った村アスクラ以外で唯一訪れた場所はエウボイア島だった。同島の主要ポリスであったカルキスとエレトリアは、ギリシアの他のポリスに先駆け、シチリア、南イタリアに植民市を建設している。それに続き、資源の限られたギリシア本土を離れて、地中海沿岸各地に定住の地を求めて移住する者も現れ、彼らは定住地に植民市を独立のポリスとして建設するとともに、周辺の異文化との接触も盛んに行い、ギリシア人の世界は広く地中海沿岸や黒海沿岸まで拡大した(111、113―115)。そのような時代的背景のなかのポリスについては、その政治的秩序を史料107や112にみることができる。

初期のポリスでは貴族が政治を掌握する貴族政が一般的だったが、貴族たちの間での政争の果てに単独支配者(僭主)が統治の実権を掌握することもあり(史料108、117)、貴族たちの権力欲や利得欲が社会的混乱を招いたため(109)、それを解決するための改革が実現することもあった(116)。そのような改革の背後には、ポリスの構成員である民衆たちの存在も無視できない。重装歩兵の密集隊戦術には多数の兵士が必要で(110)、そのため貴族たちは民衆の支持を得る必要があったからである。貴族と民衆とのあいだの政治的、経済的、文化的な差異は次第に小さくなっていった。

第三節「古典期」は、前六世紀末から古代ギリシア文明が頂点に到達した前五世紀を経て、前四世紀末に新興国マケドニアに屈するまでの重要史料を収める。現存史料は、この時代に繁栄の極みに到達したアテナイに関連するものが多い。歴史家ヘロドトスやトゥキュディデスの史書や悲劇、喜劇などの文学作品、プラトンなどによる哲学書ばかりでなく、アテナイでは政治や裁判の場で必要な弁論(演説)が重視されていたためその関連の作品も、史料として重要である。さらにアテナイを含む多くのポリスが聖俗の法や民会決議などを石に刻して公示したが、そのような公文書や個人の墓碑銘などの碑文もまた重要な史料である。

第三節で取上げる時代である古典期には、文字史料の増大が顕著となるが、ギリシア人たちはアジアの大国ペルシアとの戦争に勝利して(史料120)自信をつけ、ギリシア人としての自意識(アイデンティティ)を強くし(119)、民主政の制度を導入、整備させたポリスも少なくなかった(118、123)。なかでもアテナイは政治や文化の面で他ポリスを先導あるいは圧倒するほどの隆盛を実現させた(121、122、125、128)が、同時に、アテナイの急激な大国化は他のポリスとの軋轢を生み、ギリシア世界を二分するペロポネソス戦争を勃発させた(126、127)。戦争はアテナイの敗北で終わった(130)が、長期にわたる戦争はスパルタ社会の変質も促した(133)。また、テバイなどの第三勢力も台頭し、前四世紀の合従連衡の様相(135、138)のなかで、アテナイ社会もかつての繁栄の時代とは異なるポリスの再建と民主政の整備の道を模索した(129、131、132、136、141―143)。その間に北方のマケドニア王国は勢力を伸張させ、ついにはギリシアの諸ポリスもその支配下に取り込まれていく(138―140、144、145)が、ギリシア人としての自意識は以後も保たれ、ポリス内部の秩序にさほどの変化はなかった(124、134)。

古典期の末期には、多くのギリシアのポリスは北方の新興国マケドニアの支配下に入るが、第四節「ヘレニズム時代」は、マケドニアのアレクサンドロス大王の死後、後継者たちによって建国されたヘレニズム諸王国がギリシア人の世界を再編し、ここに新たな国際秩序が出現する時代を扱う。ここでも、碑文史料はヘレニズム諸王国とギリシア諸ポリスの実態を垣間見ることのできる史料として重要である(史料146―150)。

（桜井万里子）

第一節　ミノア・ミケーネ時代

101　クレタ島のミノア文明とエーゲ海の島々（前二〇〇〇年頃—前一四五〇年頃）

ホメロス『オデュッセイア』（前八世紀末）

〔第一九巻一七二—一八〇行〕「クレタという土地がありますが、それは葡萄酒色の海の真ん中にあり、美しく、肥沃で、海に囲まれております。人々は数え切れないほど大勢住み、九〇もの町があります。言葉もそれぞれ違い、混じり合っています。アカイア人もいれば剛健の気性のエテオクレテス人も、また、キュドネス人、三部族に分かれたドーリス人、神々しいペラスゴイ人[1]も住んでいます。それらの町の一つであるクノッソスは大きな都で、そこではミノスが九年のあいだ王位にあって、大神ゼウスと親しく交信する存在でしたが、その人が私の父である心の広いデウカリオンの父なのです。[2]」

（1）　エテオクレテス人とはクレタの原住民であろう。キュドネス人は同島西部沿岸の町キュドニアの住民。ドーリス人はペロポネソス半島やクレタ島で話されていたドーリス方言を話す人々を指す。イオニア人とともにギリシア人のなかの多数派を成していた。ペラスゴイ人はギリシアの地にギリシア人が定住する以前に広く居住していたとされる神話上の原住民である。

（2）　トロイア戦争終了後一〇年かけてイタケに帰国したオデュッセウスは、当初、クレタ島の老人になりすまして留守宅の様子をさぐるが、その際に問われるままに語った虚偽の身の上話の一部。

【出典】 *Homeri Opera*, recognovit brevique adnotatione critica instruxit Thomas W. Allen, Tomus IV: Odysseae Libros XIII-XXIV Continens, Editio Altera, 2nd ed., Oxford Classical Texts, 1919, [XIX 172-180].

トゥキュディデス『ペロポネソス戦争史』[1]（前四三一—前四〇〇年頃）

〔第一巻四章〕ミノスは、われわれが聞き知っているところでは、海軍を所有していた人々の中で最古の人である。彼は現在ギリシアの海と呼ばれている海のほとんどの覇権を握った。そして、キュクラデス諸島を支配し、そこからカリア人を駆逐するとともに、自分の息子たちを統治者の地位に就け、島々の大半に最初の植民をしたのだった。当然のことながら、海賊については、〔交易による〕収益の増大のために、可能なかぎりの海域からこれを掃討したらしい。

（1）　トゥキュディデス（生年前四六〇—四五五年、没年前四〇〇年頃）は彼の作品を死の直前まで執筆したが未完で終っている。生前の執筆は、部分によって時期が異なることが、内容の分析から明らかになっている。

【出典】*Thucydidis Historiae*, recognovit brevique adnotatione critica instruxit Henricus S. Jones, apparatum criticum correxit et auxit Johannes E. Powell, Oxford Classical Texts, 1942, Tomus Prior, [1.4].

【解説】クレタ島のミノス王に関する神話、伝承を記述する古典文献は多数あり、ここに挙げた二史料は、その一部である。第一の史料は、クレタ島の繁栄と住民の分布を語っていて貴重である。ただし、どの時代のクレタ島についての記述か、これだけでは不明だが、クノッソスに所在した彼の王宮については、プルタルコス『テセウス伝』一五章に怪物ミノタウロスを住まわせるためのラビュリントス(迷宮)であったとある。さらに、イギリスの考古学者アーサー・エヴァンズの一九〇〇年の発掘により多数の部屋をもつ宮殿が出土したため、迷宮の神話が単なるフィクションではないことが明らかとなった。さらにクノッソスから出土した線文字A文書は、後に解読に成功した線文字Bとは異なり非ギリシア語による表記であり、この宮殿が非ギリシア人による創設であったことが判明した。

ミケーネ文明成立以前にミノスの王国のあったクレタ島の支配が、キュクラデス諸島を含むエーゲ海に広く及んでいたことを伝える第二の史料は、『ペロポネソス戦争史』の中の「考古学」と呼ばれる箇所(史料105参照)の一部で、トゥキュディデスはここで太古の時代に関する伝承を取り上げている。ここに書かれている内容は、最近までの発掘成果とも矛盾しない。〔参〕周藤芳幸『世界の考古学3　ギリシアの考古学』同成社、一九九七年。

(桜井万里子)

102 ピュロス王国の地方行政（前一二世紀）

地方統治者への土地配分文書 Aq64(前一二世紀、ピュロス王宮崩壊数カ月前)

〔1〕[…](1)としての職務を遂行する者たち

〔2〕持分地保有者(2)の[…]は、今年は以下(3)を取得した〔または取得するだろうの意〕。一対　＊171　三

〔3〕持分地保有者のカドウォは以下を取得していない〔またはまだ取得しないだろうの意〕。一対

〔4〕持分地保有者のルロスは以下を取得していない〔または取得しないだろうの意〕。一対

〔5〕持分地保有者であり、イテレワ地区のコレテールでもあるクルメノス(4)は、今年は以下を取得した〔または取得するだろうの意〕。＊171　六

〔6〕テミスティアのコレテールであるペリモスは、今年は以下を取得した〔または取得するだろうの意〕。一対　＊171　三

〔7〕ペリメデースの息子は、今年はプソリオーンのテラニヤ(5)を取得した〔または取得するだろうの意〕。＊171　一二

〔8〕エケオ(6)〔職業名〕の団体メンバーのポイキロコス　一対

〔9—11行　空白〕
〔12〕かくして以下の者たちはクトイナ〔土地〕を保有する。
〔13〕エタヴォネウスは、今年は以下を取得した〔または取得するだろうの意〕。一対　＊171　六
〔14〕アキゾウェは、今年は以下を取得した〔または取得するだろうの意〕。一対〔＊171　量欠損〕
〔15〕エテオクレヴェスの息子ネケウは、今年は以下を取得した〔または取得するだろうの意〕。一対〔＊171　量欠損〕
〔16〕メタパ(7)でメイオーン〔父祖名〕のエリュトラースは、今年は以下を取得した〔取得するだろう〕。一対〔＊171　量欠損〕
〔17—23行　空白〕

(1)　ピュロス王国の中央には王(ワナカ、ワナックス)を中心とした支配体制があり、一方主要な支配地域にコレテール(地方長官)やその補佐役プロコレテールなどの中央派遣の役人のほか、元来土着の首長であったと思われるクァシレウ(バシレウス)が王の役人として機能していた。一行目については、線文字Bを解読し、出典の編著者であるヴェントリスは疑問を付しながらクァシレウの職能を持つ者と復原しているが、二行目以下の内容の整合性から否定的な見解も強く、クァシレウに限定できない。

(2)　字義から持分地保有者と訳したモロキュアースは、地方の高位身分の者と解釈されている。人名は欠損していて不明。

(3)　一対と訳した表意文字「ZE」(zeugos の省略形)は、くびきの牛に耕作させる土地の広さを示しているとか穀物の量を示しているなど、その解釈は様々である。実際の土地の広さも不明である。三の倍数で記載されている表意文字「＊171」は、「一対」の下部単位と考えられている。また「取得する」と訳した動詞 a-ke-re-se (agreo)は三人称単数の過去形と未来形の両方の解釈が可能である。

(4)　イテレワ地区のコレテールでかつ持分地保有者であるクルメノスは、それなりの規模の土地を保有する在地の有力者でかつ中央派遣の役人でもあり、海岸警備の指揮官としても活動している。

(5)　意味不明の語彙で、地名との説もある。

(6)　「王の仲間」であるヘクェタースとの関連から、この語エケオ(e-qe-o)を hekwos と読み、「従者」との解釈もある。

(7)　メタパは、ピュロス王国北部に位置する近州主要九地区の一つである。

【出典】 Tablet Aq64, in: M. Ventris & J. Chadwick, *Documents in Mycenaean Greek*(Cambridge, 2nd ed., 1973), pp. 176–177.

【解説】 ミケーネ時代のピュロス王国では、未熟ではあるが、王が主要一六地区を中心に支配地域に役人を派遣し、貢納を課して支配していた。ここで取り上げたAq64に分類される粘土板はAq218と対をなす文書と考えられているが、その解釈は不明な点が多く、難しい。特に頭書きの部分は破損がひどく、記載目的が不明であることが一層その解釈を困難にしている。また列挙されている人名の多くは沿岸警備のために徴募された分遣隊の指揮官として記録されており、王国内の上層身分の者たちであったことがわかる。一二行目では有力者たちの土地取得と明記して、以下取得面積を示すと思われる表意文字「ZE」で記載されている。その広さは不明であるが、かなり画一的な配分であった。

（山川廣司）

103　ピュロス王国における捕虜奴隷と食糧配給（前一二世紀）

女性捕虜奴隷のグループ Aa807（前一二世紀、ピュロス王宮崩壊数カ月前）

ケレツァ[1]において、捕虜の女たち[2]　二六名　少女たち　七名　少年たち　七名　上級監督官（?）　一名　下級監督官（?）[3]　一名

（1）ピュロス王国内の地名であるが、場所は特定されていない。王宮近くの集落の名前との解釈もある。
（2）一般には「捕虜」(lēias)と一致させ、戦利品として連れてこられた捕虜の女性たちと解釈されているが、部族名との解釈もある。
（3）表意文字DA, TAで表示されているが、一般的にDAはda-ma, du-maの省略形で、男女の監督官TAはtamiaの省略形で女監督官と解釈されているが、チャドウィックは配給量との関連から、上級監督官(DA)、下級監督官(TA)と解釈し、この役職を母親に代わって子供たちの面倒をみた者と考えている（J・チャドウィック／安村典子訳『ミュケーナイ世界』みすず書房、一九八三年、一四四―一四五頁）。

【出典】 Tablet Aa807, in: E. L. Bennett, Jr. & J.-P. Olivier, *The Pylos Tablets Transcribed* (Roma, 1973), p. 19.

女性捕虜奴隷のグループへの食糧配給 Ab586（前一二世紀、ピュロス王宮崩壊数カ月前）

〔1〕ピュロスのケレツァにおいて　捕虜の女たち　二八名　少女たち　九名　少年たち　九名　イチジク　7T7[1]〔乾量〕
〔2〕穀類　7T7〔乾量〕　上級監督官（?）　下級監督官（?）

（1）*Documents in Mycenaean Greek*（史料102の出典参照）の編著者であるヴェントリスとチャドウィックの算定によれば、乾量七三九・二リットルに相当する。

【出典】 Tablet Ab586, in: *ibid.*, p. 26.

女性捕虜奴隷の息子たち Ad686（前一二世紀、ピュロス王宮崩壊数カ月前）

〔1〕ピュロスのケレツァにおいて、捕虜の女グループの息子たち　一五名
〔2〕〔・〕カヴォタラ〔・〕ポロ[1]は不在であった。

（1）区切りを入れ、ta-ra-ko-po-ro(?)のアルカヴォン（人名）とする解釈もある。

【出典】 Tablet Ad686, in: *ibid.*, p. 34.

【解説】 古代社会においては、戦争での勝者は敗者の成年男子を皆殺しにし、女性や子供は捕虜奴隷として戦利品とともに持ち帰ることが多かった。ピュロス王国でも、do-e-ro/do-e-raの用語から奴隷の存在が確認される。彼らはJn-に分類される文書では地方の冶金職人グループに所属し、その所有者名によって記載されているほか、有力な個人によって所有されている場合（An607文書等）もあるが、一般に少人数である。一方、王宮に所属して織物製造などに携わるかなり大規模な女性の労働集団が記録されている。これらの文書は食糧配給のための記録

であると推測されるが、ここで取り上げた三つの文書は、ピュロス近辺のケレツァにあった王宮施設での女性捕虜グループの記録である。Aa文書は、女性捕虜数、少女数、少年数、DA.TAの監督官が記載され、Ab文書では穀類とイチジクの配給量が数値で記載されている。Ad文書は、女性捕虜の息子たちと明記した上で、男性の表意文字で人数が記載されている。これは女性捕虜の息子たちが成人の年齢に達した時、母親の集団から切り離され、別途に若者たちの集団を形成していたことを示している。不在者はこの集団の監督官なのであろうか。

これらの文書から、女性捕虜たちは集団で王宮に所属し、王宮用や輸出用の手工芸品などを生産し、王宮から食糧を配給されていたことがわかる。また成人となった息子たちは別途男性の労働集団を形成して監視の下で労働に従事させられ、実質的には奴隷の境遇にあったと思われる。

（山川廣司）

104　ホメロスの世界（前一三世紀末―前八世紀半ば）

ホメロス『イリアス』（前八世紀後半）

〔第二三巻七〇〇―七〇五行〕しかしアキレウスは兵士たちをそこに留めて広い集会の場に座らせると、船からさまざまな賞品を運んできたが、それは大釜や鼎に馬やラバ、力の強い牡牛に美しい帯の女たちや灰色の鉄塊であった。

〔第二三巻二五七―二六一行〕それからペーレウスの息子(1)はすぐさまダナオス人(2)たちの眼の前に、第三の競技である苦痛に満ちた格闘技のために別の賞品を置いたが、勝者のためにはアカイア人たちが彼らの間で牡牛一二頭と評価した、火に掛けるための大きな鼎を、そして敗者のためには牡牛四頭と評価した、さまざまな手の技に巧みな女を、場のまん中に置いた。

〔第七巻三八一―四一七行〕そして朝になるとイダイオスは〔敵方の〕空ろな船のもとに赴き、アガメムノンの船尾のかたわらで集会を開いているアレースの従者たちであるダナオス人たちに出会った。この大声の伝令は、彼らのまん中に立って声を張り上げた……他方で、彼らはトロイア人たちもダルダノス人たちも全員が集まって、イダイオスの帰還を待ちながら集会の場に座っていたが、そこに彼が戻ってきて、まん中に立って伝言を申し立てた。

〔第一八巻四九七―五〇八行〕人々はアゴラに集まっていた。そこでは争いが起こっており、二人の男が殺された男の人命金のために対立していた。一人がすべてを支払う約束をしたと人々に申し立てれば、一人は何も受け取るつもりはないと拒絶した。二人は審判人のもとで決着をつけようと逸りたった。人々は両方の側に分かれて声援を送る。そこで伝令たちが人々を制止した。長老たちは神聖な円形のなかの磨かれた石に腰をおろして、声をあげる伝令たちの笏杖をその手に取った。彼らはそれを持って次々に立ち上がり、かわるがわる判決を述べた。中心には二タラントン[3]の金の塊が置かれており、彼らのなかでもっともまっすぐな判決を述べた者に与えられることになっていた。[4]

(1) アキレウスのこと。
(2) アカイア人などと同じで、ギリシア人の総称。
(3) 重量の単位としてのタラントンは、時代・地域によって差があり、前五—四世紀のアテナイでは約二六キロだった。ホメロスの叙事詩における重量は不明だが、その価値ははるかに低いものだったと思われる。パトロクロスの葬祭競技で行われた戦車競走では、第三等の賞品である未使用の大釜と第五等の取っ手つきの鍋のあいだの第四等の賞品として黄金二タラントンが提供されているのである(『イリアス』第二三巻二六九行、六一四行)。この金塊は、二人の当事者によって半分(一タラントン)ずつ提供された賞金であり、一種の「法廷手数料」とでも言うべきものであった。
(4) 長老たちの判決提案に対する周囲の民衆の反応に基づいて、審判人が最良の判決提案者を選んだ。

【出典】*Homeri Opera*, recognoverunt brevique adnotatione critica instruxerunt David B. Munro et Thomas W. Allen, Oxford Classical Texts, 1920, Tomus II, P. 236; p. 251, Tomus I, pp. 150–151, Tomus II, pp. 148–149.

【解説】前八世紀後半、ホメロスによってまとめられたとされる二大叙事詩『イリアス』と『オデュッセイア』には、特有の規律と秩序を備えた戦士団が描き出されている。彼らは円座を組んで集会を開き、戦利品の分配や葬送競技の賞品授与(第一と第二の引用史料)に際しては対象となる物品が一度戦士団の「中心」に置かれて「共同のもの」とされた後に個人に与えられ、また「共同の事柄」について論議・決定される軍事集会(第三の引用史料)や紛争解決の場(第四の引用史料)でも、発言や決定が行われるのは戦士団の「中心」においてであった。最初の史料はパトロクロスを追悼してアキレウスによって開催された葬送競技の場面で、アキレウスが提供した賞品が戦士団の「中心」に置かれることによってアキレウスとの私的なつながりが消滅して「共有物」と化したことを示している。こうした戦士たちの集会の場における「中心」は、いわば「共同体的性格」と公開性の体現といえる。さらに近年の研究では彼らは密集隊を組んで集団で戦っていたことが明らかにされており、そこでは戦士たちは原則として平等の存在であった。ホメロスの叙事詩に見られるギリシア戦士団は、後のポリスのひな型であったと言えよう。

（前沢伸行）

第二節　前古典期

105　レラントス戦争の伝え（前八世紀前半頃）

トゥキュディデス『ペロポネソス戦争史』（前四三一―前四〇〇年頃）

〔第一巻一五章〕〔海戦について述べた後で〕他方、陸上の戦争については、何らかの大きな勢力を生じさせるような陸戦が交わされることはなかった。陸戦があったとしても、それはいずれも隣国に対する戦いであって、自国の土地から遠い他国の土地へと遠征軍を派遣することを、ギリシア人は行わなかったのである。なぜなら、大国を中心に従属国として結束することもなく、あるいは、同等の関係にある国同士が連合軍を結成することもなくて、ただ隣国同士が互いに争っていたのであった。確かに遠い昔にカルキスとエレトリア(1)の間に陸戦が起こり、ギリシア世界は両国のどちらかと同盟関係を結び、二分して戦ったことがあった。

(1)　ともに、アテナイの西方に位置するエウボイア島の代表的なポリスで、ギリシア世界の中ではいち早く西地中海への植民活動を積極的に展開させた。

【出典】 *Thucydidis Historiae*, recognovit brevique adnotatione critica instruxit Henricus S. Jones, apparatum criticum correxit et auxit Johannes E. Powell, Oxford Classical Texts, 1942, Tomus Prior, [I. 15. 2].

【解説】　トゥキュディデスは、未知の土地についても伝えに基づいて叙述をしたヘロドトスと違って、歴史を叙述するに際しその対象を自分の見聞した範囲に限定したので、必然的に彼の作品は同時代史となっている。ただし、「考古学」と呼ばれている第一巻二―二〇章では、太古からペロポネソス戦争にいたるまでのギリシアの歴史が取り上げられているので、一見、それは同時代史ではないかのようである。しかし、それとても過去の歴史の概観ではなくて、ペロポネソス戦争に結果する歴史を動かしたと史家が考える諸要因の相互関係を描いており、いわば歴史の動因に関するトゥキュディデスの見解を提示している部分である。それでは、この「考古学」から史実を窺い知ることができないかといえば、必ずしもそうとは言えない。本史料最後の一文は、エウボイア島の二大ポリス、カルキスとエレトリアのあいだで戦争があったことを伝える。ヘロドトス『歴史』第五巻九九章にもこの戦争への言及がある。

　この戦争は、カルキスとエレトリアの間に広がるレラントス平野にちなみ、今ではレラントス戦争と呼ばれる。史実であったとすれば、この戦争の年代はいつだったのか。レフカンディで出土した前一〇世紀前半の家屋址（周藤による後掲参考書図

19参照)は、この頃のエウボイアの経済的、文化的な興隆を指し示しており、従来文化的な低迷が想定されていた暗黒時代(前一二〇〇頃—八〇〇年頃)の見直しを迫ったため、この時代については、初期鉄器時代と呼ぶことが多くなっている。レフカンディは前八世紀には衰退し、ポリスを形成するには到らなかったが、このレフカンディが衰退した後に、カルキスとエレトリアは二〇キロの距離をはさんで直接対峙することとなった。そうであれば、レラントス戦争を前八世紀におくことができよう。この戦争の原因については、穀物栽培にも馬の飼育にも利用されたレラントス平野の領有をめぐっての争いだったと推測することもできる。それは、両ポリスが他のポリスに先駆けいち早く西地中海へと進出し、植民市を建設し始めた時期とほぼ一致している。〔参〕周藤芳幸『古代ギリシア　地中海への展開』京都大学学術出版会、二〇〇六年。　(桜井万里子)

106　前古典期初期の農民たちの交易従事(前八—前七世紀)

ヘシオドス『仕事と日』(前七〇〇年頃)

〔六三〇—六四四行〕〔雨風が強くなる一〇月末から一一月初めの季節には船を陸に上げ〕

自分自身は航海に出かける季節が来るのを待つことだ。
そして、そのときが来たならば、脚速い船を海まで引いて行き、
同時に相応の積荷を積むのだ、家に利益を持ち帰れるように。
(八行略)
ペルセースよ、仕事については何事も時宜が肝心だが、
とりわけ航海についてはそうだ。
小さい船は丁重にお断りして、大きな船に荷を積むように。
積荷が多ければそれだけ利益も多くなる、
風が有害な嵐を遠ざけてくれるかぎりは。

【出典】*Hesiodi Theogonia, Opera et Dies, Scutum*, edidit Friedrich Solmsen: *Fragmenta Selecta*, ediderunt R. Merkelbach et M. L. West, Oxford Classical Texts, 1970, pp. 76–77.

【解説】ボイオティア地方の小村アスクラに住む農民ヘシオドスの叙事詩『仕事と日』からの一部。ヘシオドスは前七〇〇年頃に活躍したと推定されている。この詩の一節は、農民たちにとって余剰農作物を売りさばくための航海が珍しくはなかったことを示している。ただし、ヘシオドス自身は交易に携わらず、彼の生涯に一度の航海は、エウボイア島のカルキスにおいてアンフィダマス王の葬儀の際の競技会に参加するためのそれであった。このとき彼は歌くらべで勝利したという(六五〇—六五七行)。このアンフィダマスについて、後一世紀の著作家プルタルコスはレラントス戦争(史料105参照)において死亡したと伝えており(『倫理論集』153e–f)、この伝えを信じるならば、同

戦争はヘシオドスと同時代であったことになる。

すでに述べたように、当時すでに交易のための航海を行う者がいたのだが、このような遠方の地へ積極的に航海に出かける動きが、前八世紀半ばからのギリシア人の植民活動の背景にはあったのである。とりわけ、カルキスとエレトリアは、他のギリシアの諸ポリスに先駆けて西地中海への植民活動を始めた。その最初の例がナポリ湾沖に浮かぶイスキア島(古代名はピテクサイ)に建設した交易基地であった。以後、ギリシア人は西地中海ばかりでなく、黒海沿岸やリビアへも進出して植民市を建設する、大植民活動の時代(前八世紀半ば—前六世紀半ば)を迎える。〔参〕ヘーシオドス／松平千秋訳『仕事と日』岩波文庫、一九八六年。

（桜井万里子）

107　ポリスにおける成文法の成立（前七世紀後半）

ドレロスの国法（前六五〇—前六〇〇年頃）

神々。[1] ポリス[2]は以下を決定した。コスモス[3]の役職にあった者は、以後一〇年間コスモスとなってはならない。もしコスモスとなるならば、いかなる裁きを下したにせよ、彼は二倍の科料に服し、また、役職に就く権利を終身失い、また、彼がコスモスとして果たしたことは無効となる。宣誓は以下の者が行う、コスモスとダミオイ[4]とポリスの二〇名[5]。

(1) 冒頭の「神々」と仮に訳した一〇字は、第一行目と第二行目のあいだに刻まれているが、その意味、位置についてはいまだ合理的な解釈が出されていない。ただし、畑の牛が犂を引いて土を耕すように、書記の方向が右から左へ、次の行では左から右へと変わる、ブウストロペドン(牛耕式)で刻字された同法文の第一行冒頭に置かれるべき句であることは大方の研究者が認めている。

(2) 金石文の中でポリスが政治共同体という概念で用いられた最初の例。

(3) クレタ島の他のポリスにも存在した高位の行政上の役職で、一〇名のコスモスがいるポリスもあったが、ドレロスの場合、定員が何名であったのか不明。

(4) この役職については不明。財政の担当役ではないかと推測されている。

(5) この「二〇名」については、民会あるいは評議会の下部組織、または、評議会そのものを指す、と解釈は分かれる。評議会とする見方が最も有力である。

【出典】 R. Meiggs & D. Lewis (eds.), *A Selection of Greek Historical Inscriptions to the End of the Fifth Century B.C.*, 2nd ed. (Oxford, 1988), No. 2, p. 2.

【解説】 クレタ島の東の中央部に位置したドレロスの国法である。刻字の年代は前六五〇—六〇〇年頃と推定されている。ドレロスのアポロン・デルフィニオス神殿の壁面に刻字されたらしく、現在はドレロスから南へ二キロメートルの町ネアポリスの考古学博物館に所蔵されている。

現存する石に刻まれた最古のギリシア成文法で、法文はブウストロペドン(牛耕式)で記されている。法はコスモスの職経験者が連続して同職に就任することを禁じ、再任の場合でも一〇年を経た後でなければならない、と定めている。宣誓者のなかに挙げられているコスモスが単数であるのは、コスモス委員会全体を単数で表現しているからであると解されている。クレタ島のポリスのひとつゴルテュンで前六世紀に制定された法では、コスモスは離任後三年間は再任を禁じられているが、これは長期の在任が財政面や法的な特権に関して不正を生じさせることを警戒して定められたのであろう。ところがドレロスの場合、三年ではなくて一〇年と大変長い。僭主の出現を防止しようという目的がこの法の制定の背後にあったのかもしれない。しかし、注意すべきは国政において行使すべき権限の範囲が限定されていることと、その権限を付与する絶対的な権威が存在していないことである。

（桜井万里子）

108　僭主の政治（前八世紀半ば—前六世紀半ば）

ヘロドトス『歴史』（前四二〇年代半ば以前）

〔第五巻九二章〕（前略）キュプセロスは僭主となったのち(1)、このような人間になった。すなわち、多数のコリントス人を追放したり、多くの者の資産や、それ以上に多くの人々の命を奪ったのだった。キュプセロスは三〇年間統治してその生を全うし、息子のペリアンドロス(2)が僭主政の後継者となった。そのペリアンドロスは当初は父よりも温和であったのだが、ミレトスの僭主トラシュブロス(3)と使節を介して交流を進めてからは、キュプセロスよりもはるかに残虐になった。というのは、トラシュブロスに使節を派遣し、どのようにすれば最も安全に諸事を処理し、国をよく治められるか尋ねたのだ。するとトラシュブロスはペリアンドロスのもとから来た男を町の外に連れ出し、実りをつけた畑に足を踏み入れ、コリントスからの来訪について繰り返し質問しながら麦畑を通りすぎて行き、他の穂よりも高く伸びた麦の穂を目にする度にそれを摘んでいって、摘んでは捨てたので、麦畑の最も伸びが良く、強い穂をこのようなやり方で駄目にしてしまった。農地を通りすぎて出てくると、彼は何も言わず、使節を送り返したのである。（五行略）〔トラシュブロスが何も言わなかったにもかかわらず〕ペリアンドロスは彼がしたことの意味を知り、トラシュブロスが町の卓越した人々を殺せと暗示したのだと理解し、それからは市民たちに悪辣のかぎりを尽くすようになった。（後略）

（1）　ペロポネソス半島北部の主要ポリスであるコリントスの僭主（僭主とは非合法的に支配の座に就いた独裁者）。在位は前六五七頃—六二七年。コリントスは前八世紀半ばからキュプセロスの僭主政成立までの約二〇〇年間、貴族のバッキアダイ一族による寡頭政のもとにあって、シチリア島のシュラクサイやギリシア本土西部のコリュキュラを建設した。

（2）　在位は前六二七—五八七年。

（3）　在位は前六〇〇頃—？年。ミレトスは小アジアのイオニア地方最南部に位置する大ポリス。

【出典】*Herodoti Historiae*, Vol. II, Libri V–IX, recognovit breviqueadnotatione critica instruxit, Carolus Hude, Editio Tertia, Oxford Classical Texts, 1908, [V. 92. ε–η].

【解説】前古典期の後半(前七—前六世紀)のギリシアでは、貴族たちの間での政治的抗争が激化する中で、私兵を使った実力行使などの非合法的な方法で政権を獲得した独裁者が各地に出現した。このような支配者は僭主(テュランノス)と呼ばれた。アテナイのペイシストラトスもそのような僭主の一人(史料117参照)。僭主は、彼から政権を奪取しようとする他の貴族たちを警戒し、その台頭を阻むとともに、民衆の人心を掌握してその政権を維持しようとした。しかし、このような微妙な力のバランスの上に成立した政権の基盤は脆弱であったため、多くの僭主は一、二世代で姿を消し、貴族たちの抗争は再開するものの、次第に民主政成立の方向へと民衆の動きは鮮明になっていった。このように、僭主の出現には、貴族政から民主政への移行過程という歴史的意義があった。

(桜井万里子)

109　前七世紀末アテナイの社会的混乱

ソロン作の詩断片(前五九四年頃)

〔断片四、五—一三行〕市民たちはみずから財貨に目を奪われて、大いなるポリスを無思慮によって破壊したがる。……不正な仕業に心を向けて彼らは富を築く。……神聖な財も公共の財も見逃さず、彼らは盗む、それぞれがそれぞれに奪い合って。

〔断片三六、一—一五行〕私が民衆を集めるに当たって目的としたことがらの中で、成し遂げずに放棄したものが何かあっただろうか。時《クロノス》の裁きにおいてこのことを証言してくださるのは、オリュンポスの神々のなかで最も高貴で偉大な母、黒き大地《ゲー》であろう。その大地から私はここかしこに立てられていた標石(1)を引き抜いたので、かつて隷属状態だった土地がいまや自由になっている。多くの人々を神のお造りになった祖国アテナイへと連れ戻したのだが、彼らはあるいは不当に、あるいは合法的に売却されたり、やむを得ない事情から国を離れたりして、あちらこちらを流浪したため、もはや母国語《アッティカ》(2)を話せなかった。また、この国内で恥ずべき隷従の状態に陥り、主人の機嫌を窺い震えている人々をも自由の身にした。

(1)　原語はホロス(標石)の複数対格。アテナイのホロスには、所有地などの土地の境界を示す境界標石と、土地を抵当とした借財で、その事実を明示するために立てた抵当標石とがあった。この箇所の標石をどちらと解するかは、ソロンの改革の評価と関係する。詳細は解説参照。

(2)　ギリシア語には大きく分けて、東方方言と西方方言があり、アッティカ語はイオニア方言などとともに前者のグループに入り、スパルタ人が話したドーリス方言は西方方言の一部。

【出典】 Solon, Fr. 4. 5-13; Fr. 36. 1-15, in: M. L. West (ed.), *Iambi et Elegi Graeci Ante Alexandrum Cantati*, Vol. II (Oxford, 1972), p. 141; p. 161.

【解説】 前五九四／三年のソロンの改革に関する主要史料は前三三〇年代または前三二〇年代に書かれたアリストテレスあるいは彼の弟子による『アテナイ人の国制』の記述であって、同時代の史料としてはわずかにソロンの詩の断片が現存するにすぎない。断片四はデモステネス作第一九弁論に引用されている詩の一部、断片三六はアリストテレス『アテナイ人の国制』第一二章四節に引用されている。

同『アテナイ人の国制』第二章からは、ソロンの改革前夜の前七世紀末におけるアテナイ社会の混乱のなかで貧しい農民が転落していったことをうかがうことができるが、断片四は、社会的エリートである富者たちが公共の土地を私有化し、社会的混乱が増幅された様子を伝える。また、そのような土地に富者が立てた標石や同じく富者が債権者として貧者の土地に立てた標石をソロンが引き抜いたことを断片三六が伝えている。ソロンの改革については、史料116を参照のこと。ただし、改革の内容については諸説が出されていて、いまだ定説に到っていないのが現状で、これについては、『アテナイ人の国制』一二九―一三五頁の村川堅太郎による注解を参照。〔参〕アリストテレス／村川訳『アテナイ人の国制』岩波文庫、一九八〇年。伊藤正『ギリシア古代の土地事情』多賀出版、一九九九年。

（桜井万里子）

110　重装歩兵の密集隊戦術の成立（前七世紀前半）

テュルタイオスの詩断片（前七世紀半ば）

〔断片一〇、一五―二〇行〕 おお若者たちよ、互いに密着しながら戦え、
心は大きく、心は凜々しくあれ、
男たちと戦うときに、命を惜しむな。
年取った者たちを、彼らの膝はもはや強健ではないのだから、
後に残して逃げ出すな、年寄りたちを。

〔断片一一、三一―三三行〕 足並みをそろえ、盾と盾をしっかり連ねて、
羽飾りに羽飾りを、兜に兜を
胸に胸を近づけて、男たちと戦え。

【出典】 Tyrtaios, Fr. 10. 15-20; 11. 31-33, in: M. L. West (ed.), *Iambi et Elegi Graeci Ante Alexandrum cantati*, Vol. II (Oxford, 1972), pp. 175-176.

【解説】 いずれの史料もスパルタのテュルタイオスの詩の一部である。テュルタイオスは前七世紀半ばの詩人。彼の詩は全部で約二五〇行の断片が現存するにすぎないが、当時のスパルタ

社会について伝える貴重な史料となっている。

断片一〇と一一には、重装歩兵（ホプリテス）が互いに密着し、左右の兵士と盾を密接させながら戦列を組み、長槍で攻撃する、いわゆる密集隊戦術（ファランクス）が描かれている。密集隊戦術に使用される盾はホプロンという表面が青銅張りの木製の丸い盾で、直径が一メートルほどの大きさである（ただし、断片一一では「盾」はアスピスと表現されている）。この盾が前六七五年頃に考案されたことにより、青銅の武具を身に付け敏捷に動きにくい兵士が互いに身を寄せ合って、自分の盾の右半分で自分を守り、左半分で左隣の兵士を守る密集隊の戦術が可能となった。この戦術では一人でも隊列から離脱すれば、その戦列は瓦解してしまうため、兵士たちの団結心が必要であると同時に、兵士の数が多いほど戦力も高まることから、すでに当時のスパルタにおいて武具を自弁できる兵士が相当数存在していたと推測することができる。言い換えれば、前七世紀のスパルタにおいてポリスの政治に参与して、ポリスを支えていけるだけの数の市民が存在していたこと、つまり、市民共同体が出現していたことが、この史料から明らかとなる。

ただし、隊列の数が増加し、厚みを加えるのは、前六世紀に入ってからで、古典期には八列にまでなった。また、密集隊戦術が普及していくと、盾が兵士の身体を防護するため、胸当てには強固な青銅製の替わりに軽い麻布製のものが使用されるようになるなど、古典期にはより軽くて安価な武具が普及し、さらに多くの歩兵がこの密集隊に参加できるようになっていった。

また、断片一〇はスパルタにおいて長老が重視されていたことの例証ともなっている。スパルタで老人が尊敬されていたことについては、クセノフォン『ラケダイモン人の国制』第一〇章一節にも言及されている。〔参〕ヴィクター・D・ハンセン著、ジョン・キーガン監修／遠藤利国訳『図説古代ギリシアの戦い』東洋書林、二〇〇三年。

（桜井万里子）

III　エジプト王のために従軍したギリシア人傭兵（前五九三／二または前五九一年）

アブ・シンベル神殿前のラムセス二世の巨像左脚に刻まれたグラフィティ（落書き）（前五九三／二または前五九一年）

プサンメティコス王[1]がエレファンティネ[2]にお出ましの折に、テオクレスの子プサンメティコスとともに航行してきた者たちが以下を記した。そして彼らは川が妨げない限りのケルキスの上流まで到達した。異邦の言語を話すものたちを統括したのはポタシムトとエジプト人のアマシスで、アモイビコスの子アルコンとエウダモスの子ペロコスがこの私[3]を刻字した。

(1)　エジプト第二六王朝のプサンメティコス二世(在位前五九五―五八九年)。
(2)　エレファンティネについては史料82注4参照。王はここまで到達し、その先は傭兵軍のみでさらに上流へと進軍したのであろう。
(3)　この碑文を指す。

【出典】R. Meiggs & D. Lewis(eds.), *A Selection of Greek Historical Inscriptions to the End of the Fifth Century B.C.*, 2nd ed.(Oxford, 1988), No. 7.(a)., p.12.

【解説】ラムセス二世はエジプト第一九王朝のファラオであった。史料中に言及されているプサンメティコス二世のエチオピア遠征については、ヘロドトス『歴史』第二巻一六一章に言及されている(ただし、そこでは王の名はプサンミス)。本史料は、前六世紀初頭のエジプトにおけるギリシア人傭兵の存在を示すばかりでなく、傭兵たちの名前そのものが、すでにエジプトに在住してから二、三世代を経ている可能性をも示している。たとえば、テオクレスの子プサンメティコスについては、父がギリシア名を持ちながら、息子がエジプト名であることから、恐らくこの息子は父がエジプトに定住してから生まれた、少なくとも二世代目であると推測できる。他の個所には「イアリュソスのテレフォスが私を記した」という記述があり、この人名が出身地(ロドス島のポリス、イアリュソス)を伴っているのに対し、プサンメティコスの場合も、その他のギリシア人の場合も出身地が示されていない。このことから、彼らがエジプト在住ギリシア人の二世または三世であることを示しているという推測もできる。冒頭の刻文がドーリス方言であるにもかかわらず、その他の大半がイオニア文字で書かれていることも、そのことを物語っているのかもしれない。

ギリシア人の交易基地ナウクラティスはすでにプサンメティコス一世の治世(前六六四―六一〇年)にナイル川下流に建設されていたが、本史料は、エジプトに在住するギリシア人が増加傾向にあり、商業以外の分野でも活躍していたことを示している。

(桜井万里子)

112　スパルタの国制(前七世紀半ば―前三六九年)

クセノフォン『ラケダイモン人の国制』[1](前三九四年以後)

〔第二章一―二節〕私は、出産について解説したので[2]、次には双方〔スパルタとその他の国々〕の教育についても説明をしようと思う。他のギリシアの国々の中で息子たちをもっとも立派に教育していると言っている国は、子供が自分に言われたことを理解するようになると直ぐに、子供に子守役の奴隷をつけて、教師のもとに文字や音楽やレスリング場での技を学ぶよう送りこむ[3]。それに加えて、彼らはサンダルを履かせることで子供たちの足を軟弱にし、身体の方は衣類を〔気候に応じて〕替えることで弱くしているし、子供に与える食糧の量を、食欲を基準に測っている。しかし、リュクルゴス[4]は、各人が子守役の奴隷をつけるという考えに反対して、高位の役人の中から一人を子供を監督する役に任命し、この子供監督役と呼ばれる者に、子供を集めて監視し、怠ける子供がいれば、きびしく処罰する権能を与えた。

〔第五章二―三節〕リュクルゴスは、家の中にとどまっていてはもっとも安逸な生活に陥ることになると判断し、戸外での共同食事を導入した。そうすれば定められたことに違反することが最も少ないと考えたからである。そして、食糧をスパルタ人たちに多すぎもせず、少なすぎもしないように割り当てた。

(1)　スパルタの国名。解説参照。
(2)　本章に先立つ第一章では、スパルタでは女も健全な子供を生むために身体を鍛錬すべきであり、結婚も十分に成熟してからすべきである、などと書かれている。多くのポリスでは女性の初婚年齢は一五歳前後、また、できるだけ屋内で目立たないように暮らすことが望ましいとされていた。
(3)　アテナイの場合、子供たちは私塾のような学校で教育を受けたが、通学の際には奴隷の子守が子供の伴をした。
(4)　スパルタの国制を定めたといわれた立法家。ただし、実在は疑われている。

【出典】Xenophon *Lakedaimonion Politeia*, in: *Xenophontis Opera Omnia*, recognovit brevique adnotatione critica instruxit, E. C. Marchant, Tomus V, Oxford Classical Texts, 1920, [II. 1–2; V. 2–3].

【解説】　厳しい教育、躾の代名詞のように使われている「スパルタ教育」という語は、古代ギリシアの有力ポリスであったスパルタの教育制度に由来する。第二章はその教育制度の特徴を伝える。他のほとんどのポリスとは異なり、公教育が実践されており、集団生活をする子供たちを高位の役人が厳しく監視し、質素な衣食住で強壮な身体を作るよう監督した。集団生活は三〇歳まで続けられ、その後も第五章が語るように、スパルタ市民は毎日共同で食事をして、相互の連帯と結束を高めたが、それは一面では相互監視の意味もあったであろう。

ポリスとしてのスパルタにはスパルタ市民(スパルティアタイ)、ペリオイコイ(周辺に住む人々、の意)、ヘイロタイ(農業に従事する非自由人)の三身分があった。本史料のタイトルにある「ラケダイモン人」とはスパルタの正規の国名である。ラケダイモン人にはスパルタ市民だけでなくペリオイコイも含まれていた。ペリオイコイは自由身分であるが、ポリスの政治への参加は認められず、しかし従軍義務を負う人々であった。史料ではスパルタ市民の生活の一端が述べられている。この史料の著者クセノフォン(前四三〇頃―三五四年頃)はアテナイ市民であったが、スパルタ王アゲシラオスの計らいでオリンピア近くに土地を与えられ、そこで長らく生活し、晩年はコリントスで過ごしたらしい。

スパルタ研究の困難性は、前五、四世紀にスパルタ人自身による史料が残存せず、主にヘロドトス、クセノフォン、アリストテレスなど非スパルタ人によって著された著作の中の断片的な記述を照合させながら、歴史像の構築が試みられてきたところにある。現存する史料のなかでも、実際にスパルタ人と親しく交わり、スパルタに滞在したこともあるクセノフォンの著作は信憑性が高いとみてよい。ただし、彼には親スパルタ的傾向があったので、その点で記述に偏向があった可能性は十分にある。また、近年はスパルタを含むラコニア地方と隣接するメッセニア地方の考古学的発掘や地表踏査が進行中で、その成果と照合させながら文献史料を再検討する動きも活発化している。

〔参〕ポール・カートリッジ／橋場弦監修・新井雅代訳「スパルタ」『古代ギリシア　11の都市が語る歴史』白水社、二〇一一年。

（桜井万里子）

113　古代ギリシアの社会慣行、シュンポシオン（前七—前四世紀）

プラトン『国家』（前三七五年頃）

〔328B〕そこで、我々はポレマルコスの家へ行った。(1) そして、そこでポレマルコスの弟のリュシアス(2)とエウテュデモスに、さらにトラシュマコスや……。ポレマルコスの父、ケファロスも家にいたが、ひどく年老いているように私には見えた。

そういえば、彼に会ったのはずいぶん前のことだった。彼は頭に冠をつけた姿で、枕と椅子に身をもたせかけて座っていたが、ちょうど中庭で供犠を済ませたところだった。我々は彼のそばに行って腰をおろした。そこに椅子がいくつか、円く並べられていたから。

（1）ポレマルコスはリュシアス（注2参照）の兄で、父はシュラクサイ出身の在留外人ケファロス。ケファロス父子の家はペイライエウスに所在した。

（2）リュシアス（前四五九／八—三八二年以降）は法廷弁論作家として活躍した。彼が作成したとされる弁論三四編余が現存する。

【出典】*Platonis Rempublicam*, recognovit brevique adnotatione critica instruxit S. R. Slings, Oxford Classical Texts, 2003, p. 2.

プラトン『饗宴』（前三八五—前三八三年頃）

〔176a—176e〕ソクラテスは横になってご馳走を食べたが、彼も他の人々も食べ終えると、皆して献酒の儀を行い、神への賛歌を歌い、そのほか、定めの儀式を執り行ってから酒ということになった。……〔しかし、酒の無理強いはやめる、という話のあとで〕つぎにぼくはこう提案する。今しがた入ってきた笛吹き女は引き取らせて、……我々の方は互いに言論を発表しあって、今日の集まりを過ごすことにしよう。

【出典】*Symposium*, in: *Platonis Opera*, recognovit brevique adnotatione critica instruxit Ioannes Burnet, Oxford Classical Texts, 1901. Tomus II, pp. 156-157.

【解説】　古代ギリシアでは食事（ディプノン）や酒宴（シュンポシオン）を共にして絆を深める、あるいは絆を確認しあうことが重視され、その共通の体験が社会的結合関係形成と維持の核として機能したとみられている。このような食事や酒宴はクリネと呼ばれる寝椅子に寝そべりながら進められ、特に食事の後の酒宴ではさまざまな議論が展開したが、時には遊女(ヘタイラ)が呼ばれて歌舞音曲で座を盛り立て、時には酩酊が過ぎて座が乱れることもあった。シュンポシオンに関する史料としては、文字史料よりも陶器画に描かれた図像資料の方がはるかに多い。ここに引用した史料はともにプラトンの作品の一部であって、史実を伝えているわけではないが、シュンポシオンの様子をうかがい知ることはできよう。『国家』の冒頭部分は、ペイライエウスへベンディス(トラキアの女神)の祭りを見学に出かけたソクラテスと弟子たちがポレマルコスに邂逅し、誘われて彼の家に立ち寄り、シュンポシオン開催に立ち会うまでの様子が述べられている。この引用箇所の後にそのシュンポシオンでの国家に関する議論が続く。第二の史料は有名な『シュンポシオン(饗宴)』の冒頭部分で、以降にエロスをめぐる議論が展開する。〔参〕古山正人「古代ギリシアのシュンポシオン」伊藤貞夫・本村凌二編『西洋古代史研究入門』東京大学出版会、一九九七年。

(桜井万里子)

114　クセニア(共同体外友好関係)の制度(前六—前五世紀)

ヘロドトス『歴史』(前四二〇年代半ば以前)

〔第三巻三九章〕〔サモスを掌握した〕ポリュクラテス[1]は、初め国を三分割し、兄弟のパンタグノトスとシュロソンに分け与えたが、その後、彼らのうちの一人を殺し、年下のシュロソンを追放して、全サモスを掌握した。掌中に収めてから、彼はエジプト王アマシス[2]とクセニアを結び、王に贈り物を送るとともに、彼からも贈り物を受け取った。(後略)

(1)　サモスの僭主(在位前五三三頃—五二二年)。
(2)　在位前五七〇—五二五年。

【出典】*Herodoti Historiae*, Vol. I, Libri I-IV, recognovit brevique adnotatione critica instruxit, Carolus Hude, Editio Tertia, Oxford Classical Texts, 1908, [III. 39].

トゥキュディデス『ペロポネソス戦争史』(前四三一—前四〇〇年頃)

〔第二巻一三章〕……アテナイ人の一〇名の将軍の一人、クサンティッポスの息子ペリクレス[1]は敵の侵略が迫っているのを知ると、アルキダモス[2]が自分のクセノス〔クセニアの関係にある友人〕であったので、ことによると彼自身が個人的に好意を示そうとして自分の農地を別扱いにして攻略しないのではないか、あるいは以前にもペリクレスを中傷するために穢れを祓えと要求したラケダイモン人[3]たちが、またも自分の失脚を狙って命令し、農地が攻略されないということになるのではないかと疑念を抱き、民会においてアテナイ人たちに宣言したのだった、アルキダモスは自分のクセノスではあるが、国の災厄とはなるまいし、敵が自分の農地や家屋を他の市民の財産と同じように破壊しなかったならば、それらを国有財産とするので、このことで自分に疑いを抱かないようにと。

(1) 史料122参照。
(2) スパルタの王(在位前四六九頃—四二七年)。
(3) スパルタの正規の国名。史料112解説参照。

【出典】*Thucydidis Historiae*, recognovit brevique adnotatione critica instruxit Henricus S. Jones, apparatum criticum correxit et auxit Johannes E. Powell, Oxford Classical Texts, 1942, Tomus Prior, [II. 13].

【解説】ギリシア語のクセノスには外国人という意味の他に、ホメロスの時代からの社会慣行に関連した意味がある。その慣行とは、異なる国に所属する二者が親密で対等の友好関係を結び、相互に贈り物を交換したり、援助を提供しあったりするもので、クセニアと呼ばれた。クセニア関係は一代かぎりではなく、子供たちにまで継承された。クセノスのもう一つの意味とはこのクセニアの関係にある者のことで、ここでは藤縄謙三氏(トゥキュディデス／藤縄謙三訳『歴史1』京都大学学術出版会、二〇〇〇年、一六一頁)に倣って客友と訳した。

クセニアの慣行は、圧倒的に社会の上層に属する人々の間に見られたもので、非自由人の参与は皆無であり、女性が当事者であった例も稀である。このクセニアの制度は、ホメロスの時代から、つまりポリス成立以前の時代からローマ時代に至るまで、ギリシア世界内とその近隣に網の目のように張り巡らされて存続し、ポリスの組織はクセニアの制度を解体させることなく、この張り巡らされた網の目の上に形成された。クセニアは、ポリスの外交上の機構・制度が不備な時代にはその欠落を補う、私的レヴェルでの外交関係という機能を果たしたが、他方では、ポリスの利害が客友である二人の友好的な関係とは対立する場合もあった。第二の史料であるトゥキュディデスによる記述はそのような事例を伝えている。

(桜井万里子)

115 前古典期末の交易(前六世紀)

ベレザニ島出土鉛板書簡(前五〇〇年頃)

〔表〕息子とアナクサゴレス宛の、この鉛板はアキロドロスのもの。

〔裏〕おおプロタゴレスよ、父はお前に手紙を送る。彼はマタシュスの不正の犠牲になっている。というのは彼〔マタシュス〕は彼〔父〕を奴隷に陥れようとしており、船荷を奪ったのである。アナクサゴレスのもとへ行き、伝えよ。彼〔マタシュス〕は彼〔父〕がアナクサゴレスの奴隷であり、「私の財産を、男女の奴隷たちと家をアナクサゴレスがもっている」と言っている。しかし彼〔父〕は大声で抗議し、マタシュスは彼〔父〕とは何の関係もないと言い、また彼〔父〕は自由人であってマタシュスと彼は何の関係もないと言い、しかし彼〔マタシュス〕とアナクサゴレスのあいだに何らかの取引があれば、彼ら自身が知っているであろうと言った。このことをアナクサゴレスとその妻に伝えなさい。彼〔父〕はお前にもう一つの指示を与える。もしもお前がアルビナタイ人のもとにいるのなら、母と兄弟たちを市内に連れて行くこと、その場合は船の管理人が自ら彼〔アナクサゴレス〕のもとに赴き、そのまま下っていくだろう。

【出典】 H. van Effenterre et F. Ruzé (eds.), *Nomima: Recueil d'inscriptions politiques et juridiques de l'archaïsme grec.* II (Paris, 1995), No. 72, pp. 261–263.

【解説】 一九七〇年、ミレトスの植民市オルビア近くに位置した黒海北岸東部のベレザニ島から鉛板に刻まれた書簡が出土した。巻物状で発見された鉛板は縦六五ミリ、横一五三ミリ、厚さは一ミリで、外側に宛先が、内側にイオニア方言のギリシア語の文章が記されていた。字体やその他の特徴から紀元前五〇〇年頃のものと考えられており、現存する古代ギリシア最古の手紙である。手紙の内容の解釈は議論が分かれているが、以下のように解するのがもっとも説得的であると思われる。オルビアの富裕な市民アナクサゴレスの下で海上取引を行っていた下層市民のアキロドロスは旅先でマタシュスに遭遇し、後者に船荷を奪われ、自らも奴隷として引き立てられそうになった。この手紙は、そうした状況下でアナクサゴレスに助けを求めて書かれたものである。マタシュスは自分の奴隷や家をアナクサゴレスが奪ったからそれに対して私的拿捕の権利を行使すると主張して、後者の奴隷であるとみなしたアキロドロスが運んでいた船荷を奪い、さらにアキロドロス自身をも奴隷として連れ去ろうとしたのである。同じ一九七〇年に、イタリア半島エトルリアの神殿遺跡からソストラトスなる人物によって奉納された、前五〇〇年頃のアイギナ方言の碑文が発見された。この碑文の発見によって、貿易取引によってギリシアで並ぶ者のない富を築いたとされているサモスのコライオスとアイギナのソストラトスについての歴史家ヘロドトスの記事(『歴史』第四巻一五二章)がにわかに注目された。本史料と合わせて、アルカイック期ギリシアの海上貿易をめぐる論争に新たな光を投げかけるものと言えよう。

（前沢伸行）

116　ソロンの改革（前五九四／三年）

アリストテレス『アテナイ人の国制』(前三三〇年代または前三二〇年代)

〔第二章一―二節〕これらの出来事の後、貴族たちと大衆の間に長期にわたって対立が生じた。というのは、彼らの国制は他のあらゆる点においても寡頭政であったが、特に貧しい者たちは自身も子供たちも妻たちも事実上は富裕者たちの奴隷であった。そして彼らはペラタイとかヘクテーモロイと呼ばれていたが、それは彼らがこの割合の地代で富裕者の農地を耕していたからであった。すべての土地は少数の人々の権限のもとにあった。そして彼らが地代を支払わなかったならば、彼ら自身も子供たちも〔奴隷として〕引き立てられたのである。ソロンの時まで、すべての借財は身体を担保としていた。

〔第五章一―二節〕国制にはこのような決まりがあり、さらに多くの人々は少数の者たちに隷属していたので、民衆は貴族たちに対して立ち上がった。対立は激化し、長期にわたって互いに抗争が続いたので、彼らは合意の上でソロンを調停者およびアルコンに選出し、国政を彼に委ねた。

〔第六章一節〕ソロンは国政の権限を手にすると、身体を担保とする借財を禁止して、現在のみならず将来にわたって民衆を解放し、諸法を制定しまた私的なものであれ公的なものであれ負債の帳消しを断行したが、重しを振るい落としたということで、人々はこれを重荷降ろしと呼んでいる。

〔第七章三節〕彼は〔人々を〕査定された財産収入に基づいて、これまでも分けられていたように、五〇〇メディムノス級・騎士級・農民級・労働者級の四つの等級に区分した。そして彼は、その他の役職を五〇〇メディムノス級と騎士級や農民級の人々が占めるように割り当てたが、それは九人のアルコンや〔アテナ女神の〕財務役・契約担当役や一一人や会計役であり、財産収入の多寡に応じてそれぞれの等級に役職を分け与えたのである。労働者級と査定された人々には、彼は民会と陪審廷への列席を認めただけであった。

〔第九章一節〕ソロンの国制では三つの点がもっとも民主的だと思われる。第一はもっとも重要な点であるが、身体を担保とした貸付の禁止であり、第二は被害を受けた者たちのために望む者に報復することを認めた点であり、第三は、もっとも大衆を強大にしたと言われているが、陪審廷への訴訟の回付である。というのは、民衆は投票の権限を手にしたときに、国制の主人となるからである。

【出典】*Aristoteles Athenaion Politeia*, edidit Mortimer Chambers, Bibliotheca Scriptorum Graecorum et Romanorum Teubneriana, (Leipzig, 1986), pp. 1, 3, 4-5, 7.

【解説】紀元前七世紀末のアテナイでは、土地の少数者への集中と富裕者に隷属して耕作に携わる「ヘクテーモロイ（六分の一）」と呼ばれた人々の増大が大きな社会問題となっていた。

貧しい農民は、当時の慣習から自己の身体を担保にして借財をあおぎ、返済できない者は「六分の一」に転落した。「六分の一」は、収穫の六分の一さえも収めることができない時は奴隷とされ、なかには国外へ売却される者もいた。前五九四／三年、こうした状況を解決するためにこの年の筆頭アルコンであったソロンは、「調停者」として全権を委ねられて思い切った改革を断行した。彼は、債務の帳消しを行うとともに(この措置は「重荷降ろし」と呼ばれた)、以後の身体を担保とする借財を禁止して、中小農民の窮状を救った。この措置によって、アテナイ市民団の内部における支配・隷属の関係は消滅した。

さらにソロンは殺人に関する法以外のドラコンの法を廃止して新しい法を定め、また平民の政権参加の要求に対しては、農産物収入を基準として市民を四等級に分けて対応した。すなわち、穀物のような固形物は約五二リットル(これが一メディムノスに当たる)を、ブドウ酒やオリーヴ油などの液体は約三九リットルの容量をそれぞれ一単位として定め、両者合わせて五〇〇単位以上を産出する者を五〇〇メディムノス級に、三〇〇単位以上は騎士級に、二〇〇単位以上は農民級に区分し、その他の人々を労働者級とした。そして各々の等級に対して国政参加の権限を規定し、これによって平民層の国政参加の道を開いたのである。

(前沢伸行)

117　ペイシストラトスの僭主政(前五六〇年頃―前五二七年)

ヘロドトス『歴史』(前四二〇年代半ば以前)

〔第一巻五九章〕(前略)アテナイ人のあいだで海岸派[1]と平野派[2]が、前者はアルクメオンの子メガクレスを代表、後者の平野派はアリストライデスの子リュクルゴスを代表として抗争していたとき、ペイシストラトスは僭主政樹立を念頭に第三の党派を結成し、仲間を集めてみずから高原派[3]の代表を名乗り、以下のような策略を立てた。自分で自分の体と騾馬を傷つけてから、アゴラに車を乗り入れ、敵どもが農村へと行くところであった彼を殺そうとしたが、からくも逃れてきたと言って何らかの護衛が欲しいと人々に訴えた。以前、メガラに対してなされた作戦司令で大きな評価を得て、ニサイアを掌握し[4]、さらに多くの功績を挙げたことを数えたてて、訴えたのである。アテナイの民衆は騙されて市民たちから選抜された男たちを彼に認めたが、彼らはペイシストラトスの槍持ちならぬ、棍棒持ちとなった。彼らは木製の棒を携えて、彼に付き従ったからである。この者たちはペイシストラトスとともに決起してアクロポリスを占拠した。こうしてペイシストラトスはアテナイを支配することとなったが、既存の等級制(5)に手を加えたり、法を改変したりせず、従来の制度に従って支配し、美しく立派に統治したのである。

（1）アッティカ（アテナイの領土）の中央部を南北に走るヒュメットス山の東側の地域を指し、中庸の財産を所有する農民たちが多く居住した。
（2）アテナイ市の西、ケフィソス川流域の肥沃な平野部で、富裕な土地所有貴族の根拠地であった。
（3）アッティカ東北部の山地で比較的貧しい小農や牧人が居住していた。
（4）前五七〇年頃、ペイシストラトスは隣国メガラの港市ニサイアを一時占領した。
（5）ソロンの改革で制定された財産による等級制を指す。史料116参照。

【出典】*Herodoti Historiae*, Vol. I Libri I-IV, recognovit brevique adnotatione critica instruxit, Carolus Hude, Editio Tertia, Oxford Classical Texts, 1908, [I 59. 3-6].

アリストテレス『アテナイ人の国制』（前三三〇年代または前三二〇年代）

〔第一六章七—九節〕彼〔ペイシストラトス〕は統治に関して何ごとにおいても大衆を惑わすことなく、常に平和を保ち、静謐を維持した。それゆえ、人々はペイシストラトスの僭主政はクロノスの時代(1)の生活であると褒めたたえたのだった。なぜなら、後に彼の息子たち(2)が跡を継ぐと、その統治ははるかに荒々しくなったからである。

（1）クロノスはゼウスの父。その時代は安楽な理想的な時代であったと考えられていた。
（2）ヒッピアスとヒッパルコス。

【出典】*Aristoteles Athenaion Politeia*, edidit Mortimer Chambers, Bibliotheca Scriptorum Graecorum et Romanorum Teubneriana, (Leipzig, 1986), p. 15.

【解説】アテナイのペイシストラトスは前五六一／〇年に僭主政を始めたが、二度の追放に遭い、最終的に前五四七／六年または五四六／五年に僭主政の樹立に成功した。ただし、これらの年代は確証に基づくものではない。一つ目にあげた史料には、最初の僭主政成立の時にペイシストラトスが非合法的な方法で僭主の座に就いたことが語られている。これに関しては、史料108を参照。ペイシストラトスの支配は温和であり、農業を奨励したため、彼の僭主政の時代にアテナイの国力は向上したと言われている。しかし、僭主の座を継承した息子ヒッピアスは次第に暴政を敷くようになり、終にはアテナイを追われることになる。彼の統治とその息子たちの統治については、ヘロドトス『歴史』第一巻五九—六四章、トゥキュディデス『ペロポネソス戦争史』第六巻五四—五九章、アリストテレス『アテナイ人の国制』第一六—一九章が主要史料である。（桜井万里子）

第三節　古典期

118　クレイステネスの改革（前五〇八／七年）

アリストテレス『アテナイ人の国制』（前三三〇年代または前三二〇年代）

〔第二〇章一節〕僭主政崩壊後、テイサンドロスの子で僭主たちの友人であったイサゴラスと、アルクメオン家(1)に属するクレイステネスとが互いに党争した。そして党派(2)の点で敗北したので、クレイステネスは大衆へ国のあり方を委ねて民衆を惹きつけた。

〔第二一章一―四節〕（中略）それから大衆の指導者となっていた彼は、僭主政崩壊後四年目のイサゴラスがアルコンのとき〔紀元前五〇八／七年〕に、まず全ての人々を混淆しようと望み、より多くの人々が国のあり方に参画できるよう、四部族(3)の代わりに一〇部族へと振り分けた。（中略）それから各部族から五〇人を出して、四百人評議会の代わりに五百人評議会を設けた。（中略）そして市域について一〇、海岸地域について一〇、そして内陸地域について一〇と、複数の区ごとに国土を三〇の部分に分け、それらをトリッテュスと名付け、各部族が全ての地域から構成されるように、三トリッテュスを籤で振り分けて各部族とした。そして各区に住んでいる人々をお互いの区民とした。父称で呼びかけることで新市民たち(4)の身元を詮索するのではなく、区称で呼ぶようにするためである。そのとき以来、アテナイ人たちは自分たちを区称で呼んでいる(5)。

〔第二二章一節〕そしてこうなったので、国のあり方はソロンのときよりもずっと民主的になった。というのも僭主政は使わないことによってソロンの諸法を消し去ったが、クレイステネスは大衆に狙いを定めたので、他の新しい諸法を定めることとなったからである。そのなかで陶片追放の法も制定されたのである。

（1）古代アテナイの有力な家系のひとつ。アテナイ民主政の指導者ペリクレスの母もこの一族の出身。
（2）ここで挙げられているような「党派」が当時は存在しなかったとする研究もある。
（3）アテナイなどイオニア系諸ポリスは疑似血縁集団である四部族に分かれていた。
（4）アリストテレスは『政治学』第三巻第二章でも、クレイステネスが外国人や奴隷を部族に組み入れたと伝えている。この「新市民」の存在を疑問視する研究者もいる。

(5) 「Aの子である某」などと父親の名前を付けて称することを「父称で呼ぶ」といい、「B区所属の某」などと区名を付けて称することを「区称で呼ぶ」という。

【出典】 *Aristoteles Athenaion Politeia*, edidit Mortimer Chambers, Bibliotheca Scriptorum Graecorum et Romanorum Teubneriana, (Leipzig, 1986), pp. 18-19.

【解説】 アテナイでは僭主政崩壊後に、クレイステネスが主導したと伝えられる、その後の古典期民主政の基礎となる一連の制度改革が行われた。これら諸改革のうち最も重要なものは、地縁原理に基づく十部族制の導入である。全土を三地域に大別し、その各地域を一〇ずつ、全土で三〇のトリッテュス(「三分の一」の意味)に分け、各地域からひとつずつ、合計三つのトリッテュスでひとつの部族を形成した。また各トリッテュスはひとつないし数個の、ある程度の自治を認められた区(ギリシア語で「デーモス」。古典期後半には全土で一三九区)に分けられ、いずれかの区への所属がアテナイ市民権の一要件となった(一〇部族の編成と、後述の評議員定数については、桜井万里子、本村凌二著『世界の歴史5　ギリシアとローマ』中公文庫、二〇一〇年、一三六頁を参照)。『アテナイ人の国制』は、クレイステネスが市民を「混淆するため」にこの複雑な地縁的部族を導入したとするが、十部族制導入の真の目的として、アルクメオン家のゲリマンダリング、エリート層の権力基盤である宗教集団の解体、効率的な軍隊召集などを想定する研究者もいる。クレイステネス自身の意図はともかく、古典期には役人選出に関して各部族から同数(一ないし数名)選出される十人同僚制が広く採用され、個人への権力集中が防止されることとなった。

さらにクレイステネスは十部族制を基礎として、各部族から五〇人ずつ、合計五〇〇人の評議員からなる評議会を設けた。評議会は、民会では即応できない日々の行政、外国からの使節の謁見、役人に対する監督など広範な職務を管掌した。古典期には評議員は区ごとに住民数に比例して選出されたと考えられ、一年任期で生涯二期まで就任可能だが、連続二期務めることは許されなかった。

第三の改革とされる陶片追放に関しては、最古の実施例が前四八七年であり、陶片追放がクレイステネス改革の一環だとする当史料の記述を疑う研究者もいる。僭主となる恐れのある有力者がいる際に、年に一度、陶片追放を実施するか否かが民会で議論された。実施が決まると市民が陶片にその名を書いて投票し、投票総数が六〇〇〇票を超えた場合に最多得票者が一〇年間国外追放とされた(異説もある)。陶片追放の投票で用いられた陶片が一万個以上発見されているが、実際に追放された者は古典期を通じてわずか一〇名ほどで、前四一八年が最後の実施例であった(当史料にあるように、制度上は古典期末まで存続する)。そのため陶片追放は研究者にさほど重視されていなかったが、前古典期にエリート層内部の政争で繰り返された国外追放という手段を非エリート層が穏健な形で掌握したものであり、クレイステネスのもとでの民主政の主張にとって重要な意味をもつ制度だったとして再評価する研究もある。

（橋本資久）

119　ギリシア人共通の宗教（前五―前四世紀）

ヘロドトス『歴史』（前四二〇年代半ば以前）

〔第八巻一四四章〕（前略）それに、〔我々はともに〕ギリシア人《ヘレニコン》だということもある、つまり、血を同じくし、言語も同じで、神々の社も生贄奉献の儀礼も共通であり、生活習慣も同じなのだ。（後略）

【出典】*Herodoti Historiae*, Vol. II, Libri V-IX, recognovit brevique adonotatione critica instruxit, Carolus Hude, Editio Tertia, Oxford Classical Texts, 1908, [VIII. 144. 2].

クセノフォン『アナバシス』（前四世紀前半）

〔第六巻一四章一三―一六節〕それから将軍たちは供犠を執り行ったが、それにはアルカディア出身の占い師アレクシオンが立ち会った。アンブラキア出身のシュラノスは、すでに船をやとってヘラクレイアから逃亡していたのである。ところが、供犠をした将軍たちに出た生贄の結果は出発を非とするものであった。そこで、もちろんその日の出発は取りやめとなった。しかし、兵士たちの中には、クセノフォンがその土地に定住したいので、占い師を説得し、出発をよしとする生贄の結果が出ないと言わせたのだといい出す者がいた。そこで彼は、明日の供犠式には誰でも立ち会ってよいと触れを出し、占いのできる者がいるならば立ち会って生贄の結果を一緒に見るようにと指示を出してから供犠を行った。そのため、大勢が立ち会った。再び供犠を三度もしたが、出発をよしとする生贄の結果は出なかった。

（後略）

【出典】*Expeditio Cyri* in: *Xenophontis Opera Omnia*, recognovit brevique adonotatione critica instruxit, E. C. Marchant, Tomus III, Oxford Classical Texts, 1904, [VI. iv. 13-16].

【解説】古代ギリシアには多数のポリスが分立し、各ポリスは、神名がゼウスやアテナというように同じでも、それぞれのポリスに固有の神々を信仰の対象としていた。たとえば、アテナイの守護神アテナとスパルタの守護神アテナとは同一の神ではなかったのである。それぞれのポリスは、自国が信仰の対象としている神々への宗教儀礼を、父祖伝来の慣習通りに自国内で執り行うことを重視していた。他方で、オリュンピアの祭典の例に代表されるように、ギリシア世界の各地からの人々が参加する全ギリシアを挙げての祭典が、オリュンピア、デルフォイ、ネメア、イストミアの四つの聖地で、オリュンピア祭とデルフォイのピュティア祭は四年に一度、ネメア祭、イストミア祭は二年に一度開催された。

ヘロドトスの引用史料は、前四八〇年のサラミスの海戦後にアテナイが単独でペルシアと和平を結ぶのではないかと危惧するスパルタの使節に対し、それはあり得ないと断言して、その理由をアテナイ人が説明した際の言葉としてヘロドトスが記した箇所である。ここには、自分たちは同じギリシア人(ヘレネス)だという、同胞意識の存在を見てとることができる。しかも、言語や出自とともに宗教上の慣行、儀礼の共通もギリシア人であることの要件である、とヘロドトスは述べている。

　ポリスの祭儀、全ギリシアを挙げての祭典のいずれでも、その中心となる儀礼は供犠だった。生贄は牛、羊、山羊、豚がほとんどだったが、供犠の手順は伝統的に決まっていた。クセノフォン『アナバシス』(アナバシスは奥地遠征の意)には、ペルシア王の弟キュロスの傭兵として小アジアに渡ったギリシア人たちが、集団でギリシアに帰還する際の実話が語られている。このときの傭兵団はギリシア世界各地から集まってきた兵士の混成であった。それにもかかわらず、傭兵たちは互いに違和感を抱くことなく共に供犠を行い、その結果に基づき吉兆を占っている。ここからギリシア人に共通の宗教上の慣行が存在していたことと、それが全ギリシアを挙げての祭典を成り立たせていたことが知られる。〔参〕ジョン・D・マイケルソン／箕浦恵了訳『古典期アテナイ民衆の宗教』法政大学出版局、二〇〇四年。

(桜井万里子)

120　ペルシア戦争(前四九〇—前四四九年頃)

テミストクレスの決議(前四八〇年)

〔一—四七行〕神々。評議会および民会決議　フレアリオイ区の人ネオクレスの息子テミス[トクレ]スが動議した。国はアテナイの[守護神]アテナおよび[他の]すべての神々に委ねるべきこと、国土のために警護し、バルバロイ[1]を撃退するようにと。そして、アテナイ人[全員]とアテナイ在住の[外国人]とは[子供たちと妻たちと]を、国土開祖の[二〇字欠]トロイゼン[2]へと移すこと。[老人と]家財とはサラミスに移すべきこと。[財務委員たち]と女神官たちとはアクロポリスに[とどまり、]神々の聖財を[守るべし。]成年に達した他の[全]アテナイ市民と外国人とは[出航準備の整った]二〇〇隻の船に乗り込み、自己と他のギリシア人との自由の[ためにバルバロイを]撃退すべきこと、ラケダイモン人[3]、コリントス人、[アイギナ人]および[危機を]ともにしようと欲する他の諸ポリスとともに。将軍たちは明日から始めて、アテナイに土地・[家屋]を所有しており、嫡子があり、しかも五〇[歳に達していない]者の中から各船に[一人]ずつ、計二〇〇名の三段櫂船[4][船長]を任命し、

［彼ら］に軍船を籤［で割り当てるべきこと］、また各船に一○名の搭乗兵を二○歳以上三○歳［まで］の者の中から選び、また弓兵四人を選ぶべきこと。彼ら［将軍たち］は［三段櫂船船］長たちを割り当てると同時に、これら戦闘員を抽選によって船に配属すること。そして、将軍たちは、他の兵員たちを各船ごとに白い板に記すべきこと、アテナイ人は市民表より、外人は［ポレマルコス］[5]のもとの登録表に基づいて。［これらの者を］一○○名ずつ二○○の組に分けて記し、各組がどの三段櫂船に搭乗するか分かるように、各組について船名、船長名、戦闘員名を添え書きすること。すべての組が編成され、軍船へ抽選により配属されたならば、評議会と将軍団とは全能のゼウスとアテナ、ニケ、安全神ポセイドンとに神慮祈願の犠牲を捧げた後に全軍船二○○隻に乗り組ませること。全隻が兵員の充当を完了したとき、うち一○○隻でエウボイアのアルテミシオン[6]へと支援出動し、他の一○○隻でサラミスおよび他のアッティカ海上に待機し、国土を警護すべきこと。全アテナイ人が心を一つにしてバルバロイを撃退するように、［一○年］間の追放刑に処せられたものはサラミスに来て、その処遇について民会の決議があるまでその地にとどまること。（後略）

（1）「異民族」を意味する古代ギリシア語。ここではペルシア人を指す。
（2）ペロポネソス半島北東のポリス。
（3）スパルタの国名。史料112参照。
（4）史料126注9参照。
（5）アテナイの高位の行政職の一つで、前四八○年当時は軍事を担当する役職だった。
（6）アッティカ半島の東に位置するエウボイア島北東の岬。

【出典】R. Meiggs & D. Lewis (eds.), *A Selection of Greek Historical Inscriptions to the End of the Fifth Century B.C.*, 2nd ed. (Oxford, 1988), No. 23, pp. 48-49.

【解説】前五二五年にエジプトを征服してオリエント統一に成功したペルシア帝国に対し、前四九九年に小アジア沿岸のギリシア人植民市は反乱の動きに出た（イオニアの反乱）。この反乱を鎮圧したペルシアは、ダレイオス王治世の前四九○年ギリシア本土を征服するための大軍を送った。他方のギリシア側ポリスの足並みは揃わなかったが、アテナイがプラタイアと協力して、マラトンの平野でペルシア軍を迎え撃ち、撤退させた。世に名高いマラトンの戦いである。それから一○年、ダレイオスの後継者クセルクセス王は前四八○年に再度ギリシア征服を目指して自ら大軍を率いて出征した。対するギリシアの諸ポリスは同盟を結成し、まずテルモピュレの地峡でスパルタを中心とする陸軍が、またアルテミシオン沖でアテナイを中心とする海軍が迎え撃った。スパルタ軍は勇敢に戦いながらも全滅、その報せを受けた海軍は急遽南下してサロニカ湾のサラミス島近傍での海戦に備えた。この間の経緯についてはヘロドトス『歴史』等の古典文献が伝えているが、本碑文史料はこのペルシア軍の第二回侵攻を目前にして成立したアテナイの民会決議を刻字したものである。高さ〇・五九五メートル、幅は上部〇・三四メートル、基部〇・三七五メートル、厚さは上部〇・〇六五メートル、基部〇・〇八五メートル。ただし、テミストクレスの動議によるこの民会決議についてヘロドトスは言及しておらず、また、決議内容とヘロドトスの記述が一致しない箇所もある。たとえば、婦女子のトロイゼンへの移住がアルテミシオン戦の前に定められている点など。前三四八年に政治家アイスキネスがテミストクレスの決議を読み上げたと述べているデモステネス第一九弁論第三〇三節が、この決議の一部に触れた現存最古の文献である。さらに、この碑文は前三世紀の字体で刻字されており、しかも、出土地がトロイゼンであったらしいことも、問題を複雑にしている。それゆえ、本碑文の信憑性を疑問視する研究者もいる。

　最初の校訂者ジェイムスンの解釈は以下の通り。前四八〇年のテミストクレスの提案による決議を前四世紀半ばに、少しの字句を同時代に合うように修正し、複写した碑文がアイスキネスの読み上げたものであり、その背景には北方の新興国マケドニアに対抗し、祖先の偉業を再度確認するという意図が働いていたと推測できる。その碑文をさらに前三世紀になって複写したものがアテナイとトロイゼンの友好関係の記念としてトロイゼンに設置された。それが当該碑文であろう。

　なお、サラミスの海戦後にペルシア海軍は本国へ撤退し、残留した陸軍も前四七九年にプラタイアの戦いで大敗した。その後も戦争は小アジアに戦場を移して続けられたが、前四四九年にアテナイとペルシアのあいだで和平が締結され（カリアスの和約）、戦争は終結したと考えられている。しかし、この「和約」は前四世紀の文献にしばしば言及されているものの、これに直接言及した前五世紀の史料はないため、その存在を疑う研究者もいる。〔参〕桜井万里子『ヘロドトスとトゥキュディデス　歴史学の始まり』山川出版社、二〇〇六年。

（桜井万里子）

121　デロス同盟とアテナイの覇権確立（前五世紀）

トゥキュディデス『ペロポネソス戦争史』（前四三一―前四〇〇年頃）

〔第一巻九七章〕初めのうちこそデロス同盟諸国は、独立自治[1]を保ち共同の会議によってことを議決していたのであり、アテナイはそうした条件下で同盟諸国の盟主の地位にあった。だがペルシア戦争から今回の戦争にいたるまでの間に、アテナイは次のような多くの出来事に、戦争においても政治的紛争解決においても、直面することとなった。すなわち、ペルシア人とアテナイ人との間に起こった紛争[2]、アテナイ自身の同盟国の離叛[3]、およびペロポネソス諸国[4]がことあるごとにいつでも介入してきたことである。

私があえて本論から逸脱してこの間の事情を記述したのは、以下の理由による。すなわち、私以前の歴史家たちの記述にはこの時代のことがみな欠落しており、彼らが記述したのは、ペルシア戦争以前のギリシア史か、さもなくばペルシア戦争そのもののかのいずれかだったからである。ヘラニコス[5]は『アッティカ史』の中でまさにこの時代のことがらにも触れてはいるのだが、彼の言及は短い上に年代の点で不正確でもある。この時代を語ることはまた同時に、どのようなやりかたでアテナイ人の支配権が確立されたのかを開陳[6]することにもなるのである。

(1)　アウトノミア。近代的な意味での主権を意味せず、より大きな支配勢力に許されているかぎりの相対的な政治的独立性を意味する。

(2)　前四七六―四七五年にアテナイ軍がトラキア地方エイオンに残存するペルシア勢を掃討、前四六七―四六六年には小アジア南岸エウリュメドン河口でペルシア軍を撃破、前四五九年頃エジプトをペルシアから離叛させるためエジプトに遠征、など。ペルシアとの戦争状態は、前四四九年に締結されたとされるカリアスの和約まで続いた。

(3)　前四六八―四六七年ナクソス、前四六五年タソス、前四四七年ボイオティア、前四四六年エウボイア、前四四〇―四三九年サモスおよびビュザンティオン、前四三二年ポテイダイアがそれぞれ離叛。

(4)　スパルタを盟主にペロポネソス半島を中心とする諸ポリスが連合したペロポネソス同盟を指す。

(5)　はじめてアッティカ(アテナイの領土)の地域史を記述したトゥキュディデスの同時代の歴史家。

(6)　アポデイクシス。ヘロドトス『歴史』の冒頭に使われている言葉で、ヘロドトスに対するトゥキュディデスの対抗心がうかがわれる。

【出典】 *Thucydidis Historiae*, recognovit brevique adnotatione critica instruxit Henricus S. Jones, apparatum criticum correxit et auxit Johannes E. Powell, Oxford Classical Texts, 1942, Tomus Prior.[I. 97].

【解説】 前四七九年にペルシア軍がギリシア本土から撤退して以降前四三一年にペロポネソス戦争が勃発するまでの間を「五〇年史(ペンタコンタエティア)」と呼び、トゥキュディデスはこの期間の歴史を叙述する意義をここで述べる。デロス同盟は本来ペルシア再攻に備えてエーゲ海周辺諸ポリスが攻守同盟を結ぶという趣旨で創設されたが、本文に抄述されるような諸紛争をアテナイが強大な海軍力を背景に解決してゆくうち、同盟はしだいにアテナイの帝国主義的支配機構へと変容してゆく。近代に「アテナイ帝国」と呼ばれるようになるアテナイの覇権が、どのように確立していったかを説明する鍵が、この「五〇年史」にある、とトゥキュディデスは主張するのである。『ペロポネソス戦争史』第一巻八九―一一八章はこの「五〇年史」のかいつまんだ叙述にあてられる。ここに掲げた一節はその中にトゥキュディデスがあとから追加挿入したものらしく、その執筆年代は、ヘラニコス『アッティカ史』公刊後の前四〇三年以降と考えられる。同時代の歴史家に対する競争心があらわに示されているが、彼の「五〇年史」にしても「短い上に年代の点で不正確」でないとはいえない。また名指しされてはいないものの、暗にヘロドトスを批判している点も注目される。

（橋場弦）

122　ペリクレスとアテナイ民主政（前五世紀）

トゥキュディデス『ペロポネソス戦争史』（前四三一—前四〇〇年頃）

〔第二巻三七—三九章〕われわれが従う国制は、他国の制度に追随するものではなく、他人をまねするよりむしろわれわれ自身が人の模範なのである。われわれの国制は、少数者のためにではなく、多数者のために統治するがゆえに、その名を民主主義[1]と呼ぶ。個々人の利害が衝突した場合、法律の面ではだれでも平等の権利に与る。だが他方、人の評価という点では、各人が何かに秀でているかぎり、国事への貢献よりも身分家柄で評価されるということなどなく、たとえ貧困であっても、各人が国家に対して何か役立てる能力があれば、国政への参加をさまたげられることはない。

われわれは、国家共同の事柄についてのみならず、日々の生活をめぐるおたがいに対する思惑に関しても、自由な市民生活を送っている。だから、たとえ隣人が自分の好きなように何かをしても、それに腹を立てることもないし、また白眼視することで実害はないが苦痛となりそうな重圧を隣人に負わすこともない。

私生活ではこのようにたがいにわずらわされず交際しているが、公的生活では、われわれは何よりも法を犯すことを恐れる。それは、その時々に政治の要路にある人にのみならず、法にも服従するということである。それもとりわけ、不正な目に遭っている者を救うために定められた制定法のみならず、たとえ成文化されていなくても、われわれが共通に認知する廉恥の情をもたらすような不文の法に従うのである。（中略）

さらにまたわれわれは、軍事教練の配慮に関しても、次の点で敵とは異なる。なぜならわれわれは、わがポリスを万人に開放しており、もし秘匿しなければ敵に見られて相手を利するかもしれない知識や光景があったとしても、外国人排除令を布いてそれらを他人に見せぬなどということは、一度たりともないからだ[2]。われわれは、軍備や策略などよりも、むしろわれわれ自身の内からわき起こる戦争遂行に対する勇気にこそ、信を措いているのである。また教育の面でも、敵方がまだ若いうちからすぐに、苦痛の多い教練によって勇武を追求するのに対して[3]、われわれはのびのびと規制を受けずに生活しながら、同じ程度の危険に立ち向かってゆくことは敵に勝るとも劣らない。その証拠に、ラケダイモン人[4]たちが今回わが国の領土に侵攻してきた時も、独力ではなく同盟軍を残らず率いてやってきたのに対し、われわれは他の助けを借りずにいともたやすく他国の領土に侵入をしかけ、自身の領土財産を防衛せんとする敵と他国領内で戦っては、いつでもこれを征服しているではないか。（後略）

（1）デモクラティア。「民衆の支配」を意味する。
（2）鎖国を国是とするスパルタ人に対して、外国人を寛容に受け入れることがアテナイ人の誇りであった。
（3）いわゆるスパルタ式のきびしい軍事教練に対する当てこすりである。
（4）スパルタ人のこと。史料112解説参照。

【出典】*Thucydidis Historiae*, recognovit brevique adnotatione critica instruxit Henricus S. Jones, apparatum criticum correxit et auxit Johannes E. Powell, Oxford Classical Texts, Tomus Prior, 1942, [II 37. 1-39. 1].

【解説】ペロポネソス戦争開戦一年目の夏が終わった前四三一／〇年の冬、戦死者を追悼する国葬の儀礼がケラメイコス墓地で催された際に、アテナイ民主政の指導者ペリクレスが行った葬送演説を歴史家トゥキュディデスが採録したもの。ここに訳出したのはその一部である。アテナイ民主政の理想を高らかに謳った演説として名高い。個人は法に反しないかぎり私的生活における自由を保証され、また法的な権利が平等に与えられる一方で、能力があればたとえ貧困でも国政への参加が可能である、などといったアテナイ民主政の美徳は、一見すると近代的自由の概念に近似しているが、実際には、たとえば市民の家（オイコス）の相続の問題にポリスが介入することなどもあった。したがって、ここに称揚される民主政イデオロギーと現実との間にはある程度の乖離が存在したことも見逃してはならない。また敵国スパルタの軍国主義、秘密主義と対比させる形で、アテナイ民主政の自由と自治の精神が讃えられていることも重要である。

演説の文章は、トゥキュディデスの地の文とは性質が異なり、雄渾な文体と巧みな修辞が特徴で、伝えられるペリクレスの雄弁の才を十分うかがわせる。

（橋場弦）

123　アテナイ以外のポリスの法整備（前五世紀）

ハリカルナッソスの財産帰属に関する法（前四六五—前四五〇年頃）

オアッサッシスの子レオンが議長を務め、テキュイロスの子サリュッソロスが神殿監督官を務めた年のヘルマイオン月の五日、ハリカルナッソス人とサルマキス人(1)の合同民会、およびリュグダミス(2)は、聖なるアゴラにおいて、記録官(3)立会のもと、以下の通り決議した。

リュグダミスの子アポロニデスとカスボリスの子パナミュエスが記録官を務め、またサルマキス人の中ではアピュアシスの子メガバテスおよびパニュアッシスの子フォルミオンが記録官を務める任期の記録官たちに、土地や家屋が引き渡されてはならない。(4) もし何人か、土地もしくは家屋〔の所有〕をめぐって裁判に訴えようと欲する者があれば、この決議が成立した後一八カ月以内に訴え出るべきこと。〔その裁判に際して〕陪審員たちは、従来の法に則って、「何であれ、記録官たちが承知しているかぎりのことが有効たるべし」と宣誓すべきこと。そしてもし何人かがこの決議成立時より一八カ月経過以降に訴訟に訴えるならば、当該の土地もしくは家屋を現に所有している者は〔訴え出た者に対して、自己の所有権を立証すべく〕宣誓をすべきこと。また陪審員たちは半ヘクテウス(5)〔の金〕を手数料として受け取った後、宣誓すべきこと。その宣誓は、訴訟を起こした者が同席の上で行われるべきこと。何人であれ、アポロニデスとパナミュエスが記録官を務めていた時に所有者であった者たちは、後日それを売却したのでないかぎり、その土地と家屋の所有者たるべきこと。(後略)

(1) ハリカルナッソスに隣接し、のちこれに統合されるカリア人の共同体。
(2) 当時ハリカルナッソスを支配していた僭主。歴史家ヘロドトスは彼に反対して国外に亡命、また彼のおじパニュアッシスは僭主に処刑されたと伝えられる。文中のパニュアッシスとこの人物との関係は不明。
(3) ムネモネス。すべての売買取引に立ち会い、その契約内容を登録して、それに法的有効性を付与した役職。
(4) 「〔現在役職についている記録官は〕アポロニデス以下の次期の記録官に、土地や家屋を引き渡してはならない」と解釈する校訂者もある。記録官には無主の土地財産を管理下におく権限があったらしい。
(5) 金貨一二分の一スタテルに相当。スタテルは金貨もしくはエレクトロン貨(金と銀の合金)の単位で、貨幣の量目としては二ドラクメに相当。一スタテルは前五世紀中葉で銀貨二七ドラクメの価値があった。

【出典】 R. Meiggs & D. Lewis(eds.), *A Selection of Greek Historical Inscriptions to the End of the Fifth Century B.C.*, 2nd ed.(Oxford, 1988), No. 32, pp. 69–72.

【解説】 本史料は歴史家ヘロドトスの故国として知られる小アジア沿岸南部の都市ハリカルナッソスで、前四六五—四五〇年頃成立したと思われる法を刻んだ碑文で、財産帰属の係争事件をあつかう法的手続きを定めたもの。その骨子は、この法成立から一八カ月間を猶予期間とし、その間不動産所有について訴訟が起こされれば、記録官が掌握している登記内容を有効と認めるという、従前の法手続きにしたがって裁判を行うが、それ以後はアポロニデスらの記録官の任期中に現に不動産を所有していた者をその所有者と認め、本人の宣誓があれば裁判にてそれを有効と認める、というものである。なおヘルマイオン月は、ヘルメス神の祭典に由来する月名らしいが、その時期は不明とされている。国制史上注目されるのは、僭主政といえども民会決議など既存の法秩序および国家意思決定手続を前提にしていること、記録官の権限がこの法によって縮小され、陪審法廷が相対的に優位におかれるようになったこと、などである。リュグダミスの治世下でこのような法が成立した政治的背景については、とくにヘロドトスの縁者と同じ名前が登場することなどから、さまざまな議論が提出されてきたが、いずれも推測の域を出ず、個々の条文の解釈もまちまちである。なお、一般に古典期ポリスの国制は、僭主政や貴族政、民主政など多様な形態をとった。従って、ポリスによって法制度も様々で、ローマ法と異なり、体系的なギリシア法と呼べるものは存在しなかった。

（橋場弦）

124　古代ギリシア人の黒人観（前八―前一世紀）

ホメロス『イリアス』（前八世紀後半）

〔第一巻四二三―四二四行〕ちょうどゼウスはオケアノスへと気品すぐれたアイティオペスの馳走へ昨日お出かけになり、よろずの神もついていった。

【出典】*Homeri Opera*, recognoverunt brevique adnotatione critica instruxerunt David B. Munro et Thomas W. Allen, Tomus I Iliadis Libros I-XII Continens, Editio Tertia, Oxford Classical Texts, 1920, p.15.

ヘロドトス『歴史』（前四二〇年代半ば以前）

〔第七巻七〇章〕遠征(1)に参加したエチオピア人には二種あって、東方のエチオピア人はインド人部隊に配置されており、言語と頭髪の二点以外は他方のエチオピア人と外貌はなんら異なるところがなかった。東エチオピア人の方は頭髪がまっすぐであるが、リビアのエチオピア人は世界の民族中もっとも縮れた髪を持っているからである。（後略）

（1）前四八〇年にペルシア王クセルクセスの指揮の下、ギリシア本土へ侵攻した遠征を指す。

【出典】*Herodoti Historiae*, Vol. II, Libri V-IX, recognovit brevique adnotatione critica instruxit. Carolus Hude, Editio Tertia, Oxford Classical Texts, 1908, [VII. 70].

【解説】「アイティオペス」（エチオピア人）は、陽に焼けた顔という意であることから黒人を指しているとみてよいが、当該箇所がギリシアの古典文献におけるこの語の初出例である。地の果てオケアノスに住むエチオピア人のもとにご馳走に与るためにゼウスが出かけたというその表現には、偏見をともなった価値観あるいは蔑視は窺われない。そのエチオピア人についてヘロドトスは、東と西のエチオピア人の相違を頭髪の直毛と縮れ毛とで説明しているが、それは単に身体の特徴に関して述べた記述であって、何らかの蔑視が含まれているとは解せない。すでに、ペルシアとの二回の戦争はギリシア側の勝利に終わっており、ギリシア人のペルシア人に対する優越感、あるいはバルバロイ（異民族）への蔑視が次第に明確になってきていた時期であったが、肌が黒いという身体的な特徴への偏見は見出されない。管見の限り、古典文献の中にも肌の黒さに由来する蔑視は見出されない。ヘレニズム時代になってもこの傾向に変化はない。奴隷に対する蔑視はもちろん存在するが、奴隷の中には黒人ばかりでなく、トラキア人、フリュギア人などの他、相当数のギリシア人もいたはずで、特定の肌の色と奴隷身分とのあいだにはいかなる関連も存在していなかった。奴隷の中の黒人の比率を知ることは残念ながら不可能である。陶器画や彫刻などに描かれた黒人像は相当数残存しているが、文字史料に言及が少ないことは、肌の色による区別がさほど意識されていなかったことの証左であろう。

（桜井万里子）

125 アテナイのデロス同盟支配強化（前五世紀後半）

クレイニアスの決議（前四四七年頃または前四二五年頃）

（前略）評議会[1]、同盟諸国に駐在するアテナイの役人および巡回監督官[2]は、同盟貢租が毎年徴収されてアテナイに発送されるよう手配すべきこと。同盟諸国には証明用印章を作り、貢租を納める者たちが不正を行わないようにせよ。同盟国はみずからが納める貢租の目録を記録板に書き入れたうえで、その印章によって封印し、アテナイに発送すべし。貢租を納めに〔アテナイに〕来た者たちは、貢租を納める際にはそのつど評議会でその記録板を差し出し、読み上げてもらうべきこと。

当番評議員[3]はディオニュシア祭直後に民会を招集し、そこで同盟財務官[4]は、同盟諸国のうち、貢租を完済したものと未納のものとを別々に、あるかぎりもれなく[5]アテナイ市民に公告すべきこと。アテナイ市民は四名の者を選出し、未納の貢租は納入された貢租については領収書を発行し、同盟諸国に派遣すべきこと。滞納諸国に請求するために、同盟諸国に派遣すべきこと。彼らのうち二名は島嶼およびイオニア方面の諸国に、他の二名はヘレスポントス海峡およびトラキア方面の諸国に、快速船にて出航すべきこと。（中略）

もしアテナイ市民であれ同盟市民であれ、同盟諸国が貢租運搬者のために記録板に書き記してアテナイに発送せねばならない貢租について、不正を行った者があれば、アテナイ市民および同盟市民のうち希望する者は、不正行為者を当番評議員のもとに、公訴[6]をもって告発しうるべきこと。誰であれ提起した公訴は、当番評議員がこれを評議会に提出せよ。もしそれを怠った場合は、執務審査によって収賄罪で各人一〇〇〇ドラクメ[7]の罰金に処せらるべし。もし評議会が被告に有罪の評決を下しても、評議会には被告に刑を科す権能はなく、ただちにこれを民衆法廷[8]に送るべきこと。その際被告に罪ありと思われたときには、当番評議員は何であれ適当と思われる刑もしくは罰金について原案を作成すべきこと。（後略）

（1）五百人評議会。

(2) アテナイはこの種の役人を同盟諸国に派遣して、支配監督の任にあたらせた。
(3) プリュタネイス。民会・評議会の議題を準備するなどの役割を果たした。
(4) ヘレノタミアイ。デロス同盟(史料121参照)の財務をつかさどる重要な役職で、一〇人。アテナイの最上層市民から選ばれた。
(5) *Inscriptiones Graecae* I^3, no. 34(ed. D. Lewis)の補読にしたがう。
(6) グラフェ。国家共同の利害にかかわる訴訟手続きをこのように総称する。
(7) 一〇〇〇という補読もある(*Inscriptiones Graecae* I^3, no. 34など)。執務審査(エウテュナイ)は役人の在任中に不正行為がなかったか審査する制度。この時代の制度の詳細には不明な点が多い。ドラクメについては史料127注3参照。
(8) アテナイ民主政でもっとも重要な裁判機関。任期一年で抽選された六〇〇〇人の陪審員からなり、公訴は五〇一人、私訴は二〇一人がそれぞれ一つの法廷を構成した。

【出典】 R. Meiggs & D. Lewis(eds.), *A Selection of Greek Historical Inscriptions to the End of the Fifth Century B.C.,* 2nd ed.(Oxford, 1988), No. 46, pp. 117-121.

【解説】 前四五四年にデロス同盟金庫をアテナイのアクロポリスに移管して以来、各同盟国が同盟に拠出する貢租は、アテナイへの貢納金のような性質を帯びるようになる。ここに掲げた民会決議は、その貢租の納付手続きをより厳格に管理するよう命じたもので、アテナイの同盟諸国に対する帝国主義的支配の強化を如実に示す史料の一つである。

碑文は大理石の四断片からなり、三つはアテネ碑文博物館、一つは大英博物館に保存されている。決議の内容は、前半が貢租の納付手続および徴収の厳格化を命じており、後半は貢租上納についての不正行為(おそらくは貢租運搬途上の詐取、横領など)をアテナイの民衆裁判所で裁くよう指示している。アテナイが同盟各国から重要な裁判権を奪ってゆく過程が見て取れる。その裁判手続きは、国事犯を裁く弾劾裁判(エイサンゲリア)に酷似しており、貢租の取り立てに対するアテナイの厳しい姿勢がうかがわれる。なお決議の年代については、前四四七年頃と前四二五年頃の両説がある。前者は、この決議を動議提案したクレイニアスが、のちの大衆政治家アルキビアデスの父(前四四六年戦死)であったとの前提に立つ。一方、後者は同名の別人であるとする。

(橋場弦)

126 ペリクレスによる開戦前の演説(戦略と戦費について)(前四三一年)

トゥキュディデス『ペロポネソス戦争史』(前四三一—前四〇〇年頃)

〔第二巻一三章〕 ペロポネソス同盟軍が地峡部に集結しあるいは遠征の途上にあっていまだアッティカに侵入する以前、アテナイ人の一〇人の将軍の一人であるクサンティッポスの子ペリクレス[1]は、敵の侵入が不可避であることを知ると、(中略)民会において次のように言明した。たしかにアルキダモス[2]は自分の客友[3]ではあるが、しかしそれは国家に危害を加えるための親交ではなく、もし万一敵が、他の市民の財産に対して加えるのと同じ荒掠を自分の農地や家屋に対して行わなかったら、自分は自分の農地家屋を国庫に没収してもらうから、この件に関しては一切嫌疑をかけないでほしい、と。

その上、ペリクレスは目下の状況について、これまでと同様の勧告を行った。すなわち戦争の準備をするとともに、田園部から財産を市内に運びこむこと、またこちらからは迎撃せずに、市内に立籠ってこれを守備すること、そしてアテナイの国力のよりどころである海軍の軍備を整え、同盟諸国の状況を支配下におくことを勧告した。そして、同盟諸国から上納される同盟貢租の収入こそ支配力の源泉であり、計画と軍資金の豊かさがあれば、この戦争は九分通りわが国の勝ちだと言った。

彼はまた市民たちに勇気を出すよう督励し、その理由として、通常の歳入のほかに同盟諸国から国家に毎年納められる貢租としてほぼ六〇〇タラントン(4)が収入として見込まれる上に、現在アクロポリスには銀貨にしてなお六〇〇〇タラントンの金があり(というのは、このアクロポリスの貯蔵金は最大時で九七〇〇タラントンに上っていたが、そこからアクロポリスの前門その他の建築物(5)、およびポテイダイアの戦い(6)に資金が費消されていたのであった)、またそれとは別に公私の奉納物のうち貨幣の形ではない金銀や、祭礼行列と競技祭に用いられる儀礼用調度品一式、ペルシア軍からの戦利品、その他その類のものは、あわせて五〇〇タラントンを下らないのだから、と言った。さらに彼は、他の諸神殿からの聖財として莫大な金額を付け加え、これも戦費に使うことになろうと述べ(7)、またもし万一、万策つきて切羽詰まった時には、女神自身の黄金の着衣を用いるだろうと言った。そして、女神像は重さ四〇タラントン(8)の純金を身に付けており、その全部が取り外し可能であることも明らかにした。(中略)

他方、重装歩兵の数は一万三〇〇〇人、それとは別に要塞と城壁守備のための兵が一万六〇〇〇人いることを述べた。戦争初期には、敵が侵入するたびにこれだけの数の兵員が守備にあたったのであり、彼らは最年長および最年少の市民、ならびに重装歩兵の武装ができるすべての在留外人から成り立っていた。(中略)ペリクレスはまた、騎馬弓兵を含めた騎兵は一二〇〇人、弓兵一六〇〇人、また就航可能な三段櫂船(9)は三〇〇隻であることも公表した。ペロポネソス同盟軍の最初の侵入がまさに始まろうとし、両陣営が戦争状態に入ろうとしていた時点で、アテナイの現有戦力は以上のとおりであり、各兵力ともこれを下回ることは

なかった。(後略)

(1) アテナイ民主政の骨格を完成に導いた指導者(前四九五頃—四二九年)。
(2) スパルタ王。ペロポネソス同盟軍指揮官。
(3) クセノス。共同体を異にする個人間に結ばれた儀礼的友好関係にある人。史料114参照。
(4) 史料127注3参照。
(5) パルテノン神殿とその女神像。
(6) ギリシア北部の都市ポティダイアは前四三二年にアテナイから離叛、アテナイは鎮定の遠征軍を送るが戦闘は長期化し、この時点でなお包囲攻城戦が続いていた。
(7) パルテノン神殿の本尊である、純金と象牙で表面を覆われた女神像を指す。
(8) 史料104注3参照。
(9) アテナイ海軍の主力軍船。一七〇人のこぎ手が上下三段に分かれて乗り組み、高速で敵船に体当たりして撃沈した。

【出典】 *Thucydidis Historiae*, recognovit brevique adnotatione critica instruxit Henricus S. Jones, apparatum criticum correxit et auxit Johannes E. Powell, Oxford Classical Texts, 1942, Tomus Prior.[II, 13].

【解説】 前四三一年夏、ペロポネソス戦争開戦直前、ペリクレスは田園部を放棄し、全市民が城壁の内部に避難するという戦略をたて、民会を説得して開戦決議を通過させる。陸軍ではスパルタにかなわないと見た彼は、陸戦での無駄な消耗を避け、圧倒的に優勢な海軍によって海上輸送路を確保し、かつペイライエウス港と市内を結ぶ長城壁が健在であれば、やがてアテナイに勝機が訪れると判断した。だが父祖伝来の耕地を見捨てることは田園部に居住する市民に相当の苦痛をもたらし、のち開戦二年目の春に疫病が流行して市内が惨憺たる状況に陥ると、ペリクレスの戦略に対していっせいに怨嗟の声が起こる原因ともなった。なお、計数に明るかったペリクレスが国力と戦力について具体的数字をあげて市民を説得していることも注目される。

(橋場弦)

127 アテナイの戦時財政(前四三一—前四〇四年)

アテナ女神の聖財財務官の会計報告(前四一五/四年)

(前略)カリアスがアルコンを務め、評議会では[…]イデスが最初に書記を務めた年〔前四一五/四年〕に、アテナイ人は以下の支出を行った。

ペルガセ区テレニコスの子テレアスが書記を務めたアテナ女神の聖財財務官(1)、レオカレスおよびその同僚たちは、テレフォノスとその同僚である将軍たち、および同盟財務官ペイライエウス区のフェレクレイデスとその助役に対し、民会の免責決議に従って、アイアンティス部族が当番評議員を務めた第三プリュタネイア(2)の[…]日に、五一タラントン三七八七ドラクメ四オボロス(3)半と、キュジコス(4)金貨二四八スタテル、銀貨の値に換算して[…]とを支給した。われらは[…]同盟財務官(5)とその助役であるエウオニュモン区のアリストクラテスとその同僚たちに、九タラントンを貸与し、彼らはそれを、エレクテイス部族が当番評議員を務めた第二プリュタネイアの二〇日に、パンアテナイア[6]祭費用として、競技委員であるアメンプトスとその同僚たちに給付した。(中略)

アンティオキス部族が当番評議員を務めた第八プリュタネイアの三日、同盟財務官とその助役であるエウオニュモン区のアリストクラテスとその同僚たちに、三〇〇タラントンを貸与し、彼らはそれをシチリア島駐屯の軍隊に給付した。アンティオキス部族が当番評議員を務めた第八プリュタネイアの二〇日、同盟財務官とその助役であるエウオニュモン区のアリストクラテスとその同僚たちに、上記の資金をシチリアに運搬しようとしている[7]船団のために、四タラントン二〇〇〇ドラクメを貸与した。

アンティオキス部族が当番評議員を務めた第八プリュタネイアの二日、同盟財務官マラトン区のフィロメロスとその助役、およびテルメ湾にいる将軍に[…]を貸与、同日、同盟財務官マラトン区のフィロメロスとその助役、およびエフェソスにいる将軍に[…]を貸与した。

今年度中の支出総額、三五三[+]タラントン。

(1)　アテナ女神の神殿財産を管理する役職。一部族から一人ずつ抽選で選ばれた。
(2)　アテナイの行政は一年を一〇カ月に分ける評議会暦に従っていた。各月をプリュタネイアと呼び、三五ないし三六日。当番評議員はプリュタネイアごとに輪番した。
(3)　一タラントンは六〇〇〇ドラクメ。一ドラクメは六オボロス。当時、熟練建設労働者の日当が一ドラクメだった。
(4)　キュジコスは小アジア北岸の都市で金貨(エレクトロン貨)の産出地。
(5)　史料125注4参照。
(6)　アテナ女神に捧げられるアテナイ最大の祭典で、四年に一度の大祭とその間の小祭がある。ここでは前四一五年の小パンアテナイア祭を指す。
(7)　*Inscriptiones Graecae* I^3, no. 370(ed. D. Lewis)の補読に従う。

【出典】R. Meiggs & D. Lewis(eds.), *A Selection of Greek Historical Inscriptions to the End of the Fifth Century B.C.*, 2nd ed.(Oxford, 1988), No. 77, pp. 229-236.

【解説】前五世紀中葉以降、民主政の発展にともなって、アテナイでは公金の収支や使途を明示した会計報告がさかんに碑文に刻まれて公開されるようになる。この史料もそうした会計報告文書の一つであって、アテナ女神の神殿財産を管理するアテナ女神の聖財財務官が、前四一八／七年からの四年間(二つの大パンアテナイア祭の間の期間)における神殿財産の貸し付けを記録した会計報告の、最終年度(前四一五／四年)の部分を抜粋したものである。その報告は必ずしも日付順ではなく、貸与の目的別に行われている。国家はこのようにして臨時に神殿財産から資金の貸与を受け、公共事業や祭典、戦費などの歳出に充当した。なお前四一五年はペロポネソス戦争の画期というべきシチリア大遠征が始まった年で、女神の財務官から同盟財務

官をとおして現地の将軍や兵士たちに軍資金が流れていることがわかる。　（橋場弦）

128　エレウシスの秘儀の政治的意義（前五世紀）

『ギリシア碑文集』第一巻（第三版）七八番（エレウシスの二女神への初穂奉納を定めた民会決議）（前四三〇年代または前四二〇年代）

〔四―三四行〕父祖の慣習とデルフォイの神託に従って、アテナイ人は二女神の収穫物のうち、大麦は一〇〇メディムノス(1)から六分の一を下らぬ量、小麦は一〇〇メディムノスから一二分の一を下らぬ量を初穂として奉献すること。もし何人かそれより多くの実りを生産しても、より少ない実りを生産しても、同じ割合で初穂を奉献すること。デーマルコスたちがデーモスごとに徴収し、エレウシスのヒエロポイオイに手渡すこと。三棟の穀物倉を父祖の慣習に従ってエレウシスに建造すべきこと、ヒエロポイオイと棟梁が必要であると考える場所に、二女神の聖財からの[支出で]。彼らがデーマルコスから受け取るかぎりの収穫物をそこに納めること。また同盟諸ポリスも同様に初穂を捧げること。諸ポリスは収穫物の徴収役を選出すること。収穫物が最もよく徴収されると諸ポリスが考えるやり方で。それが徴収されたならば、彼らはアテナイへと発送すべし。（中略）

評議会は使者を選出し、今のこの評議会決議を諸市に送り出すべし、現在についてはできるだけ早く、今後については評議会が良いと思われるときに。ヒエロファンテスとダイドゥコスはヘラス人が父祖の慣習とデルフォイの神託に従って収穫物の初穂を捧げるよう、秘儀において命じること。デーマルコスからの収穫物の量をデーモスごとに、ポリスからの収穫物の量をポリスごとに板に書き記したあとでその板を、エレウシスのエレウシニオンと評議会場に立てること。評議会は他のギリシアの全ポリスに、評議会が可能と思われるところに、アテナイ人と同盟諸市とが初穂を奉献する根拠を伝えて、宣言を送ること、ただしそれらのポリスには命じるのではなく、もし望むならば父祖の慣習とデルフォイの神託に従って初穂を奉納するよう呼びかけて。（後略）

（1）史料116解説参照。

【出典】*Inscriptiones Graecea*, consilio et auctoritate academiae scientiarum rei publicae democraticae germanicae editae, edition tertia, Fasc. I, *Decreta et Tabulae Magistratuum*, edidit David Lewis (Berlin, 1981), No. 78, pp. 92-93.

【解説】ポリスは政治共同体であると同時に、宗教共同体でもあった（史料119の解説参照）。このエレウシスの秘儀は、政治と宗教の不可分の関係が鮮明に現れている例の一つである。アテナイの中心市から西へ約二〇キロの地に位置するエレウシスには穀物の女神デメテルと娘コレの二女神を主神とする聖域が所在していた。この秘儀の由縁は前六〇〇年頃に成立したとみられる『ホメロス風のデメテル讃歌』が伝えていて、それによれば秘儀には農作物豊穣の祈願だけではなく、入信者の死後の安寧を約束するという意義があった。毎年春の小秘儀と秋の大秘儀が国家の主催で盛大に挙行され、ギリシア各地から多数の入信者が集った。

本史料は、大秘儀において二女神に奉献するという趣旨で初穂料を徴収することを定めた民会の決議を刻字した碑文である。高さ一・三二メートル、幅〇・四九メートル、厚さ〇・〇九五メートル。エレウシスから出土、現在はアテネの国立碑文博物館所蔵。従来は個人的に奉献されていた収穫物をポリスが市民から強制的に徴収することを定めているうえに、デロス同盟に参加している諸ポリスにもこれを義務付けている。デロス同盟がアテナイの支配の道具となっていた証しをそこにみることができよう。さらに、デロス同盟諸市ばかりでなく、他のギリシアのポリスにも奉献を呼びかけているところから、エレウシスを全ギリシア的な神域にしようとするアテナイの意向も垣間見られる。なお、エレウシスの秘儀は、ギリシア諸ポリスがローマ帝国内に編入された後も、紀元後四世紀末まで存続した。〔参〕桜井万里子「エレウシスの秘儀とオルフェウスの秘儀」深沢克己、桜井万里子編『友愛と秘密のヨーロッパ社会文化史』東京大学出版会、二〇一〇年。

（桜井万里子）

129　アテナイの奴隷（前五世紀）

伝クセノフォン「政治パンフレット」（前四二五年頃）

〔第一章一〇―一二節〕奴隷と在留外国人に関しては、アテナイでは彼らはもっとも偉そうに振舞っており、あなたは奴隷を殴ることもできないし、奴隷に道を譲られることもないであろう。なぜこの地特有のこうした慣習があるのか、明らかにしてみよう。もしも自由人が奴隷や在留外国人や解放奴隷を殴ることを許す法があったとしたら、人はしばしばアテナイ人を奴隷だと思って殴りつけるだろう。そこでは民衆の服装は奴隷や在留外国人より良いわけではなく、外見も同様だからである。この地では奴隷が贅沢な暮らしを送ることを許されており、そのうちの何人かはもっとも豪華に過ごしているが、そのことに驚く人がいるとしたら、これもまた意図して許されているのである。海軍が主力である国では金銭上の理由から、私たちは貢納を徴収するために奴隷たちに隷属せざるを得ず(1)、そこで彼らを自由にしておかなければならないのである。富裕な奴隷がいるところでは、私の奴隷はあなたを恐れても何の利益にもならない。しかしスパルタでは私の奴隷はあなたを恐れる。もしもあなたの奴隷が私を恐れるならば、彼は危険から自らを守るためにその財産を引き渡そうとするであろう。このゆえに私たちは自由人と同様に奴隷に対しても言論の自由を認めており、また在留外国人に対しても市民と同様である。それはポリスが手工業と海軍のために在留外国人を必要としているからであり、したがって在留外国人にも言論の自由を認めているのである。

（1）主人から独立して、主として貿易取引や手工業の分野で主人の奴隷を用いて経営に携わり、一定額を主人に納めた一部の奴隷に対する言及と思われる。

【出典】[Xenophon], Athenaion Politeia, in: *Xenophontis Opera Omnia*, recognovit brevique adnotatione critica instruxit E. C. Marchant, Tomus V *Opuscula*, Oxford Classical Texts, 1920, [I. 10–12].

没収財産の競売を記した碑文（前四一五年）

ペイライエウス区在住の在留外国人、ケフィソドロスの財産

二ドラクメ　一六五ドラクメ　トラキア女
一ドラクメ三オボロス（1）　一三五ドラクメ　トラキア女
二ドラクメ　一七〇ドラクメ　トラキア男
二ドラクメ三オボロス　二四〇ドラクメ　シリア男
一ドラクメ三オボロス　一〇五ドラクメ　カリア男
二ドラクメ　一六一ドラクメ　イリュリア男
二ドラクメ三オボロス　二二〇ドラクメ　トラキア女
一ドラクメ三オボロス　一一五ドラクメ　トラキア男
一ドラクメ三オボロス　一四四ドラクメ　スキュタイ男
一ドラクメ三オボロス　一二一ドラクメ　イリュリア男
二ドラクメ　一五三ドラクメ　コルキス男
二ドラクメ　一七四ドラクメ　カリア人の少年
一ドラクメ　七二ドラクメ　カリア人の幼児
三ドラクメ一オボロス　三〇一ドラクメ　シリア男
二ドラクメ　一五一ドラクメ　メレテー男（あるいは女）
一ドラクメ　八五[二字欠]ドラクメ[二字欠]一オボロス　リュディア女

（1）ドラクメとオボロスについては、史料127注3を参照。

【出典】R. Meiggs & D. Lewis (eds.), *A Selection of Greek Historical Inscriptions to the Fifth Century B.C.* (Oxford 1969), No. 79, pp. 240–247.

【解説】第一史料は、クセノフォンの名のもとに伝わっている、アテナイ民主政に批判的な人物が、前四二五年頃公表した政治パンフレットの一節。急進的な民主政のもとで、下層市民だけでなく奴隷までもが自由を享受している様子が批判的に言及されている。次の史料は、ペロポネソス戦争さなかの前四一五年、

シチリア遠征直前のアテナイで起こった多数のヘルメス像損壊事件に関与した疑いで有罪判決を受け、財産を没収された在留外国人の財産競売を記した碑文の一部。数字は、上が売却税で下が売却額。（前沢伸行）

130　アテナイの敗戦とその後の内戦（前四〇四―前四〇三年）

クセノフォン『ヘレニカ（ギリシア史）』（前三八〇年代―前三五〇年代半ば）

〔第二巻二章二一―二三節〕テラメネス(1)と彼の同僚使節たちはその条件(2)をアテナイへと持ち帰った。町に入っていくと、大群衆がそのまわりを取り囲んだが、彼らがなんの成果もなく戻ってきたのではないかと恐れてそうしたのであった。餓死者の数の多さゆえに、もはや〔和平を〕遅らせることはできなかったからである。翌日、使節たちはラケダイモン(3)人たちが和平締結のための条件を報告した。そしてテラメネスは使節たちを代表して、ラケダイモン人の言うことに従い、城壁を取り壊さなければならないと述べた。何人かの者はテラメネスに反対したが、はるかに多くの者が賛成したので、和平を受け入れることが決まった。その後、リュサンドロス(4)がペイライエウスへ入港し、亡命者たちが帰国すると、ペロポネソス人たちは笛吹き少女の笛の音に合わせて城壁を熱心に破壊し始めた、ギリシアにとって自由の日が始まると考えて。

〔第二巻三章一一節〕長城壁とペイライエウスの囲壁が取り壊されると直ちに、三〇人(5)が選出された。彼らは以後の国政をすすめていく際に従うべき法律を起草するために選出されたのだが、法律の起草と発布を延期し続け、自分たちに都合のよいと思われる評議会と他の行政役職を設置した。

(1)　テラメネス（?―前四〇三／二年）、前四一一年に成立した四〇〇人の寡頭政権に参与し、前四〇四年には三〇人の寡頭政権樹立の中心メンバーとなりながら、内部対立に敗れ、処刑された。
(2)　スパルタ側が提示した和平条件は、長城壁とペイライエウスの囲壁の破壊、一二隻を残し、他の軍船をすべて引き渡すこと、亡命者（すなわち親スパルタ派）の帰国を認めること、ペロポネソス同盟に参加すること、であった。
(3)　スパルタの正規の国名。史料112解説参照。
(4)　リュサンドロス（?―前三九五年）、スパルタの海軍総督として前四〇五年のアイゴスポタモイの海戦でアテナイ軍を破った。
(5)　三〇人とは前四〇四年秋から政権を掌握した寡頭派の三〇名。

【出典】*Historia Graeca*, in: *Xenophontis Opera Omnia*, recognovit brevique adnotatione critica instruxit, E. C. Marchant, Tomus I, Oxford Classical Texts, 1900. [II. ii. 21-23; II. iii. 11].

【解説】アテナイの文筆家クセノフォン（前四二七頃―三五四

年頃）の『ギリシア史』は、トゥキュディデス『ペロポネソス戦争史』の叙述が途切れた前四一〇年以降のギリシアの歴史に関する貴重な文献である。最初に引用した史料からは、ペロポネソス戦争を終える際のアテナイ社会内部の追い詰められた雰囲気が伝わってくる。ただし、次に訳出した史料が示すように、和平条件に不満な人々もいるなかでのかなり強引な和平締結と三〇人（「三十人僭主」）の寡頭政権成立であったため、三〇人は政権維持のために次第に恐怖政治を行うようになった。そのため、翌年の初めには内戦が勃発し、市民は寡頭派と民主派に分かれて過酷な戦いを続け、スパルタの介入を受け入れて最終的な和解にこぎつけたのは同年初夏のことであった。和解の際には過去の行為について罪を問わない、という大赦を条件の一つとしたため、大きな混乱も起こらずに民主政回復が実現した。内戦前後の事情については、ここで引用した部分のみならず、前後の記述も参照すること。〔参〕桜井万里子『ソクラテスの隣人たち』山川出版社、一九九七年。

（桜井万里子）

131　アテナイの裁判制度（前五―前四世紀）

プラトン『ソクラテスの弁明』（前三九〇年代末）

〔34b7-c7〕しかし皆さんの中には、ご自分のことを思い出して、腹立たしく思われる方もいらっしゃるかも知れません。ご自分が訴訟当事者になったときには、本訴訟に比べればごく些細な件で争っている場合であっても、陪審員から最大限の哀れみを引き出そうと、子供はもちろん、他にも身内や友人を数多く登壇させて、陪審員の方々に涙ながらに懇願し、嘆願していたというのに、私の方では、そうしたことを一切しそうもないとすれば。しかもこちらはどうやらこの上なく危険な状態にあるようですのに。

〔35b9-d8〕また名声ということは別にしても、皆さん、私には、放免するよう陪審員に懇願することも、懇願した上で放免されることも正しいことだとは思えません。なすべきことは説明し、説得することなのです。と言いますのも、陪審員が席に着いているのは、正義に関わることがらを私情で歪めるためではなく、それに関して判定を下すためなのです。それから陪審員は、自分がよいと思う人間に好意を示しますと誓うのではなく、諸法に従って判定を下しますと誓いを立てています。ですから私どもも皆さんに誓いを破る習慣を付けさせるべきではありませんし、皆さんもそうしたことを習慣とすべきではありません。どちらも決して敬神的に振舞うことにはならないのですから。ですからアテナイ人の皆さん、私自身が立派であるとも思っておらず、法的にも宗教的にも正しいと思っていないようなこ

とを、皆さんの前で行うべきだなどと、要求したりしないで下さい。とりわけ何と言っても私は、ここなるメレトスに瀆神罪の廉で訴えられているのですから。つまり、もしも私が、宣誓を済ませている皆さんを説得して、懇願によって無理強いをするようなことがあれば、私は明らかに、皆さんに神々を信じないよう教えていることになるでしょうし、また自分自身について弁明をしながら、単に、自分が神々を信じていないのだと告発していることになるでしょう。しかしそのようなことは全くないのです。と言いますのも、アテナイ人の皆さん、私は、告発者たちの誰にも劣らぬほど、神々を信じており、私と皆さんにとって最善の結果が生ずるよう、皆さんと神に私に関する審判を委ねているのです。

【出典】 *Apologia Sokratous*, in: *Platonis Opera*, Tomus I, recognoverunt breviqve adnotatione critica instruxerunt E. A. Duke, W. F. Hicken, W. S. M. Nicolli, D. B. Robinson et J. C. G. Strachan, Oxford Classical Texts, 1995, p. 53; pp. 54-55.

【解説】 前四六二年、アテナイではエフィアルテスの改革が行われた。これにより、かつてはアレイオス・パゴス評議会に握られていた裁判権が、殺人罪事件など一部のケースを除き、制度的に民衆法廷に移管されることになった。民衆法廷は、前五―前四世紀を通じてアテナイ民主政を支える重要機関の一つとして機能した。民衆法廷では、一般市民から抽籤で選出される陪審員が最終的な司法判断を下した。一つの裁判を審理する陪審員の人数は扱う案件や係争額によって異なり、少なくとも二〇一人、多い場合には一〇〇〇人を超えることもあった。前四世紀には六〇〇〇人の候補者の中から、裁判が行われる度ごとに抽籤によって陪審員が選出されるなど、手続きも複雑化していった。法廷では原告本人と被告本人が、ときに協力者の力も借りながら各々の主張を展開した。陪審員はこの弁論合戦を聞いた上で有罪無罪を決する票を投じた。有罪の場合、裁判の種類によっては、量刑に関する弁論合戦と投票が行われることもあった。古典期アテナイを通じて法や裁判手続きが整備されていった一方、弁論術も大きく発展した。訴訟当事者たちは陪審員を説得するため、法律的な議論を展開するに留まらず、さまざまに修辞を凝らして、被告に対する市民の怒りを煽り、あるいは泣き落としで懐柔を図るなど、感情に訴えることも少なくなかった。

前三九九年に被告人ソクラテスが弁明演説を行ったのも民衆法廷であった。罪状は瀆神罪。ポリスの神を信じず、私的な神を信じ、若者を堕落させたのだという。この訴訟には政治的な背景もあった。ペロポネソス戦争後の内乱で寡頭派を率いていたクリティアスがソクラテス門下の人間だったこともあり、内乱後に政権を握った民主派指導者が、寡頭派に対する牽制、報復としてソクラテスを告発したのではないか、という推測がなされている。他方、ソクラテス裁判が行われた当時、内乱後のアテナイでは宗教的伝統の立て直しが図られており、訴訟の背

景としてこの点に注目する研究者もいる。〔参〕橋場弦『丘のうえの民主政』東京大学出版会、一九九七年。（佐藤昇）

132　在留外国人に対する市民権付与（前五世紀半ば―前二世紀末）

伝デモステネス第五九弁論「ネアイラ弾劾」（前三四三―前三四〇年）

〔第二節〕アテナイ人の民会は、ポリスへの善行のゆえにはパシオン(1)と彼の息子たちが市民であることと決議したが、（後略）

(1)　アテナイの銀行家。生年は前四三〇以前、没年は前三七〇／六九年。

【出典】*Oratio 59* in: *Demosthenis Orationes*, recognovit apparatu testimoniorum ornavit adnotatione critica instruxit M. R. Dilts, Tomus IV. Oxford Classical Texts, 2009, p. 297.

伝デモステネス第五三弁論「アレトゥシオスの奴隷たちの登録に関するニコストラトス弾劾」（前三六六年頃）

〔第一八節〕（前略）私はパシオンの息子(1)で、民会決議による市民です。

(1)　パシオンの長男アポッロドロス。前三九四―前三四〇年頃。

【出典】*Oratio 53* in: *Ibid.*, p. 208.

伝デモステネス第四五弁論「偽証に関してのステファノス弾劾」（前三四八年頃）

〔第八五節〕（前略）私の父は諸君に一〇〇〇枚の盾を寄贈し、また自分自身いろいろと貢献し、五度も自発的に私財を提供して三段櫂船奉仕(1)を果たしました。（後略）

(1)　アテナイでは富裕市民は指名されて、戦争や祭儀の際に必要な経費を負担することが求められた。この制度を公共奉仕《レイトゥルギア》といい、これを立派に果たすことは市民にとって名誉なこととみなされていた。合唱隊奉仕や供犠用の生贄負担の奉仕など多様であったが、三段櫂船《トリエーレース》奉仕は国有の軍船を一年間預かりうけ、艤装と修理、乗組員の徴募と船長としての戦闘での指揮を自己の費用負担で実践するという内容で、公共奉仕の中でも最も負担が大きかった。

【出典】*Oratio 45* in: *Ibid.*, pp. 93–94.

【解説】　ポリス・アテナイの住民は、大きく分ければ、市民、在留外国人（メトイコイ）、奴隷の三身分の者たちから構成されていた。その中で市民身分については前四五一年に定められた法（提案者の名をとってペリクレスの市民権法、と呼ばれている）によって、両親とも市民身分の者のみがアテナイ市民である、となった。この法成立以前には父親のみ市民であれば、母親が外国人であってもさしつかえなかったが、以後のアテナイ市民団は理念的に閉鎖性を強めることになる（ただし、ペロポネソス戦争末期には、法の適用が一時的に緩和された）。しかし、例外的に民会の決議で市民権を非市民に付与する場合があった。多くは他国の有力者でアテナイのために特別な貢献をした者に、市民権を実際には名誉称号のように付与する場合だったが、ペロポネソス戦争末期の前四〇六／五年のアルギヌサイの海戦では奴隷たちを軍船に乗り込ませ、その際には市民権を付与するという条件をつけた、とする見方もあるが、疑問視されている。

　また、アテナイに著しい貢献を果たした非市民に市民権を付与する場合もあった。奴隷から解放されてメトイコイ身分となったパシオンとその息子アポッロドロスの場合も、その一例である。パシオンは銀行経営によって巨額の富を築き、その私財の一部をアテナイ国家のために投じたことから、その貢献に対する褒賞として、民会の決議によってアテナイ市民権を付与されたのであった。前三九〇年代末から前三八四年頃までの間と推定されている。ただし、前三七六年頃という見方もある。ここに取り上げた三史料は前四世紀アテナイの弁論家、政治家デモステネス作と伝えられてきたが、近年では三弁論ともにアポッロドロスの作であるとする見方が有力となっている。〔参〕前沢伸行『ポリス社会に生きる』山川出版社、一九九八年。

（桜井万里子）

133　スパルタ社会の変質（前四世紀）

アリストテレス『政治学』（前三三四年―前三二二年）[1]

〔第二巻 1270a11-36〕女たちに関しては立派にことが運ばれたとは言いがたい。先にも述べたように[2]、単に国制そのものに不都合な結果をもたらしただけでなく、金銭愛を助長させることになった。そして、いま語られたことに続いて、財産の不均衡について非難することもできる。莫大な財産を持つに至った者たちもいれば、ごく僅かの財産しか持たない者たちもいたからである。それゆえ、土地は少数の人たちの掌中に入ってしまった。それには、法律による整備が不十分だということもあった。所有財産を売買することはよしとしないにもかかわらず、財産を贈与したり、遺贈したりすることは、望めば可能だったからである。しかし、どちらの方法でも同じ結果に至らざるを得ないのであって、すべての土地のほぼ五分の二が女たちの所有するところとなっている、家付き娘《エピクレロス》[3]たちが増加したことに加えて、多額の嫁資[4]を与えることによって。（中略）そのような次第で、領土は一五〇〇名の騎兵と三万の重装歩兵《ホプリテス》を養うことができるのに、市民総数は一〇〇〇名にも達しなかった。このような情勢が彼らにとって不利に働いたことは、事実そのものによって明らかとなった。ポリスは敵の一撃にも耐えられず[5]、兵員不足のゆえに瓦解したのである。

（1）この作品が、アリストテレスの開いた学園、リュケイオンでの講義録に基づく、という見方に依って推測できる年代であるが、以後も加筆、変更された可能性は高いと言われている。

（2）アリストテレスは『政治学』1269b 以降において、スパルタの女たちが自由放任されているため金銭的にも性的にも放縦であった、と述べている。スパルタでは男たちが集団での生活や日々の共同食事で家を不在にすることが多いため(史料112参照)、女たちが家の運営について他ポリスの女よりも重い責任を担うと同時に、比較的束縛の少ない生活を送っていたことは、クセノフォン『ラケダイモン人の国制』でも言及されている。

(3) エピクレロスについては、史料134第一史料注1参照。スパルタにエピクレロス制度は存在していなかった。スパルタでは男子継承者がいない場合の女子はパトルコスと呼ばれ、彼女には不動産所有権が認められていた、と推測できる。したがって、アリストテレスが、スパルタのパトルコス制度とアテナイのエピクレロス制度を混同して、後者が要因の一つとなってスパルタの衰退が起こったとしている点は疑問としなければならない。

(4) 嫁資については、同じく史料134第三史料注1を参照。ただし、スパルタにはアテナイのような嫁資の制度は存在しなかったとみられている。

(5) 前三七一年のテバイ西南のレウクトラにおけるスパルタ軍とテバイ軍の対戦を指す。テバイはボイオティア地方の最強国。

【出典】 *Aristotelis Politica*, recognovit brevique adnotatione critica instruxit W. D. Ross, Oxford Classical Texts, 1957, pp. 53–54.

【解説】 スパルタは前八世紀以来、ラコニア地方に加えてメッセニア地方も配下に収め、ギリシア世界最大の領土を誇っていたが、前三七一年のレウクトラの戦いで敗北したため、メッセニア地方は解放された。ペロポネソス戦争でアテナイに勝利した前四〇四年春からわずか三〇年余、この間にスパルタ社会は大きく変化した。ペロポネソス戦争中の遠征と、戦後にアテナイに替わってスパルタがギリシアの覇者たらんとして企てた小アジアやエーゲ海沿岸への遠征は、多くのスパルタ市民の戦死や経済的没落を招いた。アリストテレスが『政治学』を執筆した前三二〇年代までには、国土の五分の二を女たちが所有するまでになっていたらしい。スパルタ社会に関する現存史料が乏しいなかで、本史料は貴重であるが、注にも指摘したように、アリストテレス自身も自分の生きた時代を基準にスパルタ社会について考察しているため、記述には不正確な点もある。ただし、スパルタでは女性が不動産所有権をもっていたという記述について、そうではなかったアテナイの場合から類推してこれを疑問視する研究者もいるが、最近進展著しいスパルタ研究では女性の不動産所有権が認められていたという見方が優勢になっている。〔参〕ポール・カートリッジ／橋場弦監修、新井雅代訳「スパルタ」『古代ギリシア　11の都市が語る歴史』白水社、二〇一一年。

(桜井万里子)

134 アテナイの女性の地位(前五―前四世紀)

伝デモステネス第四三弁論「ハグニアスの家産に関する対マカルタトス訴訟」(前三四〇年代末)

〔第五一節〕法　何人《なんぴと》であれ遺言なくして死亡した場合、娘たちがいれば、遺産は彼女たちとともにあるべきこと。(1) もし〔娘が〕いない場合には、以下の者たちが遺言についての権利所有者となるべきこと……。

(1) 前五、四世紀のアテナイにおいて市民が死亡したとき、彼に嫡出男子がある場合、家(オイコス)はその男子が相続、複数の男子がいる場合には原則として彼らのあいだで均分に相続された。女子には嫡出であっても相続の権利はない。引用した法の当該箇所は、嫡出男子がいない場合の女子に関する規定で、このような女子はエピクレロスと呼ばれた。エピクレロスは相続人とはならないが、遺産をともなって最近親の男と結婚しなければならず、遺産はその結婚で生まれた男子が相続することとなっていた。

【出典】 *Oratione 43*, in: *Demosthenis Orationes*, recognovit apparatu testimoniorum ornavit adnotatione critica instruxit M. R. Dilts, Tomus IV, Oxford Classical Texts, 2009, p. 38.

イサイオス第三弁論「ピュロスの家産について」(前四世紀半ば)

〔第六四節〕父親によって嫁に出され、夫と結婚した妻たちが、このようにして結婚していながら、(中略)父が彼女たちに嫡出の兄弟を残さずに死亡した場合、法は、彼女たちが親族の中の最近親者にアルコンの裁定[1]によって与えられる、と定めています。そしてすでに多くの者が結婚生活を送っていた自分の妻を奪われてしまっているのです。

(1) 原語はepidikasia. エピクレロス(前注参照)と結婚する資格があるうえに、彼女との結婚を望む者が三人以上いる場合役人(アルコン)のもとに申し立てて、誰が彼女と結婚するかを裁定してもらう制度。もし二人であればその裁定はディアディカシア diadikasia といった。

【出典】 Discours III, in: *Isée: Discours*, Texte etabli et traduit par Pierre Roussel, deuxième edition (Paris, 1960), p. 67.

イサイオス第一〇弁論「アリスタルコスの家産に関する対クセナイネトス訴訟」(前三七八—前三七一年)

〔第一九節〕というのは、私の父は嫁資付きで婚約して[1]私の母を妻とし、結婚生活を続けておりましたが、彼ら〔被告側の人々〕がかの財産の収益を受け取っており、父は自分でその収益を徴収することができないでおりました。なぜなら、父は母の要請に応じて財産について疑義を申し出ようとしましたが、彼らは次のように父を脅したのです。もし父が嫁資だけで彼女を妻とすることを良しとしないのであれば、彼ら自身が彼女をアルコンの裁定で妻とすると。そこで父は、母を奪われないように、二倍もの額の収益を彼らが受け取るままにしたのです。

(1) 嫁資とは、結婚する際に花嫁が持参する現金や貴金属などの動産。まれには不動産も含まれることがあった。嫡出の息子がいる市民は、娘についてはこの嫁資をつけて結婚させた。嫁資付きで結婚したかどうかが、その結婚の合法性の証しとなる場合もあった。

【出典】 Discours X, in: *Isée: Discours*, Texte etabli et traduit par Pierre Roussel, deuxième edition (Paris, 1960), p. 184.

【解説】 アテナイの女性は、他のポリスの女性に比べてさまざまな点で権利を制限される度合いが高かった。娘には父の遺産を相続する権利は認められていなかった。その代わりに娘は嫁資をともなって結婚したが、その嫁資も結婚後に本人が自由に使用できるわけではなかった。というのも、女性には一定額以上の契約行為を禁じる法律も存在していた(「法は子供と女とに、大麦一メディムノス以上の契約を交わすことをはっきりと禁じている」イサイオス第一〇弁論一〇節)からで、結婚後の嫁資は妻の後見人である夫が運用し、生まれてきた男子がこれを相続した。時には、夫が運用に失敗して嫁資が無になることもあったが、離婚の場合には嫁資は妻とともに妻の実家に返還される定めがあり、もし返還できない場合は、夫は返還するまで年一八%の利子を妻の実家に支払わなければならなかったので、嫁資が離婚の一定の歯止めとなっていたといえる。他方、エピクレロスは父の家の消滅を防ぐ役割があったため、最近親の男と結婚して、父の家の相続人となる男子を産まなければならなかった。〔参〕桜井万里子『古代ギリシアの女たち』中公文庫、二〇一〇年。（桜井万里子）

135　コリントス戦争（前三九五—前三八六年）

クセノフォン『ヘレニカ（ギリシア史）』（前三八〇年代—前三五〇年代半ば）

〔第三巻五章一—二節〕しかしながらティトラウステス〔ペルシアの軍人、政治家〕は、アゲシラオス〔スパルタ王〕がペルシア王の勢力を侮っており、アシアから撤退するつもりなど毛頭なく、むしろペルシア王打倒という大きな希望を胸に抱いていることに気がついた。そう思いはしたものの、彼は事態にどう対処して良いものか途方にくれ、ロドス人ティモクラテスに銀貨五〇〇タラントン相当の黄金を持たせてギリシアへと派遣した。対スパルタ開戦を条件に、しっかりとした言質を取った上で、諸ポリスの指導者たちに黄金を渡してみるよう指示していたのだ。ギリシアに向かった彼は、テバイではアンドロクレイデスとイスメニアスとガラクシドロスに、コリントスではティモラオスとポリュアンテスに、アルゴスではキュロンとその一派に黄金を渡した。アテナイ人は、この黄金には手を付けなかったものの、覇権が自らのものとなると思い、開戦には積極的だった。財貨を受け取った者たちは、自国でスパルタ人中傷をくり返した。諸ポリスでスパルタ人憎しの感情を高めると、彼らはさらに大ポリス同士を互いに連合させた。

〔第五巻一章三〇—三一節〕ペルシア王が送付してきた和平案について、内容を知りたい者は出席するようティリバゾスが通達したところ、全員がすぐさまやってきた。彼らが集まったところで、ティリバゾスはペルシア王の封印を示した上で、文書を読み上げた。内容は以下の通り。

ペルシア王アルタクセルクセスは、以下のことを正しいと考える。アシアにある諸ポリス、さらに島嶼部のうちクラゾメナイとキプロスは私自身のものである。他のギリシア人ポリスは、大小を問わず、自治独立のままとする。ただし、レムノス、インブロス、スキュロスは除く。これらは以前同様アテナイ人領とする。いずれの勢力であれ、本和平案を受入れなければ、私はその者たちに対して、上記の諸件を希望する者たちとともに、陸戦であれ、海戦であれ、艦隊と財貨をもって、戦争を行うこととする。

【出典】*Historia Graeca*, in: *Xenophontis Opera Omnia*, recognovit brevique adnotatione critica instruxit, E. C. Marchant, Tomus I, Oxford Classical Texts, 1900, p. 94, p. 154.

【解説】ペロポネソス戦争の終結は、「アテナイ帝国」の喪失とスパルタの覇権をもたらした。スパルタは、ギリシア本土、さらには小アジア沿岸部へと勢力拡大に努めた。東の大国アカイメネス朝ペルシアはスパルタに対する反感を強め、同国の拡大政策に圧迫されていたギリシア諸都市、テバイ、コリントス、アルゴス、そして敗戦から立ち直りつつあったアテナイに、対スパルタ開戦のため、資金提供を申し出た。前三九五年のことである。

幾度となない戦闘が陸上および海上で繰り広げられた。陸戦が主にコリントス周辺で行われたため、コリントス戦争と称されている。戦況は一進一退、ことに陸戦では大勢にわかに決め難い状況が続いた。海戦では当初、ペルシアと結び、復興著しいアテナイが優勢に立っていた。しかし同国が、ペルシアに叛旗を翻していたエジプトやキプロス島のエウアゴラスと協力関係を形成するに至るや、ペルシア王はこれを危険視し、スパルタとの同盟に踏み切った。やがて各国とも戦争継続に困難を感じるようになる。そこに、ペルシア王が和平案を提示すると、諸勢力はこれに同意し、前三八六年、コリントス戦争は終結を迎えた。この「大王の和約」(「アンタルキダスの和約」とも呼ばれる)により、キプロス及び小アジアのギリシア都市はペルシア領であることが宣言され、その他のギリシア都市には、一部を除き、自治独立が認められた。終戦時にペルシア王と結んでいたスパルタはこの和約を利用し、テバイやアルゴスなど周辺諸国に介入を続け、マンティネイアをはじめ戦争中に非協力的だった同盟国に報復を加えた。一方アテナイは、既存の同盟関係を強化しつつ、前三七七年、自治と自由の保持を謳って第二次海上同盟を結成するに至った。

（佐藤昇）

136　前四世紀アテナイの国家財政

クセノフォン『財政論』(前三五五／四年)

〔第一章一節〕私はつねづね、国制のあり方は指導者のあり方に対応しているのではないかと考えてきた。さて、アテナイの指導者中一部の人々が、他の人に劣らず正義について理解していると言いながらも、大衆の貧しさゆえに諸ポリスに対して不正を犯さざるを得なかったのであると明言したとき、このことから私は、もしも可能であるならば彼らの貧困とギリシア中の人々の疑念を取り除けると考えて、もっとも正義にかなったことであるが、一体全体市民たちは彼ら自身のポリスで生活を維持することが可能であるかどうかについて考察を試みてみた。

〔第四章一七節〕私の話したことが実行されれば、新しい点は次の一点である。奴隷を所有する私人が恒常的に利益を与えられていたように、ポリスもまた、アテナイ人一人当たり三人になるまで国有奴隷を調達することである。

〔第四章二三―二四節〕ともあれ最初に一二〇〇人の奴隷がいるとすると、おそらくその収益から五、六年の間にすぐに少なくとも奴隷は六〇〇〇人になるだろう。各々が一日に一オボロス[1]の純益をもたらすとしたら、この人数からの収益は年間六〇タラントンになる。このうち他の奴隷たちのために二〇タラントンをとっておくとしたら、ポリスは四〇タラントンを別の目的のために使用することができる。奴隷が一万人になったら、収益は一〇〇タラントンに達しよう。

〔第五章一―二節〕収益のすべてをポリスから手に入れるためには平和が不可欠であることが明らかだと思われるならば、平和守護役の任命は価値あることではないだろうか。そうした役人の選出は、わがポリスをより友好的で人気のあるものとし、あらゆる人々が訪れることになろう。しかしながらポリスが平和を維持し続ければ弱体化して栄光を失い、ギリシアにおける名声も低下するであろうと考える人々がいるとしたら、管見では、それらの人々は間違っているのである。というのは実際、もっとも長期にわたって平和を保ったポリスこそがもっとも幸運なポリスであると言われているからである。あらゆるポリスのなかでアテナイは、自然条件の上で、平和時においてもっとも繁栄する。

（1）史料127注3参照。

【出典】Xenophon, *Poroi*, in: *Xenophontis Opera Omnia*, recognovit brevique adnotatione critica instruxit E. C. Marchant, Tomus V *Opuscula*, Oxford Classical Texts, 1920, [I. 1, IV. 17, 23–24, V. 1–2].

【解説】紀元前三五五／四年、同盟市戦争に敗北し深刻な国家財政の悪化に直面していたアテナイで書かれたクセノフォンの『財政論』は、戦争ではなく平和政策の維持によってのみアテナイの逼迫した国家財政の再建が可能であるとの主張に立って、在留外国人の優遇策、海上貿易振興策、そして何よりもラウレイオン銀山の再開発などの具体的な提言がなされている。海上貿易が発展すれば、輸入・輸出される商品の関税収入が増加するだけでなく、ペイライエウス港に集まる多くの貿易商人の投下する貨幣もポリスを潤すであろう。とりわけ在留外国人としてアテナイに定着する者が増えれば、彼らの支払う人頭税の増収にもつながる。他方で、ラウレイオン銀山の採掘が盛んになれば、採掘請負料の増収が見込まれ、さらに国家が奴隷を購入して採掘を請け負った私人に賃貸すれば、そしていずれは自らの手によって採掘を行うようになれば、銀山からの収益は莫大なものとなろう。つまり、それまで搾取の対象を外部（同盟諸市）に求めていたのに対して、ここではアテナイ内部の非市民（在留外国人と奴隷）からの搾取が提案されているのである。

（前沢伸行）

137　エピダウロスの治癒神への信仰（前四―後四世紀）

『ギリシア碑文集』第四巻（第二版）第一分冊一二一番（快癒感謝の奉納碑文）（前四世紀末）

〔三―九行〕［クレ］オは五年も子を孕んだ。彼女はすでに五年間も妊娠していて神のもとに嘆願者として赴き、アバトン(1)で眠った。そこから退出し、神域の外に出るやいなや、彼女は息子を出産したが、その息子は直ぐに自分で立ち上がり泉から〔の水で〕身を洗い、母親と共に歩き回った。クレオはこのような経験をしたので、奉納板に書き記した。「驚くべきは、板の大きさにあらずして、神のみ業《わざ》なり。〔神殿で〕寝るまで五年の間クレオは腹に重荷を宿していたが、神は彼女を健やかにされた。

〔三三―四一行〕アテナイ出身のアンブロシアは隻眼だった。彼女は嘆願者として神のみ許にやって来たが、神域を歩き回り、治療の〔例の〕いくつかについて、跛行の人や盲目の人がただ夢を見ただけで健常になるのは信じがたいことだ、あり得ないことだと嗤った。そして彼女は神殿内で眠って夢を見た。それは、神が近付いてきて、彼女を健康にしてあげようと述べ、ただし、代金として銀製の豚を無知の記念に神域に奉納するよう求める夢であった。神はこのように語ってから、彼女の病んだ目〔の瞼〕を引き上げて開き、何か薬を注入するのだった。翌日になると彼女は健康になって帰って行った。

(1)　アバトンは睡眠治療を受ける建物。

【出典】*Inscriptiones Graecae* IV² Fasc. I. *Inscriptiones Epidauri*, edid. Fridericus Hiller de Gaertringen, Accedunt tabulae decem (Berlin, 1929), 121.

【解説】　ペロポネソス半島北東部に位置するエピダウロスに所在するアスクレピオス神の神域から出土した前四世紀末の碑文。治癒の事績を刻んだ石碑の一例。エピダウロスには治癒神アスクレピオスの神域（アスクレピエイオン）があり、ギリシア世界の各地から病気の治癒を願って来訪する人々が絶えなかった。アポロンの子アスクレピオスの信仰はエピダウロスで前六世紀末頃から確認されるが、この神域は前四世紀末から前三世紀にかけて最盛期を迎えた。治療の方法は、この史料にもあるように睡眠療法が中心だったようだが、外科手術も行われたらしく、現在同地の博物館では神域から出土したメスなどの手術用具を見ることができる。神域には病が癒えた後に感謝を表すために設置し、奉納した石碑が立ち並び、そこには具体的に治癒の内容が記載されていた。参詣者たちは神域内を歩き回り、それらを読んで自分の治療の心構えをしたのであろう。もちろん、記載されている治癒の内容の真偽のほどは、いまとなっては不明と言わざるを得ない。治療のために神域に集まる人々のための演劇上演の場である劇場が現存する。〔参〕周藤芳幸、澤田典子『古代ギリシア遺跡事典』東京堂出版、二〇〇四年。

（桜井万里子）

138　マケドニアの勢力伸長（前三五〇年代）

フィリッポス二世とカルキディケ人の同盟条約（前三五七／六年）

[…]同盟[…]我は宣誓協定に従って同盟者たらん。カルキディケ人のうち〔カルキディケ〕連邦の役人と使節がフィリッポス〔二世〕に対して宣誓を行い、カルキディケ人に対しては、フィリッポスと、誰であれカルキディケ人たちの望む者が宣誓を行うべし。ゼウス、ゲー、ヘリオス、ポセイドンにかけて、厳粛に真摯に宣誓すべし。宣誓に忠実であるならば多くの善きことがあり、宣誓に従わないならば多くの悪しきことがあるであろう。両者とも犠牲を捧げて宣誓を行うべきこと。これらの条文を、同盟に関して神によって下された神託とともに石碑に刻し、カルキディケ人はオリュントスのアルテミス神殿に、フィリッポスはディオン(1)のゼウス・オリュンピオス神殿に建立し、またデルフォイに神託と石碑の写しを建立すべし(2)。これらの条文のうち、フィリッポスとカルキディケ人によしと思われることは何であれ、三カ月以内に両者の合意に基づいて修正されるべきこと。[…]神はカルキディケ人とフィリッポスに告げた。宣誓協定に従って友人かつ同盟者たることがより望ましくより善きことである、と。全能至高のゼウスと守護神アポロンとアルテミス・オルティアとヘルメスに犠牲を捧げて吉兆を得るべし。同盟が神慮にかなうべく祈りを捧げるべし。ピュト〔デルフォイ〕でアポロンに感謝の犠牲を捧げ、公の感謝の供犠を行うべし。[以下欠]

(1)「神々の棲む山」オリュンポス山の北東麓に位置するディオンは、マケドニア王国の聖地であり、前五世紀末に王アルケラオスがオリュンピア祭を範とした祭典を創始して以来、マケドニアの宗教的中心地として栄えた。前三三五年にアレクサンドロス大王が東方遠征の出陣式を華々しく行ったことでも知られる。

(2)　フィリッポスは、ギリシア征服を進めるにあたって、ギリシア世界の聖地デルフォイやデルフォイの主神アポロンとの緊密な絆を政治的なプロパガンダとしてしばしば利用した。この同盟条約の締結に際して、ギリシア世界の慣行にのっとってデルフォイの神託を仰いだことは、フィリッポスのこうした戦略が治世初期から見られたことを物語っている。

【出典】 P. J. Rhodes & R. Osborne (eds.), *Greek Historical Inscriptions 404-323 BC* (Oxford, 2003), No. 50, pp. 244-249.

【解説】 前五世紀以来エーゲ海北部に勢力を誇ったカルキディケ連邦と、マケドニアのフィリッポス二世(在位前三六〇／五九―三三六年)の同盟条約の碑文。一九三四年にオリュントス付近で発見されたもの。前三六〇／五九年に即位したフィリッポスは、外敵の侵入により存亡の危機に瀕していたマケドニア王国の再建に直ちにとりかかり、即位から二年以内にアテナイ、パイオニア、イリュリアとの戦いに次々と勝利をおさめ、ギリシア制覇への道をひた走っていった。フィリッポスがアテナイとの争いの的になっていたエーゲ海北岸の要衝アンフィポリスへの攻撃を前三五七年に開始すると、これに脅威を感じたカルキディケ連邦の中心市オリュントスは、アテナイに使節を派遣してアテナイとの同盟締結を要請した。これに対してフィリッポスは、マケドニア領のアンテムスを譲渡することと、アテナイ領のポテイダイアを攻略してカルキディケ人に返還することを条件にカルキディケ人との同盟を求め、こうして成立したのが、この同盟条約である。同盟成立の年代は、前三五七年末―前三五六年春頃と考えられている。前三五六年夏にポテイダイアを攻略したフィリッポスは、約束通りこれをカルキディケ人に返還した。

この同盟締結以降の両者の関係は、フィリッポスのその後の勢力伸長に不安を感じたオリュントスが前三五二年頃にアテナイに接近して以来緊迫し、前三四九年夏にフィリッポスはカルキディケへの侵攻を開始した。デモステネスの有名な三篇の『オリュントス演説』は、このとき、支援を求めるオリュントスの要請に応えてオリュントスへの援軍派遣をアテナイ人に強く訴えたものである。翌前三四八年秋にオリュントスは陥落し、フィリッポスはオリュントスを徹底的に破壊してギリシア世界に大きな衝撃を与えた。〔参〕澤田典子『アテネ最期の輝き』岩波書店、二〇〇八年。

（澤田典子）

139　フィリッポス二世とアテナイの和約（前三四六年）

デモステネス第一九弁論「使節職務不履行について」(前三四三年)

〔第一二節〕 あのとき彼〔アイスキネス〕がこうした政策をとり、自分自身についてこのような実例を見せたからこそ、諸君が、アリストデモスやネオプトレモス、クテシフォンや、そのほかにマケドニアからのでたらめな報告をした者たちに説得されて、和約についての使節団をフィリッポス〔二世〕のもとに派遣したとき、この男〔アイスキネス〕もその使節団の一員となったのである。この男は、諸君の利益を売り渡す者としてではなく、フィリッポスの言葉を鵜呑みにする者としてでもなく、ほかの使節たちを見張る役目のひとりとして選ばれたのだ。彼が以前に行った演説や、彼がフィリッポスに対して示した敵意からすれば、諸君が皆そうした考えを持ったのも自然なことである。

【出典】*Demosthenis Orationes*, recognovit apparatu Testimoniorum ornavit adnotatione critica instruxit M. R. Dilts, Oxford Classical Texts, 2005, p. 5.

アイスキネス第二弁論「使節職務不履行について」(前三四三年)

〔第一七―一八節〕アリストデモスが〔評議会に〕出頭して、アテナイに対するフィリッポスの大いなる好意について報告し、さらに彼〔フィリッポス〕がアテナイの同盟者となることを望んでさえいる、とつけくわえた。このことを、彼は評議会だけでなく、民会においても報告したのである。ここでもデモステネスは、何も異議を唱えないどころか、アリストデモスに冠を授けることとさえ提案したのだ。

このあと、フィリッポスのもとへ送る一〇人の使節団を選出し、和約について、およびアテナイ人とフィリッポスの共通の利益についてフィリッポスと審議することを、フィロクラテスが動議した。この一〇人の使節団の選出の際、私〔アイスキネス〕はナウシクレスによって指名されたのだが、今フィロクラテスを告発しているこのデモステネスは、フィロクラテスその人によって指名されたのだ。

【出典】M. R. Dilts (ed.), *Aeschinis Orationes*, Bibliotheca scriptorum Graecorum et Romanorum Teubneriana (Stuttgart and Leipzig, 1997), pp. 103–104.

【解説】前三四六年にマケドニアのフィリッポス二世とアテナイの間で締結された和約は、前三五七年のアンフィポリス陥落以来の一〇年間に及ぶ両国の交戦状態をいったん終結させた。この和約は、アテナイ側の提案者フィロクラテスの名前をとって通常「フィロクラテスの和約」と呼ばれる。この和約についての主要史料は、前三四三年のアイスキネスの裁判と前三三〇年のクテシフォンの裁判におけるデモステネスとアイスキネスの二組の法廷弁論である。とりわけ、前三四三年の裁判は、デモステネスが前三四六年の和約交渉におけるアイスキネスの背信行為を告発したことによって争われたものであるため、両者の弁論には交渉の経過や背景が詳述されており、和約締結に至る複雑な過程をかなり細かく再構築することが可能である。両弁論は、結局アテナイに何の利益ももたらさなかった三年前の和約の責任を互いに転嫁することを主眼としており、そのため随所に非難や弾劾の言葉が見られ、相互に矛盾する言及も多いが、同一裁判の原告・被告双方の法廷弁論が残存している稀有な例としても貴重である。

フィリッポスとアテナイの間の和約交渉は、前三四八年秋のフィリッポスによるオリュントス陥落の際に捕虜となったアテナイ人の身柄をめぐる折衝に端を発し、前三四六年初頭から本格化した。アテナイの使節団が三回にわたってマケドニアに派遣され、デモステネス、アイスキネス、フィロクラテスをはじめ、本史料に名前のあがっているアリストデモス、クテシフォン、ナウシクレスらが、その使節団のメンバーとして交渉にあたった。この和約が締結された前三四六年には、前三五六年以来ギリシアの大半の主要ポリスを巻き込んで一〇年間にわたって争われた第三次神聖戦争がフィリッポスの介入によって終結し、フィリッポスのギリシア征服の計画が大きな前進を遂げた。フィリッポスとアテナイの和約は、その後、前三四〇年にフィリッポスがビザンティオン付近でアテナイの穀物船を拿捕したことが契機となって破棄され、前三三八年のカイロネイアの戦いへと至った。〔参〕澤田典子「フィリポス二世の対ギリシア政策」『史学雑誌』一〇二―七、一九九三年。　（澤田典子）

140 普遍平和とコリントス同盟の結成（前三八六―前三三八年）

コリントス同盟条約（前三三八／七年）

……誓約。私はゼウス、ゲー、ヘリオス、ポセイドン、アテナ、アレス、すべての神と女神に誓う。私は平和を守り、マケドニアのフィリッポス(1)に対する条約を破らず、誓いを守る者たちの誰に対しても、陸上であれ海上であれ、敵意をもって武器を取らない。私は和平に参加している者たちのどのポリスも要塞も港も、いかなる手段方法によってであれ、戦争のために奪うことをしない。私はフィリッポスとその子孫たちの王権を破壊せず、諸ポリスが平和に関する誓いをたてた時に各々にあった国制を破壊しない。私自身がこの条約に反することを行わず、他の者がそうすることも可能なかぎり許さない。もし何人《なんぴと》かがこの条約を侵害するなら、私は不正を受けた者たちの求めに従ってこれを援助し、評議会の決議と総帥の命令に従って普遍平和(2)の侵害者と戦うであろう。

……テッサリア人一〇　[…]　サモトラケ人とタソス人二　[…]　アンブラキア人一(?)　トラキアからの[…]　フォキス人三　ロクリス人三　[…]オイタイア人とマリア人とアイニアネス人とアグライア人とドロペス人五　[…]　ペッライビア人二　ザキュントスとケファレニアの[…](3)三

(1)　マケドニア王フィリッポス二世。

(2)　普遍平和とは、前三八六年以来、ギリシア人がペルシア大王の関与のもとに繰り返し締結してきた平和条約に与えられた名称である。非交戦国も含むすべてのギリシア諸国が参加し、諸ポリスの自由と自治を定めたが、実効的な組織を欠いたため、平和はつねに有名無実と化してきた。

(3)　参加国のリストを記した石は欠損が大きい。ここに列挙された国々の大半は、ギリシア本土の中部・北西部に属する。国名に続く数字は評議会の採決における票数で、拠出できる軍事力の大きさに応じて配分された。

【出典】 P. J. Rhodes & R. Osborne (eds.), *Greek Historical Inscriptions 404-323 BC* (Oxford, 2003), No. 76, pp. 372-379.

【解説】 前三三八年八月、マケドニアのフィリッポス二世はカイロネイアの戦いでアテナイ、テバイ等のギリシア連合軍を破り、ギリシア本土を制圧した。同年末に彼は全ギリシア諸国の代表をコリントスに召集し、戦後処理の構想を示した。これを受けて前三三七年初頭、ギリシア諸ポリスはコリントス同盟を結成した。本史料はその条約の末尾、各国代表の誓約を記した碑文で、アテナイのアクロポリスから出土した二枚の断片からなる。

コリントス同盟の実体は、全ギリシア諸国が参加する普遍平和条約である。同時代の弁論(『偽デモステネス弁論第一七番』)によると、その条約の本体は諸ポリスの自由と自治を保障した上で、政体変革や負債の帳消し・土地の再配分を禁じ、海上交通の安全を保障し、違反者を敵と見なすことを定めていた。フィリッポス自身はコリントス同盟に参加せず、評議会にも議席を持たなかったが、この同盟に参加したギリシア諸国全体とあらためて攻守同盟を結び、その総帥＝全権将軍に任命された。その権限をもってフィリッポスは、ペルシア遠征のためにギリシア人を同盟軍として動員する予定であった。前三三六年に彼が暗殺されると、息子のアレクサンドロス三世(大王)がギリシア人との攻守同盟を更新し、評議会で全権将軍に任命された。こうしてアレクサンドロスの東方遠征は、ギリシア人の総意によるという形式のもとに遂行された。

（森谷公俊）

141　前四世紀アテナイの民主政（前四〇三―前三二二年）

エウクラテスの僭主政防止法(1)(前三三七／六年)

筆頭アルコン、フリュニコス。第九行政月《プリュタネイア》、当番評議員、レオンティス部族。書記、アメイニアスの子、アカルナイ区のカイレストラトス。票決執行担当幹事、アイクソネー区のメネストラトス。提議、アリストティモスが息、ペイライエウス区のエウクラテス。(2) アテナイ市民団《デモス》の弥栄《いやさか》を願って、立法役《ノモテタイ》は裁可の事。(3) 何人《なんびと》かが僭主政樹立を企てて市民団に叛逆し、あるいは僭主政に与し、またはアテナイ市民団ないしはアテナイ民主政を覆滅した場合、右のいずれかをなしたる者を殺害しようとも、その者は穢れなきを得。市民団ないしはアテナイ民主政転覆後にアレイオス・パゴス評議会評議員は、アレイオス・パゴスに登るまじく、評議に相集うまじく、如何なる案件をも評議すまじき事。アテナイ市民団ないし民主政の転覆後にアレイオス・パゴス評議会評議員の何人《なんびと》かがアレイオス・パゴスに登り、あるいは評議に相集い、または何らかの評議をなす場合、同人ならびに子孫の市民権はこれを剥奪し、その財産は没収の上、一割を女神に奉献の事。(4) 評議会書記はこの法を碑二基に刻み、一基はアレイオス・パゴス評議会場入り口にこれを建て、一基は民会《デモス》に建てる事。碑刻費用に市民団出納役《タミアス・トウ・デム》は民会の決議関連支出金から二〇ドラクメを給付の事。[以下欠]

(1)　前三三七／六年を表す。
(2)　前三二二年、アンティパトロスのアテナイ進駐時に処刑された反マケドニア派のエウクラテスと、恐らく同一人物。
(3)　前四〇三年以降のアテナイの法令には、立法役《ノモテタイ》が裁可する「法《ノモス》」と、民会で採決する「決議《プセピスマ》」との二種があった。法が恒常的、一般的な拘束力を持つのに対して、決議の効力は時限的、個別的であり、立法手続は決議の票決よりも困難であった。現存する前四世紀の碑文には、四八八例もの決議が認められる一方で、法は僅かに七例である。法の趣旨にそぐわぬ決議は許されなかった。ペロポネソス戦争末期の内訌を経て、アテナイ人は立法手続《ノモテシア》の導入に国制の大綱を護持する術を見出したのである。
(4)　アテナイの守護神、アテナを指す。

【出典】P. J. Rhodes & R. Osborne (eds.), *Greek Historical Inscriptions 404–323 BC* (Oxford, 2003), No. 79, pp. 388–393.

【解説】　アゴラ出土。立法手続による法を刻した碑文。大理石。高さ一・五七メートル、幅は上部で〇・四一メートル、基部で〇・四三メートル、厚さは上部が約〇・一メートル、基部で〇・一二メートル。一行三六文字。切妻屋根を戴き、破風に浮き彫りを施す。左側で椅子に座る男性に、右側に立つ女性が冠を授ける光景が彫られている。男性はアテナイ市民団《デモス》、女性は民主政《デモクラティア》とされるが、異説もある。

「法《ノモス》」碑に図像を刻むことは稀である。擬人化された市民団《デモス》が顔を正面に座る姿に彫られることも珍しい。本碑の建立に潜む意図を推測する縁《よすが》となろう。

所伝によれば、アテナイには前六世紀冒頭、ソロンの時代から、既に僭主政防止法が存在したという。前四一〇年の寡頭政倒壊後にも、同様の決議がなされている(デモファントスの決議、アンドキデス第一弁論「秘儀について」第九五—九八節)。民主政転覆時に公職に就くことを厳しく禁じた同決議に比べ、ここに訳出したエウクラテス法は寛やかであるが、専らアレイオス・パゴス評議会の動静に拘っている点が目を惹く。デモファントス決議が該当者当人に限って処罰を定めるのに対し、本法では違反した評議員に加え、その子孫にまで累が及ぶ。また、デモファントスの決議には見えなかった「市民団《デモス》」という言葉と、その護持に寄せる強い関心が目をひく。破風の浮き彫りの座像をアテナイ市民団に擬する根拠である(「市民団《デモス》」というギリシア語は男性名詞)。

立法当時、同評議会の権威は高かった。前三四四年頃に国事犯調査の権限を得、またカイロネイアでの敗戦後には、マケドニアとの和戦をめぐって国論が二分する最中、和平派のフォキオンを後押しするなど、内政外交両面で多大の影響力を及ぼすようになっていた。元々寡頭政的な傾向のある同評議会に対して、市民の間で警戒感が高まってくるのも故なしとしない。反マケドニア陣営のエウクラテスが、立法手続《ノモテシア》を成功させる素地を、ここに見出すことができよう。

同法の末路は不明である。前三三〇年、リュクルゴスが過去の僭主政防止法に言及する際、デモファントス決議を念頭に置いているのを勘案すれば、あるいはこの頃までに廃止されていたのかも知れない。

（上野愼也）

142　アテナイの若者教育（前五—後四世紀）

アテナイ壮丁の誓い（前四世紀中葉）

神々。

アレス並びにアテナ・アレイア祭司(1)、

ディオーンの子、アカルナイ区のディオーン

奉献。

壮丁《エフェボイ》が誓うべき、父祖伝来の壮丁の誓い(2)。[三字欠]私は聖なる武具を辱めることなく、共に陣列を組んだ左右の戦友を置き去りにするようなことは致しません。天道と人倫とを衛《まも》り(3)、祖国を損なうことなく、一身の及ぶ限り、また総員一丸となって、さらに宏壮なものにしてこれを後代に伝え、指揮の任にある者の命、現存する掟、また今後掟を定めた場合にはこれにも、謹んで服します(4)。これを疎《おろそ》かにする者があれば、一身の及ぶ限り、また総員一丸となって、座視することなくこれを防ぎます。伝来の神事を尊びます。照覧し給う諸神はアグラウロス(5)、ヘスティア(6)、エニュオ(7)、エニュアリオス(8)、アレス及びアテナ・アレイア、ゼウス、タッロ(9)、アウクソ(10)、ヘゲモネ(11)、ヘラクレス、祖国の境域、小麦、大麦、葡萄樹、オリーブ樹、無花果樹《いちじく》。[欠]

(1) アレスは戦の神、アテナ・アレイアは戦の女神アテナ。
(2) 以下にその文言を直接話法で刻む。
(3) 「天道」「人倫」の原語はそれぞれ hiera, hosia である。
(4) 「謹んで」と訳出したギリシア語 emphronōs は、「熟慮の上」とも解し得る。その場合には「熟慮の上指揮を執る者の命に従い、現存の掟、また今後掟を熟慮の上定める場合にはこれにも、服します」と訳せよう。
(5) 伝説上のアテナイ王ケクロプスの娘。アクロポリス東崖に祀られていた。パウサニアス『ギリシア案内記(上)』(馬場恵二訳、岩波文庫、一九九一年)第一巻第一八章第二節、及び巻末の解題を参照。
(6) 竈《かまど》の女神。
(7) 戦の女神。パウサニアス『ギリシア案内記』第一巻第八章第四節参照。
(8) 戦の神。エニュアリオスはアレスの枕詞《エピテトン》として用いられるが、独立した神格として尊崇されることも稀ではなかった。
(9) 「芽吹く」「繁茂する」を意味する動詞 thallein に由来する神格。季節女神《ホーライ》の一。
(10) 「増す」を意味する動詞 auxein, auxanein に由来する神格。
(11) 領袖女神。アウクソと並んで優雅女神《カリテス》に属す。

【出典】P. J. Rhodes & R. Osborne (eds.), *Greek Historical Inscriptions 404-323 BC* (Oxford: 2003), No. 88, pp. 440-449.

【解説】前四世紀のアテナイには壮丁制《エフェベイア》が行われていた。一八歳に達して区民名簿に登録された男子市民は、その後壮丁《エフェボイ》として二年間の操練を受けねばならなかった。監督《コスメテス》、各部の選出

した一〇名の訓育《ソフロニスタイ》の呼集で、壮丁はボエドロミオン月(現在の九―一〇月)の初め、アクロポリスとアゴラの諸神域を巡拝し、ペイライエウスの要塞で教練に入る。一年後に民会の閲兵を経て、盾と槍とを授けられた壮丁は、国境の各要塞に駐屯し、一年間の警備の任に就く。この二年間は、通常訴訟当事者になる権能はなく、諸々の公共奉仕を行う義務を免ぜられた。アリストテレス『アテナイ人の国制』第四二章第二節以下に詳しい。

同年の若者を集め、通過儀礼を施し、教育を行う、ギリシア各地に見られた旧慣に胚胎する制度と考えられるが、右に述べたような姿に整備された時期をめぐっては諸説ある。遠く前古典期にこれを求める立場から、レウクトラ会戦後の前三六〇年代、あるいはカイロネイアの戦いの後、前三三六年に擬す史家もある。前四世紀の創始、整備を唱える諸家は、傭兵の普及で弛緩した市民の志気を立て直す処置と見なす。その後多少の改変を伴いつつ、紀元後四世紀まで壮丁制は存続している。

右の碑文は、祈誓の文言を刻んだものである。アテナイ中心市の北郊、アカルナイ区(現メニジ)出土。大理石。高さ一・二六メートル、基部の幅〇・四四メートル、上部の幅〇・三九メートル、上に破風型の装飾板を載せ、中央に丸楯、右手に兜と脛当、左手には鎧を配す。計二〇行(後続三一行は、前四九〇年のマラトンの会戦前夜、あるいは前四七九年のプラタイア決戦直前にアテナイが立てたとされる祈誓の文言を刻む)。冒頭四行を除き、一行三一文字。前四世紀の碑刻。一説に世紀後半という。誓詞はこれより遡るが、詳細は不明である。下部に併録された祈誓ともども、戦意高揚を狙って捏造された文書と位置づける見解もある。

(上野愼也)

143 在留外国人への特権付与(前五世紀後半―前一世紀末)

キティオン出身の商人への神域建設許可決議(前三三三／二年)

神々。ニコクラテスがアルコンのとき〔前三三三／二年〕、アイゲイス部族の第一プリュタネイアに。(1) 幹事たちのうちのフェグス区のテオフィロスが議決に付した。(2) 評議会の決議。シュパレットス区のアポッロドロスの子アンティドトスが提案した。アフロディテのための神域の建設に関し、キティオン人たちが述べていることについて、(3) 評議会は以下の如く決議した。「最初の民会で幹事を務めるべく当籤した幹事たちは、キティオン人たちを民会へ招き入れて評議し、以下の如き評議会の意見を民会へ送り渡すこと。「評議会の決議。〔アテナイ〕市民団は神域建設についてキティオン人たちや、アテナイ人のうちの他の発言希望者たちから聴聞したうえで、市民団にとって最良と思われることを審議すること」」。

ニコクラテスがアルコンのとき、パンディオニス部族の第二プリュタネイアに。幹事たちのうちのフィライダイ区のファノストラトスが議決に付した。民会の決議。ブタダイ区のリュコフロンの子リュクルゴスが提案した。キティオン人貿易商たちが、彼らがアフロディテの神域を設けようとしている地所の不動産所有特権を求めて〔アテナイ〕市民団へ正当に嘆願するよう決議したことについて、民会は以下の如く決議した。「エジプト人たちもイシス神域を設けたのと同様に、キティオン人貿易商たちに、彼らがアフロディテ神域を設けようとしている地所の不動産所有特権を与えるように」。

(1) プリュタネイアは三五日もしくは三六日からなる行政月で、アテナイの一年(太陰暦なので平年で三五四日)は一〇プリュタネイアである。民会はこのころ一プリュタネイアにつき四回招集された。各部族選出の評議員たちはプリュタネイアごとに輪番でプリュタネイス(当番評議員)となり、評議会や民会の招集など各種業務を遂行した。

(2) ギリシア語でプロエドロイ。評議会や民会の招集時にプリュタネイス当番部族以外の九部族選出の評議員から一人ずつ籤で選ばれ、議事上程や採決判定などを行った。

(3) キプロス島南岸の港湾都市(現ラルナカ市)で、紀元前一〇世紀頃からフェニキア系の都市として繁栄した。

【出典】P.J. Rhodes & R. Osborne(eds.), *Greek Historical Inscriptions 404-323BC*,(Oxford, 2003), No. 91, pp. 462-467.

【解説】　アテナイの外港ペイライエウスで発見された碑文である。前半部には紀元前三三三／二年第一プリュタネイアの評議会決議が刻まれているが、これはキティオン人たちを招き入れたうえで神域建設に関して決議するよう民会へ求める予備決議(プロブレウマ)である。後半部には、アフロディテ(フェニキアの女神アスタルテ)神域を設けるための不動産所有特権をキティオン人商人たちへ認める同年第二プリュタネイアの民会決議が刻まれている。当事者の嘆願(アリストテレス『アテナイ人の国制』第四三章六節)を受けた評議会が民会の議案を予備決議して上程し、民会がその議案について決議するという、古典期アテナイの意志決定過程が窺える。

アテナイはペロポネソス戦争敗戦後に貢租金収入を断たれた一方で、肥大化した民主的諸制度を維持するための歳出を節減できず、とくに紀元前三五〇年代の同盟市戦争後には財政破綻に瀕した。その直後からエウブロスが取り組んだ財政再建を、紀元前三三八年以降引き継いだのが、当史料中の民会決議を提案したリュクルゴスである。彼は財政再建に成功するいっぽう、ディオニュソス劇場などの建築を進め、祭儀を拡充するなど、財政にとどまらぬ広範な分野の政策に関与した。彼がアテナイの政治を主導したと考えられる、カイロネイアの戦いから紀元前三二五年頃までの時期は、しばしば「リュクルゴス時代」と呼ばれる。

古典期アテナイは原則として市民のみに不動産所有権を認めたが、稀に外国人に不動産所有特権(エンクテシス)を付与する場合があった。リュクルゴスは上述のように宗教政策にも関与したが、当決議に関しては、不動産所有特権を付与して外国人商人を惹きつけ、関税などの税収増加を企図した政策の一環だとしばしば解釈されている。同様の施策は、既に紀元前四世紀半ばにクセノフォン(『財政論』第二章六節)が提唱している。ギリシアで穀物不足が深刻化したといわれる前三三〇、三二〇年代にはフェニキア、イタリア、キプロスの諸市出身者への特権付与がしばしばアテナイ民会で決議されたことが知られており、その中にはリュクルゴスが提案した決議もある。当史料のものを含むこれらの特権付与は、財政再建や穀物輸入と関係した外国人優遇策の一環だった可能性がある。

(橋本資久)

144　アレクサンドロス大王の対ギリシア政策(前三三六―前三二三年)

アレクサンドロスのキオス人への書簡(前三三四年)

デイシテオス(1)がキオスの筆頭役人であった年、アレクサンドロス王からキオス人市民団へ。

キオスからの亡命者(2)はすべて帰国すべきこと。キオスにおける国制は民主政たるべきこと。民主政にも亡命者の帰国にも相矛盾することのないように、法を起草しかつ改訂する立法委員を選ぶべきこと。改訂され、または起草された法は、アレクサンドロスのもとに送付さるべきこと。キオス人は乗員を乗り組ませた二〇隻の三段櫂船(3)を彼らの費用で提供すべきこと。これらの船は、ギリシア人の他の艦隊が我々とともに巡航している間は海上にあるべきこと。ポリスを夷狄〔ペルシア人〕に明け渡した者たちのうち、すでに逃走した者たちについては、ギリシア人の決議(4)にしたがって、平和を共にするすべてのポリス(5)から追放され、逮捕さるべきこと。〔市内に〕とり残され〔すでに拘束され〕た者たちについては、送還してギリシア人の評議会(6)で裁かれるべきこと。帰国した者たちと市内に留まっていた者たちとの間に何らかの紛争が生じたなら、この件について彼らは我々のもとで裁定を受けるべきこと。キオス人が互いに和解するまで、アレクサンドロス王(7)から〔派遣された〕十分な規模の駐留部隊が彼らのもとにあるべきこと。キオス人がその経費をまかなうべきこと。

(1)　デイシテオスについては詳細不明。
(2)　親ペルシア政権によって追放されていた民主派の市民たち。
(3)　史料126注9参照。
(4)　コリントス同盟結成のために結ばれた条約。
(5)　前三三七年初頭に成立したコリントス同盟の参加国。
(6)　コリントス同盟の最高決議機関。
(7)　アレクサンドロスがこの駐留部隊を撤退させたのは、前三三一年のことである。

【出典】 P. J. Rhodes & R. Osborne (eds.), *Greek Historical Inscriptions 404-323 BC* (Oxford, 2003), No. 84, A. pp. 418-425.

【解説】キオス島を含む小アジア沿岸地方のギリシア諸ポリスは、ギリシア世界とペルシア帝国の狭間にあって両者の勢力争いの舞台となり、これに各ポリス内部の抗争がからんで国制も幾多の転変をこうむった。前三三四年、東方遠征に出発したアレクサンドロス大王はまずこの地方に進軍し、ギリシア人をペルシアの支配から「解放」しながら諸ポリスに民主政を打ち立てた。しかしエーゲ海方面のペルシア海軍はなお健在で、幾つもの島やポリスを奪回するなど、しばらくは動揺が続いた。ペルシア海軍が完全に駆逐され、エーゲ海が「マケドニアの海」となるのは、前三三二年のことである。

キオスは前五世紀のデロス同盟以来、エーゲ海におけるアテナイの有力な友好国であった。前三五七年にアテナイから離反して寡頭政を樹立したが、前三三六年にペルシア遠征の先発部隊であるマケドニア軍が小アジア沿岸に侵攻すると、寡頭政を倒してマケドニア側につき、コリントス同盟にも参加した。しかし翌年にはペルシア軍が沿岸地方を奪い返し、キオスにも寡頭政が復活。前三三四年にアレクサンドロスが到来すると、キオスからも親ペルシア派の寡頭派市民が追放された。

史料はこの時キオス人にアレクサンドロスが発した布告で、いまだ政情不安定なポリスに対する彼の方針を示している。親ペルシア政権に関与した者の逮捕と裁判をコリントス同盟の決議に従って行うよう命じているのは、ギリシア人の解放という遠征の大義名分に合致する。その反面、新しい法の制定や、帰国者の財産回復をめぐって予想される紛争については、アレクサンドロス自身が裁可するとしている。これを実地に示した史料も残っている(No. 84, B)。

キオスは翌年、親ペルシア派の内通によって再びペルシア軍の手に落ちた。キオスが最終的にペルシアから解放されるのは、前三三二年のことである。

（森谷公俊）

145　アレクサンドロス大王による跪拝礼導入（前三二八—前三二七年）

アリアノス『アレクサンドロス東征記』（後二世紀前半）

〔第四巻一〇章五節—一二章二節〕〔X〕　アレクサンドロスと哲学者たち、それにペルシア人とメディア人の最も高位の側近たちによって、この〔跪拝礼についての〕話題を酒宴の席(1)に持ち込むことが取り決められた。アナクサルコス(2)が口火を切って、こう論じた。（中略）マケドニア人が、彼らの王に神としての栄誉をささげるのはより正当なことである。なぜなら王が人間の世を去った時に〔マケドニア人が〕彼を神として祀るであろうことは、異論の余地がないからだ。存命中に崇拝をささげることは、亡くなってから何のご利益もなしに祀られることに比べれば、どれほど理にかなっていることか。

〔XI〕しかしマケドニア人の大半は彼の演説を不快に思って黙りこんだ。するとカリステネス[3]が話を引き継いでこう言った。「アナクサルコスよ、私もまた人間に分相応の名誉である限りは、アレクサンドロスにふさわしくないものはない、と主張する。しかし人はこれまで、人間に適した名誉と神にふさわしい名誉とを、多くのいろいろなやり方で区別してきた。（中略）最大の区別は、跪拝にかんする掟だ。人は自分に挨拶する者からは口づけを受けるが、神は高きところに在《いま》すから、じかに触れることは掟として許されない。だからこそ神は跪拝によって崇められるのだ。（中略）そうであるなら、一方では度の過ぎる栄誉でもって人間を法外に高いところに祀りあげ、逆に神々には人間と同じ栄誉を与えて、人にでき得るかぎりの最も卑しく不当な地位に神々を引きずり降ろすことで、こうした区別の一切を混乱させてしまうのは、まったくもって不適切なことである。（中略）アレクサンドロス殿、よくお考えいただきたい。ギリシアの地へ帰られた時、一体あなたはこの世で最も自由なギリシア人に跪拝礼を押しつけるのか、それともギリシア人は免除してマケドニア人にこの不名誉をかぶせるおつもりか、あるいは栄誉に関する事柄からはあなた御自身がきっぱりと手を切って、その上でギリシア人とマケドニア人からは人間にふさわしくギリシア風のやり方で栄誉を受け、夷狄風の栄誉を受けるのは夷狄〔ペルシア人〕からだけにする、というおつもりなのか。（中略）」

〔XII〕カリステネスは以上のように、またこれに類することを述べて、アレクサンドロスをこの上なく怒らせたが、マケドニア人には胸のすくような発言だった。（中略）こうした議論のあとでその場が静まると、長老格のペルシア人たちが立ち上がり、順に跪拝礼を行った。

（1）遠征中のマケドニア軍における酒宴は半ば公式の場であり、アレクサンドロスはしばしば酒宴の場に重要問題を提起して、側近たちの反応を見きわめてから政策決定を行った。

（2）トラキア沿岸の都市アブデラ出身のギリシア人哲学者で、デモクリトスに学ぶ。東方遠征に従軍して王の宮廷にあり、当意即妙の才能を発揮して王の厚い信任を得た。

（3）オリュントス出身のギリシア人歴史家。伯父である哲学者アリストテレスの推薦を受けて東方遠征に従軍し、アレクサンドロス公認の「正史」を書くことを任務とした。しかし跪拝礼導入に反対したことがきっかけで王と疎遠になり、前三二七年春、近習《きんじゅう》たちによる王暗殺の陰謀事件に連座して処刑された。

【出典】A. G. Roos (ed.), addenda et corrigenda adiecit G. Wirth, *Flavius Arrianus* vol. I. *Alexandri Anabasis*, Bibliotheca Teubneriana (Leipzig, 1967), pp. 192–196.

【解説】跪拝礼とは、ペルシア人のあいだで目下の者が目上の者に対して行う日常の挨拶で、上体を軽く傾け、右手を口にあてて投げキスを送るという動作であった。これが宮廷儀礼として発達し、大王に謁見する時には膝をついて平伏した。他方、ギリシア人においては、平伏するのは神々に嘆願する時だけで、人間に対して跪拝の礼をとることは奴隷に等しい侮辱的行為であった。アレクサンドロスによる跪拝礼導入の目的は、アジアの王として君臨するために、マケドニア人、ギリシア人とペルシア人ら東方人に対する統一的な宮廷儀礼を確立することにあった。しかし将兵らの反発は強く、跪拝礼の実践はペルシア人、メディア人に限られた。

（森谷公俊）

第四節　ヘレニズム時代

146　マケドニアによるキュクラデス群島支配（前四世紀末）

デロスのデメトゥリエイア祭創設（前三〇六年）

[…]「島嶼連邦」は、デメトゥリオスにふさわしい名誉を以て、できる限り立派に彼を顕彰すべきこと。「連邦」は、現在も行っているアンティゴネイアという祭典を二年に一度デロスで行うこと。その間の年には、デメトゥリエイアという名前を冠した犠牲式典、競技会、集会を行うこと。「連邦」は、ちょうどアンティゴネイア祭に派遣しているように、この祭典に使節を派遣すること。「連邦」は、犠牲式典と競技会の資金を提供すべきこと。芸人たちの出演料を[…]、またデメトゥリエイア祭にかかる費用を、「連邦」共同の基金から支払うこと。現在、「島嶼連邦」がアンティゴネイア祭のために行っている分担金支払いにならって。もし島々のどこかが、この祭典のために課された

分担金を支払わないならば[およそ二〇行欠損]

諸都市が使節を選んだ時には必ず、翌年デメトゥリエイア祭に出かける者たちが、アンティゴネイア祭のために取り決められているのと同じ額を支払うべきこと。彼らは、デメトゥリエイア祭を後日行うための資金が提供できるように、熟慮し、考慮に入れておくべきこと。彼らが今後とり行うことに関する限り、すべてが法にかなっているべきこと。その後派遣される使節は、当初取り決められたように支払いをすること。使節はこの決議を石に刻み、王たちの祭壇に建てるべきこと。

【出典】F. Dürrbach, *Choix d'inscriptions de Délos* (Paris, 1921/22), 13, pp. 17-20.

【解説】冒頭の「島嶼連邦」とは、前三一五／四年頃マケドニアのアンティゴノス一世モノフタルモスがカッサンドロスと戦った時、キュクラデス群島の島々をまとめ、自らが盟主に納まった「連邦」である。デロス島はこの時アテナイの支配を脱して独立を回復した。この「連邦」には、デロスを中心として、その近隣の島々(キュトノス、ナクソス、アンドロス、ミュコノス、アモルゴス、ケオス、サモス、またおそらくパロス、シフノス、アステュパライア)が参加した。これらの島々からデロスに代表が送られ、マケドニア王の使節が主宰する同盟会議に参加して決議をあげ、「連邦」としての意思を決定した。

碑文中に言及されているアンティゴネイア祭は、アンティゴノス一世を記念した祭典であった。彼は、前三〇七年、カッサンドロスとプトレマイオスの支配下にあったギリシアを解放するため息子のデメトゥリオス(のちのデメトゥリオス一世ポリオルケテス)を派遣した。彼は首尾よくアテナイに入城し、父祖伝来の民主政の回復を約束して莫大な穀物と船舶建造用の木材を贈り、アテナイ市民の絶大な支持を受けた。しかしほどなくデメトゥリオスの約束した自治・自由はマケドニア王の意思の下での自治・自由であることが判明する。アテナイに居住してからのデメトゥリオスは専制的にすらなった。

デロスも自治・独立を保ってはいたが、その命運は「島嶼連邦」に密接に結びつけられていた。つまり「連邦」の盟主たるマケドニア王にさからうことはできなかったのである。デロスには君主を称える記念堂が建てられ、君主に捧げた祭典が挙行された。この碑文に記されている決議は、前三〇六年、デメトゥリオスがエーゲ海に進出したプトレマイオス一世ソテルをキュプロス島近海で破った時に、これを記念して新しくデメトゥリエイア祭を創設することを決定したものである。マケドニアによるデロス支配は、前二八七年ごろデメトゥリオスがセレウコス一世に敗れ、前二八三年に死亡して終わりを告げた。碑文中の「王たちの祭壇」の場所については「十二神神殿」の中にあった、とする説が有力であるが、反論もあって現在のところは確定できない。

(田村孝)

147　セレウコス朝国家における村落と都市（前三世紀半ば）

アンティオコス二世による先妻ラオディケへの土地売却文書（前二五四／三年）

アンティオコス〔二世〕王はメトロファネスに挨拶を送る。

朕はラオディケに、パンノス村〔パンヌコーメー〕と土地つきの館、ならびに村に所属する土地とを売却した。この地はゼレイアの領土とキュジコスの領土ならびにパンノス村の上方を通っている昔からの道路と境界を接している。この地は近隣の農民たちによって耕作されており、そのため彼らはその場所を占有している。現在のパンノス村はのちの時代に造られた。たとえこれらの土地に何らかの小村落があっても、それらごと〔売却した〕。またこれらに所属している農民たち〔ラオイ〕を彼らが所持するすべてのものと共に家族もろとも、また〔セレウコス紀元〕五九年目の収入、銀三〇タラントンも共に〔売却した〕。また、この村から他の農地に移った農民たち〔ラオイ〕がいれば、その者たちも同様に〔売却した〕。彼女〔ラオディケ〕は王庫に税を納める必要は一切なく、彼女が望んだ都市に〔土地を〕移管する権利を有するという条件で〔売却した〕。同様に彼女から〔これらの土地を〕購入したり入手したりした者たちも、同様の権利を持ち、自分たちの望む都市に移管することができる。もしラオディケが以前に〔土地を〕都市に移管していないならば。移管されていれば、ラオディケによって土地が移された所で〔この人物には〕その〔土地を所有する〕権利が生じる。（中略）ラオディケの財務長官アッリダイオスに、この村と土地つきの館、村所有の土地、家族や財産をもって住んでいる農民たち〔ラオイ〕を引き渡すよう、そしてこの売買をサルディスにある王の文書局と五本の石柱に記録するように貴下はとりはからうこと。それらのうちの一柱はイリオンのアテナ神殿に、第二はサモトラケの神殿に、第三はエフェソスのアルテミス神殿に、第四はディデュマのアポロン神殿に、第五はサルディスのアルテミス神殿に建てるように。ただちに土地を測量して境界石で区切り、測量したことを前述の石柱に刻印すること。

以上

セレウコス紀元五九年ディオス月五日

【出典】C. B. Welles, *Royal Correspondence in the Hellenistic Period* (New Haven, 1934), 18, pp. 89–100.

【解説】セレウコス朝シリアの国王アンティオコス二世（在位

前二六一―二四八年)は、前二五三年に最初の妻ラオディケと離婚し、翌年プトレマイオス二世の娘ベレニケと再婚した。彼の死後、ラオディケとの息子(のちのセレウコス二世)とベレニケとの息子の間で王位継承の争いが生じ、プトレマイオス三世が後者を支援してシリアに侵入したため、戦争が起こった(第三次シリア戦争、史料149の碑文を参照のこと)。この碑文は、離別した妻ラオディケに王が土地売却を命じた文書である。

売却対象の土地は、ゼレイアとキュジコスという都市名からわかるように、小アジア西北のフリュギア地方にあったパンノス村(パンヌコーメー、場所不詳)、館、土地の三種である。館の実態は不明であるが、他の二種との類推から何らかの耕地が付属した館と考えられる。ほかに農地という語も見られるが、これも単なる土地というより、居住区域を含む農地・小村などのたぐいであろう。

この碑文が注目されるのは、セレウコス朝の農民身分について貴重な言及がされているためである。王領地には「ラオイ」と呼ばれる農民がおり、彼らは家族と財産をもって耕作に従事していた点では自由農民と変わるところはないが、土地もろとも売却の対象とされており、あたかも土地に緊縛されて移動の自由を持たなかった中世ヨーロッパの「農奴」のようにも思われる。また「この村から他の農地に移った〈ラオイ〉も同様に」売却の対象とされているところから、これらの「ラオイ」を耕作地からの逃亡農民とする見解もあったが、現在では、「ラオイ」には農奴とは異なり、移動の自由が原則として保証されていたけれども、納税等の対国家奉仕義務においては、移住する前の村落共同体に結び付けられていたという原籍地の原理の具体例をこれに見る歴史家が多い(M・ウェーバー/渡辺金一・弓削達訳『古代社会経済史』東洋経済新報社、一九五九年参照)。

さらにラオディケによる土地の都市への移管について、従来この行為は下賜・売却された王領地が原則として都市の領地に編入されなければならなかったセレウコス朝の原則を表していると考えられてきた。都市領への編入義務は、征服王朝たるセレウコス朝が、旧来の土地所有関係を打破し、まず王領地として吸収した土地を、新たに都市領に編入させて、都市を中心とした王国の支配を強化・再編するための手段であったと説明される。しかし、近年の研究では下賜・売却された王領地は必ず都市領に編入されなければならなかったかどうか、疑義も出されている(大戸千之『ヘレニズムとオリエント』ミネルヴァ書房、一九九三年参照)。

本碑文は、セレウコス朝の農民や村落、都市が王国の支配といかなる関係にあったのかを考える上で見逃すことのできない重要な史料と位置づけられている。

(田村孝)

148　アンティゴノス朝マケドニア支配下のギリシア諸ポリス（前三世紀）

クレモニデスの決議碑文（前二六八年）

神々。〔中略〕アイタリダイ区のエテオクレスの息子クレモニデスが提案した。以前アテナイ人とラケダイモン人(1)ならびに同盟者たちは、互いに友好・同盟関係を締結したので、何度も栄えある戦いを、諸都市を隷属させようと試みるものたちに対して戦った。その戦いから彼ら自身は名誉を獲得し、他のギリシア人たちは自由を得られたのである。そして今、まさしく同じような危険な状況がギリシア全体を襲っている。すなわち彼らが各々の都市で法や父祖伝来の国制を破壊しようと企てているからだ。プトレマイオス〔二世〕王は、先祖と姉〔アルシノエ〕とのやりかたにしたがって、ギリシア人の共通の自由のために取り組むのに目立って熱心であった。アテナイの民会はこの王と同盟を組み、またその他のギリシア人たちを、同じ政策に募る決議をあげた。同様にプトレマイオス〔二世〕王の友人にして同盟者であったラケダイモン人も、アテナイ民会の同盟者であるという決議をあげた。またエリス、アカイア、テゲア、マンティネイア、オルコメノス、フィガレイア、カフュア、クレタの人びととも〔同盟者であるという決議をあげた〕。彼らはラケダイモン人やアレウス〔スパルタ王〕やその他の同盟諸国と同盟関係を結び、同盟会議からの使いを〔アテナイの〕民会に送った。彼らのところからやって来たこの使節の者たちは、ラケダイモン人やアレウス〔王〕、また他の同盟者たちが〔アテナイの〕民会に対してもっている尊敬の念を明らかにした。また彼らは同盟に関する同意文書を持参していた。かくて今や一致した協力体制が、諸都市に悪行をなし信義を破るものどもに対してギリシア人の間に成ったので、彼らはプトレマイオス〔二世〕王およびお互い同士で力を合わせて熱心に戦い、将来はこの協力体制をもって諸都市を救うことになるであろう。

神慮めでたく。民会は決議をあげた。アテナイ人およびラケダイモン人、ラケダイモン人の王、エリス人、アカイア人、テゲア人、マンティネイア人、オルコメノス人、フィガレイア人、カフュア人、クレタ人――彼らはラケダイモン人およびアレウス〔王〕や他の同盟者たちと同盟関係にあった――との間の、使節がもたらした友好・同盟〔条約〕は今後いかなるときも法的効力をもつべきこと。当番評議会の書記はこれを青銅の柱に刻み、アテナ・ポリアス神の

神殿に近いアクロポリスに建てるべきこと。（後略）

（1）スパルタの正規の国名。史料112解説参照。

【出典】W. Dittenberger (ed.), *Sylloge Inscriptionum Graecarum*, Vol. 1 (Leipzig, 1915), 434/435, pp. 675–679.

【解説】アンティゴノス・ゴナタスがマケドニア王の実権を確保したのはようやく前二七七／六年のことであった。アンティゴノスは父王の死後、自分の支配下においていた砦をアテナイに返還したり、マケドニアの守備隊をペイライエウスから撤退させる可能性も見せていた。当時のアテナイにはこのようなマケドニア王に親近感をもつ親マケドニア派も存在していた。

だが一方では強固な反マケドニア派も存在していた。その一人がクレモニデスである。彼はこの碑文に見られるように、アンティゴノスとその仲間を「父祖伝来の国制を破壊しようとする」連中と呼び、これと戦うためにラケダイモン人ほかのギリシア人と同盟を組んだ。北方の夷狄に対してギリシア人の自由を守れという彼の主張はとくに目新しいものではない。しかし状況をいっそう複雑化させたのはプトレマイオス二世フィラデルフォスである。彼はマケドニアの強大化をおそれ、ギリシアに介入した。

開戦（クレモニデス戦争）はこの決議の採択直後であった。当初からアテナイ・スパルタ連合軍の旗色はよくなかった。アテナイは二年間の攻囲に耐えたのち陥落した。プトレマイオス軍はなんの助けにもならなかった。以後アンティゴノス・ゴナタスがアテナイの支配者となり、直接統治に当たった。戦争中にアテナイの政治を指導した者たちは追放され（クレモニデスは弟グラウコンとともにエジプトに逃れ、プトレマイオス朝に仕えた）、親マケドニア派が実権をにぎった。アテナイは貨幣の発行権も失ったが、国制そのものには変化は見られなかった。

この戦争は、いまだエーゲ海域をめぐる覇権争いが続いていた時期に、プトレマイオス朝エジプトがアンティゴノス朝マケドニアの力をそぐために反マケドニアのあらゆる勢力と協力をしたために起こった戦争と位置づけることができる。〔参〕長谷川岳男「アンティゴノス朝マケドニアのギリシア「支配」」『古代文化』48-3、一九九六年。

（田村孝）

149　プトレマイオス三世の事績（前二四六―前二二一年）

アドゥリス碑文（前二四五年）

大王プトレマイオス〔三世〕は、救い主たる神々プトレマイオス〔一世〕と王妃ベレニケとの子にして兄妹神たるプトレマイオス〔二世〕王とその王妃アルシノエとの息子で、父方からはゼウスの子ヘラクレス、母方からはゼウスの子ディオニュソスにつらなり、父王からエジプト王国およびリビア、シリア、フェニキア、キプロス、リュキア、カリア、キュクラデスの島々を受け継ぎ、アジアへ、歩兵と騎兵の部隊、艦隊ならびにトログロデュテスとエティオピアのゾウを率いて進軍した。これらのゾウを父王と王自身とが最初にこれらの国々から狩り出し、エジプトにつれてきて戦闘用に訓練した。ユーフラテス川のこちら〔西〕側のすべての地域やキリキア、パンフィリア、イオニア、ヘレスポントス、トラキアならびにこれらの地域の軍隊やインドのゾウを支配下におさめ、これらの地域にいるすべての豪族を臣下に加え、ユーフラテス川をわたってメソポタミアおよびバビロニア、スシアナ、ペルシス、メディアならびにその他のすべての地域をバクトリアまで自分の支配下においた。そしてペルシア人によってエジプトから持ち去られた神殿財宝を調査し、これらの地域からの他の財宝と共にエジプトに戻した。また、軍隊を運河に沿って派遣した[以下欠損]

【出典】 W. Dittenberger(ed.), *Orientis Graeci Inscriptiones Selectae*, Vol. 1, (Leipzig, 1903), 54, pp. 83-88.

【解説】 この碑文は、紀元後六世紀に旅行家コスマス・インディコプレウステスが紅海沿岸南部アフリカ側の港湾都市アドゥリス(アドゥレとも伝えられる)で発見し、写しが作られて現在にまで伝えられた。碑文本体はその後失われてしまった。アドゥリスは紅海からインドへいたる航路の重要な港で、エジプトやエティオピアの物品や東洋からの特産品の集散地となっていた。

この碑文には、プトレマイオス三世エウエルゲテス(在位前二四六—二二一年)が即位時に父王から継承した王国のうち、エジプト本国をのぞく領土が明示されている。これらの地名は他の史料にも言及があり、正しい内容を伝えていると考えられている。続く部分では、同王が軍隊と艦隊、戦闘用のゾウを率いてセレウコス朝下のアジアへ攻め込んだことが記されている。碑文中の「インドのゾウ」とはセレウコス軍の戦闘用のゾウである。紀元後三世紀の歴史家ユスティヌスの伝え『フィリッポス史』(ポンペイウス・トログス原著、ユニアヌス・ユスティヌス抄録／合阪學訳『地中海世界史』京都大学学術出版会、一九九八年、第二七巻一章)によれば、セレウコス朝の国王アンティオコス二世の死後、彼の最初の妻ラオディケの息子セレウコス二世が王位を継承したのち、彼は父王の二度目の妻ベレニケをその幼い息子とともに殺害しようとした。ベレニケはプトレマイオス三世の妹であったため、妹の危機を知った兄王が大軍を率いてセレウコス朝の領土に攻め込んだのであった。しかしベレニケは息子ともども策略にかかって兄王の到着前に殺されたという。この碑文に言うエジプト軍のアジア進軍はこのときのことである。これが第三次シリア戦争(前二四六—二四一年、史料147の碑文も参照のこと)の発端である。プトレマイオス三世は、このときもしエジプト本国における反乱制圧のために帰国しなかったならば、セレウコス朝の全領土を占領していたところであった、とユスティヌスは伝えているが、この碑文に言われているユーフラテス川両岸の広大な領土をバクトリアまで支配下においた、という記述は誇張されていて正確ではないと考えられている。実際にはプトレマイオス三世はペルシアの奥深く侵入したわけではなく、せいぜいエクバタナかペルセポリスあたりでパルティア、バクトリアからの使節の表敬訪問を受けた程度のことだったのではないか、と推定するむきもある。本格的な戦闘はプトレマイオス三世がエジプトに帰還してから始まった。セレウコス二世はエジプト軍に攻囲されていたダマスクス、オルトシアを解放したが、南のパレスティナでは手痛い敗北を喫した。

戦後エジプトはセレウキア・ピエリアとアンティオキア・オロンテスのほかにパンフィリア地方、カリア地方、リュキア地方のテルメッソス、イオニア地方ではエフェソス、サモス、マグネシア・マイアンドロス、レベドス、ミレトス、レスボスなどの領有を認められ、エーゲ海北部ではアイノスとマロネイアを所有し、サモトラケにも支配権をおよぼした。この第三次シリア戦争によって、プトレマイオス三世は小アジアへの橋頭堡を確保したのである。

（田村孝）

150　ペルガモン王国エウメネス二世の事績（前二世紀前半）

デルフォイのアンフィクティオニアによるエウメネス二世の顕彰碑文（前一八二年）

デモステネスがデルフォイのアルコンの年。アンフィクティオニアの決議。エウメネス〔二世〕王は父王アッタロス〔一世〕から神々への篤い信仰とアンフィクティオニアへの好意とを受け継ぎ、ローマ人との友好関係を忠実にもちつづけ、つねにギリシア人に対して何らかの恩恵を与えるよう心を配り、共通の安全のために同じ危険を分かち持ち、多くのギリシアのポリスによき秩序を保ちつづけることが可能なように贈り物を与えた。そのため彼の政策をよく見ていたローマ人たちが王国を拡大してやったのである。それは彼ら〔ローマ人〕が、ギリシア人に対して攻撃を企てる王たちにはそれに見合った懲戒が必要だと考え、悪の原因にならない王たちには最大の信頼を寄せる価値があると考えたからである。彼〔エウメネス二世〕はアンフィクティオニアに次のように請願するために宗教使節を派遣した。すなわちアテナ・ニケフォロスの神域それ自身が不可侵であるとアンフィクティオニアが布告を出すように。さらに自分が冠を寄付すると決めた種々の競技会を、音楽祭はピュティアの競技会にならうこと、体育大会や馬の競技会はオリュンピアの競技会にならうことを、アンフィクティオニアが認めるようにと（請願した）。使節は国王がギリシア人全体に対してあまねく、また個々のポリスに対しても好意をもち続けていることを説いた。かくして今、アンフィクティオニアは、共通の恩人ローマ人に対して友好関係をもち続け、ギリシア人に対してつねに何らかの善を施す国王たちが提案したことは、価値があると考えていることを明らかにする。神慮めでたく。アンフィクティオニアは、アッタロス〔一世〕王の子エウメネスを称えること。そしてアポロ・ピュティオスの神域で月桂樹の冠を彼に戴かせること。その場所では、伝統的に、彼ら自身の恩人をその徳のゆえにまたギリシア人への好意のゆえに冠で称えることにしているのだから。また彼の乗馬姿のブロンズ像をデルフォイに建てること。さらに〔アンフィクティオニアは〕ペルガモンにあるアテナ・ニケーフォロスの神域を、エウメネスが境界を定めたとおり永遠に不可侵と宣言すること。そして何人《なんぴと》たりとも戦時においても、平時においても、この境界内の場所から連れ去ってはならない。[…]さらにアンフィクティオニアは冠が〔賞品として〕寄付されたこの二つの祭典を、まさしく王が請願したように、勝利者に許された年齢においても、名誉においても、音楽祭はピュティア祭と、体育大会と馬の競技会はオリュンピアの競技会と同格にされるべきことを宣言した。この布告はデルフォイで神殿の内陣前の王の像の台座に刻されること。またペルガモンにおいてはアテナ・ニケフォロスの神域内の像の台座に刻されること。王による王冠〔の寄付〕と〔神域の〕不可侵とはピュティア祭とソテリア祭とにおいて公表されること。

【出典】W. Dittenberger (ed.), *Sylloge Inscriptionum Graecarum*. Vol. 2, (Leipzig, 1917), 630, pp. 176–178.

【解説】アンフィクティオニアとはデルフォイのアポロン神殿とその祭祀を中心に周辺のポリスや諸種族の間で結ばれた同盟(隣保同盟)である。主に祭祀・祭典を扱ったが、シュネドリオンと呼ばれる同盟会議を開催し、時には政治・軍事・財政上の諸問題に決定を下した。この碑文は小アジア西部のペルガモン王国のエウメネス二世(在位前一九七―一五九年)の要請どおり、アンフィクティオニアが、ペルガモンのアテナ・ニケフォロスの神域の不可侵と、そこでの祭典(ニケフォリア祭)における音楽祭はデルフォイのピュティア祭に、体育大会はオリュンピアの祭典と同格のものにすることを宣言したものである。ニケフォリア祭はエウメネスの即位後すぐに設けられたが、その後廃れ、前一八二年に復活されたと考えられている。この碑文はエウメネスがビテュニア王プルシアスとガラティア人とに勝利した記念にニケフォリア祭を復活した時のものと考えられている。ちなみにこの頃から、エウメネスは都市ペルガモンの美化に心を砕き、アテナ・ニケフォロスの神域の補修・整備、「大祭壇」(ベルリン、ペルガモン美術館蔵)などの建設にとりかかったとも言われている。

碑文の冒頭ではローマ人に対する過剰な賛辞が連ねられてい

る。これはちょうどこのときエウメネスはポントス王国のファルナケス一世(在位前一八九／八頃―一五五／四年頃)と戦っている最中であり、両国がともにローマ元老院へ使節を派遣して自国の正当性を訴えているところでもあって、ローマの印象をよくしておかなければならないという事情があったからだと考えられている。

(田村孝)

第四章　古代ローマ

第四章では、紀元前八世紀中頃(伝承によれば紀元前七五三年)の古代ローマの建国から紀元後六世紀(五三三年)の『ユスティニアヌス帝の法学提要』までの古代ローマ史関係の史料を取り上げる。第一節「都市国家ローマの建国と共和政初期の政治動向」では、都市国家ローマの建国から前五〇九年の共和政の成立を経て前三世紀前半までの共和政初期の政治動向に関する史料を取り上げる。第二節「地中海世界の征服からローマ帝政の樹立」では、前三世紀中葉のポエニ戦争に始まる共和政ローマの地中海世界への進出とそれに伴うローマ社会の変容と政治的混乱を経てのアウグストゥスによる帝政の樹立までの史料を扱う。またローマのライバルであったカルタゴ関係の史料も取り上げる。第三節「「ローマの平和」時代の政治と社会」では、後一世紀から後三世紀前半までローマの安定した支配の下で「平和」を享受していた時代の史料を取り上げる。第四節「ローマ帝政後期の社会とキリスト教」では、ローマ帝国が所謂「三世紀の危機」と言われる混乱に陥った三世紀後半からディオクレティアヌス帝の「四分統治」体制の下で安定を取り戻した帝政後期の史料を取り上げる。

さて古代ローマ史に関する史料は、遺跡などから明らかとなる都市計画や都市景観などを含む、所謂モノとしての考古資料を除くと、大きく二種類に区分できる。一つは、古代から中世を経て近代に至るまで多くの人々に書き継がれた写本の形で伝わった様々な書物(医学書他の技術書を含む古典文学、キリスト教文学、法史料など)である。今一つは、考古学上の調査等で発見された石板、金属板、木板やパピルスなど様々な素材に書かれた文字資料、最近用いられるようになった言葉で言えば、出土文字資料である。

これらの古代ローマ史関係の史料は、古代ギリシア史関係の史料と並んで、ヨーロッパにおいて最も早くから整備された分野であった。古典文学については、一九世紀には信頼すべき刊本がほぼ揃い、現在も刊行され続けている「オクスフォード古典テキスト」や「トイプナー　ギリシア・ローマ作家文庫」も、前者は一八九〇年頃、後者は一八四九年に最初の巻を公刊している。またユスティニアヌス帝の命で編纂された『市民法大全』等の法史料も一九世紀から二〇世紀初頭に編纂された刊本が現在も広く用いられている。出土文字資料についても、最も浩瀚な史料集成である『ラテン金石文大全』が一八五三年から刊行が開始され、現在でも新たな分冊が刊行され続けている。現在までの発行された総巻数は一七巻、分冊は七〇冊以上、収録されている金石文は総数二〇万に近くなっている。本章でも用いられるH・デッサウ編纂の『ラテン金石文選集』も『ラテン金石文大全』に基づく選集である。

第一節「都市国家ローマの建国と共和政初期の政治動向」では、血統貴族であるパトリキーと平民プレプスとの間の所謂「身分闘争」が主要なテーマとなる。この時代に関して、まず強調しなければならないのは、前三世紀前半までの時代については、ほとんど同時代史料が残っておらず、後世(多くは帝政期)に書かれた古典文学が主な史料となることである。この時代の政治に関する史料も後世に著された古典文学史料であることは注意すべきである。例えば「ローマの建国」(史料151)、「平民(プレプス)の集団退去と身分闘争の始まり」(史料154)などの項目で用いたティトゥス・リウィウスの歴史書は帝政成立期に執筆されたものである。

第二節「地中海世界の征服からローマ帝政の樹立」では、ローマによる地中海世界の征服とそれを受けた共和政末期におけるローマの政治的な混乱が主要テーマとなる。まず「ポエニ戦争」(史料159)とローマの好敵手であったカルタゴの宗教や国制に関わる史料(史料160、161)を取り上げる。次いで共和政末期の政治混乱や市民間の争いに関する「グラックス兄弟の改革」(史料163)、「スパルタクスの蜂起」(史料168)、「第一回三頭政治」「カエサルの暗殺」(史料169、170)などに関する史料を取り上げる。この時代には、「バックス祭儀の弾圧」(史料162)の項目で用いられる金石文などの同時代史料も出現するようになり、「コントレビア青銅板」(史料167)のようにローマの支配下の属州社会の状況を伝える史料や「「トゥリア」の追悼演説」(史料171)のように家族や女性の姿を伝える史料も出現する。最後に、アウグストゥスによる「帝政の成立」(史料172)と皇帝を宗教的に崇拝する「皇帝礼拝」の設立(史料173)に関する史料を取り上げる。

第三節「「ローマの平和」時代の政治と社会」では、紀元後一世紀から三世紀前半までの「ローマの平和」における時代の政治や社会の姿を伝える史料を取り上げる。まず帝政成立期の皇帝とその近親者の政治的地位を示す「第二代皇帝ティベリウスの養子ゲルマニクスへの追悼元老院決議」(史料174)や属州へのローマ市民権の拡大を伝える「ガリア人の公職就任権」(史料176)などの政治的な出来事を伝える史料を取り上げる。キリスト教の成立と伝播を示す「イエスの裁判と処刑」(史料175)や「ローマ市の大火とキリスト教徒の弾圧」(史料178)なども注目される。また、「古代ローマの女性と教養」(史料184)、「解放奴隷トリマルキオの生涯の回顧」(史料177)、「少女ユスタの法的地位をめぐる訴訟」(史料181)や「アリメンタ制(少年少女扶養基金)の設置」(史料185)など、戦争や政治的事件ではなく、社会的な事象に関する史料が数多く見出されるようになるのも、この時代の特徴である。

第四節「ローマ帝政後期の社会とキリスト教」では、三世紀後半以降の帝政後期の史料を取り上げる。まず三世紀のガリアでの農民反乱である「バガウダエの蜂起」(史料191)やディオクレティアヌス帝による「四分統治」(史料192)など政治に関わる史料を取り上げ、次いで「ミラノ勅令」(史料195)、「ニカイア公会議」(史料196)や「カトリックの国教化と異端・異教の禁止」(史料199)など、キリスト教の公認から国教化までの経過を示す史料を取り上げる。また、この時代には、古典史料に加えて『テオドシウス法典』や『市民法大全』に代表される法史料の比重が高まる。そのような法史料の一つであり、ローマ人の法律に関する考え方を示す『市民法大全』に含まれる「古代ローマ人の法律観」(史料200)を最後に取り上げる。

(島田誠)

第一節
都市国家ローマの建国と共和政初期の政治動向

151　ローマの建国（前七五三年頃）

リウィウス『ローマ建国史』（前二七―後一七年）

（前略）〔祖父〕ヌミトルにアルバの統治を委ねると、自分たちが遺棄されて養育された場所に都市を建てたいという願望が、ロムルスとレムスをとらえた。……彼らは双子であり、長幼の序は定められなかったので、その地を守護する神々が鳥占(1)によって、誰にちなんで新しい都市に名前をつけるか、誰が建設された都市を支配するかを選ぶこととなった。ロムルスはパラティヌス丘を、レムスはアウェンティヌス丘を占いのための聖域として選んだ。最初に六羽の鷲の〔飛翔が観られるという〕前兆がレムスにもたらされた。すでにその前兆が報告されていた時に、二倍の数の鷲がロムルスのもとに姿を見せた。双子のそれぞれに大勢の部下が王と挨拶した。一方は時間が先のゆえに、他方は鳥の数のために王位を主張した。そこで言い争いとなって、怒りの応酬が流血の事態となり、混乱の中でレムスが打たれて殺害された。非常に有名な話だが、レムスが兄弟を嘲るために新しい城壁を飛び越え、そこで怒りからロムルスは〔レムスを〕殺害し、言葉でも警告して「今後は何人《なんびと》であれ私の城壁を飛び越える者は、このようになる」と付け加えた。そういう訳で、ロムルス一人が支配権を獲得し、建設された都市は建設者の名前によって〔ローマと〕呼ばれた。

（1）古代ローマでは、建国の際の出来事に基づき、重要な国事が行われるときには必ず鳥占が実施され、鳥占を専門とする神官団である「鳥占官 augures」が存在していた。

【出典】*Titi Livi Ab urbe condita*, recognovit et adnotatione critica instruxit R. M. Ogilvie, Oxford Classical Texts, 1974, Tomus I, I, 6.3–7.3, p.10.

【解説】前七五三年とされるローマの建国事情についての確かな史料は存在しない。古代ローマ人自身も、共和政前期以前（前四世紀初めより昔）については同時代史料が残っていないことを認めている。ここで訳文を掲載したリウィウス（前五九―後一七年）の歴史書『ローマ建国史』はローマの建国から共和政前期についての最重要史料の一つだが、帝政成立期に執筆されたものであり、リウィウスの伝えるローマ建国の状況は歴史的事実ではなく、神話・伝承の一種と考えるべきであろう。我々が確実に言えるのは、次のことだけである。前八一四年頃に北アフリカに植民市カルタゴを建設したフェニキア人の海上活動と前七四〇年頃に現在のナポリ湾北岸に植民市キューメーを建設したギリシア人の西部地中海進出を受けて、現在のトスカナ地方に住むエトルリア人を筆頭にイタリア半島の人々が東方の都市文明を受け入れて対抗しようとし、その大きな動向の中で前八―七世紀頃にイタリア半島中部のティベリス川沿いに、恐らく先んじて東方の都市文明を取り入れたエトルリアの影響を受けつつ、ローマが建国されたのである。

リウィウスの歴史書ほかで伝えられるローマ建国の伝承によれば、ローマの建国者ロムルスと双子の兄弟レムスは、トロイアの英雄アエネアスの子孫でラティウム地方の都市アルバ・ロンガの王ヌミトルの娘レアとマルス神との間の息子であった。ヌミトルを王位から追った弟アムリウスは、双子の兄弟をティベリス川に棄てさせたが、双子は牝狼の乳で養われて生き延びた。長じて自らの出自を知った兄弟は、大叔父アムリウスを倒して祖父ヌミトルをアルバの王位に復させた後に、新しい都市(国)の建設を企てたが、都市の立地をめぐって仲違いが生じ、レムスが殺害され、ロムルスがローマを建国したとされる。

（島田誠）

152　古代ローマ王セルウィウス・トゥッリウスの改革（前六世紀半ば）

リウィウス『ローマ建国史』(前二七―後一七年)

その戦争においてトゥッリウス〔王〕の武勇と幸運さは抜群であり、敵の大軍を敗走させると、王は全く躊躇せず、元老院議員や平民たちの心を試そうと、ローマに帰還した。そこで、彼は平和のために極めて重大な仕事を企て、ヌマ〔王〕が神々の法の作者[1]であったのと同様に、セルウィウス〔王〕が市民たちの全ての区分、そして地位と財産の階梯の中で何処に位置するかを明らかにする身分秩序の創設者であると後世の人々が評判するようにと取り組んだ。と言うのは、彼は戸口調査、正に未来の支配にとって非常に有用な制度を創設したのである。その制度に基づいて戦時と平時の負担を、昔のように頭割りではなく財産所有に応じて課されることとなったのである。それから彼は、平和にも戦争にも適切なこの戸口調査に基づく身分秩序に等級と百人隊を配分した。

（1）伝承によれば、第二代のローマ王ヌマ（在位前七一五―六七三年）は、神祇官や鳥占官の神官団や神々の祭儀や農事を定めた一二カ月の暦など宗教関係の制度を創設したとされる。

【出典】 *Titi Livi Ab urbe condita*, recognovit et adnotatione critica instruxit R. M. Ogilvie, Oxford Classical Texts, 1974, Tomus I, I, 42. 3-5, p. 53.

【解説】 セルウィウス・トゥッリウス王（在位前五七八―五三五年）は、第六代のローマ王である。彼は一般にはローマの属するラティウム地方出身で、エトルリア出身の第五代タルクィニウス・プリスクス王の娘婿とされるが、彼もエトルリア出身であったとの伝えもある。彼の行った改革は、エトルリア系の王の下で急速に都市化し人口も増大していたローマの住民を単一の市民団に編成し都市国家としての体制を整備するものであった。具体的には、個々のローマの住民の財産を家族単位で調査し、その結果に基づいて住民を等級 classes に区分し、さらに百人隊 centuriae に分属させた上で、兵役や納税・賦役などの義務を課すものである。リウィウスは、ここに訳文を掲載した第一巻四二節に続く四三節で等級の区分と百人隊への分属の詳細を次のように述べている。

住民たちは、まず財産に基づいて歩兵の五等級に区分され、第一級には八〇個、第二から第四級にはそれぞれ二〇個、第五級には三〇個の百人隊が分属する。さらに、歩兵の第一級の上に一八個の騎兵百人隊が、第五級のさらに下(等級下)に所謂「無産者 proletarius」百人隊一個が位置していた。この他、工兵の百人隊二個が第一級に、ラッパ手の百人隊二個が第五級に配属された。この結果、ローマの住民は、計一九三個の百人隊に分属し、戦争時の軍役や平和時の諸負担を果たすことになった。

セルウィウス・トゥッリウスの改革は、重装歩兵戦術の普及に対応するためのものであり、アテナイのクレイステネスの改革に匹敵するとされることがある。この改革の詳細を伝えるリウィウスの記事については、その信憑性を疑う研究者が多い。王政期後半(前六世紀前半)のローマの状況から、五(プラス二)等級、一九三個の百人隊という市民団の規模が到底想定できないからである。恐らく、後世の拡張された体制の状況を王政における制度の創設時に当てはめたものであると考えられている。

〔参〕E・マイヤー／鈴木一州訳『ローマ人の国家と国家思想』岩波書店、一九七八年。

（島田誠）

153　古代ローマ王政の崩壊と共和政の成立(前五一〇―前五〇九年)

リウィウス『ローマ建国史』(前二七―後一七年)

これらの事件[1]の知らせが〔アルデアの〕陣営に届くと、革命を恐れた王は騒ぎを抑えるためにローマに急行した。ブルトゥスは〔王の〕接近に気付いていたので、出会さないように迂回した。ほぼ同時に、別々の道順で、ブルトゥスはアルデアに、タルクィニウス〔王〕はローマに到着した。タルクィニウス〔王〕に対して、〔ローマの〕城門は閉ざされて、〔王の〕追放が宣告された。都市の解放者〔ブルトゥス〕を陣営は歓呼して受け入れ、王の息子たちは逐われた。〔彼らの中の〕二人は父に従って、カエレで亡命生活を送るためにエトルリア人の所に向かった。セクストゥス・タルクィニウスは、あたかも自分の王国であるかのように、ガビイーに出発し、彼自身が自分のために引き起こしていた古い争いの復讐者によって殺害された。

タルクィニウス・スペルブスは二五年間〔ローマを〕支配した。ローマでは、都市建設以来、二四五年間にわたって王の支配下にあった。その後、二人のコンスル、ルキウス・ユニウス・ブルトゥスとルキウス・タルクィニウス・コッラティウスが、ローマ市長官によってセルウィウス・トゥッリウス〔王〕の登録簿に従って招集されたケントゥリア民会によって選出された。

（1）　タルクィニウス・スペルブス王の息子セクストゥスが王の一族ルキウス・タルクィニウス・コッラティウスの妻ルクレティアを陵辱し、彼女は自殺した。この自殺を受けて、王の甥に当たるルキウス・ユニウス・ブルトゥスがローマ市で王の暴政をうったえて、王の廃位と彼の一家の追放を宣告させたことを指す。

【出典】 *Titi Livi Ab urbe condita*, recognovit et adnotatione critica instruxit R. M. Ogilvie, Oxford Classical Texts, 1974, Tomus I, I, 60, p. 75.

【解説】 エトルリア都市タルクィニー出身の第五代タルクィニウス・プリスクス王の治世(前六一六—五七九年)以来、ローマは北隣のエトルリア人の影響下にあった。前六世紀、エトルリア人は、現在のトスカナ地方を本拠地に、陸上では北イタリアのポー川流域から南イタリアのカンパニア地方までを支配下に置き、海上でも北アフリカのフェニキア人植民市カルタゴと同盟して西部地中海に進出を図るギリシア人勢力と対抗していた。ところが、前六世紀末にローマにおいてエトルリア系王政が崩壊して共和政が成立した頃から、エトルリア勢力が海陸で後退しはじめた。前五〇五年頃には陸路南下したエトルリア軍がローマ市南東二五キロのアリキアで敗れ、さらに前四七四年にはナポリ湾北岸のギリシア人植民市キュメ沖の海戦でエトルリア艦隊が敗北してエトルリア勢力の衰退は決定的となったのである。ローマにおける体制変化も、このようなエトルリア勢力の衰退の一環であると考えることができよう。〔参〕平田隆一『エトルスキ国制の研究』南窓社、一九八二年。

（島田誠）

154　平民の集団退去と身分闘争の始まり（前四九四年）

リウィウス『ローマ建国史』（前二七—後一七年）

そのことが為されると、(1) 蜂起が早まることになった。先ず〔兵士としての忠誠の〕誓約から解放されるためにコンスルたちの殺害が議され、次に〔殺害という〕犯罪によっていかなる〔忠誠の〕義務も解き放たれないことを教えられると、シキニウス某の提案で、コンスルたちの命令なしに聖山に退去した、と言われている。アニオ川の向こう側、ローマ市から三マイルの所である。それが、〔前二世紀の年代記作家〕ピソーが伝えているアウェンティヌスの丘への退去よりも、多数の者の〔伝える〕話である。そこで、一人の指揮官もなしに防柵と壕で陣営を固めると、彼らは、沈黙して、生きるための必需品以外は何も摂らず、数日間にわたって挑発されることも自ら挑発することもなく留まっていた。大いなる恐怖がローマ市に生じた。互いの恐怖によって、あらゆる行動が制約されていた。仲間たちによって置き去りにされた平民〔プレプス〕たちは元老院議員たち[2]の暴力を恐れ、元老院議員たちは、ローマ市に残留した平民たちが留まることを望んでいるのか出発することを望んでいるのか確信を持てずにいた。……実際、市民の協和がなければ、いかなる希望も残らない。平民は、公正な手段であろうが不正な手段であろうが市民団に回復されるべきだった。そこで、〔退去した〕平民たちの下へ、代弁者メネニウス・アグリッパが派遣された。彼は雄弁な人物で、平民出身だったので平民たちに親近感を持たれていた。……それから、協和に関する議論が始まり、以下のように取り決められた。平民たち独自に公職者が存在し、神聖不可侵であり、彼らにコンスルに対して〔平民を〕援助する権限があること。元老院議員の誰にもその公職者を捕縛することが許されないこと。そこで、二名の護民官として、ガイウス・リキニウスとルキウス・アルビニウスが選出され、この者たちが自分たちの三名の同僚を選んだ。

（1）不満を持つ平民の兵士たちが除隊し、秘密の集会や陰謀を企てることを恐れた元老院は、兵士たちに対して敵地に向けてローマ市から進発することを命じていた。

（2）共和政成立期、公職と主要な神官職の他、元老院議員の職もパトリキーに独占されており、元老院議員はパトリキー側の指導層であった。

【出典】*Titi Livi Ab urbe condita*, recognovit et adnotatione critica instruxit R. M. Ogilvie, Oxford Classical Texts, 1974, Tomus I, II. 32. 2-8, 33. 1-2, pp. 113f.

【解説】共和政の成立後のローマ内政における最大の懸案は、パトリキーと平民(プレプス)との対立(身分闘争)であった。パトリキーとは「パトレスの後裔」の意味であり、パトレスとは王政期には王の顧問会であった元老院の議員を指していた。パトリキー身分への新規加入は、前五〇四年にローマに移住してきたクラウディウス氏を最後に認められていない。なお、このクラウディウス氏の「氏」とはラテン語で gens と呼ばれる血縁集団であり、共通の祖先を持つ父系の集団と考えられていた。共和政ローマの支配階層であった彼らの特権としては、コンスルをはじめとする公職、主要な神官職、元老院議員の職の独占が挙げられる。またすでに古代からパトリキーのみが gens を持つとの主張が見出されるが、共和政後期には平民の gens の存在が確認されるためこの主張の信憑性には疑問が持たれている。一方、ここで平民と訳したプレプスに関しては、商工業者説、借財を背負った無産市民説、ローマの軍事力の中心である歩兵等級の構成員説など諸説があり、「パトリキー以外の者」を指すことを除いて、確かなことは言えない。両身分の対立の原因は、公職・神官職等の独占の他、負債の返済が不可能な際に行われた身体拘束 nexum に対する不満が挙げられる。前四九四年には、平民が集団退去を強行してパトリキーの譲歩を勝ち取り、護民官の設置を認めさせ、彼らが主催する平民会も公認されたが、対立は解消せず、身分闘争は継続した。

なおパトリキーの公職独占については、共和政成立期の公職者リストに後世では平民家系に所属する者が見出されることから疑問が呈されている。リストの記載を信じる立場に立つと、パトリキーによる公職独占は、伝統的なものではなく、逆に身分闘争の開始以降の現象になり、古代ローマ人の伝承とは全く異なる歴史経過となる。〔参〕E・マイヤー／鈴木一州訳『ローマ人の国家と国家思想』岩波書店、一九七八年。（島田誠）

155　ローマにおける最初の成文法の制定（前四五一―前四五〇年）

十二表法（前四五一―前四五〇年）

第三表

一、〔債務者の〕認諾した債務と法廷で判決の下った財物に関しては、三〇日〔の猶予期間〕が正当たるべし。

二、しかる後、実力を行使すべし。

三、〔債権者が、債務者を〕法廷に連行すべし。もし〔債務者が〕判決されたことを実行せず、何人《なんぴと》も彼について保護を申し出ない場合には、〔債権者が、債務者を〕連行し、紐か足枷かで縛るべし。一五ポンド(1)を超えないもので、もし望めばそれ以下のもので縛るべし。

四、もし〔債務者が〕望めば、自ら〔の負担で〕生きるべし。もし自ら生きざれば、彼を拘束する者が日に一ポンドの小麦を与えるべし。もし望めば、それ以上を与えるべし。

五、また一方で〔債務者を〕売却する権限があり、もし和議が〔成立し〕なければ、〔債務者は〕六〇日間、拘束下にあった。その日々の間、三回連続して市の日(2)に集会場のプラエトルのもとに連れて行かれ、いくらの金銭が〔返却されるように〕判決が下されていたのかを公示された。また、三回目の市の日に死罪とされるか、あるいはティベリス川の向こう側、外国に売られていった(3)。

六、三回目の市の日に〔債権者たちは、債務者を〕取り分に切り分けるべし。もしより多く、あるいはより少なく切り分けた場合にも、咎めるべからず。

（中略）

第十一表

一、〔十人委員は〕不公正な法の〔掲載された〕二表を付け加えた。と言うのは、それらによって、別々の国の市民たちにも与えられているのが常の通婚権、それを彼らは平民〔プレブス〕がパトリキーとの間に持てないように、全く非人間的な法によって定めたのである。(4)

（1）古代ローマの一ポンドは約三二七・四五グラムである。
（2）ローマでは、八日ごとに「市の日」が置かれていた。
（3）第三表の五は、帝政中期(後二世紀)の著作家ゲッリウスの『アッティカの夜 *Noctes Atticae*』XX. 1. 46–47 からその内容が知られるが、原文の復元が困難なのでゲッリウスの文章をそのまま訳出した。
（4）第十一表の一の原文も復元困難であり、この法文を論じる共和政末期の政治家・法律家キケロ『国家論 *De re publica*』II. 63 の文章を訳出した。

【出典】S. Riccobono(ed.), *Fontes iuris Romani antejustiniani*, Pars 1. *Leges*(Firenze, 1968) caput II, pp. 32–34, p. 70.

【解説】前四五一年、パトリキーと神官たちによる法の独占を非難する平民(プレブス)の長年の要求を受けて、コンスルたちと護民官を含む公職者の権限が停止され、コンスルと同等の権限を有する「法編纂のための十人委員 decemviri legibus scribendis」が、主にコンスル経験者のパトリキーの中から選出された。第一期の十人委員は第一―十表を定め、前四五〇年に選出された第二期の十人委員は、第十一・十二の二表を立法した。この十二表法の制定は個々の市民の権利を明らかにするという面では確かに画期的であったが、法文で定められた債務不履行者への苛酷な取り扱いやパトリキーと平民間の通婚の禁止は、一部の十人委員の専制的な振るまいと共に、平民側の不満を高め、逆にパトリキーと平民との間の対立を激化させることになった。この紛争は、前四四五年のカヌレイウス法(平民会決議)によって、パトリキーと平民間の通婚が許可され、さらに毎年選出される最高公職者たるコンスルに替わって、平民も就任できる執政武官(コンスルと同等の権限を有する軍司令官)を三名から六名まで選出することが選択できることとなって、一時的に鎮静化することとなった。〔参〕E・マイヤー／鈴木一州訳『ローマ人の国家と国家思想』岩波書店、一九七八年。

（島田誠）

156　リキニウス・セクスティウス法の提案と成立（前三七六年・前三六七年）

リウィウス『ローマ建国史』(前二七—後一七年)

護民官に選出されたガイウス・リキニウスとルキウス・セクスティウスが法律を提案した。全てはパトリキーの勢力に反対し、平民〔プレブス〕の利益のためのものだった。一つは借財に関し、元金から利息として支払われた額を差し引き、残っている金額を三年間で均等の割合で完済すべきこと。二つ目は農地の規模に関し、何人《なんびと》も五〇〇ユゲラ以上の農地を占有してはならないこと。三つ目は、執政武官の選挙を行ってはならず、コンスルの選挙を行い、一人を平民から選出するべきこと。すべて途方もなく、非常に激しい闘争なしには達成できないものだった。……同じ護民官たち、セクスティウスとリキニウスが一〇回目に再選された。……戦争を終えたばかりの彼〔独裁官〈ディクタトル〉カミッルス〕をもっと厳しい母国の騒乱が迎えた。そして大規模な闘争によって独裁官と元老院とは打ち負かされて、護民官の提案が受け入れられた。そして貴族たち〔の意向に〕反してコンスルの選挙が開催され、そこでルキウス・セクスティウスが平民出身の最初のコンスルとして選出された。それも闘争の終焉ではなかった。パトリキーたちが〔選挙結果を〕承認することを拒んだので、情況はすんでのところで平民の集団退去やその他の恐ろしい内乱の脅威となりかけた。その時、ついに独裁官による条件で不和が鎮められた。貴顕の士たちによって平民出身のコンスルについて平民に対して譲歩が為され、平民によってローマ市で司法を司るプラエトル一名をパトリキー系元老院議員から選出することについて貴族たちに譲歩が行われた。かくして、〔パトリキーとプレブスの両〕身分は、永きにわたる怒りから〔解き放たれて〕和解へと至った。

【出典】Ch. Shuttleworth Kraus(ed.), *Livy Ab Vrbe Condita*, Book VI(Cambridge, 1994), 35. 4-5; 42. 2, 9-12, p. 71, pp. 81f.

【解説】前三九〇年、現在の北イタリアに住むガリア人の一軍の攻撃を受け、ローマ市は陥落して、ローマ軍の立て籠もって抵抗していたカピトリウムの丘を除く市域の大半が焼き払われた。ガリア人の軍勢は短期間で退去したため、ローマの勢力は間もなく回復することができた。しかし、この「ガリア人の災厄」の損害と復興のための負担により、ローマでは貧困層を中心として経済的な困難が増大し、パトリキーと平民との対立が再び激化することとなった。そのような状況下で前三七六年、護民官のガイウス・リキニウスとルキウス・セクスティウスが、貧困層を救済し、プレブスの経済的・政治的不満を解消するための法案を上程した。借財の軽減、公有地占有の五〇〇ユゲラ（約一二〇ヘクタール）への制限、コンスル二名中の一名を平民から選出することを内容とする法案の可否をめぐって、一〇年間にわたりパトリキーと平民の激しい闘争が続いた。この間、前三七五―三七一年の五年間には公職者の選出が不能となる無政府状態が発生するなど、政治的な混乱が生じた上、ガリア人が再び来襲するなど対外戦争も続いたため、前三六七年に独裁官カミッルスの示した条件でパトリキーと平民との間に妥協が成立し、法案はリキニウス・セクスティウス法として成立した。翌三六六年にはコンスルの一名として、セクスティウスが選出された。パトリキーと平民との間の最大の対立点が解消し、事実上、両身分間の争いは終息したのである。〔参〕E・マイヤー／鈴木一州訳『ローマ人の国家と国家思想』岩波書店、一九七八年。

（島田誠）

157　ホルテンシウス法の提案と成立（前二八七年）

リウィウス『ローマ建国史』（前二七―後一七年）

平民〔プレプス〕は、借財のために、激しくて長い騒乱の後、最後にヤニクルム(1)〔の丘〕に退去した。そこから、独裁官のクィントゥス・ホルテンシウスによって引き下ろされた。そして、彼はその職在任中に亡くなった。

（1）ティベリス川の右岸、ローマ市や民会の開催されるマルスの野の対岸に位置する丘。

【出典】O. Rossbach(ed.), *Titi Livi Periochae omnium librorum-fragmenta Oxyrhynchi Reperta, Julii Obsequentis Prodigiorum Liber* (Leipzig, 1910), XI, pp. 17f.

大プリニウス『博物誌』（後七〇年）

独裁官クィントゥス・ホルテンシウスは、平民がヤニクルム〔の丘〕に退去したときに、アエスクレトゥム(1)において、平民が命じたことをローマ市民たち〔全体〕が遵守するという法を提案した。

（1）ティベリス川の河岸、マルスの野の一角であり、ヤニクルムの丘の対岸に位置する。

【出典】Pliny, *Natural History*, Vol. IV, XII–XVI (Cambridge, Mass. and London, 1918), XVI. 37, p. 412.

ガイウス『法学提要』（後二世紀後半）

（前略）市民団全体ではなく、いずれかの一部分に出席するように命じる者は、民会ではなく平民会〔の招集〕を宣告しなければならない。さて護民官たちは、パトリキーたちを招集すること〔ができず〕、彼らに何事についても諮問することはできない。そういう訳で、護民官が提案して可決されたものは厳密には「法」ではなく「平民会決議」と呼ばれる。かつて、独裁官クィントゥス・ホルテンシウスが平民が制定したところの法律に全てのローマ市民たちが拘束されるとのその法を提案するまでは、それらの〔平民会の〕法案にパトリキーは拘束されていなかった。

【出典】P. K. Marshall(ed.), *A. Gelli Noctes Atticae* Tomus II XI–XX (Oxford, 1968), XV. 27. 4, p. 470.

ゲッリウス『アティッカの夜』（後二世紀後半）

市民団が命じて制定したものが法である。平民が命じて制定したものが平民会決議である。市民団の呼称が市民全体を意味し、パトリキーをも参入するので、平民は市民団から区別される。一方、平民の呼称は、パトリキーを除く、他の市民たちを意味している。そこで、かつてパトリキーは、彼らの承認なしに制定された平民会決議に、自分たちは拘束されていないと言っていた。しかし、後に、平民会決議が市民団全体を拘束すると規定されたホルテンシウス法が提案された。そういう訳で、その点で平民会決議は法と同等とされた。

【出典】Gaii Institutionum Commentarii, quattuor I. 3, in: J. Baviera (ed.), *Fontes iuris Romanianteiustiniani* Pars II. *Auctores* (Firenze, 1968), p. 9.

【解説】パトリキーと平民との闘争の最終的解決とされるホルテンシウス法の成立事情について、確かなことはほとんどわからない。リウィウスの要約では、共和政初期と同じく、債務に由来する平民とパトリキーとの対立が伝えられている。しかし、周囲を敵対的な都市や部族に囲まれたティベリス川下流の小都市国家であったリキニウス・セクスティウス法時代までのローマと、数次の大戦争の勝利の結果、南部のギリシア人都市の一部を除くイタリア半島の大半を支配下に収めていた前三世紀前半のローマとでは、社会的・政治的状況は全く異なっていたと考えられる。たとえば、前五世紀の最初の集団退去以来、護民官として平民の闘争を指導してきたリキニウス氏(「氏」については史料154解説参照)をはじめとする平民の指導層はすでにパトリキー系議員と並んで元老院に席を得て、恐らく社会的にはパトリキーと融合し始めていたと考えられている。実際、この対立を鎮めた独裁官ホルテンシウスも平民系氏族の出身者であった。

　前二八七年、ローマ市在住の中下層市民の一部(恐らく全員が平民に属する)が、何らかの社会的・経済的不満からパトリキー系・平民系双方の議員からなる元老院と対立して集団退去を試みたことは史実かもしれない。しかし、その出来事とリキニウス・セクスティウス法以前の平民とパトリキーの対立とを同じ歴史的文脈で捕えるのは、明らかな時代錯誤であろう。

〔参〕E・マイヤー／鈴木一州訳『ローマ人の国家と国家思想』岩波書店、一九七八年。

(島田誠)

158 共和政ローマの国制(混合政体論)(前三―前二世紀)

ポリュビオス『歴史』(前二世紀中頃)

〔第六巻一一章一一―一二節〕以前に私が全容を述べたように、国政を支配していたのは三つの要素だった。さて、そのように、全てのことが、要素ごとにそれぞれこれら〔三つ〕によって、公正かつ適切に編成され、運営されていた。そういう訳で、〔ローマの〕生え抜きの人の誰も全体として政体が貴族政なのか、民主政なのか、君主政なのかを確信を持って述べることができなかった。それらは、当然のことだった。コンスルの権限に対して注目したときには、完全に君主政で、そして王政であるように見えた。元老院の権限に対して注目するときには、逆に貴族政であるように見えた。そして、またもし大衆の権限を誰かが考慮したならば、明らかに民主政であるように思われたのである。これらの要素が、それぞれの形で、国政を支配していた。

【出典】L. Dindorf & T. Büter-Wobst(eds.), *Polybios, Historiae*,Vol. II(Stuttgart and München, 1995), 6. 11. 11-12, p. 256.

【解説】ポリュビオス(前二〇〇―一一八年頃)は、ペロポネソス半島の都市メガロポリスの出身であり、父の代から当時ペロポネソスの都市の多くが加盟していたアカイア同盟の指導的政治家であった。第三次マケドニア戦争(前一七一―一六八年)でのローマの勝利後、彼はアカイア同盟の他の指導者と共にイタリアで一七年間にわたり人質として過ごし、その間に小スキピオの知己を得た。前一五〇年、他の人質と共に帰国を許可された後も、ポリュビオスは小スキピオと行動を共にして前一四六年のカルタゴの敗北と破壊を目撃した

ポリュビオスは、ヘロドトス、トゥキュディデスに次ぐ古代ギリシアの三大歴史家の一人とされる。彼の歴史叙述の対象は、ローマが地中海世界の覇者となった過程とその理由であった。その際、ポリュビオスは、歴史を動かす大きな要因として政治制度(国制)の問題を取り上げた。国制に注目せざるを得なくなったのは、ポリュビオスが、ローマという非ギリシア人の勢力が如何にしてカルタゴやヘレニズム諸国、そしてポリュビオス自身が属するギリシアのポリス連合(アカイア同盟など)を退けて、地中海世界の覇者となったのか、という問題に答えざるを得なかったからである。この国制問題の理解のために理論的枠組みを与えたのが、哲学者アリストテレスの『政治学』の枠組みであり、それに基づいて、ローマの共和政が、君主政(王政)・貴族政・民主政の三要素を併せ持つ独特の国制であり、その三要素が互いに制御、協力していたと述べる。(島田誠)

第二節　地中海世界の征服からローマ帝政の樹立

159　ポエニ戦争（前三―前二世紀）

ポリュビオス『歴史』（前二世紀中頃）

〔第一巻一〇章一―七節〕マメルティニ(1)はレギオン(2)からの援助をすでに断たれていたのだが、さらに自らもひどく損害を被ったので(3)、ある者はカルタゴ人に援助を求め、自身の身の安全と城砦を彼らに委ねようとした。一方である者はローマに使節を派遣して、都市の明け渡しを申し出て、同族である自分たちを助けてくれるよう頼んだ。（中略）彼ら〔ローマ人〕はこのこと(4)を十分に分かっていたが、カルタゴ人がリビア(5)のみならずイベリアの大部分を支配下に置き、さらにサルディニア海やティレニア海の島々すべてに支配権を行使するのを見て、もし、さらにシケリア〔シチリア〕までもがその勢力圏に入るようになれば、〔カルタゴ人が〕自分たち〔ローマ人〕を取り囲み、イタリアのすべてに脅威を与えることになり、自分たち〔ローマ人〕にとって恐るべき隣人となることを危惧していた。もしマメルティニを助けなければ、〔カルタゴ人が〕シケリアを瞬く間に勢力下に収めるのは自明の理であった。

〔第三巻一三章一―五節〕カルタゴ人はシケリアでの戦争に負けたことに恨みを抱いていたが、すでに述べたように、サルディニアのこと(6)と最終的に支払いを余儀なくされた法外な金額(7)にさらに憤りを感じていた。ゆえに、イベリアの大部分を征服した時、ローマ人に対していかなる措置をもとる用意があるとほのめかした。ハミルカル(8)亡きあと、彼らがイベリア方面の支配を委ねていたハスドルバル(9)の死に際して、〔カルタゴの〕人々はまず軍隊の意見を待った。そして、兵士たちがハンニバルを満場一致で将軍に選出したという知らせが軍隊からもたらされると、人々は急いで民会を開き、全会一致で軍隊の決定を承認した。

（1）カンパニア出身の傭兵たちで、当時、シチリア島のメッセネを不法に占拠していた。
（2）イタリア南部の都市。メッセネの対岸に位置する。
（3）シラクサイのヒエロンに敗北したことを指す。
（4）マメルティニがメッセネを不法に占拠していることを指す。
（5）アフリカ（特に北アフリカ沿岸部）。
（6）傭兵戦争でサルディニアを喪失したことを指す。

（7）第一次ポエニ戦争と傭兵戦争でカルタゴがローマに支払う賠償金の総額は銀四四〇〇タラントン。なお、一タラントンは銀約二六キロに相当する。
（8）ハミルカル・バルカ。前二三七年、九歳のハンニバルを連れてイベリア半島に渡る。
（9）ハミルカルの娘婿、ハンニバルの義兄にあたる。

【出典】W. R. Paton (trans.), *Polybius The Histories*, I (Cambridge, Mass., 1922), Book I, 10, 1-7 with an English translation, p. 24; II (1922), Book III, 13, 1-5 with an English translation, pp. 30, 32.

【解説】ポエニ戦争は前二六四年から前一四六年にかけて、カルタゴとローマとの間で戦われた地中海の覇権をめぐる戦いである。ポエニとは、ラテン語でフェニキア人（主にカルタゴを中心とした西方のフェニキア人）のことを指す。ポエニ戦争は三度にわたる戦いと二度の戦間期を含む一二〇年に及ぶ長期の経過をたどった。

第一次ポエニ戦争（前二六四―二四一年）に関しては、第三次マケドニア戦争（後述）のピュドナの戦い（前一六八年）の後、アカイア同盟一〇〇〇人の人質の一人としてローマに連行された歴史家ポリュビオスの記述が完全に残っており、開戦当初の両国の状況を克明にみてとることができる。史料から読み取れるように、開戦当時の両国の力関係は明らかにカルタゴの方が優っていたが、カルタゴの勢力伸長に脅威を覚えたローマはついに開戦を決意しシチリアに出兵、二三年間に及ぶ戦いへと発展した。長期間にわたる戦争で両軍とも疲弊したが、最終的に第一次ポエニ戦争はローマ側の勝利に終わり、戦後シチリアはローマ初の海外属州となった。

さらに、傭兵戦争（前二四一―二三八年）の余波でサルディニアやコルシカの支配権もローマに奪われたカルタゴは、西方地中海への覇権拡大を狙って、ハミルカル・バルカを中心にイベリア半島の開発に力を注ぐ。ポリュビオスがハンニバル戦争と呼ぶ第二次ポエニ戦争（前二一八―二〇一年）は、このような背景の中で勃発した。ハンニバル軍はイタリアに攻め入り、カンナエの戦い（前二一六年）で大勝利を収めるものの、ローマ側の持久戦術により戦局は膠着状態に陥る。やがて反対にローマ軍にイベリア半島の拠点を奪われ、ついに前二〇二年のザマの戦いでハンニバルは大スキピオに敗れ、翌年、講和条約が結ばれた。

その後、約五〇年間の戦間期を経て始まった第三次ポエニ戦争（前一四九―一四六年）は、ローマ軍による最終的なカルタゴ包囲戦の様相を呈した。カルタゴの滅亡とともにカルタゴ側の歴史史料は焼失あるいは散逸し、従って、ポエニ戦争に関して現在伝わるのは、いずれもがギリシア語あるいはラテン語で記されたローマ側の史料のみである。

なお、同時期のローマは、東方では四次にわたるマケドニア戦争（前二一五―一四八年）を戦っており、前一四六年はカルタゴが滅亡する一方でマケドニアがローマの属州として併合され、ローマの地中海支配が完成した重要な年となった。

（佐藤育子）

160　カルタゴの宗教　バアル神信仰と幼児犠牲（前三—前二世紀）

「幼児犠牲の石碑」七九番（前三—前二世紀）

「バアルの顔[1]」である女主人タニトに、そして主バアル・ハモンに、〔この石碑は〕バアル・ヤトンの息子、エシュムン・アモスの僕《しもべ》、クヌミィーが、彼の子供[2]を〔犠牲に捧げて〕誓ったものである。どうぞ彼を祝福してくださるように。我が命令なしに、あるいは我が名において誰かの命令なしに、この石碑を遠ざけようとするすべてのものに対して、「バアルの顔」であるタニトが、そのものの息[3]を裁くであろう。

（1）女神タニトの形容辞。
（2）子供という文言が碑文に示される例は非常に稀であり、碑文のほとんどは碑文奉納者の家系を述べるものにとどまっている。
（3）魂のこと。

【出典】H. Donner & W. Röllig, *Kanaanäische und Aramäische Inschriften*, Vol. 1(Wiesbaden, 1962), p. 17; Vol. 2(1964), p. 97.

【解説】カルタゴの宗教は、基本的にフェニキア本土のそれを踏襲している。メルカルト、アシュタルテ、エシュムンなどの古くからの神々に加えて、特にカルタゴで崇拝されたのは男神バアル・ハモンと女神タニトであった。バアル・ハモンの属性は元来農業神であり、タニトも母神であると同時に冥界の神であり、死と再生をつかさどった。紀元前五世紀以降、トフェトからはこの二神に捧げた碑文史料が数多く出土している。さらにトフェトからは、骨壺に入った嬰児や幼児の火葬に付された遺骨の一部が多数見つかった。

　ギリシア・ローマの文献史料は、カルタゴには人身（幼児）供犠の慣習があったことを伝え、前一世紀のディオドロス・シクロスによれば、前三一〇年、シュラクサイのアガトクレスがカルタゴ市を包囲したとき、上流階級の子供二〇〇人を含む五〇〇人が神の怒りを宥めるための犠牲になったという（ディオドロス『歴史集成』第二〇巻一四章五節）。これに対して、一九七〇年代より始まったアメリカ隊を中心とする発掘成果は、以下の点を明らかにした。①トフェトは市の創建時から陥落まで一貫して宗教祭儀の場として使用され、その祭儀への参加は、性別を問わずあらゆる階層の人々に開かれていたこと。②骨壺の埋葬状況は規則的かつ個別的なもので、前記のような集団殺戮があった状況に合致しないこと。③動物による代替犠牲は初期（前七—六世紀）においてその割合が高く、前四世紀においては減少傾向にあり、いわゆる文明発展論と犠牲との相関関係は成り立たないこと。

　骨壺の残存物が微量でその性別や死因（つまり火に焼かれた時、すでに死んでいたのか生きていたのか）を特定することが困難であることや、古代社会における乳幼児死亡率の高さを考えると、遺骨のすべてが犠牲によるものとは考えにくく、自然死で亡くなった子供たちがトフェトに埋葬されたとも考えられる。事実、周辺のネクロポリスからは子供の遺骸はほとんど見つからず、骨壺の子供の骨には明らかに早産や死産で生まれた胎児の段階のものも含まれていた。また、夭折した子供たちが、死後の再生や生まれ変わりを願って、火葬され神に奉献されたという解釈も成り立つ。いずれにせよ、幼児犠牲に関する真相は未だ決着がついておらず、今後のより精密な科学分析の結果を待たなければならない。なお、第三次ポエニ戦争で前一四六年にカルタゴが滅亡した後も、バアル・ハモンはローマ古来の神サトゥルノス、タニトはユーノー・カエレスティスと習合してその信仰は根強く生き残った。

（佐藤育子）

161　カルタゴの国制（前四―前二世紀）

アリストテレス『政治学』（前三三四―前三二二年）

〔第二巻 1272b-1273b〕 カルタゴ人の国制はすぐれており、それは他の国々のものと比べると非常にすばらしいものであるが、特に、ラケダイモン人(1)の〔国制〕と似ているように思われる。（中略）ラケダイモンの国制と似ている点として、仲間の共同会食は〔ラケダイモンの〕ピディティアに相応し、また百四人会(2)の役職は〔ラケダイモンの〕エフォロイに相応する。ただしエフォロイより劣ってはいない。なぜなら、エフォロイは偶然に選ばれたものであるが、この役職はそのすぐれた資質によって選ばれるからである。〔カルタゴの〕王(3)と元老は、あの地〔ラケダイモン〕の王と長老に相応する。しかし〔カルタゴの〕王は同じ家系に属するのでなく、またごく普通の家系のものでもなく、すぐれた家柄がある時、その家系のなかから年齢によってではなく選ばれることはより良い点である。（中略）

さて、同一人物が多くの役職に就任することは、カルタゴ人のもとでは高い評価を得ているが、思慮がないと思われるであろう。というのは、一つの仕事は一人によってなされる時、最もよく成し遂げられるからである。（後略）

(1)　スパルタのこと。
(2)　他の箇所では百人会とも記される。紀元前五世紀中頃に創設され、国家最高の監察機関として司法権を掌握していた。
(3)　ギリシア語原文のバシレウスは、ここでは世襲の王ではなく、最高政務官としてのスーフェースを指す。

【出典】 *Aristotelis Politica*, recognovit brevique adnotatione critica instruxit W. D. Ross, Oxford Classical Texts, 1957, 1272b-1273b.

ポリュビオス『歴史』（前二世紀中頃）

〔第六巻五一章一―三節〕 カルタゴの国制は、元々、その際立った点から見て、よく整えられていたように私には思える。なぜなら王(1)が存在し、元老会は貴族政的権威を保持していた。そして、民衆は自らの問題に関して〔発言する〕権限を有していた。概して、国家全体の枠組みは、ローマやラケダイモンのそれに非常に似ていた。

（1）同じくスーフェースを指す。

【出典】W. R. Paton (trans.), *Polybius The Histories*, III (Cambridge, Mass., 1923), Book VI, 51. 1–3 with an English translation, p. 384.

女神官ツァフォン・バアルの墓碑（前三―前二世紀）

女神官ツァフォン・バアルの墓。〔彼女は〕ボド・アシュタルトの子、マゴンの子、アズル・バアルの娘であり、神官長かつ儀典長「アシュタルテの花婿」(1)かつスーフェースであるアブド・メルカルトの子、神官長かつスーフェースであるハンノの妻であった。

（1）儀典長の職名に付随して与えられる形容辞。

【出典】H. Donner & W. Röllig, *Kanaanäische und Aramäische Inschriften*, Vol. 1 (Wiesbaden, 1962), p. 19; Vol. 2 (1964), p. 104.

カルタゴの建造碑文（前三―前二世紀）

聖所に対して責任を持つ一〇人が、この足つきの生贄を捧げる祭壇を新しく建造した。ゲル・サコンとシャファトの子、アズル・バアルの子、ヤヒン・バアルの子、ゲル・アシュタルトと[…]の子ボド・アシュタルトがスー〔フェース〕であった年に。(1)

（1）スーフェースは一年任期、二人制が原則であるが、この碑文では例外として三人の人物が就任していた可能性がある。

【出典】*Ibid.*, Vol. 1, p. 17; Vol. 2, p. 98.

【解説】カルタゴの国制に関する史料は、ギリシア語およびラテン語で記された文献史料と、ポエニ語で書かれた碑文史料の二つに大別することができる。故に、まったく違う言語で書かれた史料から見出される役職や組織を、それぞれどのように対応させるかが、史料を操作する上で大きな課題となる。

前四世紀半ばのアリストテレス『政治学』第二巻(1272b–1273b)で述べられている「カルタゴの国制」についての箇所が、文献史料としては最もまとまったものである。他にも断片的であるが、彼とほぼ同時代のイソクラテスや後代のポリュビオス、リウィウスらが記述を残している。これらの記述によれば、カルタゴでは元老会や百人会に代表される寡頭政的な政体を基本としつつも、民会の存在やローマのコンスルに比される最高政務官が存在したことが窺える。

これに対し、カルタゴ人自らが残したポエニ語で書かれた碑文史料は、宗教的色彩を帯びたものが多く、墓碑銘と奉納碑文がその大部分を占める。ここに挙げた史料が示すように、墓碑に刻まれた被葬者や石碑奉納者の出自を分析すると、同一人物が多くの役職を兼務した点など、文献史料から窺い知れるカルタゴの国制との類似点を見出すことができる。また、少人数からなる組織が存在したことも確認される。なお、カルタゴの最高政務官スーフェースは一年任期、同僚制であったことから、建造碑文などの紀年法にも用いられた。碑文史料の多くは前四世紀以降のものであるので、それ以前の詳しい状況についてはわからない点も多いが、現存する碑文からは、いわゆる世襲の王の存在は確認できていない。

（佐藤育子）

162　バックス祭儀の弾圧（前一八六年）

バックス祭儀に関する元老院決議（前一八六年一〇月七日）

バックス祭儀に関して、同盟関係にある者たち[1]に以下のごとく布告されるべきことを〔元老院が〕決議した。

彼らの誰もバックス祭儀の場を持とうと欲せぬこと。もし自分がバックス祭儀の場を持つことが必要であると言う者がいるならば、彼らはローマ市の都市係プラエトル[2]のもとに出頭して、その案件についての彼らの言葉が聴取され、我等の元老院が決定すること。その際、その案件が審議される時に一〇〇名を下回らない元老院議員が出席すること。誰も男は、ローマ市民もラテン人も同盟者の何人《なんぴと》も、都市係プラエトルのもとに赴いてプラエトルが元老院の判断に従って命じた場合を除き、バックスの集会に参加しないこと。その案件が審議される時に一〇〇名を下回らない元老院議員が出席すること。〔以上元老院が〕決議した。

誰も男は神官とならぬこと。男も女も何人も運営役とならぬこと。彼らの何人も共有財産を持つことを欲せぬこと。男も女も何人も運営役または運営係代理を任命しようと欲せぬこと。今後、彼らの間で誓約をしたり、一緒に祈願したり、共に保証したり、合意することを欲せぬこと。何人も彼らの間で保護を与えることを欲せぬこと。

何人も隠れて祭儀を行おうと欲せぬこと。何人も、都市係プラエトルのもとに赴き、プラエトルが、元老院の判断に従って命じた場合を除き、公的にも私的にも都市外でも祭儀を行わないこと。〔以上元老院が〕決議した。

何人も五名以上の男女で祭儀を行おうと欲せぬこと。そこでは上述の如く都市係プラエトルと元老院の判断による場合を除き、男二名以上、女三名以上が参加することを欲せぬこと。

汝らは、以上を集会において市の日三回を下回らない間、告示すること。汝らは元老院の決議を承知していること。彼らの決議は次のようでもあった。もし以上に反して行う者がいたならば、その者たちに死罪を問う裁判が行われるべきであると決議した。

(1)　この時代、イタリアはローマの支配下にあったが、ローマの直轄領は全土の約三分の一、残りはローマと同盟関係にある形式的には独立した同盟諸国の領土であった。

(2)　プラエトルは毎年民会で市民によって選出される公職者中、コンスルに次ぐ地位にあった。都市係プラエトルはローマ市での裁判を担当し、その他に外人とローマ市民間の係争、海外での軍隊の指揮、属州の統治などの任に当たる者がいた。

【出典】 H. Dessau(ed.), *Inscriptiones Latinae Selectae*, Vol. 1(Berlin, 1892), n. 18, pp. 5f.

【解説】 前二世紀前半の共和政ローマは、第二次ポエニ戦争(前二一八―二〇一年)の結果、地中海世界西部の支配者になったのに続き、第二次マケドニア戦争(前二〇〇―一九六年)・シリア戦争(前一九二―一八九年)でも、勝利して全地中海世界の覇権をほぼ手中に収めていた。この興隆期の共和政ローマを震撼させたのが、前一八六年のバックス祭儀をめぐるスキャンダルとその禁圧であった。この祭儀は、本来ギリシア起源の女性が主に参加する密儀であったが、イタリアで広まった祭儀には多くの男性も参加していた。この祭儀の禁圧の事情を詳しく伝えるリウィウス『ローマ建国史』では、夜間に頻々と男女が参加する集会が開かれ、そこでは様々な破廉恥行為や犯罪が行われていたとされる。男女間のいかがわしい関係、同性愛、未成年者への入信勧誘や入信を渋る者の殺害と財産の横領など行われていたとされる。この祭儀に参加していた男女は、ローマ市民・同盟国住民双方の非支配層から成り、総計七〇〇〇人を超える人数に達していたと伝えられている。この祭儀の参加者に対してローマ支配層は死刑を含む厳しい処罰を科したのである。この事件は、半世紀後のグラックス兄弟の改革で明らかとなるローマ・イタリア社会の矛盾、地中海世界の征服に伴う支配層と非支配層の利害の対立を予告する出来事であるといえる。

〔参〕吉村忠典『古代ローマ帝国の研究』岩波書店、二〇〇三年。

(島田誠)

163 グラックス兄弟の改革(前一三三年)

プルタルコス『対比列伝(英雄伝)』「ティベリウス・グラックス伝」(後一〇五―一一五年)

しかし彼〔ティベリウス・グラックス〕は、少なくとも一人だけでこの法律を起草したのではなかった。市民のなかで美徳および見識の点で第一級である人物たちを、彼は助言者として活用したのである。そのなかには大神官のクラッススや、法学者で当時コンスルの職にあったムキウス・スカエウォラ、そしてティベリウスの義父であるアッピウス・クラウディウスがいた。(1)(中略)

他方で裕福な土地所有者たちは、強欲からこの法律を、そして激情と敵愾心からその立法者を憎んだ。そして彼らは、ティベリウスは国政の攪乱をねらって土地の分配に着手したのであり、彼はあらゆることを変革しようとしているのだとして、市民たちをティベリウスから離反させようと試みた。

だがしかし、彼らは何一つ目的を達成することができなかった。というのもティベリウスは、卑しいことですらも麗しく飾り立てることのできる弁舌でもって、美しく正しい根本原理のために闘っていたからである。市民たちが演壇を取り囲むなかに立って、貧しい者たちのことについて論じる時の彼は、力強くかつ無敵であった。彼はこう言った。「イタリアに棲みついている野獣は洞穴を持ち、それぞれが寝ぐらとし、隠れ処としている。ところが、イタリアのために戦って命を落とす者たちには、空気と水のほかに何一つ分かちあうものがない。彼らは家を持たず落ち着くところもなく、子どもや妻をつれて彷徨っている。また全権を持つ将軍たちは、戦いに際し、墓と聖域を敵から守るのだと兵士たちを鼓舞して、彼らを騙している。なぜなら、これほど多くのローマ人の誰も、父祖伝来の祭壇も先祖代々の塚も持っていないからだ。彼ら兵士は他人の贅沢と富のために戦って命を落とす。彼らは世界の支配者だといわれるが、一握りの土塊さえ自分のものを持たないのだ」、と言ったのである。

(1)　このグループは血縁・姻戚関係によって強く結ばれていた。クラッススとスカエウォラは兄弟であった。また、クラッススは、ティベリウスと同様、アッピウス・クラウディウスの娘と結婚していた。そして、ガイウス・グラックスは、クラッススの娘と結婚していた。

【出典】 *Plutach's Lives* X (London and New York, 1921), Tiberius and Caius Gracchus, IX, pp. 162–166.

【解説】　前二世紀の後半、ローマでは公有地の占有などによる大土地所有が発達し、従来の小土地所有農民は次第に減少していった。このことは兵役適格者の減少を意味しており、国家の存立に関わる大問題であった。こうした危機的状況を認識し改革を志すグループの中心に、ローマ貴族の頂点にたつグラックス家の兄弟がいた。兄のティベリウス・グラックスは、前一三七年に公務でヒスパニア（スペイン）に赴く途中、イタリアの地が荒廃に覆われているのを見て、大きな衝撃を受けた。前一三三年、護民官に就任した彼は、独立自営農民層の再建を目的とする農地法を民会に提案した。同僚護民官による拒否権行使という妨害も、彼を罷免することで切り抜け、農地法案は最終的に成立にこぎつけた。法が定める面積を超えて占有された土地を没収し、それを農民に分配する事業には、新たに創設された農地分配三人委員があたった。委員のうち二人は当の兄弟で、両者はともに事業を先頭にたって推進した。しかし、ティベリウスが翌年も護民官になるため再度選挙に立候補したため、改革に反対する元老院議員は自らの支持者を率い、ティベリウスとその支持者を襲撃し殺害してしまった。改革を引き継いだ弟のガイウス・グラックスは、前一二三年にやはり護民官に就任する。ガイウスは、属州総督の不当利得などを裁く常設法廷において、騎士身分の者だけが審判人になれるよう法で定めた。元老院議員身分と騎士身分を分断することで、改革に反対する勢力に戦いを挑んだのである。しかしガイウスもまた元老院の保守派によって殺害されることとなった。結局、兄弟の一〇年間にわたる改革も、疲弊したイタリア農民層を再生させるには至らなかった。土地を離れた農民に生きる場を提供したのは、マリウスら内乱期の将軍たちであった。

（井上秀太郎）

164 マリウスの兵制改革における無産市民からの兵士徴募（前一〇七年）

サルスティウス『ユグルタ戦争』（前四一—前四〇年）

このような演説を行い、平民の心が刺激されたのを見たあと、マリウスは急いで船団に食糧、給与、武器、および他の有用なものを積み込んだ。彼は副官のアウルス・マンリウスに、これらの物資とともに出発せよとの命令を下した。マリウス自身はそのあいだに兵士達を兵員名簿に登録した。その方法は先祖たちの流儀に従ったものではなく、また五つの等級から兵士を募ったのでもなかった。そうではなく、兵役を強く望む者は誰でも受け入れ、その大部分は「頭数で評価される者」たちであった。ある人たちは、このようなことが為されたのは良き人々が不足していたからだと語った。また別の人たちは、コンスルの名誉欲が原因で為されたのだと語った。なぜなら、マリウスはこのような種類の人たちによって賞賛され、その存在が大きなものとなっていたからであり、また力を追い求める者にとっては、誰であれ貧窮状態にある者がもっとも都合が良いからである。そのような貧窮者には大切にするものが存在しない。彼らのものなど何も無いのである。実際に、このような次第でマリウスは、元老院によって決定された人数をかなり上回る兵員とともにアフリカに向けて出発し、数日のうちにウティカに到着した。彼に対する部隊の引継ぎは、副官のプブリウス・ルティリウスによって為された。というのも、耳にすることさえ心が耐えられなかったことを、実際に目で見なくてもすむように、メテッルス[(1)]がマリウスの姿を見ることを避けたからである。

（1） 前一〇九年のコンスル。対ユグルタ戦争を指揮していた。マリウスは副官としてメテッルスに従っていた。しかしマリウスのコンスル選挙立候補をめぐり、二人は激しく対立した。当選したマリウスは就任後に特別法を成立させ、対ユグルタ戦争の指揮権をメテッルスから剝奪し、自らが後任に就いた。こうした経緯があるので、メテッルスは自らの手で政敵マリウスに部隊を引き継ぐことに耐えられなかった。

【出典】 *C. Sallustius Crispus, Catilina, Iugurtha, Historiarum Fragmenta Selecta*, recognoverunt brevique adnotatione critica instruxit L. D. Reynolds, Oxford Classical Texts, 1991, Iugurtha 86, pp. 126-127.

【解説】 アフリカのヌミディア王国ではミキプサ王の死後、後継をめぐる内紛が続いていた。争いに巻き込まれたローマは軍事介入をするが、決定的な勝利をおさめることは出来ず、国論は分裂の様相を呈していた。こうした状況のなか、前一〇七年にコンスルに就任したのがマリウスである。彼は騎士身分の家系の出で、元老院に足場を持たない「新人(ホモ・ノウス homo novus)」であった。マリウスは対ユグルタ戦争遂行に必要な兵力を手に入れるため、軍制の改革に踏み切った。従来ローマでは、一定以上の財産を所有する者だけが、有資格者として兵役の義務を負っていた。しかしマリウスは彼ら召集兵に代えて、それまで軍隊勤務から排除されていた貧困市民を受け入れ、志願兵からなる軍隊を編成したのである。この軍制改革は、従来軍隊が基盤としていた中小土地所有者層、とりわけ独立自営農民層の崩壊という状況に対応するものであった。しかしそれは結果として共和政を終焉へと導き、元首政の成立を促すこととなった。この改革以後、生きていくために兵士となった貧困市民は、将軍たちを自らの保護者として仰ぐようになる。ローマ古来の人間関係、すなわちクリエンテラ(clientela 保護・庇護関係)が、軍隊の中により巨大なかたちで持ち込まれたのである。軍務期間中の生活を保証され、さらに退役後の土地分配を期待する兵士たちは、将軍への感謝の気持ちを具体的な行動であらわした。彼らは民会で将軍の政治目的のために票を投じるだけでなく、内戦の際にはそのまま将軍の私兵として戦った。また将軍のほうも、土地の分配を立法化したり、植民市を建設して退役兵を入植させるなどして、自らの支持勢力である兵士のために心をくだいた。マリウス以後の有力政治家、すなわちスッラやカエサルといった人物たちはみな、こうした志願兵からなる軍隊を自らの力の源泉として活用したのである。

（井上秀太郎）

165　ポプラレスとオプティマテス（前二—後一世紀）

キケロ『セスティウス弁論』（前五七年）

この〔ローマという〕国家には、政治に携わって、そこでより卓越した業績をあげることを熱望する二種類の者たちが常にいた。それらの種類の〔者たちの〕一方は、ポプラレスと、一方は、オプティマテスと見なされ、〔実際に〕そうであることを望んでいた。彼らの行ったこと、語ったことが多数の者たちにとって好ましいものであることを望んでいた者たちが、ポプラレスと、また彼らの判断が全ての最高の人々から賛意を得られるように行動していた者たちが、オプティマテスと見なされる。

【出典】 Cicero, Pro P. Sestio Oratio, 45. 96, in: *M. Tulli Ciceronis Orationes*, V, recognovit brevique adnotatione critica instruxit Gulielmes Peterson, Oxford Classical Texts, 1911, p. 95.

サルスティウス『ユグルタ戦争』（前四一—前四〇年）

他方、少し前から分派と党派〔対立〕の風習が、次いであらゆる種類の悪習が、安寧と人々が何より重視した豊かな富によって、ローマに生じていた。と言うのは、カルタゴが破壊される前には、ローマの市民たちと元老院は互いに温和かつ節度をもって、政治に従事し、栄誉と支配権をめぐる闘争も、市民たちの間にはなかった。敵の恐怖が国家をよい状態に保っていた。しかし、その恐怖が意識から消える否や、順境につきものの淫らで高慢な事が増大した。かくして逆境において切望されていた安寧が、達成された後には、ひどく苦く、厳しいものであった。と言うのは確かに、貴顕の士たちはその声望を、市民たちはその自由を欲望に向け、各人が互いに引きずり回し、奪い、略奪し始めた。全てが二つの陣営に分かれ、中庸であった国家は引き裂かれた。

【出典】*C. Sallustius Crispus, Catilina, Iugurtha, Historiarum Fragmenta Selecta*, recognoverunt brevique adnotatione critica instruxit L. D. Reynolds, Oxford Classical Texts, 1991, Iugurtha 41, pp. 88f.

【解説】「グラックス兄弟の改革」の失敗後の共和政ローマの政治において、ポプラレスとオプティマテスと呼ばれる二つ党派 factio の対立が知られている。ポプラレスは、ローマ市民の全体を指すポプルス populus のためになること、好ましいことを意味し、政治的には一般市民(民衆)の側に立つ政治家たちを指し、「民衆派」と訳すことができる。一部に「平民派」という訳語があるが、言語的には誤訳であり、内容的には歴史的に無関係な共和政前期のパトリキーと平民(プレブス)の対立との関連を連想させる悪訳であり、使用すべきではない。オプティマテスは、「最良の者たち」を意味し、元老院議員などローマ社会のエリート、支配階層を指す。「閥族派」という訳語は、支配階層たる「最良の者たち」が特定の門閥出身者によって占められていたとの考えに基づく意訳である。

またポプラレスとオプティマテスと呼ばれる党派を近代的政党と似たものと考えたり、その構成員が固定的であったと考えることはできない。この両者の区別は、あくまで個々の政治家の政治的態度や政治目的を達成するための手法に基づく区分であり、綱領や党規を有する組織的集団が存在した訳ではない。また同じ政治家が、情況によってオプティマテスとなったり、ポプラレスとなったりすることも珍しくなかった。「最良の者たち」の集まる元老院多数派の支持を確保できた政治家はオプティマテスとなり、元老院では支持を得られなかった政治家たちは直接に市民たち(民衆)に支持を求め、民会での立法によってその政治目的を達成するポプラレスとなったのである。〔参〕E・マイヤー／鈴木一州訳『ローマ人の国家と国家思想』岩波書店、一九七八年。

（島田誠）

166

イタリア(同盟市)戦争と全イタリアの自由人へのローマ市民権付与(前九一―前八八年)

ウェッレイウス・パテルクルス『ローマ史』(後三〇年頃)

ルキウス・カエサルとプブリウス・ルティリウスがコン

スルのとき〔前九一年〕に、全イタリアがローマに対して武器を取った。その〔ローマとの戦争という〕災いは アスクルム人[1]たちによって始まった。何故ならば彼らがプラエトルのセルウィウスとその補佐官フォンテイウスを殺害したのである。次いで〔その災いは〕マルシー人[2]たちに受け入れられて〔イタリアの〕全ての地域にひろまったのである。彼らの運命は、彼らの主張が正当であったのと同じ程度に、過酷なものだった。と言うのは、彼らがその支配権を守っていたところの〔ローマの〕市民権を要求していたのだ。毎年、全ての戦争において、彼らは、〔ローマの〕二倍の人数の歩兵と騎兵を供出していたが、その〔ローマの〕市民権を認められていなかった。彼らによって、〔ローマは〕その〔勢力の〕絶頂に到達し、そこから同じ種族、同じ血統の者たち〔イタリア人〕を外国人、異邦人として見下すことができたのである。この戦争で、三〇万人以上のイタリアの青年が戦死した。(中略)イタリア戦争の勝敗の運命は、大きく変転し、大変に過酷なものだった。二年間連続で、ローマのコンスル、ルティリウスとカトー・ポルキウスの二人が、敵〔イタリア軍〕によって殺害され、ローマ市民たちの軍隊が多くの場所で敗北して、〔ローマ市民たちは〕戦衣を身に付けてその服装のままで過ごした。〔イタリア人たちは〕コルフィニウム[3]を首都に選び、イタリカと呼んだ。次いで、武器を取らなかった者たち、あるいは早めに武器を置いた者たちを市民団に受け入れることによって、少しずつ〔ローマの〕勢力は回復した。(中略)継続しているノラ[4]での戦争を除き、イタリア戦争の大半が終わった。ローマ人たちは、自分たちが無傷のまま〔イタリア人〕全体に市民権を与えることよりも、自分たちの軍事力が消耗しても、打ち破り征服した上で〔イタリア人に〕市民権を与えることを選んだ。

(1)　イタリア半島中北部、アドリア海沿岸のピケヌム地方の都市の住民。
(2)　イタリア半島中部の山岳部の住民。
(3)　イタリア半島中部山地、ローマ市の西方一二五キロに位置する都市。
(4)　イタリア半島南部カンパニア地方の都市。

【出典】 Velleius Paterculus, II. 15. 1-3; 16. 4; 17. 1, in: K. Stegmann von Pritzwald(ed.), *C. Vellei Paterculi ex Historiae Romanae libris duobuss quae supersunt*(Stuttgart, 1965), pp. 31-33.

【解説】 ローマが地中海世界の支配者となった前二世紀後半、その支配の中心であるイタリアの住民の中でローマ市民は約三分の一に過ぎず、残りの三分の二は、名目上は独立国であってローマと個別に条約を結ぶ同盟国の住民であった。このローマ市民とイタリアの同盟国住民との関係は、ローマの政治の重大課題となった。前九一年、護民官マルクス・リウィウス・ドゥルススが、イタリアの同盟市住民へのローマ市民権付与法案を上程した。その際同盟市の有力者たちがドゥルススのために神々に誓約したことが、ローマに対する反逆の陰謀であると非難され、ドゥルススは、正体不明の暗殺者の手で殺害された。彼の死後、ローマは、ドゥルススと同盟者の「陰謀」を調査するための調査委員をイタリア各地に派遣した。この調査委員がピケヌム地方の都市アスクルムで殺害されたことをきっかけに同盟諸市がローマに対して蜂起し、イタリア(あるいは同盟市)戦争が勃発した。蜂起した同盟諸市は、イタリア半島のアドリア海側一帯から中・南部のアペニン山中を経てティレニア海側のカンパニア地方南部におよび、中部イタリアの都市コルフィヌムに民会と元老院を設け、公職者を選出し、「イタリア」の国号を刻印した貨幣の鋳造も開始した。

ローマは、大きな犠牲を払ってイタリア側の攻勢をしのぐと共に、市民権問題で譲歩した。まず前九〇年のユリウス法でポー川以南のローマに忠実な同盟市に対して市民権を与えることが定められ、同じ前九〇年のカルプルニウス法と翌八九年のプラウティウス・パピリウス法で、例外を除く、全イタリアの住民がローマ市民となることが可能となった。ローマ軍は、前八九年末までに一部を除く、全イタリアを制圧した。

このイタリア(同盟市)戦争の結果、イタリアのほぼ全ての自由人がローマ市民となった。ローマは、都市国家からイタリア半島全域の諸都市(ムニキピウム)から構成される「領域国家」となったのである。

(島田誠)

167　ヒスパニア人都市の水利権をめぐる裁定(前八七年)

コントレビア青銅板碑文(前八七年)

コントレビア元老院[1]のその時居合わせる者が審判人となるべし。今回係争の対象となっている、水路を作って水を引くためにサルドゥイエ人[2]がソシネス人[3]から購入した土地は、アッラウン人[4]からの異議にもかかわらず、ソシネス人がサルドゥイエ人に自身の正当な権利に基づいて売却した、とのことが明らかであるのかどうか。もしその通りであることが明らかなら、上記の審判人は、今回係争の対象となっている土地は、ソシネス人がサルドゥイエ人に自身の正当な権利に基づいて売却した、と判決を下すこと。もし明らかでないなら、自身の正当な権利に基づく売却ではなかった、と判決を下すこと。

上記と同じ者たちが審判人となるべし。もしソシネス人の共同体があると仮定するなら、その上で、今回係争の対象となっている、最近公にサルドゥイエ人が境界杭を立てた土地において、その境界杭内のソシネス人の公有地を通って、サルドゥイエ人が自身の正当な権利に基づいて水路を作ることができるのかどうか、また水路が通る土地の評価額を支払うという条件で、ソシネス人の私有地で水路を作るのに適切なところを通って、サルドゥイエ人が自身の正当な権利に基づいて水路を作ることができるのかどうか。もしその通りであることが明らかなら、上記の審判人は、サルドゥイエ人は自身の正当な権利に基づき水路を作ることができる、と判決を下すこと。もし明らかでないなら、自身の正当な権利に基づき作ることはできない、と判決を下すこと。（中略）

ガイウスの息子、最高司令官ガイウス・ヴァレリウス・フラックス(5)が裁判権をコントレビアの元老院に認可した。

審判人は判決を述べた。「裁判権は我々のものであるから、我々は今回の係争の件に関して、サルドゥイエ人有利の判決を下す」。この件について判決が下された時、コントレビアの公職団を構成していたのは以下の者たちであった。レトンドの息子、ウルディィニ氏族、プラエトル職にあったルッブス。ルッブスの息子、シリシ氏族の公職者レッソ。アブロの息子、ボルゴンディシ氏族の公職者バッブス〔以下同様に三人の公職者の名前〕。サルドゥイエ人の主張を弁護したのはエイハルの息子、サルドゥイエ人[…]ッシウス。アッラウン人の主張を弁護したのはテイタバスの息子、アッラウン人トゥリバス。コントレビア・ベライスカにて、五月一五日、ルキウス・コルネリウスとグナエウス・オクタウィウスがローマの執政官の年。(6)

(1)　イベリア半島中央部一帯に住んでいたケルティベリ人の町。
(2)　現在のサラゴサ市付近に居住していた先住民。同地には当碑文の約七〇年後、アウグストゥス帝の時代に植民市カエサルアウグスタが建設され、この地方の中心都市となる。
(3)　詳細は全く不明。
(4)　エブロ川上流域からピレネー山脈一帯にかけて住んでいたウァスコネス人（バスク人）の一派と考えられている。
(5)　紀元前九三年末からヒスパニア・キテリオル属州（イベリア半島東北部）総督。
(6)　紀元前八七年。

【出典】 J.S. Richardson, "The Tabula Contrebiensis: Roman Law in Spain in the Early First Century B.C.," *Journal of Roman Studies*, 73 (1983), pp. 33-41.

【解説】 一九七九年、スペイン（ローマ時代のヒスパニア）中部エブロ川沿いの町サラゴサの近郊、本文中に現れるコントレビア・ベライスカの遺跡から発見された青銅板碑文である。原文はラテン文字、ラテン語で記されているが、同じ発掘地からは同時代の、イベリア文字で記されたケルティベリ語の碑文も出土しており、当時のコントレビアの日常語がラテン語ではなかったことを窺わせる。スペインは前一九七年、ローマがイタリア外に保持する初めての「属州」となったが、イベリア半島の全域が完全に制圧されるまでには、なお二〇〇年近い歳月を要した。その間様々な形でのローマとの接触の中で、スペインでは「ローマ化」と呼ばれる文化変容が進行していく。末尾に前八七年の日付を持つ本青銅板碑文は、当該時期の属州での裁判手続きについて多くの情報を提供するが、その一方で激しい変容のただ中にあった先住民の様子を直接窺い知ることのできる貴重な史料でもある。

（志内一興）

168 スパルタクスの蜂起（前七三―前七一年）

アッピアノス『内乱記』（後二世紀中頃）

同じ頃、イタリアでは、カプアで見世物のために養われていた剣闘士の一人、かつては兵士としてローマと戦い、捕虜となって売却されて剣闘士の境遇にあったトラキア出身の男であるスパルタクスが、彼の仲間の中から七〇人ほどを、見世物の興行ではなく自由のために危険を冒すように説得し、仲間と共に番人たちを圧倒して逃亡した。彼は何人かの旅人たちから〔奪った〕棍棒と短剣で武装してウェスウィウス山に逃れた。そこで、多くの逃亡奴隷たちと田園から来たいくらかの自由人を〔仲間として〕受け容れて、オイノマウスとクリクススという剣闘士を部隊長として近隣を略奪した。略奪品は公平に分配したので、直ちに彼のもとに多くの者たちが集まった。……スパルタクスのもとにさらに多くの人々が集まって、今や七万人の軍勢がいた。彼は、武器の製造を続けさせ、補給品を集めさせた。（中略）

スパルタクスは、全てをあきらめて、その時でも大軍だった軍を率いてクラッススを攻撃しようとした。戦闘は、かくも多数のものが絶望したときにそうであるように長く続き凄惨だった。スパルタクスは、投げ槍で腿に傷を受け、膝を折って盾を前方に構えて攻撃する敵を防いだが、ついに彼自身も、彼と一緒にいた多数の者たちも包囲されて倒された。残った彼の軍勢はもはや混乱して、大量に殺戮されていた。その結果、彼ら〔スパルタクスの軍〕の中で戦死者は数えきれず、一方でローマ人の中で戦死者は一〇〇〇人に上った。スパルタクスの遺体は見付からなかった。なお多くの者たちが戦場から山に逃れた。彼らを追って、クラッススは〔山に〕登った。彼ら〔スパルタクス軍の残党〕は自らを四隊に分けて戦い続けたが、ついに六〇〇〇人を除いて全員死んでしまった。生き残った者たちは捕えられて、カプアからローマまで街道に沿ってずっと十字架に架けられた。

【出典】 Appiani, *Bellorum civilium*, liber primus, a cura di Emilio Gabba (Firenze, 1958), 116, pp. 316–321; 120, pp. 330–333.

【解説】 前七三―七一年、ローマの支配下にあったイタリアでトラキア(現在のブルガリア周辺)出身の剣闘士奴隷スパルタクスを指導者とする大規模な奴隷反乱が起った。この反乱は、地中海世界全域を支配下においていた共和政ローマを震撼させることになった。前七三年の春、南イタリアの都市カプアの剣闘士養成所からスパルタクスをはじめとする約七〇人の奴隷が逃亡し、ウェスウィウス山の山頂に立て籠った。南イタリアでは、大土地所有が展開し、多くの奴隷が酷使されると共に、自由農民の中小農場も影響を受けていたため、逃亡奴隷や貧しい没落自由人が仲間に加わって兵力を増し続けた奴隷軍は、ローマの討伐軍を数度破り、同年の冬には、七万人の大軍に膨れ上がっていたのである。その後、奴隷軍は、春と共にアルプスを越えてイタリアを脱出して各人の故国へと帰還することを目指して、北上を開始した。ところが、ローマ軍を連破して、アルプス南麓のキサルピナ・ガリア地方に到達した時には、季節の上でアルプス越えには遅く、またこの地方では中小土地所有者が多く、奴隷は比較的少数であったため、奴隷軍への支持は少なく、抵抗が激しく、物資や食料の調達も困難となった。そこでアルプス越えを断念した奴隷軍は、再南下し、海路でのイタリア脱出を目指したが、船団の提供を約束した地中海の海賊に裏切られて失敗し、ローマの将軍クラッススに率いられたローマ軍に包囲された。一時、奴隷軍はこの包囲を突破することには成功したが、前七一年春にクラッスス率いるローマ軍に敗れ、スパルタクスは戦死し、捕虜となった奴隷六〇〇〇人はローマからカプアまでのアッピア街道で十字架刑に処されたのである。〔参〕

土井正興『新版スパルタクスの蜂起』青木書店、一九八八年。
同『スパルタクス反乱論序説』法政大学出版局、一九六九年。

（島田誠）

169 第一回三頭政治（前六〇年）

スエトニウス『カエサル伝』（後一一七—一二二年）

カエサルは、二人のコンスル職の〔対立〕候補者、ルキウス・ルッケイウスとマルクス・ビブルスの中から、ルッケイウスを自分の味方につけ、協定を結んで、彼〔ルッケイウス〕は人気では劣るが資金力では勝っていたので、金銭を彼が負担して〔カエサルと〕共有の名義で百人隊[1]ごとに〔与えることを〕約束することにした。その事実を知ると、オプティマテスは、彼〔カエサル〕が最高の公職に在って、同僚〔ルッケイウス〕と協力して同意見となって何事も好き勝手に行いかねないとの恐怖にとらえられ、ビブルスのために同額の醵金を申し出た、そして多数が金を寄付した。カトーでさえも、国家のためにその買収が為されることを拒否しなかった。

かくしてカエサルは、ビブルスと共にコンスルに選出された。同じ理由で、オプティマテスたちは、就任するコンスルたち〔の離任後〕(2)に、極めて重要度の低い属州、すなわち森林と牧場が決定されるように苦心した。カエサルは、この悪意に特に刺激されて、あらゆる丁寧な行為を用いて、グナエウス・ポンペイウスの同盟者になろうとした。ポンペイウスは、ミトリダテス王を破っていたのに彼の〔戦後の〕処理を承認することに躊躇していた元老院議員たちに憤慨していたのである。カエサルは、ポンペイウスと〔前七〇年に〕非常な不仲のもとで一緒に務めたコンスル職以来の長年の仇敵であったマルクス・クラッススとを和解させた。カエサルは、三人の中の誰かに都合の悪い何事も国政において為されないように、両者との同盟を結んだ。

(1)　セルウィウス・トゥッリウスの改革で成立した百人隊は、コンスルとプラエトルを選出する民会(ケントゥリア民会)の下部構成単位だった。

(2)　前一世紀には、コンスルはローマ市での一年間の任期を満了した後に、数年間、属州の統治を任されるのが通例となっていた。

【出典】 Suetonius, *divus Iulius*, 19, in: M. Ihm (ed.), C. Suetonius Tranquillus, *Opera*, Vol.I: *De vita Caesarum*, libri VIII (Stuttgart, 1993), pp. 8f.

【解説】　ガイウス・ユリウス・カエサルは、ポプラレス(民衆派)の有力政治家マリウスの妻の甥であり、最初の妻もポプラレスの政治家キンナの娘だった。彼は、民衆の間での人気は高かったが、元老院では異端児であった。プラエトル職(前六二年)の後、ヒスパニアで属州総督を務めたカエサルは、実力者のクラッススとポンペイウスとの間を仲介して、前六〇年に政治同盟を結んだ。これを第一次三頭政治と呼ぶ。元老院多数派と対立した実力者ポンペイウスとクラッススと、民衆に人気のあったカエサルとが、互いに支援することを約束する私的な盟約(政治同盟)であった。カエサルは、コンスル職離任後の前五八年から属州ガリアの総督となり、八年間にわたるガリア遠征を始めた。この遠征での輝かしい勝利によってカエサルは勢力を高め、前五三年のクラッススの東方での戦死、ポンペイウスと内乱を経て独裁官としての権力を固めていくことになる。

なお前四四年のカエサルの暗殺後、一年余りの短いが激しい内乱の結果、前四三年一一月二七日に第二次三頭政治が成立した。その際に、ティティウス法によって、カエサルの旧部下のアントニウスとレピドゥス、カエサルの遺言によって相続人とされたオクタウィアヌスが、公式に「国家再建のための三人委員」に任命されたものだった。

(島田誠)

170　カエサルの暗殺(前四四年三月一五日)

スエトニウス『カエサル伝』(後一一七―一二一年)

彼〔カエサル〕に対する陰謀に加わったのは、六〇人以上だった。ガイウス・カッシウスとマルクス・ブルトゥス、デキムス・ブルトゥスが陰謀の首謀者だった。……元老院が、三月一五日にポンペイウス議事堂で開催されることが

告示された後には、すぐさま〔カエサル暗殺の〕時と場所として優先することとした。（中略）

座ったままの〔カエサルを〕、陰謀者たちが敬意を払うふりをして取り囲んだ。直ぐに、一番手を引き受けていたキンベル・ティッリウスがあたかも何事かを懇願するかのようにさらに近づいた。カエサルが拒んで、身振りで別なときに〔懇願に来るようにと〕引き延すと、キンベルはカエサルの外衣の両肩を抑えた。「お前は、本当に暴力をふるうのか」とカエサルが叫ぶと、カスカ兄弟の一人が振り向いた彼の咽の少し下を傷つけた。カエサルは、カスカの腕をつかまえて鉄筆で刺した。彼は飛び上がろうとして、別の傷で妨げられた。四方八方から抜き身の短剣が自分に迫るのに気づくと、彼は外衣で頭を覆い、同時に左手で裾を足の下まで降ろして、下半身をも包み隠して見苦しくないように死ぬようにした。かくして、二、三カ所を剣で突かれた彼は、最初の一突きの際に一度うめいただけで声を発することはなかった。ただし、ある者たちは、突進してくるマルクス・ブルトゥスに、「お前もか、小僧よ」と言ったと伝えている。〔カエサルは〕皆が逃げ去ってしばらくの間、息絶えて横たわっていたが、ようやく、腕を〔一本〕ぶら下げたまま、輿に載せられて三人の奴隷が家に連れ戻った。

【出典】Suetonius, *divus Iulius*, 80.4., 82, in: M. Ihm (ed.), C. Suetonius Tranquillus, *Opera*, Vol. I: *De vita Caesarum*, libri VIII (Stuttgart, 1993), pp. 42f.

【解説】前四八年、内乱に敗れたポンペイウスの死後、カエサルは次第に独裁的な権力を振るうようになった。彼は、前四六年には一〇年任期のディクタトル（独裁官）に就任し、前四四年にその任期は終身とされた。カエサルは、暦の改定・法廷の改革・元老院や公職者の増員・イタリアや属州での植民市の建設などの改革を実施したが、彼の強大な権力や追従者たちの言動が、元老院議員たちにカエサルが王位を望んでいるのではないかとの不安を抱かせることになった。例えば、彼は「国家は無だ。ただ名前のみで、実体も形もない」とか「人々は、もっと注意深く私に話しかけるべきであり、そして私の話すことを法と見なすべきだ」とか述べたとされる。さらにマルクス・アントニウスをはじめとするカエサルの側近たちは、あたかも彼が「王」であるかのように振舞うようになっていた。このことが、ガイウス・カッシウスとマルクス・ブルトゥス、デキムス・ブルトゥスなどの共和政の政体の保持を願う元老院議員たちの恐怖と反発を引き起こすことになったのである。（島田誠）

171　古代ローマ女性の生涯（前一世紀後半）

「トゥリア」の追悼演説（前一世紀末）

田舎の寂しい場所でご両親が一遍に殺されてしまったた

めに、あなたは結婚の日を前にしてにわかに孤児となってしまった。ご両親の死が報復されないままとならなかったのは、ひとえにあなたのおかげだった。というのも、私はマケドニアに行っていたし、あなたの姉上の夫君クルウィウスは属州アフリカにいたからである。……あなたは、諸々のことを遂行していたあいだに、すなわち、殺害犯たちの処罰と捜索を求めていたあいだに、純潔を守るために実家を出て、私の母の家に身を寄せ、そこで私の帰還を待ったのであった。

その後、あなたと姉上はある脅迫をうけることとなる。すなわち、〔お父上と〕奥方とのあいだで共買式(1)が為されたのであるから、私とあなたが相続人となっているお父上の遺言について破毀の決定が下されるべきであり、したがって、あなたは、お父上の家産もろともに、訴訟をおこした者たちの後見下に必ず入ることになり、姉上は、すでにクルウィウスに譲り渡されているので、その家産の分け前にはまったく与ることができないだろう、と脅されたのである。……あなたは、私たちすべてに関わるこの法律問題を、真実〔を主張すること〕によって解決に導いた。〔あなたはこう主張したのである。〕遺言は破毀されない、したがって、あなた一人で家産すべてを保持するのではなく、あなたと私の二人で財産を相続する、もし、〔遺言の効力を〕維持できない場合には、姉上と〔遺産を〕分け合うと主張してでも、お父上の遺志を断固守るつもりである、と〔主張した〕。また、あなたに対して法律上の権限を何ら持たない者たちの法定後見の制約に服するつもりはない、なぜなら、あなたにそれを為すよう法でもって強制できるということを、あなたの家に対して証明できる氏族(2)など存在しないからである。たとえお父上の遺言が破毀されたとしても、訴え出た者たちにはその権利がない、なぜなら、この者たちは同じ氏族に属してはいないのだから、と〔主張したのであった〕。この者たちはあなたの意志の強さに根負けし、それ以上、この問題を追究しようとはしなかった。(中略)

離婚によって壊れてしまうような結婚ではなく、死別によって終わるような長期にわたる結婚は稀であるが、私たちは、何の不和もなく四〇年も〔結婚生活を〕続けさせることができたのである。年長者が運命に従うほうがより理にかなっているのであるから、できることなら、私たちのこの長い結婚が、あなたではなく私の死で終わればよかったのに。(中略)

世界に平和がもどり、国家が再建されると、私たちにも静穏と幸福のときが訪れた。私たちは子供を望んだが、運命が長らく妬んでいたのである。……あなたは自分の懐妊能力に自信を失い、私に跡継ぎがいないことを悲しみ、あなたを妻としているばかりに私が子供を持つという希望を捨ててしまうのではないか、そして、まさにそのために私が不幸となってしまうのではないかと恐れて、あなたは離婚について〔ある考えを〕語った。すなわち、妻がいない状態のこの家を、子を産める別の女性に明け渡すつもりであるが、ただし、それは、一心同体ともいえる二人の気持ちを信頼して、あなた自身が、私に相応しい子の産める女性を探し出して連れてくるだけの話であって、生まれてくる子供たちは二人の子として、あたかもあなた自身が産んだ子のように遇するつもりだと言明した。また、これまで二人で保持してきた私たちの家産を分割したりしないで、〔引き続き〕私の裁量下におき、もし私が望むならば、あなたも運用を助けるつもりである、つまり、あなたが持つものは何であれ、持ち去ったり分割したりしない、そして、今後もあなたは、〔あたかも〕姉妹としての、あるいは姑としての忠誠と情愛を私に捧げるつもりだと言明したのであった。

(1)　夫が妻を「買う」儀式。夫婦間でこの儀式が行われると、法律上、妻は夫の「娘」として扱われ、妻は夫の財産に対して実娘と同等の相続権を得たので、夫は、新たに「娘」となった妻に相続権を与えるのか、それとも相続から廃除するのかを自分の遺言のなかで明記しておく必要が生じた。

(2)　共通の祖先をもつ(と観念されていた)男系親族集団。氏族成員は互いに、市民法上の法定相続権と法定後見の権利をもっていた。

【出典】E. Wistrand, *The so-called LAVDATIO TURIAE; Introduction, Text, Translation, Commentary*(Lund, 1976), pp. 18-28.

【解説】亡き妻を追悼した夫の演説を石板に刻んだもの。妻や夫の名前が記されていたであろう部分は今日失われてしまっている。この夫婦は、前一九年のコンスルを務めたクイントゥス・ルクレティウス・ウェスピッロとその妻トゥリアであると長らく考えられていたが、現在では否定されている。夫は、名前は不明だが、ポンペイウス派のおそらくは元老院議員で、前四三年に始まる第二次三頭政治期には国外追放の憂き目に遭ったことが記されている。共和政末期の内乱を気丈に生き抜いた上層女性の半生が生き生きと描写されており、当時の政治情勢や女性の社会的地位を知るうえで重要な史料である。

（樋脇博敏）

172　古代ローマにおける帝政の成立（前二七年）

『神アウグストゥスの業績録』（後一四年）

六回目と七回目のコンスル職のとき〔前二八―二七年〕、私は内乱を根絶し、〔市民たち〕全員の合意によって政治の全権を掌握していたが、国政を私の権限から元老院およびローマ市民たちの判断に移管した。この私の功績のために、私は元老院決議によってアウグストゥスと呼ばれることになり、私の家の門柱が公費で月桂樹で飾られ、市民〔の救助を讃える〕冠が私の戸口の上に据えられた。黄金の盾がユリウス議事堂に安置された。その盾を元老院とローマ市民たちが、武勇、寛恕、公正さと愛国心のゆえに私に与えたことが、その盾の上の銘文から証言されていた。その時以後、私は、権威においては万人に勝ったが、一方、権限に関しては、いかなる公職においても同僚であった者たち以上の何ものも保有しなかった。

【出典】Th. Mommsen(ed.), *Res gestae divi Augusti ex monumentis Ancyrano et Apolloniensi*(Berlin, 1883), pp. LXXXXIV-LXXXXVI.

カッシウス・ディオ『ローマ史』(後二二九年)

アウグストゥスは、民主的な〔共和政を尊重している〕ように思われることを望みつつ、誰かの管理を必要とするがゆえに国事の全ての世話と監督とを引き受けていた。彼は、自分で全ての属州を支配するのではなく、彼が〔現に〕支配している属州も永続的にそうするつもりはないと述べた。また〔アウグストゥスは〕平和で戦争がないゆえに弱体な属州を〔元老院の管理下に〕返し、強力な属州を不安定で危険で誰か敵と境を接しているか、それ自体のために何か大蜂起が起こるかもしれないゆえに保持していた。公言していた理由は、元老院が安全に帝国の最良の部分を享受し、彼自身が苦難と危険とを引き受けるためだったが、実際の理由は、これらの口実によって、彼ら〔元老院議員たち〕を非武装で戦いに耐えなくする一方で、彼だけが武装して軍隊を養うためだった。

【出典】*Cassii Dionis Cocceiani Historiarum romanarum quae supersunt* Vol. II(Berlin, 1898), LIII. 12. 1-3, pp. 421f.

【解説】アウグストゥスの時代を境にローマが共和政から事実上の君主政、帝政(元首政)へと移行したことに関しては、誰も異論のないところである。しかしながら、アウグストゥス自身は自らの業績を「国家の古い形の回復」(共和政の復興)であると主張しており、正確に何時の時点で帝政が成立したのかという点については、意見の一致は見られない。帝政(元首政)成立の時点として、しばしば言及されるのが前二七年一月一三日である。この日、オクタウィアヌス(後のアウグストゥス)は、内乱時代以来の超法規的処置を廃し、国政を元老院と国民に返却することを申し出て、彼と元老院との間で、帝国(属州支配)を分掌することが決定したのである。一九世紀の偉大なローマ史家テオドール・モムゼンは、元首政を元老院と市民共同体を代表する元首との二元支配 Dyarchie と定義して、この一月一三日を元首政の誕生した日とした。なお一月一六日にオクタウィアヌスが元老院からアウグストゥスという名前を授けられていることをとらえて、アウグストゥスという「称号」を授けられて元首政(帝政)が始まったとする俗説もあるが、これは明らかな間違いである。「アウグストゥス」は、この段階ではオクタウィアヌスという私人に与えられた個人名であり、地位や権限を示す公的な称号では一切なかった。

　モムゼン説に従えば、前二七年一月一三日が帝政(元首政)の成立時点となるが、二〇世紀以降にはこのモムゼン説を支持する研究者は少数となった。二〇世紀のローマ史研究の主流では、アウグストゥス権力の確立の契機として、前三二年にアントニウス・クレオパトラとの戦争を前にして(例外をのぞく)全イタリアの住民がオクタウィアヌスに対して忠誠を誓い、続いてガリア・ヒスパニア・アフリカ・サルディニアの西方属州が誓約したことが重視され、帝政(元首政)の成立時期としては、オクタウィアヌスが内乱に勝利し、彼を支持する党派が全帝国を覆う唯一のものとなった前三〇年八月一日が挙げられることが多い。

(島田誠)

173 古代ローマ地方都市での皇帝礼拝の設立(一一年)

属州都市ナルボーにおけるアウグストゥスの神性への祭儀創設碑文(一一年九月二二日)

ティトゥス・スタティリウス・タウルスとルキウス・カッシウス・ロンギヌスがコンスルのとき〔一一年〕の九月二二日、アウグストゥスの「神性」への誓願が、ナルボー市の平民によって為された。

　善きこと、吉兆、幸運が、国父、大神祇官長、護民官職権三三回目のインペラトル・カエサル・アウグストゥスに、彼の妻・子供たち・親族に、元老院とローマ市民たちと植民市ユリア・パテルナエ・ナルボー・マルティウスの市民と居留民たちにあらんことを。その市民と居留民たちは、自分たちが彼〔アウグストゥス〕の神性を永遠に敬うことを義務づけていた。ナルボー市の平民は、ナルボー市の中央広場に祭壇を設置した。その祭壇で、毎年、その日に時代の幸運によって彼〔アウグストゥス〕が世界の指導者として生まれた九月二三日に、平民出身のローマ騎士三名と解放奴隷三名がそれぞれ犠牲獣を捧げ、市民と居留民たちに彼の神性に捧げるための香料と葡萄酒を自分たちの負担でその日に与えるべし。九月二四日にも、香料と葡萄酒を市民と居留民たちに同様に与えるべし。一月一日にも、香料と葡萄酒を市民と居留民たちに与えるべし。その日に初めて世界の支配権が承認された[1]一月七日にも、香料と葡萄酒を供物として捧げ、犠牲獣をそれぞれ捧げ、その日に市民たちと居留民たちに香料と葡萄酒を与えるべし。

（1）前四四年一月七日、オクタウィアヌスは、プラエトル相当官として、初めて共和政ローマの公職者としての権限（命令権）を認められた。この日は、帝政期を通じて、アウグストゥスの支配権の記念日として祝われていた。

【出典】H. Dessau(ed.), *Inscriptiones Latinae Selectae*, Vol. I(Berlin, 1892), n. 112, pp. 31-33.

【解説】帝政期ローマにおいては、皇帝やその家族に対して様々な形式で宗教的儀礼が捧げられていたことが知られている。これらの宗教儀礼は近代以降の研究者からは、一般に「皇帝礼拝」と呼ばれている。

帝国の首都ローマでは、アウグストゥスに始まり四世紀初頭までの多くの皇帝たちが、その死後に神格化されて神 divus となり、神々の一員となってユピテルやマルスなどと共に崇拝されていた。イタリアや属州の諸都市では「皇帝（アウグストゥス）のゲニウス（守り神）」や「皇帝（アウグストゥス）のヌーメン（神性）」への礼拝が組織されていた。ここで訳文を掲載した後一一年のナルボーでの皇帝礼拝の創設は、そのような皇帝礼拝の最も早い例の一つである。また多くの属州では「女神ローマと皇帝」のための神殿や祭壇が建設されていた。この他、帝国の住民は何かにつけて皇帝の名前をあげ、葡萄酒やお菓子などの供物を捧げたことも知られている。

これらの式典や宗教的儀礼が、「帝国」の支配体制の確立や維持のために、大きな意義を持っていたことは言うまでもないだろう。しかし、同時にこれらの式典や儀礼が、帝国内の諸階層にとっても大きな意義を有していたことも見逃せない。これらの式典や儀礼へ参加することよって、様々な立場の帝国の住民たちが、「帝国」の秩序の中における自らの位置を確認することができたのである。〔参〕島田誠「皇帝礼拝と解放奴隷」『岩波講座世界歴史5　帝国と支配』岩波書店、一九九八年。

（島田誠）

第三節　「ローマの平和」時代の政治と社会

174　第二代皇帝ティベリウスの養子ゲルマニクスへの追悼元老院決議（一九年）

シーアルム青銅板（一九年一二月一九日）

決して死すべきではなかった[ゲルマニクス・カエサルの記憶について]、[…]ゲルマニクス・カエサルに相応しい[栄誉について……]そのことに関して、我らが第一市民たるティベリウス・カエサル・アウグストゥスの助言が[必要とされ……]多くの意見が彼〔ティベリウス〕自身の下に提出されて、そして彼は自分の習慣となっていた〔やり方で、〕元老院が与えられるべきだと判断したそれら全ての栄誉から、彼自身、彼の母ユリア・アウグスタ、ドゥルス・カエサル、ゲルマニクス・カエサルの母、もしも可能だったならば彼〔ゲルマニクス〕の妻が、その討議に招集されて、十分に適切であることができると判断したことを選んだゆえに、そのことについて以下の如く〔元老院で〕表決された。

以下のことが決議された。大理石の〔凱旋〕門が、フラミニウス戦車競技場の中、そこに神アウグストゥスと帝室の肖像がある所のその場所に、国費で〔ゲルマニクスの〕征服した諸種族の像付きで建てられるべきこと。その門の正面に、次のように刻むべきこと。「元老院およびローマ市民たちが、ゲルマニクス・カエサルの記憶のために、記念物を〔奉献した〕。何故なら、ゲルマン人たちを戦いで圧倒し、彼らをガリアから追い出し、軍の旗印を奪回し、ローマ市民たちの軍隊の裏切りによる壊滅の復讐をし、ガリア地方の秩序を整えた後に、プロコンスルとして海の向こうの〔東方の〕諸属州に派遣され、ティベリウス・カエサル・アウグストゥスの命令によって、それらの諸属州と同じ地域の諸王国を巡回した〔ゲルマニクスが、〕アルメニアに王を即位させ、自らの任務に手抜きをすることなく、元老院の決定で小凱旋式でローマ市に入城する前に、国家のために死亡したからである」、と。その門の上に、凱旋式用の戦車に乗ったゲルマニクス・カエサルの彫像が置かれ、その傍らに彼の実父でティベリウス・カエサル・アウグストゥスの弟ドゥルスス・ゲルマニクス、彼の母アントニア、妻のアグリッピナと妹リウィア、彼の弟ティベリウス・ゲルマニクス、彼の息子たちと娘たちの彫像が置かれるべきこと。

【出典】 M. H. Crawford, *Roman Statutes*, Vol. I (London, 1996), n. 37, p. 515.

【解説】 ゲルマニクス(前一五—後一九年)は、第二代皇帝ティベリウスの甥であったが、後四年にアウグストゥスの命令で伯父の養子となり、ティベリウスの最有力後継候補として、ローマ市民の間で絶大な人気を誇っていた。ティベリウスの次の第三代皇帝ガイウスはゲルマニクスの息子、第四代クラウディウスは弟、第五代ネロは孫であった。彼は後一九年一〇月一〇日にシリアのアンティオキアで没し、彼の死はローマ市民たちを震撼させ、大きな混乱が生じた。多くの市民たちが、ゲルマニクスの死を悼むばかりに、自らの子供の養育を止めて遺棄するなど恐慌を来したことが伝えられ、政界でもゲルマニクスと対立していたシリア総督を務める有力元老院議員が失脚して自殺した。

ここで訳出した史料は、ゲルマニクスの死を悼むための元老院決議の一部であり、およそ半世紀前、アウグストゥスが「共和政の復興」を建前として始めた帝政の実態の一側面を明らかにしてくれる。公職や元老院議員の地位にある成人男性が公的に活動していた共和政時代とは異なって、皇帝本人やその後継者だけではなく、母や妻、そして子供たちまで帝室一家が栄誉を与えられ、女性たちが一定の役割を果たしていたことが注目されよう。

（島田誠）

175 イエスの裁判と処刑（三〇年頃）

マルコによる福音書（六〇年代—七〇年代頃）

そして夜が明けるとすぐ、祭司長たちは長老たちや律法学者たち、すなわち全最高法院と協議し、イエスを縛って連れ出し、そしてピラトゥス[1]に引き渡した。

そこでピラトゥスは彼に尋ねた、「お前がユダヤ人の王であるか」。しかし彼〔イエス〕は彼〔ピラトゥス〕に答えて言う、「あなたが〔そう言うのです〕」。すると祭司長たちは激しく彼を訴え始めた。しかしピラトゥスは再び彼にこう言って尋ねた、「お前は何も答えないのか。見よ、彼らがどんなにお前を訴えているか」。しかしイエスはもはや何一つ答えなかったので[2]、ピラトゥスは驚き怪しんだ。

さて、祭りの度に彼〔ピラトゥス〕は、彼らが釈放を願う囚人を一人、彼らに釈放していた[3]。ところで反乱を引き起こして殺人罪を犯していた謀反人たちと共に、バラバという者が投獄されていた。すると群衆は立って、彼が彼らに〔いつも〕していたようにすることを要求し始めた。しかしピラトゥスは彼らにこう言って答えた、「お前たちは、私がお前たちにユダヤ人の王を釈放することを願うのか」。

なぜならば、彼は祭司長たちが妬みのために彼〔イエス〕を引き渡したことを知っていたからである。しかし祭司長たちは、むしろバラバを彼らに釈放するようにと、群衆を扇動した。しかしピラトゥスは、再び彼らに答えて言った、「それでは私はユダヤ人の王をどうしようか」。〔或いは「お前たちは、お前たちがユダヤ人の王と呼んでいる者を、私がどうすることを望むのか」。〕すると彼らは再び叫んだ、「そいつを十字架につけよ」。しかしピラトゥスは彼らに言った、「それではその者はどんな悪事を働いたのか」。しかし彼らはなお一層激しく叫んだ、「そいつを十字架につけよ」。

そこでピラトゥスは群衆を満足させようと、彼らにバラバを釈放した。そしてイエスを鞭打ってから、(4) 十字架につけるために引き渡した。

そして兵士たちは、彼を総督官邸である館の中へ連行した。そして全歩兵部隊を召集する。そして彼らは彼〔イエス〕に紫衣を着せ、茨の冠を編んで彼にかぶせる。そして「ユダヤ人の王よ、ようこそ」と彼に挨拶し始めた。そして彼の頭を葦の杖で打ち、彼に唾を吐きかけ、そして跪いて彼を恭しく礼拝していた。こうして彼をなぶり者にした後、彼から紫衣をはぎ取り、彼自身の着物を着せた。

そして、彼を十字架につけるために引き出す。(一五章一―二〇節)

(1)　ポンティウス・ピラトゥスは騎士身分出身で、第四代属州ユダヤ総督(二六―三六年在職)。反ユダヤ的な政策を行ったと言われる。
(2)　自己弁護の放棄は、当時一般に罪を認めたものと見なされた。一方ローマの裁判官は一般に、自己弁護をしない者への判決を嫌った。
(3)　歴史的には、ローマ総督のこのような慣行は確認されていない。
(4)　ローマでは鞭打ちのような刑罰は、公職者の懲戒権(coercitio)に基づき、他の刑罰に伴って科せられることがよくあった。

【出典】 E. Nestle & K. Aland(eds.), *Novum Testamentum Graece* 27. Aufl(Stuttgart, 1993), pp. 142-144.

【解説】 聖書が歴史史料としてはたして有効であるか、聖書学の立場などからはこれを疑問視する見解もあるが、例えばイエスの裁判に関する共観福音書(マルコ、マタイ、ルカ各福音書)の記事は、全体として当時のローマの裁判制度に基づく手続きに忠実に従っている。すなわちイエスは最高法院での審問後、ローマ総督の前に連行され、告発、総督の尋問、判決を受け、鞭打ち刑を経て反逆罪で十字架刑に処せられる。これに対して、例えば最高法院には死刑を執行する権利が認められていたとして、これらの記事の史実性を疑う解釈もあるが、シャーウィン＝ホワイト(A. N. Sherwin-White)によれば、当時死刑執行権はローマ総督にあり、最高法院に通常の死刑罪裁判権が認められていたかどうか、疑問である。なお、最高法院がイエスの死刑を「判決した(*κατέκριναν*)」と伝えているのは、マルコ福音書だけである(マルコ一四章六四節)。

一方、確かに聖書は歴史書一般とは異なった性格を持ち、福音書のイエス伝にも、それぞれの著者の著作意図に基づく編集や改変が見られる。また福音書の著作年代は、最も早いマルコ福音書が六〇年代末から七〇年代、他の福音書は八〇―九〇年代と推定されている。紀元一世紀後半は、ユダヤ戦争の敗北後ユダヤ教の厳格化、反キリスト教的な姿勢が一層強まり、その結果ユダヤ教とキリスト教の対立と、後者の自立化が進んだ時期でもあった。新約聖書において時折見られる「反ユダヤ的」な傾向については、こうした時代背景も考慮に入れなければならないと思われる。

なお、ネストレ－アーラント版は、ドイツの新約学者E・ネストレとK・アーラントにより校訂されたギリシア語訳新約聖書で一九一三年に初版が出版されて以来、改訂がくり返されている。現在最も権威あるギリシア語訳新約聖書テキストである。

（島創平）

176 ガリア人の公職就任権（四八年）

ルグドゥヌム（リヨン）青銅板「クラウディウス帝の元老院における演説」（四八年）

たしかに新しいやり方に基づいている。しかし私の大叔父[1]神となったアウグストゥスも伯父ティベリウス・カエサルも、あらゆる所の植民市や自治市の華、つまり優れた人物や裕福者の全ての華を、この元老院の議場におきたいと願ったのである。ではなぜ、イタリアの人が属州の人より、元老院議員として優先されないのだろうか。諸君ら〔元老院議員〕に、私が戸口調査のこの部分に着手した時に、その件について私が判断したことを事実でもって示すつもりだ。しかし属州の人でも、元老院の議場を飾ることが出来さえすれば、排除する必要はないと、私は考える。……今こそ、ティベリウス〔・クラウディウス〕・カエサル・ゲルマニクスよ、お前の演説が意図していたことを、元老院議員諸君の前に披露すべきときである。なぜなら、お前は属州ガリア・ナルボネンシスの最果ての地まで〔演説の話題で触れて〕来たのだから。〔ガリア出身の者たちを〕見たまえ、私の判断する限り、立派な若者たちだ。……我々がルグドゥヌム〔リヨン〕市出身の人々を元老院身分の一員と見なすことを後悔していないから、属州ガリア・ナルボネンシスの境界のかなたの土地こそが、今度は諸君のところに元老院議員を送るのだということを、私がこの指で明示する以外の何を諸君は欲するであろうか。元老院議員諸君、私は確かに恐る恐る、諸君のよく慣れた親しみ深い属州の境界を踏み越えた。しかし、今こそ長髪のガリア[2]の問題が、きちんと議論されるべきである。

（1） クラウディウスとゲルマニクスの母アントニアは、アウグストゥスの姉オクタウィアと三頭政治の一員マルクス・アントニウスの間の娘だった。
(2)「長髪のガリア」とはカエサルの征服したガリアの別名。

【出典】 H. Dessau (ed.), *Inscriptiones Latinae Selectae*, Vol. I (Berlin, 1892), n. 212, pp. 52-54.

【解説】 ローマの拡大の理由として、古代ギリシアとは大きく異なる市民権政策が挙げられることがしばしばある。ギリシアのポリスでは、一般に外国人への市民権付与には消極的であり、植民者として海外に送り出される際にも母市の市民権は失われるのが通例だった。一方、ローマでは、植民者として送り出した自国民にローマ市民権の保持を認めることが可能であり、他国民(特に支配階層など有力者たち)にローマ市民権を与えることもしばしば行われていた。このローマ市民権政策には、幾つかの段階が存在した。まず共和政期には、イタリア半島内への軍事的・社会的目的に基づく植民や政治的意図による市民権付与が行われていた。このイタリア半島内での市民権拡張は、史料166に掲載した史料で述べられた「イタリア(同盟市)戦争」の結果、事実上、全イタリアの自由民がローマ市民となることで完了した。帝政期になると、イタリア外の属州へのローマ市民権の拡張が本格化した。この拡張は、当初はすでにローマ市民権を得ていたイタリア出身者を植民者として送り出すことから始まり、その対象となったのは、共和政時代からローマとの関係の深かったヒスパニア南部(属州バエティカ)やガリアの地中海岸地域(属州ガリア・ナルボネンシス)が中心であった。それが、次第に属州生え抜きの人々にも波及することになり、彼らの同化が問題となったのが紀元一世紀の半ば、クラウディウス帝時代であったのである。〔参〕高橋秀「地中海世界のローマ化と都市化」『岩波講座世界歴史2　古代2　地中海世界II』岩波書店、一九六九年。

（島田誠）

177　解放奴隷トリマルキオの生涯の回顧（六〇年頃）

ペトロニウス『サテュリコン』（一世紀中頃）

だが、話しはじめよう。この幸運へと、わしの勤勉さが、わしを導いたのだ。わしが、属州アシアから来たときには、この燭台と同じくらいの大きさだった。手短に言えば、わしは、毎日、その燭台で、自分の背丈を計るのを習慣にし、もっと早く口髭が生えるように、唇に灯油を塗っていた。ともかく、一四年間、わしはご主人のお気に入りだった。……主人は、わしを〔解放して〕、皇帝とともに遺産相続人にした。そして、わしは、元老院議員の資格財産ほどの遺産を手に入れたのだ。しかし、人〔の欲望〕にとっては、何物も十分ではない。わしは商売をすることを熱望した。多弁を弄して引き伸ばすのはやめよう。わしは五隻の船を建造し、葡萄酒を積み込んでローマ市に送った。当時、葡萄酒は同じ目方の黄金に相当していたのだ。人は、わしがそう命じたように思ったかもしれないが、船は全て難破した。作り話ではない本当だ。一日で、海神ネプチュヌスは三〇〇〇万セステルティウスを呑み込んだ。わしが意気沮喪したと思うかい。誓って言うが、何も起こらなかったように、この損害はこたえなかった。もう一隻、もっと大きく、もっと頑丈で、もっと縁起のよい船をわしが造ると、わしを不屈の男だと言わない者はおらんかった。知っとるように、大きな船は、それだけ頑丈だ。再び、葡萄酒、豚肉、豆、香料、奴隷を積み込んだ。このとき、フォルトュナタが妻の義務に相応しいことをした。彼女は、自分の金製品をみんな、着物も全て売り払い、金貨一〇〇枚をわしの手に置いた。これが、わしの財産の酵母となった。直ぐに、神々の望むことが実現した。わしは、一回の航海で一〇〇〇万セステルティウスをまるまる儲けた。すぐにわしの保護者のものであった地所を全て買い戻した。屋敷を建て、奴隷と家畜を買い集めた。何でもわしが手を触れた物は、あたかも蜜蜂の巣のように増えた。わしの故郷全体よりも、多額の財産を持つに至ったとき、事業から手を引いた。商売を止めて、解放奴隷を通して金貸しを始めた。

【出典】 Petronius, *Satyricon*, 75. 10–76, in: Konrad Müller (ed.), *Petronius Arbiter: Satyricon reliquiae* (Stuttagart, 1995), pp. 73–75.

【解説】 解放奴隷トリマルキオの生涯の回顧を含むペトロニウスの『サテュリコン』はフィクションであり、トリマルキオも創作上の人物である。しかし同時に、彼は帝政初期の社会(特に解放奴隷)の実態を伝える典型的な人物として多くの歴史研究の対象にもなっている。トリマルキオの回顧には、創作にありがちな、誇張も含まれていると思われるが、主人に気に入られた奴隷が、遺言によって、かなりの額の遺産と共に解放され、ローマ市民として、新しい人生を歩み出すことが期待できたことは事実である。このような解放奴隷たちは、政治的キャリアを歩むことができなかったので、主として手工業や商業で生計を立てていた。トリマルキオも、解放後、直ぐに商業に従事する設定となっている。彼は、商船を建造して、葡萄酒などの商品の交易に乗り出し、失敗を乗り越えて、莫大な利益を挙げたとされている。帝政初期には、これらの解放奴隷のローマ市民の存在と言動は、ローマ市民社会の支配階層の関心を引くことになった。歴史家タキトゥス(『年代記』第一三巻二六—二七節)は、ネロ帝の時代(紀元五七年)に、ローマの元老院で、解放奴隷たちの横柄な振る舞いが議論されたことを伝えている。

〔参〕島田誠『コロッセウムからよむローマ帝国』講談社、一九九九年。

(島田誠)

178　ローマ市の大火とキリスト教徒の弾圧（六四年）

タキトゥス『年代記』（一一六年頃）

〔第一五巻四四節〕しかし、元首の情け深い援助によっても施しによっても、あるいは神々との〔宥和の儀式〕によっても、彼〔ネロ〕は悪いうわさから逃れられなかった。彼は大火を命じた、と信じられていた。そこで、うわさをうち消すため、ネロは身代わりの被告人を立て、そして極めて念の入った刑罰を科した。彼らは不埒な行為のために憎まれており、人は彼らをキリスト教徒〔クリスティアーニ〕と呼んでいた。この名前のもとであるクリストゥスは、ティベリウス帝治下、総督〔プロクラートル〕ポンティウス・ピラトゥス(1)により処刑されていた。しばらくの間は、この極めて有害な迷信(2)は抑えられていたが、再びこの悪の発生地であるユダヤのみならず、ローマ市にも広まっていた。この都では、あらゆる場所からすべての忌まわしい恥ずべきものが流れ込み、称賛されていた。

それゆえ、まず初めに告白していた者(3)が捕まり、次いで彼らの申し立てにより、非常に多くの者が、放火罪のためというよりむしろ、人類の憎悪(4)ゆえに処刑された。そして死にゆく者たちには、愚弄が加わった。すなわち、野獣の皮に身を包まれた者たちは、犬にひき裂かれて死んだ。あるいは十字架に磔にされた者たち、あるいは燃やされるべき者たちが(5)、そして日が沈んだ時、夜の灯火として使われ、燃やされた。ネロはこの見世物に彼の庭園を提供し、そして戦車競技を催し、戦車馭者の服装で民衆と交わり、あるいは戦車で走ったりした。そのため、確かに罪人で、最高刑に値する者たちに対してではあったが、同情心が起こった。それは彼らが、あたかも公共の利益のためでなく、一人の残忍さのために殺されたように思われたからである。

(1)　実際は、ピラトゥスは「プラエフェクトゥス(praefectus)」という肩書きの総督であった。ピラトゥスについては史料175「イエスの裁判と処刑」参照。

(2)　「迷信(superstitio)」という言葉は、ローマ人にとって見慣れない、いかがわしい外来宗教の風習を指す。タキトゥス以外でも、スエトニウスはキリスト教徒を「前代未聞の有害な迷信に囚われた人種」(國原吉之助訳)と呼び、小プリニウスもキリスト教の教えを「ひどい度外れた迷信」と述べている。

(3)　何を「告白していた」のか、「放火」か「キリスト教信仰」の両説があるが、ここでは時の継続を示す未完了過去形が使われていることなどから、「キリスト教信仰」と解釈される。

(4)　「人類の憎悪(odium humani generis)」とは何か、これを「皇帝礼拝の拒否」と解する説があるが、そうではなく、異教の礼拝への参加を拒否するキリスト教徒の「反社会性」に対する非難であろう。

(5)　このあたりテキスト原文が混乱している。恐らく「あるいは燃やされるべき者たちが、そして(aut flammandi atque)」という句は、後代の加筆であると推定される。

【出典】 Tacitus, *Annals*, 13-16(Cambridge Mass. and London, 1937〈1994〉), with an English translation by John Jackson, pp. 282-285.

【解説】 第五代ローマ皇帝ネロ(在位五四―六八年)の治世下に起きたローマ大火とそれに続くキリスト教徒迫害は、「暴君ネロ」のイメージを特に高めた事件であるが、大火とキリスト教徒迫害を結び付けた歴史叙述は、タキトゥスと、それに基づいたスルピキウス＝セウェルス(五世紀初め)によるものだけであり、当時のキリスト教側の史料でも、概して大火とキリスト教徒迫害は関係づけられていない(なお「ネロ放火犯説」はもともとうわさに過ぎず、のちに「暴君ネロ」像の強調にともない、既成事実化していったのではないかと思われる)。また、ネロのキリスト教徒迫害は、ローマ市内に限られた一時的なものであった。さらにネロ以後三世紀半ばのデキウス帝の迫害に至るまで、皇帝の命令による迫害は行われず、キリスト教徒は概して放任されていた。むしろ前期のキリスト教徒迫害は、タキトゥスの記述からも類推されるように、主として一般民衆のキリスト教徒に対する反感によるものであった。なお、当時のキリスト教徒の数は、アメリカの宗教社会学者ロドニー・スターク(Rodney Stark)によれば、後五〇年には帝国全土で約一四〇〇人、一〇〇年には約七五〇〇人程度と推定される。

(島創平)

179 ローマ皇帝権限の確認(六九／七〇年)

ウェスパシアヌス帝の命令権に関する法(六九／七〇年)

神となったアウグストゥス、ティベリウス・ユリウス・カエサル・アウグストゥス、そしてティベリウス・クラウディウス・カエサル・アウグストゥス・ゲルマニクス[1]に対して認められていたのと同様に、彼が望むいずれの者とでも同盟関係を結ぶことが認められるべきである。

また、神となったアウグストゥス、ティベリウス・ユリウス・カエサル・アウグストゥス、そしてティベリウス・クラウディウス・カエサル・アウグストゥス・ゲルマニクスに対して認められていたのと同様に、元老院を召集し、議案を自ら提出し、あるいは人を介して提出し、報告と採決によって元老院決議を成立させることが、彼に認められるべきである。

(中略)

また、神となったアウグストゥス、ティベリウス・ユリウス・カエサル・アウグストゥス、そしてティベリウス・クラウディウス・カエサル・アウグストゥス・ゲルマニクスが制約を受けないと規定された法律もしくは民会決議について、最高司令官カエサル・ウェスパシアヌスはそれらの法律および民会決議による制約を受けるべきではない。また、いかなる法律や提案にしろ、それによって神となったアウグストゥス、ティベリウス・ユリウス・カエサル・アウグストゥス、そしてティベリウス・クラウディウス・カエサル・アウグストゥス・ゲルマニクスが実行せねばならないとされた事柄についてては、その全てを実行することが最高司令官カエサル・ウェスパシアヌス・アウグストゥスに認められるべきである。

（中略）

制裁

もし誰かがこの法にもとづいて、法律、提案、民会決議、もしくは元老院決議に反することを為したか、為すならば、あるいはまた誰かが、法律、提案、民会決議、もしくは元老院決議にもとづいて為さねばならないことを、この法を理由に為さないならば、そのことがその者に害をもたらすことがあってはならない。また、その者はそのことを理由として国民に何かを与える必要はなく、そのことに関してその者に対し訴訟や裁判が行われることがあってはならず、また誰もそのことに関して自らのもとで訴訟が行われるのを許してはならない。

（1）歴代の皇帝のうち、ガイウス（カリグラ）帝とネロ帝の名前が省略されている。ガイウス帝は、公式にではないが、事実上の生前の業績や行動の記録が抹消される「記憶の抹殺」を受けていた。ネロ帝の場合、元老院によって「公敵」と宣告されている。彼の名前は他の碑文でも後から削り落とされていることから、「記憶の抹殺」を受けていたものと考えられる。

【出典】 H. Dessau(ed.), *Inscriptiones Latinae Selectae*, Vol. I(Berlin, 1892), n. 244, p. 67.

【解説】 紀元後六九／七〇年に成立した法律。ウェスパシアヌスに元首としての様々な権限を付与している。青銅板に刻まれて残存しているのは、その最後の部分。政治家で碑文学者でもあったコラ・ディ・リエンツォが一三四七年にローマの聖ジョヴァンニ・イン・ラテラノ聖堂で発見し、人々が読めるようにした。現在はローマのカピトリーノ美術館に保管されている。

ネロ帝の無軌道な政治に対する不満が募るなか、ガリアやアフリカでは総督が次々に叛旗を翻し、ローマは内乱という事態を迎える。ネロは自殺に追い込まれ、カエサル以来のユリウス・クラウディウス家は滅んだ。各地で四人が皇帝として名乗りを上げるなか、最終的に勝利をおさめたのは、当時ユダヤの地で反乱鎮圧の指揮をとっていたウェスパシアヌスであった。彼のあと、息子のティトゥス、その弟ドミティアヌスと、フラウィウス家の者が帝位を継承していくことになる。今までの皇帝の一門とは全く関係がない人物が元首の地位に就くわけだから、権力の継承にあたっては何らかの法的根拠が必要だと考えられた。そこで元老院が決議を採択し、民会がそれを法律として可決成立させることで、従来の元首が持っていた国制上の権限をウェスパシアヌスにも認め、さらに彼が従来の法律によって拘束されないことを確認したのである。もっとも彼自身は、内乱さなかの六九年七月一日にエジプト駐留の二個軍団により皇帝に推戴された時をもって、自らが元首の地位に就いた日と見なしていたようである（タキトゥス『歴史』第二巻七九―八一節）。

（井上秀太郎）

180　エルサレムの陥落（七〇年）

フラウィウス・ヨセフス『ユダヤ戦記』（七五―七九年）

そのとき(1)、〔ローマ軍の〕兵士の中のある者が、命令を待たずに、そしてその行為が如何に重大な結果をもたらすかを理解せずに、悪霊〔ダイモニオン〕(2)による衝動に駆られて、燃えている木材をつかむと、仲間の兵士に持ち上げられ、そこを通じて北側から神殿の周りの建物に近づくことができる黄金の戸口から、火を投げ込んだ。炎が上がると、ユダヤ人たちからその悲劇に相応しい叫び声が上がり、彼らは命を惜しまずに、全力を挙げて火の襲撃から神殿を守ろうと集まってきた。それまで彼らが大事に守ってきたものが、滅びつつあったからである。

さて、ある者が走ってきて、テントの中で戦闘から一休みしていたティトゥス(3)に伝えた。すると彼は、常にそうであるように、飛び起き、火を消そうと神殿へ急行した。その後を全指揮官たちが続いた。彼らの後に興奮した軍団兵が続いた。あまりに大きな軍勢が無秩序に動いたので、叫び声やわめき声が上がった。カエサル〔ティトゥス〕は声を上げ、右手で戦っている者たちに火を消すように合図を送ったが、彼らは、より大きな声にかき消されて、彼の声を聞かず、手の合図にも注意を払わなかった。ある者は戦いに、またある者は怒りに心が向けられていた。軍団兵たちが駆け込むと、勧告も脅しも攻撃を押さえられず、激情がすべての者の司令官であった。入り口のあたりで、多くの者が押し合い、他の人々によって踏みつけられ、また多くの者が、まだ熱く燻っている柱の残骸によって倒れ込み、打ち倒された人々と同じ災難に陥った。彼らは神殿の近くにやって来ると、カエサルの命令が聞こえないふりをして、彼らの前にいる者たちに、火を投げ込むようにけしかけた。今や反乱を起こした者たちには手だてはなかった。至る所で殺戮と敗走があった。その大部分は市民の中の無力で武器を持たない民衆であった。ある者は捕らえられた所で殺された。祭壇の辺りには数多くの死体が積み上げられ、神殿の階段には多量の血が流れ、〔階段の〕上で殺された者の死体が滑り落ちていた。

カエサルは、兵士たちの憑かれたような襲撃を制することはできず、そして火勢はますます強くなったので、彼は指揮官達と共に中に入り、神殿の至聖所と、その中にあるものを見た。それらは異邦人の間での評判を遥かに凌駕し、また〔ユダヤ人の〕家系に属する者たちの自慢や世評に劣らなかった。(4) 炎はまだ内部まで届いておらず、神殿の周囲の建物を焼き尽くしていただけだったので、彼〔ティトゥス〕はその建造物を救うことができると考えて――それは正しかった――、外に飛び出していった。(5)（六・二五二―二六一）

(1)　エルサレム神殿の炎上は七〇年八月三〇日(マケドニア暦でローオス月一〇日、ユダヤ暦でアブ月一〇日)に起こった。ヨセフスによれば、それはかつての第一神殿の破壊と同じ日である(『ユダヤ戦記』六・二五、旧約聖書の「エレミヤ書」五二章一二節参照。但し「列王記(下)」二五章八節には同月の七日と記されている)。

(2)　新約聖書では、悪魔の指揮下にあって人を支配しようとする悪しき霊を指す。

(3)　ティトゥス・フラウィウス・ウェスパシアヌス(四一―八一年)。ウェスパシアヌスの長男。ユダヤ戦争を指揮していた父のローマ皇帝就任後、エルサレム攻略の指揮権を委ねられる。後に父の跡をついでローマ皇帝となる(在位七九―八一年)。

(4)　現在ローマにあるティトゥスの凱旋門のレリーフには、イェルサレム神殿から戦利品として押収された宝物(七枝の黄金の燭台や黄金の机など)が描かれている(『ユダヤ戦記』七・一四八―一五〇参照)。

(5)　ヨセフスはこのように、神殿をあくまで破壊から守ろうとするティトゥスの姿勢を強調する(『ユダヤ戦記』六・二四一参照)。なお、エルサレムが最終的に陥落するのは、神殿炎上から約一カ月後、九月二六日のことである(『ユダヤ戦記』六・四〇七)。

【出典】　Josephus, *The Jewish War*, Books IV–VII, with an English translation by H. St. J. Thackeray (Cambridge, Mass. and London, 1928〈1979〉), pp. 448–452.

【解説】　フラウィウス・ヨセフスはファリサイ派のユダヤ人で、ユダヤ戦争でローマの捕虜となるが、ウェスパシアヌスの庇護を受け、『ユダヤ戦記』をはじめ、ユダヤ人やユダヤ教理解のための著作を著した。

第一次ユダヤ戦争(六六―七二年)は、七〇年のエルサレム陥落をクライマックスとし、七二年のマサダ砦の陥落で終結した。戦後ユダヤ教の再建は、主としてファリサイ派によって行われ、その結果律法重視の傾向とファリサイ派以外の排撃が進み、キリスト教もユダヤ教側から追放され、独自の道を歩まざるを得なくなった。なおユダヤ人は二世紀に再び反ローマ戦争を引き起こし(第二次ユダヤ戦争、一三二―一三五年)、戦後パレスティナから追放され、国土を喪失する。

（島創平）

181　少女ユスタの法的地位をめぐる訴訟（七五―七六年）

ヘルクラネウム書板(七五年九月七日、七六年三月一二日)

〔七五年九月七日　再出頭担保問答契約〕(1) カラトリア・テミスに対して為された再出頭担保問答契約。来る一二月三日の第二時にローマのアウグストゥス広場の首都法務官席前に〔再出頭〕。〔再出頭のない場合には〕一〇〇〇セステルティウスが支払われること。名無しの権兵衛の娘[2]ペトロニア・ユスタと自称する女が問答契約し、カラトリア・テミスが、後見人であるガイウス・ペトロニウス・テレスフォルスの助成のもとで諾約。……ガイウス・ポンポニウス・[…][3]とルキウス・マンリウス・パトルイヌスがコンスルの年の九月七日に作成。（中略）

〔七六年三月一二日　ユスタ側証人の証言〕私ことガイウス・ペトロニウス・テレスフォルスが書き、皇帝アウグストゥスおよびその子孫の守護神にかけて宣誓した。私とともに奴隷解放されたペトロニア・ウィタリスの娘で、問題となっている少女ユスタが、出生自由人の生まれであることを私は知っている。また、私は、ペトロニウス・ステファヌスとカラトリア・テミスが養育費を受け取って、ウィタリスにユスタを戻すよう求めた。したがって、ペトロニア・ウィタリスの娘で、問題となっている女性ユスタが出生自由人の生まれであることを私は知っている。（中略）

　私ことマルクスの息子マルクス・ウィニキウス・プロクルスが書き、至高至善のユピテル神と皇帝ウェスパシアヌス・カエサル・アウグストゥスおよびその子孫の守護神にかけて宣誓した。長年、私は、カラトリア・テミスの夫でありペトロニア・ウィタリスの保護者であるペトロニウス・ステファヌスと親しくしていた。そして、ヘルクラネウムにおいてステファヌスが次のように語ったとき、私はその場に居合わせた。「君は、ウィタリスが私の支配から自由のもとへ戻されるのを望むか」、と。また、[…]月のイドゥスの前日のことであるが、私が辞去しようとしたとき、ペトロニウス・ステファヌスがウィタリスについて次のように発言したのを耳にした。「私たちは、所有する独り身の女を解放するつもりだ」、と。そして、その翌日のイドゥスの日に彼女は解放された。したがって、ペトロニア・ウィタリスの娘で、問題となっている女性が出生自由人の生まれであることを私は知っている。（中略）

〔テミス側証人の証言〕私ことセクストゥス・ウィビディウス・アンプリアトゥスが書き、皇帝ウェスパシアヌス・アウグストゥスおよびその子孫の守護神にかけて宣誓した。私は、ペトロニウス・ステファヌスとその妻カラトリア・テミスと親しくしていた。そして、私は、カラトリア・テミスの名指し奴隷[4]であった[…]ともつきあいがあった。したがって、少女がかつてカラトリア・テミスの解放奴隷で

あったことを私は知っている。（中略）

私こと［…］・マンミウス・［…］は、マルクス・カラトリウス・マルッルスが読み書きできないということを知っているので、彼の要請により彼の面前において私が書き、彼が皇帝ウェスパシアヌス・アウグストゥスおよびその子孫の守護神にかけて宣誓した。カラトリア・テミスが、私とともにあの少女を解放したことを私は知っている。したがって、少女がカラトリア・テミスの解放奴隷であることを私は知っている。

（1）被告が裁判の日に出廷することを、金銭を担保として原告に約束すること。
（2）Spurii filia. 自由人として生まれた非嫡出子を意味する。
（3）七五年のこと。
（4）人の氏素性を記憶して、客を家に通したり、主人に客の身元を教えたりする奴隷。

【出典】G. P. Carratelli, "Testi e documenti, TABVLAE HERCVLANENSES II," *La Parol a del Passato*, 3(1948), pp. 165–184.

【解説】本史料はペトロニア・ユスタという若い女性の法的地位をめぐる争いの記録で、イタリアのヘルクラネウムで発見された蠟板文書である。蠟板文書とはローマ時代に日常的に使用されていた板製ノートで、板の表面を削り、凹んだ部分に蠟を塗ってその表面に文字を書くというものである。

ここで、原告のユスタは、自分は出生自由人だと主張し、対する被告のカラトリア・テミスは、ユスタは自分の解放奴隷だと主張して譲らず、双方ともに争う姿勢をみせている。少々ずれたラテン語で書かれたこの文書は、被告が裁判に出頭することを金銭を賭けて原告に約束する再出頭担保問答契約、原告・被告双方の証言、ユスタの母ペトロニア・ウィタリスの解放証明書の三つの部分に分かれており、裁判の経過や判決文を記したものではなく、裁判開始に向けて訴訟当事者らが準備した一件書類である。ユスタは元奴隷を母にもつ非嫡出子で、若くして一家離散と身分確定の訴訟を経験している。波瀾万丈の半生であるが、こうした境遇の子はローマ社会では決して珍しい存在ではなかったと思われる。

（樋脇博敏）

182　ローマ帝国属州都市の行政制度（一世紀後半）

バエティカ属州の都市法典（八二―八四年）

第七九章　自治市の公金の支出を審議する参事会の定足数について

当自治市の二人委員は、当自治市の公金を自治市市民または参事会員の間に分配する件に関し、参事会に諮ってはならない。あるいは同趣旨の提案を当自治市の市民にしてはならない。あるいは公金を植民市市民または参事会員の間に分配してはならない。

また自治市の公金を、本章、あるいは本法の他の箇所で特に規定されている以外の理由で、自治市市民の名の下に譲渡、留保、支出、貸与する件に関して、あるいは当自治市の市民に対し何らかの債務を負っている者にその免除を与える件に関して、定員の四分の三以上が出席する参事会に諮ることができる。(1) その審議の際、決議を行う時には参事会員は投票札で投票し、それを投ずる前には必ず、ユピテル神、神皇アウグストゥス、神皇クラウディウス、神皇ウェスパシアヌス・アウグストゥス、神皇ティトゥス・アウグストゥス、最高司令官カエサル・ドミティアヌス・アウグストゥスの守り神、ローマ国家の守り神にかけて、自分は最も自治市市民の公益に適うと思う票を投ずるつもりである、と誓わなければならない。

上記以外の方法で参事会に諮られ、決議されたことは、全て違法であり無効である。

ただし、祭儀、競技祭、参事会員または自治市市民が招待される晩餐会、公職者属吏の賃金、使節、当自治市の建物の建築や修築、神殿や記念建造物の維持管理、自治市の公共奴隷のための食糧、衣服、またその購入などのためにいくらを支出すべきなのかについて、あるいは自治市の名の下に行われるべき祭儀を、また公職の名の下に果たされるべき職務を完遂するために、二人委員、造営委員、財務委員(2) に提供されねばならないもののためにいくらを支出すべきなのかについて、定員の過半数以上が出席する参事会に諮る件に関しては、また本法付与後に、上記の目的のために支出すべきである、と参事会が決議した金額を支出する件に関しては、宣誓や投票札による投票の如何《いかん》にかかわらず、本法の規定は何らそれらを妨げるものではない。

(1)　イルニ参事会の定員はこの法律の第三一章で六三人と規定されている。都市の規模などに応じてその数は上下したが、通常は一〇〇人程度であったと考えられている。

(2)　これら三種の役職が、選挙によって選出されることがこの法律で定められている都市の公職である。

【出典】 J. González, "The Lex Irnitana: A New Copy of the Flavian Municipal Law," *Journal of Roman Studies*, 76 (1986), pp. 147–243.

【解説】　ここに訳出したのは、一九八一年、スペイン南部(ローマ時代のバエティカ属州)セビーリャ県、ローマ時代の自治市イルニの遺跡から発見された青銅板ラテン語碑文の一部である。フラウィウス朝のドミティアヌス帝治世にローマで制定され、その後イルニに付与された都市法典が記されている。実はスペイン南部からはこの発見以前にも、「マラカ都市法典」を初めとして、都市の運営に関わるローマ時代の法碑文の断片が数多く発見されていたが、それらは全て、この新発見の「イルニ都市法典」と重なり合う部分を持っていた。こうして、これらの碑文に記録されているのが、共通の法律文書「自治市に関するフラウィウス法」であり、この法律が広くスペイン南部一帯の諸都市に、ローマから付与されていたことが判明した。現在のところ、全てを接合することで、全九六章のうちの約三分の二の条文が再現されている。

　この法律では自治市における公職者、参事会、公職者の選挙、財政、司法、行政に関する規定など、多岐にわたる事項が扱われており、当時のローマ帝国西部属州における都市の運営について、あるいはローマの考える理想的な都市の姿を知る上で、大変貴重な史料である。ここでは特に「参事会」という、地方都市の政治、社会、経済を指導した人々の合議体における審議について、また都市の公金やその優先される使途について詳細に規定されている箇所を選んだ。

　広大なローマ帝国の領域には、ローマ市以外にも非常に多くの都市が存在している。本碑文などを通して垣間見ることのできる、そうした都市に生きる人々の歴史もまた、ローマ帝国の歴史の中での欠かせない一要素である。

（志内一興）

183　属州ブリタニア駐屯のローマ軍兵士と家族の生活（一―二世紀）

ヴィンドランダ出土木簡集（九〇―一三〇年）

見回りの報告書

バタウィー族第九歩兵大隊の報告。
全員が部署にあり、
彼らは軍用行李にも注意するだろう。
百人隊長補佐たちと監督係たちが報告した。
百人隊長補佐のウェレクンドゥスが提出した。

小麦の引渡しの記録

私が自分で樽に入れたものから秤《はか》り分けた小麦の記録。

自分に、パンを作るために、［…］。

マクリヌスに、七モディウス。(1)

フェリキウス・ウィクトルに、スペクタトゥスの命令に基づき貸付け（?）として、二六モディウス。

父に、三つの袋に入れて、一九モディウス。

マクリヌスに、一三モディウス。

森の牛追いたちに、八モディウス。

同じく、祠のところにいるアマビリスに、三モディウス。

九月［…］日に、クレスケンスに、フィルムス（?）の命令に基づいて、三モディウス。

（中略）

九月二六日。

特務兵のル［…］に、六モディウス。

フェリキウス・ウィクトルに、一五モディウス。

君に、ひねりパン用に、二モディウス。

クレスケンスに、九モディウス。

軍団所属の兵士たちに(2)、フィルムスの命令に基づいて、一一(?)モディウス。

誕生日の招待状

クラウディア・セウェラが彼女のレピディナに宛てて、御機嫌うるわしく。

九月の一一日、お姉様、私の誕生祝の日に、私共のところに喜んでいらしてくださるよう、そしてもし[…]なら、貴女がおいでになることでその日を私にとってより喜ばしいものとしてくださるよう、お願いいたします。貴女のケリアリス様によろしくお伝えください。私のアエリウスと小さな息子がよろしくと申しております。〔第二の手跡で〕お姉様、貴女のことをお待ちしております。お元気で、お姉様、私の健康にかけて(?)もっとも親愛なる魂よ。そしてさようなら。

〔裏面　再び第一の手跡で〕ケリアリスの妻のスルピキア・レピディナに宛てて。セウェラより。

(1) 容量の単位。およそ八・七リットル。
(2) ウィンドランダに部隊として駐屯していたことが確認されるのは、補助軍の歩兵大隊のみである。軍団の兵士たちは、おそらく他所から少人数が派遣されていたものと考えられる。

【出典】 A.K. Bowman & J.D. Thomas, *The Vindolanda Writing-Tablets (Tabulae Vindolandenses II)* (London, 1994), No. 127, pp. 78-79, No. 180, pp. 121-128, No. 291, pp. 256-259.

【解説】 ローマはかつて現在のイギリス北部にハドリアヌスの防壁を築き、帝国北辺の国境線としていた。そのすぐ内側にあるヴィンドランダの砦には、すでに防壁が築かれる前からローマ軍の守備隊が駐屯していた。一九七〇年代に始まった発掘調査によって、その砦の遺構から、インクで文字を記された多数の木簡が発見された。それらを書き残したのは、防壁が築かれる直前の一世紀末から二世紀初頭にかけて砦に駐屯した、ローマ軍の兵士やその家族などであった。内容は軍隊関係の文書や会計記録、あるいは書簡など、多岐にわたっている。それらの木簡は、北の辺境に暮らす人々の生活を、生き生きとしたかたちで現代に伝えている。本史料の一つめの木簡は、百人隊長補佐らが作成した点検報告書である。同じ書式の報告書がほかに二六件見つかっている。軍隊には官僚組織としての性格もあり、そこでは多くの文書が作成されていた。百人隊長補佐ともなれば、みずから報告書を作成するだけの読み書き能力を備えていたのである。二つめの木簡は、部隊に出入りをする商人が作成したものと考えられている。兵士らに渡した小麦の量が記録されている。文中、小麦を渡すよう指示しているフィルムスおよびスペクタトゥスの二人は、おそらく百人隊長か百人隊長補佐クラスの人物だと、校訂者は考えている。この木簡は、軍隊の物資補給に関わる民間人の活動を伝えている点で、重要な史料となっている。三つめの木簡は、二人の将校の夫人のあいだに交わされた書簡である。名宛人レピディナの夫は、バタウィー族第九歩兵大隊の隊長フラウィウス・ケリアリスで、彼が同僚らとのあいだに交わした手紙も六〇件あまりが見つかっている。女性の手紙はラテン語によるものの場合、ほかにほとんど存在しない。

（井上秀太郎）

184　古代ローマの女性と教養（二世紀初め）

ユウェナリス『諷刺詩集』第六篇（二世紀初め）

しかし、もっとひどい女といえば、宴席に横たわるやいなや、ウェルギリウス(1)を誉め讃え、死にゆくエリッサ(2)に赦しをたれ、詩人たちを競わせ比べて、挙句にマロを〔天秤の一方に〕、そしてホメロスを天秤のもう一方に吊すような女である。学校の先生たちは尻込みし、修辞学者だってかなわない。その場の誰もが押し黙る。弁護士だろうが競売人だろうが、喋りをやめてしまう。他の女だって喋りをやめる。それほどまでに激しく言葉の暴力が降りかかるので、ありったけの金だらいと呼び鈴が同時に打ち鳴らされているようだ、とあなたは言うだろう。（中略）君の隣に寝そべって、弁論法や、もって回った表現でひねりを利かせた弁論術的推論(3)を弄ぶような女を妻にすることなかれ。あらゆる歴史に通じているような妻ではなく、書物の内容について少しくらいは理解できないところもあるような妻でありますように。会話の文法と様式にどんなときでもこだわって、パラエモン(4)の文法書を繰り返し繙くような女、私が聞いたこともない詩文を記憶している古典学者のような女、学のない女友達の言葉使いを、男ですら気にも留めないのに、いちいち正すような女、こんな女が私は大きらいだ。

(1) Publius Vergilius Maro. 前一世紀後半に活躍した詩人で、ローマ建国伝承を歌った『アエネイス』の作者。次行の「マロ」も同一人物。

(2) Elissa. カルタゴを建国した伝承上の女王。ディド(Dido)とも呼ばれる。在地のリュビア王の求婚を逃れるべく自殺したという伝えや、アエネアスに失恋して自殺したという伝えが残っている。

(3) enthymema. 「省略三段論法」とも訳される。推論を重ねていって物事を証明する方法の一つで、弁論術でよく用いられていた。人々によく知られている常識的なことを推論の出発点とすることが多かったので、肝心の命題部分（＝推論の出発点）が省略されたり、十分に立証されていない命題から推論が重ねられる場合もあった。このため、不完全な推論の喩えとして用いられることがあった。

(4) Q. Remmius Palaemon. 一世紀前半に活躍した解放奴隷身分の文法学者。

【出典】 *A. Perci Flacci et D. Iuni Iuvenalis Satvrae*, edidit breviqve adnotatione critica instruxit W. V. Clausen, Oxford Classical Texts, 1959, VI. 434-456, pp. 88-89.

小プリニウスから妻カルプルニアの叔母宛の書簡（一〇四―一〇五年）

妻のカルプルニアはとても聡明で、家のことをきちんとやってくれています。私のことを愛してくれます。これは貞淑の証しです。これらに加えて、妻は文学にも深い関心を抱いています。これは、私に対する尊敬の念から生まれたものです。私の著書を肌身離さず持ち歩き、朗読し、なんと暗唱することもできるのです。（中略）さらに彼女は、私が朗読するときはいつでも、私のそば近くの舞台幕の陰に腰を下ろして耳を澄まし、私への讃辞を聞き漏らさないようにしています。私の詩を歌ってもくれます。そればかりか、竪琴の伴奏にあわせて歌ってくれたりもします。妻は、どこかの音楽家の手ほどきを受けたわけではなく、最良の教師ともいえる愛情によって手ほどきされているのです。（四・一九）

【出典】 *C. Plini Caecili Secundi epistularum libri decem*, recognovit brevique adnotatione critica instruxit R. A. B. Mynors, Oxford Classical Texts, 1963(1988), IV. xix, p. 121.

【解説】「女性と教養」をめぐる言説のうち、ほぼ同時期に書かれたものを二つあげてみた。第一史料はユウェナリスの諷刺詩第六篇からの引用で、この巻は当世風の女たちへの非難を誇張まじりに書きたてている有名な箇所である。第二史料は、小プリニウスが彼の若妻カルプルニアの近況を彼女の叔母に伝えるべくしたためた書簡からの引用である。同時代に書かれたにもかかわらず、第一史料では教養ある女性が激しく非難されており、第二史料では逆に賞賛の対象となっており、一見すると教養ある女性に対して異なる評価が下されているようにも思える。こうした対照的な言説は、諷刺詩と書簡という史料の性格のちがいによるところも大きいが、もう少し注意してその内容を読むと、第一史料で非難されているのは、女性に教養があるという事実よりも、教養をひけらかす女性の慎みのなさである。また、第二史料でカルプルニアの教養が賞賛されているのは、あくまでも夫（＝男）をひきたてる術としての教養が賞賛されている点に注意したい。ここに、古代ローマにおけるジェンダーの問題が見え隠れしている。

（樋脇博敏）

185　アリメンタ制（少年少女扶養基金）の設置（一―二世紀）

タラキナの基金設置碑文（一世紀）

ガイウスの娘カエキリア・マクリナが、遺言によって三〇万セステルティウスで〔この記念碑が〕建てられることを命じた。その装飾と管理のために……セステルティウスを残した。同じく、自身の息子マルクスの記憶のために、その金額の利子から、一〇〇人の少年と一〇〇人の少女の扶養を目的として、毎月住民の少年一人当たり五デナリウスが、毎月住民の少女一人当たり四デナリウスが、少年は一六歳まで、少女は一四歳まで与えられ、また常に一〇〇人の少年と一〇〇人の少女が継続して受領するように、タッラキナノの住民たちに一〇〇万セステルティウスを残した。

【出典】 H. Dessau (ed.), *Inscriptiones Latinae Selectae*, Vol. II (Berlin, 1902), n. 6278, p. 573.

ウェレイアの基金設置碑文（一〇二年頃）

一〇四万四〇〇〇セステルティウスの不動産〔担保の〕債務関係。〔この債務関係の結果〕最高にして最善の元首インペラトル・カエサル・ネルウァ・トラヤヌス・アウグストゥス・ゲルマニクス・ダキクスの寛大〔な利子の放棄〕によって少年少女たちが〔下記のように〕扶養費を受け取るようになる。嫡出男子二四五名、一人当たり〔毎月〕一六セステルティウス、〔年額〕四万七〇四〇セステルティウスになる。嫡出女子三四名、一人当たり〔毎月〕一二セステルティウス、〔年額〕四八九六セステルティウスになる。庶出男子一名、〔年額〕一四四セステルティウス。庶出女子一名、〔年額〕一二〇セステルティウス。総額五万二二〇〇セステルティウス、これは上記の元金の利子五％に当る。

【出典】 *Ibid.*, n. 6675, p. 640.

【解説】 貧しい少年少女の扶養（アリメンタ）のための基金の設置は、「ローマの平和（パックス・ローマーナ）」の下でイタリアや属州各地の多くの都市において、見られたエヴェルジェティズムと呼ばれる現象の一つである。

これらの諸都市では、数多くの公共建造物が建設され、公共広場（フォルム）を中心に、神々に捧げた多くの神殿、公会堂（バシリカ）、柱廊や祭壇、闘技場や劇場、公共浴場や上水道、公共図書館などが整備されていた。そして、これらの公共建造物の多くが富裕な私人の支出で整備されていた。また、建設された公共施設の維持や補修、例えば公共浴場への燃料の供給、上水道の補修や神殿の改築も私人の負担で実施される場合があった。このような富裕な有力者たちによる贈与行為は、「物惜しみしない贈与（態度）」を意味するムニフィケンティア・ラルギタース・リベラリタスなどの語で呼ばれていたが、近年、エヴェルジェティズムと呼ばれるようになっている。この語は、フランスの研究者ヴェーヌにより「都市に善行を為した（エウエルゲイン　テーン　ポリン）」者を呼ぶヘレニズム時代のギリシア語の用法から新たに造語されたもので、各都市の富裕な住民のみならず、ローマの元老院議員、そして皇帝たちによる都市などへの贈与と保護を指していた。

さて、このエヴェルジェティズムの語で呼ばれる贈与行為は、公共施設の建造に限られず、種々の社会分野におよび、また、その規模も大小様々であった。その他、剣闘士の試合を初めとする公共の見世物も、主催者である公職者の私費で開催されることが多かった。また、公共の学校の教師の給与を公費ではなく、私人が負担している実例も知られている。このような種々のエヴェルジェティズムの中で、その対象や規模の面から最も興味深いのが、貧しい少年少女の扶養(アリメンタ)のための基金の設置であったのである。〔参〕ポール・ヴェーヌ／鎌田博夫訳『パンと競技場――ギリシア・ローマ時代の政治と都市の社会学的歴史』法政大学出版局、一九九八年。（島田誠）

186　ローマ帝政前期のローマ政府のキリスト教政策（一一一年）

小プリニウスからトラヤヌス帝宛キリスト教徒裁判に関する請願（一一一年）

主よ、(1)私が疑問に思うことはすべて、あなたに問い合わせることは、私の習慣であります。なぜならば、あなた以上にだれがより良く、私の躊躇を教え導き、或いは無知を教えることができるでしょうか。私はキリスト教徒裁判には全く関わったことがありませんでした。したがって何が、どの程度罰せられるのか、或いは審問されるのが常なのか、私は知りません。また、特に次の点について、私は迷いました。すなわち年齢上、何らかの差別があるべきか、いかに若年者であっても、壮年者とは異ならないのか、悔い改めには恩恵が与えられるべきか、それともかつてキリスト教徒であった者が棄教しても、何の益もないのか、たとえ犯罪行為がなくとも、名そのものが、それとも名に結びついた悪事が罰せられるべきか。(2)

とにかく、私のところへキリスト教徒として告発されてきた者に対し、私は次のような処置をとりました。私は彼らに、キリスト教徒であるかどうか尋ねました。告白した者たちには、処刑を以て警告しながら、二度、そして三度と問い直しました。それでも固執する者に対しては、処刑に引き立てられるように命じました。なぜならば彼らが告白することが何であれ、強情と曲げられない頑固さは、確かに罰せられるべきであると私は疑わなかったからです。

(中略)(3)

自分がキリスト教徒である、或いはそうであったことを否定した者たちは、私を先頭として神々を呼び、私がこのために神々の像と共に立てさせたあなたの像に香料と葡萄酒を捧げて礼拝し、(4)更にキリストを罵りました。これらのことは、真のキリスト教徒である者は強制されてもできないと言われているので、私は釈放すべきと考えました。

(中略)(5)

それゆえ、裁判を延期して、私は急いであなたに相談することにしました。なぜならば特に裁判を受ける人々が多数に及ぶため、私にはこれが相談に値することであるように思われたからです。なぜならばあらゆる世代、あらゆる階層、更に男も女も多くの者が裁判に召喚されており、また召喚されるでしょう。事実、都市だけでなく、村や更に田園にまでこの迷信[6]の伝染病が広まっていますが、これは止め、そして正すことができると思われます。確かに次のことは良く知られています。既に殆ど見捨てられていた神殿が賑わい始め、長い間中止されていた祭礼が再開され、今まで買う人がほとんど見られなかった犠牲獣〔の肉〕が、至る所で売られています。このことから、もし悔い改めの場があれば、如何に多くの人々が矯正されうるか、容易に考えられます。(一〇・九六)

(1)　ここでプリニウスがトラヤヌスを「主よ(domine)」と呼んでいることに関して、これは、皇帝を dominus と呼ぶのは一般にドミナートゥス(専制君主政)と呼ばれる体制が成立した三世紀末以後のこととする、従来の定説の再考を迫るものとも言える。〔参〕島田誠「北の辺境に生きるローマ人」学習院大学文学部史学科編『歴史遊学――史料を読む』山川出版社、二〇〇一年。

(2)　「名そのもの(nomen ipsum)」とはキリスト教徒であること自体が罪とされること。「名に結びついた悪事(flagitia cohaerentia nomini)」とは、例えば当時のキリスト教徒に対して向けられた偏見――嬰児殺し、人肉喰らい、近親相姦のような反社会的行為を指す。

(3)　この中略部分では、告発された者のうちローマ市民はローマ市に送還したこと、また匿名の告発状が提出されたことが述べられている。

(4)　これは皇帝を神とする皇帝礼拝の供犠であると言えるが、他方ここでは神々の像は simulacra、皇帝像は imago というように区別されている。

(5)　この中略部分で、プリニウスはキリスト教徒には注2で述べたような反社会的行為は見られないことを報告している。

(6)　「迷信(superstitio)」という言葉については史料178「ローマ市の大火とキリスト教徒の弾圧」注2参照。

【出典】 *C. Plini Caecili Secundi epistularum libri decem*, recognovit brevique adnotatione critica instruixit R. A. B. Mynors, Oxford Classical Texts, 1963(1988), X. xcvi, pp. 378ff.

トラヤヌス帝から小プリニウス宛キリスト教徒裁判に関する請願と訓令(一一一年)

私のセクンドゥスよ、キリスト教徒として訴えられた者たちの件を審理するにあたり、君はなすべきことを正しく行った。なぜならば〔これに関しては〕、いわば確定した形式を持つようなあるものを、一般に制定することはできないからである。彼らは捜索されるべきではない。もし彼らが告発され、有罪とされたならば、彼らは罰せられるべきである。しかし自分がキリスト教徒であることを否定し、そのことを行い自身によって、すなわち我々の神々に礼拝すること[1]で明らかにした者は、たとえ過去において疑わしい者であっても、悔い改めから恩恵を獲得できるという条件がつく[2]。しかし署名なしに提出された書状は、いかなる犯罪についても受理されるべきではない。(3) なぜならばそれは最悪の先例であり、我々の時代にはあってはならないからである。（一〇・九七）

（1） ここでトラヤヌスは、皇帝像を礼拝させたプリニウスの手続きを否定している。

（2） 一般にローマ法では、いったん犯された犯罪は取り消され得ないが、キリスト教徒裁判では、棄教すれば恩恵として無罪として放免される。

（3） 第一史料の注3で述べた、匿名の告発状をプリニウスが取り上げたことに対して、トラヤヌスはこれを否定している。

【出典】 *Ibid.* X. xcvii, p. 340.

【解説】 『博物誌』の著者大プリニウスの甥で、彼の養子となった小プリニウスが著した『書簡集』全一〇巻は、当時のローマ人の社会の様々な側面を伝えているが、第一〇巻は、彼が晩年小アジアの属州ビテュニア＝ポントゥス州の総督として赴任中、時の皇帝トラヤヌスと交わした往復書簡を集めてある。特にキリスト教徒裁判について述べた第九六―九七書簡は、帝政前期のローマ政府のキリスト教政策を学ぶ上で極めて貴重な史料である。これにより明らかとなった点は、①キリスト教徒は「名そのもの」、すなわちキリスト教徒であること自体で有罪とされた。②他方当時のローマ政府がキリスト教徒を積極的に探索することはなかった。③当時のローマ政府のキリスト教徒政策の重点は、キリスト教徒を処罰することよりも、むしろ棄教を促進することであった。以上の基本方針は、三世紀半ば、ローマ皇帝の命令によるキリスト教徒迫害が行われるようになるまで、おおむね継承された。

（島創平）

187 「ローマの平和」への批判と称賛（一―二世紀）

タキトゥス『アグリコラ伝』（九八年）

世界の略奪者〔たるローマ人〕たちは、全てを荒らし回って陸地を見捨てた後に、今や海を探し求めている。彼らは、敵が裕福ならば貪欲となり、貧乏ならば野心を抱き、東方も西方も彼らを満足させなかった。全ての者の中で彼らだけが、富と困窮とを同じ情熱で欲している。略奪し殺戮し強奪することを、偽りの名前で支配と呼び、無人の野をつくると平和と呼ぶ。

【出典】 R. M. Ogilvie and I. Richmond (eds.), *Cornelii Tacti de vita Agricolae* (Oxford, 1967), 30. 4-5, pp. 111f.

アリスティデス『ローマ頌詞』（二世紀後半）

まるで祭を祝うように、全世界が古くからの重荷である鉄〔製の武器〕を置き、能力を挙げて身を飾ることやありとあらゆる楽しみに取り組んだ。それ以外の全ての競争が諸都市から消え去って、如何にすれば各都市が最も美しく最も魅力的に見えるだろうかという、もう一つの争いが全ての都市を捉えている。あらゆる所に、体育訓練所・噴水・

前庭・神殿・仕事場・学校が溢れており、言わば原始時代から病んでいた世界が回復したと、正しい知識でもって言うことが出来る。

【出典】 Aristides, *Eis Romen*, in: Richard Klein (hrsg.), *Die Romrede des Aelius Aristides* (Darmstadt, 1983), 97, p. 58.

【解説】 アウグストゥスによる帝政の樹立から二〇〇年余りを「ローマの平和(パックス・ローマーナ)」の時代と呼ぶ。この時代の地中海世界がローマ帝国の強力な支配の下で安定した秩序、平和を享受していたことは事実である。しかしながら、ローマの支配の性格や「ローマの平和」とその時代の評価に関しては、古代から見解の不一致が知られている。ある者はローマの支配の暴虐さを口を極めて非難し、また別の者は「ローマの平和」の恩恵の素晴らしさを称賛するのである。

「ローマの平和」に対する最も痛烈な批判は、ローマの歴史家タキトゥスの伝えるブリタニア人カルガクスの演説の中に見出される。タキトゥスは、自分の妻の父アグリコラの伝記の中で、ブリタニア総督となったアグリコラが八九年にブリタニアの北端カレドニア(現在のスコットランド)に遠征した際にカレドニア諸部族の指導者であったカルガクスの行ったとされる演説を伝えている。その演説の中で「ローマの平和」の負の側面、略奪と荒廃が暴露されているのである。

タキトゥスの約半世紀後に、小アジア出身のギリシア人弁論家アエリウス・アリスティデスが、『ローマ頌詞』と題する著作を著した。彼の『ローマ頌詞』では、ローマの支配の下で、全世界(ローマ帝国)が一つの都市のようであるとし、平和と都市の繁栄が賞揚されている。彼の『ローマ頌詞』は、都市連合としてのローマ帝国の政治・社会・経済を紹介する最高の史料であるとされ、我々の持つ二世紀のローマ帝国に関する最高の全般的な記述とされるこの作品は単にローマ帝国の偉大さへの賛美のみならず、確かな基盤の上に構築された第一級の政治的分析でもあるという。〔参〕弓削達『ローマ帝国の国家と社会』岩波書店、一九六四年。M・ロストフツェフ／坂口明訳『ローマ帝国社会経済史(上・下)』東洋経済新報社、二〇〇一年。

(島田誠)

188　属州エジプト住民の家族構成(二世紀前半)

属州エジプトの人口・財産調査申告書(一一九年)

アルシノイテス郡の監督役であるヘラクレイデス地区のエウデモスに宛てて。また同地区の王室書記であるヘルマイオス別名ドリュトン、郡都の書記であるヘラクレイデスとエウブロス、エクセゲテス職を務めるヘラクレイデス、郡都のために貨幣による税金を徴収する徴税人のメンバーたち、聖門街区の区長であるヘロデス、そして同街区の戸口調査担当書記であるマロンに宛てて。アポロニオスの息子ソイロスを父親とするフィリッピアイナが提出した。彼女は「入植者」の娘であり、もう一通の記録文書によって、夫である後見人のプルティオンとともにモエリス街区に登録されている。そのプルティオンはコモンの息子であり、「六四七五人の入植者」の身分に属している。

同じモエリス街区にある一棟の家屋の四分の一と他のいくつかの地片のうち、五分の一は私が所有しています。そこに住んでいる以下に名前を記す者たちを、昨年われらの主ハドリアヌス・カエサルの統治第二年に公示された戸口調査(1)にあたり、私は聖門街区に登録します。その者たちは、神君トラヤヌスの統治第七年に行われた戸口調査においても、その場所に登録されていました。そして他の項目に続き(2)、その者たちは以下の通りです。

ソイス。ソクラテスの息子であるヘラクレイデスの娘。年齢五三歳。

そして彼女〔ソイス〕の息子のソクラテス。ディオスコロスの息子。彼の生まれについては吟味のうえで判定が下された。年齢三二歳。身体には目印となるものは無い。

そして彼女〔ソイス〕の娘のアフロドゥス。年齢三三歳。

そしてもう一人の娘のアフロドゥス。上に述べた兄のソクラテスと結婚した。年齢二八歳。

そしてソクラテスを含む上記の者たちの父方の年長の伯母のイサルス。年齢七〇歳。

このような次第なので、私は申告をします。

申告は郡の監督役および他の全員のもとに登録された。主ハドリアヌス・カエサルの統治第三年。パメノート月の二二日。

(1) エジプト長官によって人口調査の告示がなされた年(一一七/一一八年)。実際の申告は通常翌年に行われる。この文書では、末尾に記されているように、翌一一九年に申告がなされている。人口調査は一四年周期で実施される。

(2) 「他の項目に続き」という文言は、その文書が写しであって、原本には記載されている情報の一部が省略されていることを示している。

【出典】 F. Preisigke(ed.), *Sammelbuch griechischer Urkunden aus Aegypten*, Bd. 20(Strassburg, 1997), Nr. 14303, pp. 172–176.

【解説】 もともとエジプトに存在した官僚機構は、ローマの支配下に入ってさらに組織化が進んだ。そこには人や物すべてに関する情報が集積され、記録された。人間は人口調査によって申告登録され、得られた情報は人頭税を課税するさいの基礎とされた。また出生や死亡も届け出の対象となった。土地や家屋は財産調査によって申告登録され、ほかに家畜についても別に申告制度があった。これらの調査の目的はつまるところ税収の確保であるが、個人にとってもある種の見返りが期待された。申告内容は文書にまとめられ、村や郡都の公文書館で安全に保管されることになる。人々は財産をきちんと文書に記録することで、それらに対する所有権をより確かなものとすることができたのである。こうして大量に作成された文書の一部が残存し、歴史研究の重要な史料となっている。

たとえば家族史研究の視点からは、次のような情報を読み取ることができる。ソイスの息子ソクラテスは、妹のアフロドゥスと結婚している。このような近親婚の事例を他の申告書から探してみると、人口全体の約四分の一が兄弟などの近親者と結婚していることが分かる。エジプト社会を特徴付ける近親婚という習慣が、数量的に裏付けられるのである。また結婚年齢については、母親ソイスと長姉アフロドゥスの年齢差から、出産時の年齢が二〇歳であることが分かる。こうした情報から、男女の結婚年齢あるいは女性の出産年齢について、ある程度の傾向が推測出来る。さらに家族の変遷をたどることも可能である。右の申告時には子供がいなかったソクラテス・アフロドゥス夫妻に、一四年後の申告時には五人の子供が生まれている。出産の間隔がおおむね二年程であることから、母親が授乳のため妊娠能力が低下する時期を終えると間もなく妊娠していることが分かる。そこから、人為的な出生コントロールは行われていないということを読み取ることができよう。

（井上秀太郎）

189　アントニヌス勅法（ローマ帝国の全自由人へのローマ市民権付与）（二一二年）

カッシウス・ディオ『ローマ史』（二二九年）

税の中には、〔カラカラ帝が〕追加制定した新たなものと、二十分の一税に代って、奴隷から解放された者たち、誰かに残された世襲財産と遺贈全てのために、彼が定めた十分の一税がある。彼は、故人の近親者に受け継がれた際の相続と免税とを廃止した。以上のゆえに、〔カラカラ帝は、〕彼の帝国の全ての者をローマ人と宣言した。名誉を与えるという口実で、実際は、外人たちはそれらの〔税の〕多くを支払っていなかったので、そういう手段で自分の収入を増大させるためであった。

【出典】Cassius Dio, LXXVIII. 9. 4-5, in: E. Cary (ed.), *Dio's Roman History*, Loeb classical Library (Cambridge Mass. and London, 1927), p. 296.

ギーセン・パピルス一巻四〇番（二一二年）

〔インペラトル・カエサル・マ〕ルクス・アウレリ〔ウス・セウェルス・〕アントニヌス・ア〔ウグストゥス〕が告示した。（中略）そこで、私は外人たち(1)が我らの民〔ローマ市民〕のなかに入るたびに、彼らを神々への崇拝へと導いたならば、私が偉大にして敬虔に神々の威光に相応しいことを為すことができると信じる。それゆえに、世界中に住む全ての外人にローマ市民権を与える。降伏者を例外として全ての種族が〔ローマ市民の地位に〕とどまる。

（1）帝国内の非ローマ市民も法律上は外人であり、この場合は帝国内居住の外人を指す。

【出典】 *Griechische Papyri im Museum des Oberhessischen Geschichtsvereins zu Giessen*, Bd.I, n. 40(Leipzig, 1910), p. 43.

【解説】 紀元二一二年、ローマ皇帝インペラトル・カエサル・マルクス・アウレリウス・セウェルス・アントニヌス・アウグストゥス、通称カラカラは、後に「アントニヌス勅法」と呼ばれることになる命令を発した。この命令により、ローマ帝国の自由人住民のほぼ全員がローマ市民となり、ローマ市民とはローマ帝国の住民を指すことになった。なお訳出した二つめの史料「ギーセン・パピルス」における「全世界」はローマ帝国の支配下にある地域を指すと考えられる。この勅法は、最初の史料『ローマ史』で同時代に元老院議員であった歴史家カッシウス・ディオが指摘するように、直接的には財政改革、外人には課されていなかった税金を帝国住民全員に一律に課すことが目的であったかもしれない。また、この勅法が発布された三世紀初めには、すでにローマ市民権は、その意義の大半を失ってローマ市民であることが特権的な地位にあることを意味しなくなっていた指摘もある。しかしながら、この勅法が、共和政以来のローマ市民権拡張の帰結点であったことは否定できない事実であり、ローマ支配下の地中海世界のローマ化の完成を意味すると評価できよう。

（島田誠）

190　ローマ皇帝への属州住民の直訴（二一六年）

ダマスクス郊外のゼウス神殿神官職をめぐるゴハリア村民の訴え（二一六年）

サビヌスとアヌリヌスがコンスルを務める年の五月二七日、アンティオキアにおいて、最高司令官カエサル・マルクス・アウレリウス・アントニヌス(1)、敬虔にして幸運なアウグストゥス、偉大なパルティア征服者、偉大なブリタニア征服者、偉大なゲルマニア征服者は、最も傑出した人である親衛隊長たち、さらには顧問や部局長らの表敬を受け、講堂の席についたところで、セルギウスの息子アウレリウス・カルゼウスの出廷を許可するよう命じた。この者はゴハリア村民の擁護者で、請負人のアウィディウス・ハドリアヌスを相手に訴訟を起こしていた。閣下はその審問を受理するに値すると判断したのである。出廷の際は弁護人のエグナティウス・ロッリアヌスを伴うこととなり、また請負人のアウィディウス・ハドリアヌスは、弁護人のユリアヌス・アリスタエネトゥスを伴うこととされた(2)。

彼らのうちアリスタエネトゥスが発言した。「私は異議を申し立てます」。

ロッリアヌスは発言した。「閣下が、審問がなされるよう命令されたのです」。

アリスタエネトゥスは発言した。「上訴審は法に基づいて行われるのです。総督が上訴を受理し、その上で閣下の法廷へと持ち込まれるのです。あるいは、総督が受理しない場合には、その上訴はどうして法廷に持ち込まれることが出来ましょうか？　多くの判決文や決定書の後に取り上げた何通かのゴハリア村民の請願書のなかで、閣下に対する嘆願がなされていました。彼は弁護人でもなければ、使節でもありません。なのに、総督の代わりに閣下を裁判官とするため、彼は訴訟当事者の一私人でありながら、嘆願を持ち込んだのです。閣下は彼にいわれました。私が審問にあたることを諸君が望むのであれば、私が審問にあたろうと。これまで彼らは抗弁すらしたことがなかった。なのに今になって、我々が法廷の規則に従ってことを進めている時に、彼らは閣下に嘆願を行ったのです。しかし彼らは上訴していないし、また閣下の法廷に上訴することも出来ないと言わねばなりません」。

ロッリアヌスは発言した。「閣下に他の請願書とともに請願をした農民たちが、この嘆願書も閣下に提出したのです。（後略）」。

（1）　カラカラ帝の本名。
（2）　ここまでが付帯条項で、ラテン語で記されている。

【出典】 *Supplementum Epigraphicum Graecum*, Vol. 17(1960), No. 759, pp. 198-200.

【解説】　二一六年、カラカラ帝がシリアのアンティオキアに滞在している時に、ある神殿の神官職僭称をめぐる訴訟の審問が、皇帝臨席のもとに行われた。碑文にはその議事録が記されている。碑文は前半部しか残存しておらず、そのほとんどが訴訟手続きの妥当性をめぐる議論にあてられている。たんに皇帝の裁定を顕彰するに止まらず、皇帝に関する記録文書を抜粋のかたちで伝えていると考えられる点で、この碑文は注目に値する。訴訟の構図は次のとおりである。原告はゴハリア村民の代表カルゼウスで、弁護人としてロッリアヌスがついている。被告はハドリアヌスという人物で、弁護人としてアリスタエネトゥスがついている。審理は冒頭、訴訟の正当性について紛糾する。被告側弁護人の主張は次の二点に集約される。まず第一に、原告は村民たちの弁護人（シュンディコス）ではなく、上訴する資格を持たないということ。そして第二に、今回の上訴は総督を飛び越すかたちでなされており、正当な手続きを踏んでいないということである。しかし原告は付帯条項のなかで「擁護者（デフェンソル）」と呼ばれている。この役職は共同体を法廷において代表するもので、原告にも被告にもなることができる。そして、ギリシア語でデフェンソルに対応する言葉がシュンディコスなのである。つまりカルゼウスには、原告として訴訟を起こす資格があるのである。またたしかに、一審の判決に不満を持つ者が上訴をする場合、それを皇帝に上げるか否かを決めるのは総督である。しかし総督が上訴を差し止めても、まだ直訴（スップリカティオ）という方法が残されていた。今回の訴えはこの直訴という手段によっている。ゴハリア村民は皇帝の巡行という機会をとらえ、通常なら認められない皇帝による裁判を実現したのである。

（井上秀太郎）

第四節　ローマ帝政後期の社会とキリスト教

191　バガウダエの蜂起（三世紀末）

アウレリウス・ウィクトル『皇帝伝』（三六一年）

というのも彼〔ディオクレティアヌス帝〕は、カリヌス(1)の死後、ヘリアヌスとアマンドゥスがガリア中で、住民たちがバガウダエと呼ぶところの農民と盗賊の一群を召集し、広範囲にわたって農地を荒らし、多くの都市を襲撃していることを聞き知るや、ただちに信頼できる友人で、半ば野人ではあるが、しかし軍事と天賦の資質に優れたマクシミアヌスを〔同僚〕皇帝に任じた。その後マクシミアヌスには、その神への崇拝ゆえにヘルクリウスという添え名が付け加わった。ウァレリウス〔ディオクレティアヌス帝〕にヨウィウスが付け加わったように(2)。……しかし、ヘルクリウスはガリアに赴き、敵を敗走させ、あるいは〔降伏者として〕受け入れ、短期間のうちに全てを静穏にした。

（1）　二八二年にプロブス帝を倒して登位したカルス帝の長子で、ペルシア遠征に赴く父帝により弟ヌメリアヌスと共に「カエサル」称号を与えられ、西方を託された。カルス帝は翌年、遠征中に死去。遠征に同行していて父帝の跡を継いだヌメリアヌスも二八四年に殺害され、その後をうけて軍隊により帝位に擁立されたディオクレティアヌスは、二八五年春にカリヌスを倒した。

(2) ヘルクリウスはヘルクレス(ギリシア名ヘラクレス)神に由来する添え名。ヨウィウスはユピテル神の形容詞形。これらの添え名はディオクレティアヌスがマクシミアヌスより格上であることを示すと同時に、両帝の出自の低さを隠蔽する効果もあったであろう。

【出典】F. Pichimayr(ed.), *Aurelius Victor, Liber de Caesaribus* (Leipzig, 1993), 39, 17–19, p. 118.

エウトロピウス『ローマ市建設以来の略史』(三七〇年)

かくしてローマ国家の支配者となった彼〔ディオクレティアヌス帝〕は、当時ガリアの農民たちが騒擾を引き起こして、みずからの徒党にバガウダエという名を与え、さらにはアマンドゥスとアエリアヌスを指導者としていたので、彼らを鎮圧すべく副帝マクシミアヌス・ヘルクリウスを派遣したが、そのマクシミアヌスは激戦にもならぬ戦闘で農民たちを圧倒して、ガリアに平和を回復した。

【出典】C. Santini(ed.), *Eutropius, Breviarium ab urbe condita* (Leipzig, 1992), 9, 20, 3, p. 62.

マクシミアヌス帝への頌詩(二八九年)

そして、この地方〔ガリア〕にあって、かの災禍は二形の(1)怪物たちと似てはいなかったでしょうか。その災禍が陛下〔マクシミアヌス帝〕の勇敢さにより鎮圧されたのか、それとも陛下の慈悲深さにより静められたのか、私にはわかりません。その時には、無知な農民たちが兵士のやり方を真似ようとし、耕作者が歩兵を、羊飼いが騎兵を、農民がみずからの耕地の荒廃者として敵たる蛮族を模倣していたのでした。ですが、この事は急ぎ通り過ぎることにいたします。と申しますのも、陛下は務めに忠実な御心をお持ちでいらっしゃいますので、その勝利が讃えられるよりは忘れ去られることの方をお望みだと承知しているからです。

(1) この直前の箇所はマクシミアヌスの活躍を、ユピテルの巨人族(ギガンテス)との戦いにおけるヘルクレスの助太刀にたとえており、この「二形《にぎょう》の怪物」とは上半身は人間、下半身は二つの蛇身で描かれることが多い巨人族を指すが、その「二形」に農民が「敵」となる状況が重ね合わされているのであろう。

【出典】*XII Panegyrici Latini*, recognovit brevique adnotatione critica instruxit R. A. B. Mynors, Oxford Classical Texts, 1964, X(II). 4. 3. 4, p. 247.

【解説】　一つめの史料は北アフリカ出身のアウレリウス・ウィクトルが三六一年に公刊した『皇帝伝』からの、次はガリア出身のエウトロピウスが著した、ヨウィアヌス帝の死(三六四年)までを扱う『ローマ市建設以来の略史』からの抜粋で、ウィクトルの『皇帝伝』とエウトロピウス『略史』の帝政期の部分は共に、おそらくガリアで著され三五七／八年に公刊されたと思われる原史料に依拠している。三つめは二八九年にトリアーでマクシミアヌス帝に献じられた頌詩の一節で、バガウダエという言葉は出てこないものの、前の二つの史料が伝えるのと同じ状況を叙す同時代史料。「バガウダエ」という語は五世紀の状況を伝える史料中にも再登場し、それらとここに紹介した諸史料に基づき、「バガウダエの蜂起」とはガリアの被抑圧民(中小農民・コロヌス・奴隷)による反体制運動とする見方が長く有力であったが、近年では混乱期に保護とリーダーシップを求めて在地権勢家の周囲に参集した人間集団の自衛運動という見方が強くなってきている。〔参〕後藤篤子「古代末期のガリア社会」『岩波講座世界歴史7　ヨーロッパの誕生』岩波書店、一九九八年。同「バガウダエをめぐって」倉橋良伸他編『躍動する古代ローマ世界』理想社、二〇〇二年。(後藤篤子)

192　四分統治の始まり(二九三年)

アウレリウス・ウィクトル『皇帝伝』(三六一年)

その〔バガウダエとの〕戦争において、メナピイ族(1)の出であるカラウシウスは、明らかな功績で際立っていた。それゆえに、さらにまた、彼は操船——彼は青年期、その仕事で報酬を得ていた——に熟練していると考えられていたがゆえに、人々は彼に艦隊を準備し、海を跳梁跋扈するゲルマン人を撃退する任を託した。このことで増長した彼は、蛮人の多くを打ち負かしながらも戦利品の全てを国庫に返さず、ヘルクリウス〔マクシミアヌス帝〕を恐れて、と言うのも帝によって自分が処刑を命じられたことを聞き知ったからだが、皇帝を僭称してブリタンニアを奪取した。同じ頃、ペルシア人がオリエンス〔東方諸州〕を、ユリアヌスとクィンクエゲンタニ諸族(2)がアフリカを、ひどく騒がせていた。さらに、エジプトのアレクサンドリアでは、アキッレウスという名の者が支配の標章を〔勝手に〕纏っていた(3)。これらの理由から、彼ら〔ディオクレティアヌスとマクシミアヌス〕は、ユリウス・コンスタンティウスと……ガレリウス・マクシミアヌスとを副帝〔カエサル〕に選任し、婚姻により義理の息子とした。……〔両副帝の〕以前の婚姻は解消されて、前者はヘルクリウスの養女を、後者はディオクレティアヌスの娘を得た。実に彼らは皆イッリュリクム出身であり、教養には欠けていたが、それでも田野の労苦と軍務の労苦に鍛えられて、国家にとっては申し分なく最良の人間となっていた。このことから、〔人は〕逆境を経験することでよりたやすく崇高かつ賢明になり、逆に苦労を知らぬ者たちは、自らの力に照らして全ての人間を評価する限り、思慮深さの点で劣る、ということは明らかである。しかし、彼らの協調が教えていた最大のことは、天賦の才と……優れた軍事経験とで、徳性にはほとんど十分だということだ。

最後に、彼らはウァレリウス〔・ディオクレティアヌス〕を親のように、あるいは偉大なる神に対するかのように、尊敬していた。それが如何なることとか如何ほどのことであるかは、ローマ市建設から我等の時代に至るまでの、親族の手になる凶事が明らかにしている。そして、前述したような諸々の戦争の重大さが強く求めていたので、帝国は四分されて、アルプスの向こう側のガリア全域はコンスタンティウスに、アフリカとイタリアはヘルクリウスに、黒海に至るまでのイッリュリクム地方はガレリウスに委ねられ、ウァレリウス〔・ディオクレティアヌス〕は残りの地域を保持した。

(1)　カエサル『ガリア戦記』にも登場する部族で、帝政期にはガリア・ベルギカ州の北海沿岸からスヘルデ川にかけての地域に居住していた。

(2)　クィンクエゲンタニとはサハラ・アトラス山脈東部を本拠地として、三世紀末にヌミディア・マウレタニア諸州にしばしば侵攻した、ベルベル人の部族連合と思われる。ユリアヌスとはおそらくその指導者であろう。

(3)　文献史料はすべて、エジプトにおける帝位簒奪者の名をアキッレウスと伝えるが、パピルス史料と貨幣史料によると、エジプトで正帝位を僭称したのはL・ドミティウス・ドミティアヌスという人物で、年代は四分統治開始後の二九七年。パピルス史料は、同年エジプトでアキッレウスという人物が「エパノルトーテース(総督)」の肩書を得ていたことも伝えており、おそらくアキッレウスはドミティアヌスの支持者で、同年末と推測される後者の死後も謀叛を続けたのであろう。

【出典】 F. Pichimayr(ed.), *Aurelius Victor, Liber de Caesaribus* (Leipzig, 1993), 39, 20–30, pp. 120–122.

【解説】　出典史料については史料191の解説を参照。二八四年一一月ニコメディアで軍隊により帝位に擁立されたディオクレティアヌスは、前掲史料が伝えるように、二八五年対立帝カリヌスを倒した後、マクシミアヌスを「カエサル」に選任してガリアに派遣。翌二八六年には、マクシミアヌスに「アウグストゥス」称号を与えた。ハドリアヌス帝以後、「カエサル」は帝位後継予定者に与えられる称号となり、皇帝になると「アウグストゥス」を称していたが、ディオクレティアヌス帝はさらに二九三年三月一日、コンスタンティウスとガレリウスに「カエサル」称号を与えた。こうしてローマ帝国を二人の「アウグストゥス」(上位皇帝)と二人の「カエサル」(下位皇帝かつ上位皇帝後継予定者)が分治する体制が始まった。一般に、ディオクレティアヌス帝以後の「アウグストゥス」は「正帝」、「カエサル」は「副帝」と訳される。四分統治により国内治安回復と辺境地帯の安定化に成功したディオクレティアヌスは、三〇五年五月一日マクシミアヌスと共に退位。コンスタンティウスとガレリウスが正帝に昇格して新たに二人の副帝が選任されたが、すぐに帝位をめぐる抗争が起こり、その抗争に勝ち抜いたのがコンスタンティウスの息子コンスタンティヌス(一世)であった。

(後藤篤子)

193
帝政後期の物価高騰とその抑制政策（三世紀後半―四世紀）

最高価格令（三〇一年）

そこで、いったい誰か知らない者がいるだろうか？我々の軍隊が配置されることを全ての者の安寧が求めているところではどこでも、それぞれの村および町においてだけでなく、あらゆる道路筋においても、機会をとらえて公共の便益に襲いかかろうとするような大胆不敵さが、利益を求める心に生じていることを、そして商品の価格として四倍や八倍ではなく、人間の言葉の道理ではその価格評価と行いとを何とも表現できないくらいのものをむしり取っていることを。そしてついには、場合によってはたった一つのものを売ってもらうことで、兵士が恩賜金と給料とを奪われてしまい、全世界が軍隊を維持するために差し出した税がすべて略奪者たちの憎むべき利益へと姿を変え、その結果、我々の兵士たちは自らの軍隊勤務の希望と勤めあげた労苦とを自らの手で全てを貪りつくす者たちに引き渡しているかのごとき様相を呈し、またそのことによって、国家そのものに対する略奪者たちは彼らが持ちきれないほどのものを日々奪い取っているということを、いったい誰か知らない者がいるだろうか？

（中略）

そこで、下に付されている要覧(1)の記載内容が示す価格が、我々の支配する全世界の順守によって保たれるべきであると決定された。それに際して全ての者は、それらの価格を勝手に踏み越える自由が自らに対し否定されていることを、理解するようにすべきである。ただし、豊富な物資が供給されていると認められるところでは、低価格という幸福が妨げられることは決して あってはならない。制限を加えられた貪欲が抑え込まれた暁には、その低価格という幸福にこそ最も心遣いがなされるべきだからである。

（中略）

もし誰かがこの命令の基本原理に反する努力をしたならば、その大胆不敵さは死刑の判決に服することになる。また誰もこの命令の峻厳さを考えるべきではない。なぜなら、節度というものを守ることによって、危険を避けるための逃げ場所はすぐ手の届くところに存在するからである。さらに、ものを手に入れたいという欲望のために、この命令に反して売り手の貪欲さに同調した者もまた、同じ判決に服することになる。また、生命の維持および日常の使用に欠くことのできない品々を持っていながら、自らに節度を求めるこの命令が出されたあとで、それらの品々を隠匿すべきであると考えた者もまた、同様にこの種の処罰から免れるものではない。なぜなら刑罰は、命令に逆らって世の中を動揺させる者に対してよりも、物資の不足をもたらす者に対して、むしろより厳しくあるべきだからである。

（1）　最高価格令の後半は、詳細な価格一覧表となっている。そこでは、肉や小麦あるいは初等教師など、千を超える品目および業種について対価や報酬が示されている。

【出典】M. Giacchero(ed.), *Edictum Diocletiani et Collegarum de pretiis rerum venalium* (Genova, 1974), vol. 1, pp. 134–137.

【解説】二九六年、ディオクレティアヌス帝は歳入の安定を目的として、新たな統一税制を施行した。それと同時に、過去数十年にわたる品位の低下により価値を減じていた従来の貨幣に代えて、新たな貨幣を導入した。しかし巨大化した軍隊と官僚機構を維持するための財政支出は、再び物価の高騰を呼び起こした。物価を鎮静化するため、そして何より兵士たちを窮状から救うために、ディオクレティアヌス帝は三〇一年、商品価格および賃金の上限を規定する告示を発した。上限を超える価格でものを売ったり買ったりした者、また物資を隠匿することで命令が効果を発揮するのを妨げた者には、死刑が規定された。しかし商人層の反発や取り締まりの難しさなどから、命令はほどなく撤廃された。命令を刻した碑文の断片は、おもに帝国東部の約四〇カ所から出土しており、命令のほぼ全体の再構成を可能としている。内容は前半の序文と後半の価格一覧表からなっている。ここで一部を訳出した序文では、価格を規制する理由とそれに向けた皇帝の決意、そして違反者に対する罰則が、仰々しい文体で記されている。命令は四分統治時代の法令として最も大規模なものであり、また碑文として見た場合、古代ローマの経済史に関する最も長大な記録となっている。

（井上秀太郎）

194　キリスト教徒大迫害とその終結（三〇三―三一一年）

エウセビオス『教会史』(三二四／五年)

それはディオクレティアヌスの治世の第一九年目、デュストロスの月[1]――ローマ人に従えば、この月はマルティウスと呼ばれるのだろうが――のことであったが、救い主の御受難の祭が近づいた頃、いたる所に勅令が公示された。それは教会の倒壊と諸書の焼却とを命じ、また、もしキリスト教の主張に固執するならば、名誉ある地位を持つ者[2]は公権を奪われ、帝室に仕える者[3]は自由を奪われる旨を宣していた。我々に対する最初の勅令はこのようなものであった。まもなく別の勅令が加わり、あらゆる地域ごとに教会の長たち全員をまず投獄すべきこと、その後にはあらゆる手段を尽くして彼らに供犠行為を強要すべきことが命じられた。

（1） 三〇三年三月。ただし、これはパレスティナで迫害勅令が公示された月であり、ディオクレティアヌスとガレリウスが滞在していたニコメディアではすでに同年二月二三日未明に官吏が教会に押し入って聖書焼却や会堂破壊に及び、翌二四日に迫害勅令が発せられていた。

（2） 帝政期のローマ社会の上層、すなわちホネスティオーレス（元老院議員・騎士・都市参事会員・退役兵）を指すと思われる。

（3） 帝室の解放奴隷・奴隷。

【出典】 Eusebius, *Kirchengeschicte*, hrsg. von E. Schwartz (Berlin, 1955), VIII, 2, 4-5, pp. 316f.

ラクタンティウス『迫害者の末路』（三一四／五もしくは三一七／八年）

それゆえ彼ら〔ディオクレティアヌスとガレリウス〕の間で一冬中協議が持たれ……長い間老帝〔ディオクレティアヌス〕はガレリウスの狂気に抵抗し、世界の平穏が乱され多くの人の血が流されることがいかに破壊的なことか、彼ら〔キリスト教徒〕は喜んで死ぬのが常であること、ただ宮廷人と軍人とにこの宗教を禁じれば十分であろうことを指摘した。しかし、彼はこの短慮な男〔ガレリウス〕の狂気を直すことはできなかった。そこで友人たちの意見を聞いてみることにした。（中略）或る者たちはキリスト教徒に対する自分自身の憎悪から、神々に敵意を抱く者、国家の宗教の敵は、根絶さるべしと意見を述べた。違う考えの者たちは、この男〔ガレリウス〕の欲するところを悟り、こわがって、あるいは機嫌をとろうと思って、その意見に同調した。

【出典】 Lactantius, *De mortibus persecutorum* (Oxford, 1984), 11, 3-6, p. 18.

ガレリウスの寛容勅令（三一一年）

これらキリスト者どもはいかなる訳か我意に取り憑かれ愚昧に捕らわれて、そもそも彼ら自身の父祖が定めたのであろう古き掟に従わず、勝手に欲しいままに遵守すべき法を自らに立て、さまざまな所に種々の民を集めていた。そこで我らはついに、彼らも古人の掟に復帰すべしとの命令を発したのであるが、この時多くの者は危険に服せしめられ、また多くの者たちが打ち倒された。しかし、大多数の者はなおみずからの習わしに固執し続け、しかも神々に然るべき崇拝と祭儀を捧げぬばかりか、キリスト者の神をも顧みぬという有様を呈しているので、我らは……この者たちにも進んで我らの宥恕を及ぼし、彼らが規律に反する行動をせぬ限りは、再びキリスト者として存在し、みずからの集会所を建てることを許すべしと考えるに至った。……されば、かかる我らの宥恕に応えて、キリスト者も、国家が限なく安泰に護持され、かつ彼らもみずからの居所で安穏に暮らせるよう、我らの、国家の、そしてみずからの安寧を彼ら自身の神に祈願すべきであろう。

【出典】 *Ibid.*, 34, 1-5, p. 52.

【解説】 ディオクレティアヌス帝治下、キリスト教に対する最後にして最大の迫害が行われた。一つめの史料はパレスティナのカエサレアでキリスト教教育を受け、三一三年頃に同市司教となったエウセビオスが『教会史』で伝える、大迫害の開始を告げる勅令の内容を示す。この『教会史』の執筆は二九〇年代に始められた可能性もあるが、その後、同時代の状況の変化に合わせて加筆・修正が加えられ、三二四／五年頃、現在伝わる形となった。二つめの史料は大迫害の教唆者をガレリウスとするラクタンティウスの記述である。北アフリカ出身と思われるラクタンティウスはディオクレティアヌス帝に招かれてニコメディアで修辞学教師となったが、大迫害勃発でその地位を失って三〇五年頃西方へ移り、三一四／五年頃もしくは三一七／八年頃『迫害者の末路』を執筆・公刊した。キリスト教徒大迫害は西方では三〇五年のディオクレティアヌス退位と共に事実上終結したが、東方ではなお続いていた。これを終結させたのが、瀕死のガレリウスが三一一年四月三〇日にニコメディアで公示させた勅令であり、三つめの史料は『迫害者の末路』に収録されているその勅令の抄訳。〔参〕エウセビオス／秦剛平訳『教会史』山本書店、全三巻、一九八六—八八年、講談社学術文庫、全二巻、二〇一〇年。

（後藤篤子）

195 コンスタンティヌス帝によるキリスト教公認（三一三年）

ミラノ勅令（三一三年）

我、皇帝コンスタンティヌスと、我、皇帝リキニウスとは、幸いにもミラノに会して公共の利益と安寧に関わるすべての事柄を協議したる時、大多数の人々にとり有益であると我らが考えた他の事柄の中にあってもまず第一に、神格に対する畏敬を堅持するような事柄が規定さるべきと考えた。すなわち、キリスト者に対しても万人に対しても、各人が欲した宗教に従う自由な権能を与えることである。そのことにより天におわします神格が何れであれ、我らおよび我らの支配の下に配された万人に対して慈悲深く恩恵的であり得んがためである。それゆえ我らは健全にして最も正しき考慮により、以下の方針が採られるべきと考えた。すなわち、キリスト者の礼典にせよ、自らが自分に最も適していると思う宗教にせよ、それに自らの心を捧げる権能は、何人《なんぴと》に対しても決して否定さるべきではないと考えた。それは、我らが自由な心からその礼拝に従っているところの最高神格が、我らに対して万事において、その常なる恩恵と好意とを与え得んがためである。従って以下のことが我らの意に適うものたることを貴官は承知されたい。すなわち、かつて貴官の役所に送達された、キリスト者の名に関する書簡に見てとられた諸条件は完全に撤廃され、今や同じ意志、すなわちキリスト者の宗教を遵守するという意志を持つ者各人が、自由にかつ絶対的に、いかなる不安も面倒事もなく、その事を守るべく努めるということである。(中略)さらに我らは加えて、キリスト者の地位のために以下のことが定めらるべきと考えた。すなわち、もし彼らがそこに集うを習わしとしていた場所……を、ある者たちが以前に我らの帝庫からか、または誰であれ他の者から購入したと思われるならば、その者たちはそれらの場所を、金銭の受領もいかなる賠償要求もなしに、一切のためらいや曖昧さを捨てて、キリスト者たちに返還すること。贈与により獲得した者たちも、同様にそれらをこれらキリスト者に一層速やかに返還すること。なお、購入した者であれ贈与により獲得した者であれ、もし彼らが我らの好意から何かを望むのであれば、我らの寛大により彼らにも考慮が与えられるよう、代官に申し出ること。(中略)さらにまた、かかる我らの好意の法の定むるところが万人の知るところとなりうるよう、貴官の布告を付して当書簡を各所に公示し、万人に知らしめられたい。この我らの好意の法が世に知られぬままでいることの無きよう。

【出典】Lactantius, *De mortibus persecutorum* (Oxford, 1984), 48, 2–12, pp. 70; 72.

【解説】一般にコンスタンティヌス帝は三一三年「ミラノ勅令」によってキリスト教を公認したとされるが、実は同年にコンスタンティヌス帝がミラノで発したキリスト教公認勅令というものは史料中には伝わっていない。一般に「ミラノ勅令」の名で呼ばれてきたのは、ここに訳出したラクタンティウス『迫害者の末路』が伝える文書である。しかしこれは、冒頭でコンスタンティヌスとリキニウスのミラノ会談(三一三年二月頃)に言及しているものの、ラクタンティウスによれば(『迫害者の末路』48,1)、リキニウス帝がビテュニア州総督宛に送付した書簡を三一三年六月一三日にニコメディアで公示させたものであり、そのため研究者の間でも「ミラノ勅令」の実在性や主たる起草者、その意義をめぐって見解がわかれている。さらに、エウセビオス『教会史』第一〇巻五章一―一四節に「コンスタンティヌスとリキニウスの勅法のラテン語からの翻訳」として伝えられる文書は、従来「ミラノ勅令」のギリシア語訳と考えられてきたが、そのギリシア語とラクタンティウスのラテン語とを綿密に比較検討すると、『教会史』にしかない前文(第一〇巻五章二―三節)があるなど、幾つかの大きな相違が認められる。それらの相違や、文書の内容自体に認められる反復や矛盾を手がかりに、両方のテキストに共通する原テキストの復原を試み、それこそがコンスタンティヌス帝がミラノ会談直後に起草した真の「ミラノ勅令」と考える研究者もいる。〔参〕後藤篤子「キリスト教ローマ帝国における宗教闘争」弓削達・伊藤貞夫編『ギリシアとローマ』河出書房新社、一九八八年。同「「ミラノ勅令」をめぐって――クリステンセンの復原を中心に」『法政史学』三九号、一九八七年。

（後藤篤子）

196　ニカイア公会議（三二五年）

エウセビオス『コンスタンティヌス伝』（三三六―三三九年五月）

〔第三巻一二―一四章〕「友らよ、汝らの集いに与ることが我が祈りの目的であったが、その目的が叶ったので、余は万物の主に感謝の念を表すべきであることを承知している。……暴君らの神に対する戦いは救い主たる神の力により一掃されたので、悪を愛するダイモーンに他の方法で神の法に冒瀆を加えさせてはならぬ。というのも余にとって、神の教会内部の分裂は常にいかなる戦争や恐ろしい戦闘にもまして耐え難いものであり、教会外の〔世俗の〕諸事以上に悲痛なことと思われるのである。ともかくも余は、至高神のご意志とご助力により敵たちに対する勝利を得た時、神に感謝の意を示し、我らを介して神ご自身により解放された者たちと喜びを共にすること以外、何も残っていないと考えた。しかしながら、すべての期待に反する汝らの分裂を聞き知った時、余はその知らせを二義的なこととは判断せず、このこともまた余の奉仕を通じて癒されることを祈って、汝ら全員をただちに招集した。汝らの集まりを目の当たりにして余は喜んでいる。そして、汝ら全員がその魂を一つに交じらわせ、一つの共通の平和な合意――その合意は、神に捧げられた汝ら自身が、他の者たちに促すべきものであろう――が汝ら全員を支配するのを見るや、とりわけ余自身が自らの祈りに従って行動しようと考えている。それゆえ、神への奉仕者であり、我ら全員の共通の主にして救い主である御方の良き下僕である友らよ、汝らの分裂の原因を今すぐ共通の土俵に持ち出し、論争のあらゆる束縛を平和の諸法により解き放つことに、遅れがあってはならない。さすれば汝らは、万物の上におわす神にとり喜ばしいことを成し遂げるであろうし、汝らと共に下僕たる余にも、この上なき喜びを与えるであろう」。

皇帝は以上のことをラテン語で――別の者が通訳しました――語り終えると、会議の指導者たちに発言を譲られました。すると、ある者たちは周囲の人々を非難し始め、別の者たちは弁明したり、非難を返したりしました。それぞれの陣営から非常に多くの提案がなされ、最初は多くの論争が交わされました。皇帝は辛抱強く全員の発言に耳を傾けられ、くつろぎながらも熱心に種々の提案をお聞きになり、それぞれの陣営が言ったことを順に取り上げられて、激しく言い争っている者たちを穏やかに一つにされました。皇帝は各人と和やかに話を交わされ、ギリシア語で話されることで――というのも、皇帝はその言語をご存知ないわけではなかったのです――ご自身を親しみやすく好ましい人物としておられました。皇帝はある者たちを説得し、ある者たちをご自身のお言葉で恥じ入らせ、立派に話した者たちを賞賛され、全員を一致へと向かわせ、ついにすべての争点について彼らの心と見解を一つにされたのです。

　その結果、信仰が同一の言葉で語られることとなり(1)、救い主の祝祭〔復活祭〕を同一日に執り行うことが全員によって合意されました。そして、共同で決められた諸事項は、文書にして各人の署名によって確かなものとされました(2)。

（1）聖父たる神と聖子キリストは「同一本質（ホモウシオス）」とする信条のこと。

（2）実際にはアリウスを支持する二人の司教が署名を拒否し、追放された。

【出典】Eusebius, *De vita Constantini* in: F. Winkelmann (hrsg.), *Über das Leben des Kaisers Konstantin* (Berlin, 1991), III, 12-14, pp. 87f.

【解説】　三二五年の第一回ニカイア（現トルコのイズミク）公会議の様子を伝える史料は、アレクサンドリア教会の助祭として同会議に出席し、のちに三位一体説を完成させるアタナシウスの著作を含めても、あまり多くない。史料194で訳出した『教会史』の著者カイサレア司教エウセビオスも同会議に出席していた。彼（三三九年五月没）は晩年に『コンスタンティヌス伝』（三三七年のコンスタンティヌス帝死去までを扱うが、執筆開始はおそらくそれ以前）を著したが、その第三巻四―二四章がニカイア公会議に関連している。訳出したのはコンスタンティヌス帝の開会演説、および会議の議論と結果を伝える箇所だが、公会議までアリウス説（聖子従属説）支持者と見なされていたエウセビオスは、数週間に及んだ議論の詳細は語らず、皇帝の調停者としての役割と出席者全員の「一致」を強調している。コンスタンティヌス帝が種々の便宜を供与して最初の公会議を招集した意図、また、帝を「新たなモーゼ」と礼賛する同書を著したエウセビオスの意図を考える上でも興味深い箇所である。なお、同書は全四巻が邦訳されている。〔参〕エウセビオス／秦剛平訳『コンスタンティヌスの生涯』京都大学学術出版会、二〇〇四年。

（後藤篤子）

197 コロヌス制（三三二―三九三年）

コンスタンティヌス勅令（三三二年）

最高司令官コンスタンティヌス・アウグストゥスが属州民に対して

誰のところであれ、他人の権利に属するコロヌスが見つかった場合には、その者はそのコロヌスを原籍地に還すだけでなく、その期間にコロヌスに課せられる人頭税の負担をも受け入れなくてはならない。また、逃亡をもくろむコロヌス自身は、鉄鎖によって奴隷の状態へと縛り付けられるのが適当である。それは、自由人にふさわしい責務を、奴隷状態を宣告することで彼らに果たさせるためである。

パカティアヌスとヒラリアヌスがコンスルを務める年〔三三二年〕の一〇月三〇日に発せられた。（『テオドシウス法典』第五巻一七章第一法文）

【出典】 Th. Mommsen & P. Kruger(eds.), *Theodosiani libri XVI cum constitutionibus Sirmondianis et leges novellae ad Theodosianum pertinentes*(Berlin, 1905), p. 238.

三七一年勅法

同じアウグストゥスたち〔ヴァレンティニアヌスとヴァレンス〕が道長官[1]モデストゥスに対して

土地の所有権を有する者は、その土地において登録されていることがはっきりしている原籍コロヌスについて、本人自らあるいは自らの代理人を介して税を強制的に取り立てる手間を引き受け、納税の義務を果たす責任があることを認めるべきである。もちろん、どれほど小さなものであろうと土地を所有し、自分の土地に登録され、自らの名前で課税台帳に記載されている者については、この規則とは何ら関わりが無いものとする。というのも、つましい財産を託されている彼らは、アンノーナを納める義務を従来の徴税人のもとで果たすのが適当だからである。

グラティアヌス・アウグストゥスとダガライフスがコンスルの年〔三六六年？〕の五月一日にコンスタンティノポリスで発せられた。（『テオドシウス法典』第一一巻一章第一四法文）

（1） praefectus praetorio. 元首政期の史料であれば「親衛隊長」と訳されるポスト。しかしコンスタンティヌス帝の治世末期までには軍政面での実権を失っていた。この勅法が発せられた頃には、管轄区域もガリア、イタリア、イリュリクム、東部地域の四つに分割されていた。

【出典】 *Ibid.*, p. 574.

三九三年勅法

トラキア管区全域にわたり人頭税の課税評価は永久に廃

止されたが、土地のユガティオ〔地租〕だけは支払われなければならない。また、納税の義務から解放されたコロヌスに、彷徨ったり好きな所に赴く権能が認められていると思われることがくれぐれも無いように。実際、彼らは原籍の法によって拘束されるべきである。そして、たしかに彼らはその状況から見れば出生自由人であるかのように思われるが、しかし彼らが生まれついた土地そのものの奴隷であると見なされるべきなのである。また、彼らは欲する所に赴く権能も、居住地を変える権能も持たず、所領主が、保護者としての配慮と主人としての権限にもとづいて、彼らの権利を行使するべきである。（『ユスティニアヌス法典』第一一巻五二章第一法文）

【出典】*Codex Iustinianus*, P. Krüger (ed.), *Corpus iuris civilis*, Vol. 2, 3rd ed. (Berlin, 1884), p. 443.

【解説】すでに三世紀に入る頃から、ローマでは政治・経済のあらゆる局面で混乱が生じていた。そのことは農村においても人口の減少や農地の荒廃、さらに耕作の放棄というかたちであらわれていた。そうした状況のもとで、コロヌス(小作人)を法的に土地に縛り付けるコロヌス制が成立する契機となったのが、ディオクレティアヌス帝の導入した新税制(カピタティオ・ユガティオ制)だと考えられる。この制度のもとでは、一定の税収を確保するためには、農業労働者を土地に結び付ける必要があった。四世紀にはコロヌスの移動を禁じるために数多くの勅令が発せられた。史料によって確認できる最初のものは、右に訳出したコンスタンティヌス帝が三三二年に発した勅令である。次の三七一年の勅法では、コロヌスからの徴税に責任を負うのは地主であると定められている。三九三年の勅法は、人頭税が廃された後もコロヌスは移動の自由を持たないと明言している。

（井上秀太郎）

198　ゲルマン民族大移動の開始（三七六―三七八年八月）

アンミアヌス・マルケッリーヌス『ローマ史』（三九一／二年頃）

〔ドナウ渡河〕

これまで見たことのない人種〔フン族を指す〕がつい最近、高山からの雪嵐の如く未知の内陸部から襲来し、行く手にあるものをことごとく強奪・破壊しているとの噂がゴート人の他の諸族の間に広がると、ゴート人の多数部分は……野蛮性のあらゆる悪名から遠く隔たった居住地を得んとして、いかなる居住地を選ぶべきかを長く協議した結果、トラキアという避難所こそ、地味が極めて豊かであり、かつドナウ下流の大河により、すでに外来のマルスの雷光にさらされている地方から隔てられているという二つの理由から、自分たちに適していると考えた。……そこで彼らは……ヴァレンスに使節団を送って自分たちを受けいれてくれるよう腰を低くして懇願し、自分たちは静穏に暮らし、状況が求めれば補助軍を提供するであろうと約した。

（中略）

獰猛なる民を荷車で移送すべく様々な役人が派遣された。そして、ローマ国家の未来の破壊者が誰一人、不治の病で衰弱した者すらも取り残さぬよう、熱心な努力が払われた。……彼ら〔ゴート人〕は数日間昼夜を分かたず、幾つかの群れに分かれて舟や筏やくり抜いた木の幹に乗り込み、川を渡った。……かくして、押し寄せる者たちの怒濤の如き熱意により、ローマ世界の破滅が持ち込まれた。（中略）

〔アドリアノープルの戦い〕

だが一年の暦が八月九日を示す日の明け方、〔ローマ軍は〕輜重と携行物を軍団兵の適切な護衛とともにハドリアーノポリス〔アドリアノープル〕の城壁近くに残して、大急ぎで移動を始めた。……かくして乾燥した一日が正午に近づく時には、でこぼこ道を長く進み、ついに第八時〔午後二時頃〕、敵の荷車が認められた。（中略）

獅子宮を通り過ぎ処女宮に移らんとする太陽はいや高く、飢えで弱り、渇きと、さらには携行武具の重さで疲弊したローマ兵の上に照りつけていた。ついに蛮族の圧力に押されて我が方の戦列は崩れ、最悪の状況下で残された唯一の助かる道だったので、兵たちは混乱のうちに、各人に能う限りの力で走って逃げたのであった。皆が散り散りに未知の小道をたどっていた間、激しい恐怖に捕らわれた皇帝〔ヴァレンス〕は、累々たる屍の山をそろそろと踏み越えて、「槍軍団《ランケアリイ》」と「投槍軍団《マッティアリイ》」(1)のもとに逃げた。（中略）

この取り返しのつかぬ損失、ローマ国家にとり高いものについたこの損失を打ち切ったのは、月明かりとてない夜〔の到来〕であった。闇夜のとばりが降りた時、皇帝は兵卒らにまじって――このように推測できたのだが〔と言うのも、皇帝を見たとか側近くにいたと確言する者が誰もいなかったので〕――致命的な矢傷を負って倒れ伏しており、ほどなく最後の息を引き取った。そして、その後どこかで見つかることは決してなかった。

(1)「槍軍団《ランケアリイ》」は、帝政後期の機動軍を構成する一〇〇〇人程度の規模の歩兵軍団の中でも上位に置かれた軍団の呼称の一つ。「投槍軍団《マッティアリイ》」も歩兵軍団の呼称で、アンミアヌス『ローマ史』の他の箇所(XXI,13,16)でも「槍軍団《ランケアリイ》」と並記されている。

【出典】 Wolfgang Seyfarth (ed.), *Ammianus Marcellinus, Rerum gestarum libri qui supersunt* (Leipzig, 1978), XXXI, 3, 8–4, 1 (p. 168); 4, 4–5 (p. 169); 12, 10–11; 13, 7–8 (p. 192); 13, 11–12 (p. 193).

【解説】 フン族の西進に押されたゴート族は三七六年、ローマ帝国東帝ヴァレンスの許可を得てドナウ南岸に渡ったが、食糧不足などから暴徒化。トラキア全土を覆ったその暴動を鎮圧せんと親征したヴァレンス帝は、三七八年八月、アドリアノープルの戦いで敗死した。ゲルマン民族大移動の開始と言われる事件である。本史料は古代末期最大の歴史家とも評されるアンミアヌス・マルケッリーヌスの『ローマ史』第三一巻からの抄訳で、ゴート族のドナウ渡河、アドリアノープルの戦いの様子を伝える部分である。アンティオキア出身のアンミアヌスは、三五四年頃からコンスタンティウス二世の命で将軍ウルシキアヌスに仕えイタリア・ガリア・メソポタミアに遠征。三六三年にはユリアヌス帝のペルシア遠征にも加わった。その後、ギリシア・エジプト・トラキアなどを旅したのち、おそらく三八〇年代半ばまでにはローマ市に居を構え、この地で三一巻から成る『ローマ史』をラテン語で書き上げた。ネルウァ帝から三五三年までを扱ったはじめの一三巻は早い時期に失われ、現存する巻は三五三年から三七八年までの出来事を個人的体験や目撃証言などに基づいて詳述するが、三七八年以後の出来事にも時おり言及されており、この史書の完成・公刊は三九一／二年頃と思われる。

（後藤篤子）

199　カトリックの国教化と異端・異教の禁止（四世紀末）

テオドシウスの勅法（三八〇年二月二七日）

我らの慈悲深き中庸が統べる万民が、聖使徒ペテロがローマ人に伝えたと、彼以来今に至るまでに浸透した当の宗教が宣しており、かつ教皇ダマスス(1)と……アレクサンドリア司教ペトルス(2)が信奉していることが明らかであるところの宗教に帰依することを、我らは欲する。すなわち、使徒の教えと福音の教義に従い、父と子と聖霊の一なる神を、同等の尊厳と聖三位一体のもとに我らは信ずる。この法に従う者がカトリック＝キリスト者の名を帯びることを我らは命ずる。（後略）（『テオドシウス法典』第一六巻一章第二法文）

（1）三六六―三八四年ローマ司教。アリウス派に敵対し、また使徒ペテロに由来するローマ教会の優位を主張した。なお、「教皇」と訳したラテン語は pontifex.

（2）終生ニカイア信条を擁護し三位一体説を完成させた、アタナシウス（三七三年五月没）の後継アレクサンドリア司教。

【出典】 *Codex Theodosianus*, Vol. I-2: *Theodosiani libri XVI cum constitutionibus Sirmondianis*, ed. Th. Mommsen with P. Meyer and P. Krüger (Berlin, 1905; repr. Hildesheim, 1990), p. 833.

テオドシウスの勅法（三八一年一月一〇日）

異端者に対してはいかなる密儀の場所も、はなはだ頑迷なる心の狂気を行ういかなる機会も許されざるべし。……あらゆる異端者の群れは非合法集会から閉め出されるべし。唯一最高の神の御名はあまねく称えられるべきであり、……ニカイア信条(1)の永久不滅なる礼典が堅持さるべし。

（中略）この信仰に献身せぬ者どもは、真の宗教という不当なる名を故意に詐称することを止め、彼らの公然たる犯罪により非難さるべし。……何となれば、我らはすべての異端者が都市内部で非合法集会を開くことを禁じるものである。（後略）（『テオドシウス法典』第一六巻五章第六法文）

（1）　三二五年の第一回ニカイア公会議で採択された、父なる神と子なるキリストは「ホモウシオス（同一本質）」とする信条。

【出典】 *Ibid.*, pp. 856f.

テオドシウスの勅法（三九一年二月二四日）

何人《なんびと》も犠牲獣によって自らを穢してはならぬ。何人も無辜の獣を屠ってはならぬ。何人も神殿に近づいてはならず、神域内をうろつき、死すべき人間の労力で造られた偶像を崇めてはならぬ。それは、その者が神の掟ならびに人の掟に対する罪人とならぬようにするためである。この企図は州総督たちをも拘束すべきであり、もし誰か穢れた儀式に献身する者〔州総督〕が、旅の途上もしくは〔ローマ〕市内の何処であれ、崇拝せんとて神域に立ち入ったならば、その者はただちに金一五ポンドを支払うよう強要され、彼の下僚たちも、州総督に反対し、すぐに公式の証言で報告したのでないならば、同じ金額を同様の迅速さで支払うべし。（後略）（『テオドシウス法典』第一六巻一〇章第一〇法文）

【出典】 *Ibid.*, pp. 899f.

テオドシウスの勅法（三九二年一一月八日）

人間や品位のいかなる種類・位階の出であれ何人も、職権を持つ者も官職の栄誉を全うした者も、生まれの巡り合わせにより権勢ある者も出自・法的身分・財産の点で卑しき者も、決していかなる場所いかなる都市でも、魂を持たぬ偶像のために無辜の犠牲を屠ってはならぬ。また、より秘かなる悪行により、火でラール[1]を、葡萄酒でゲニウス[2]を、匂いでペナテース[3]を拝さんとて、灯明を灯したり香を置いたり花輪を吊るしてはならぬ。しかし、もし何人かが供犠を行わんとて敢えて無辜の獣を屠り、呼吸している内臓に伺い[4]を立てるならば、反逆罪の例に従い、万民に許された告発により罪人は通報され、たとえ皇帝たちの安寧に反する、あるいはそれに関する事を知ろうとしたのではなくとも、相応の判決を受けるべし。（後略）（『テオドシウス法典』第一六巻一〇章第一二法文）

（1）　祖先の霊もしくは祖先の埋葬場所の守護霊を起源とすると思われ、各家庭の守護神、辻や道や旅人の守護神などとして広く崇拝されていた。
（2）　男性、特にその生殖能力を守る霊で、家父のゲニウスは各家庭でラールと共に「神棚」に祀られ、崇拝された。
（3）　家の食糧貯蔵所の守護霊を起源とし、これも各家庭の守護神として崇拝された。

（4）犠牲獣の内臓を観察することによる神意占いのこと。

【出典】 *Ibid.*, pp. 900f.

【解説】 三八〇年二月テオドシウス一世はカトリック＝キリスト教を国家の宗教とする勅法を発し、翌三八一年一月の勅法でニカイア信条をカトリックの正統教義と明言して、アリウス派をはじめとする異端諸派を禁じた。三九〇年同帝はゴート人将校殺害への報復としてテッサロニーケー住民の虐殺を命じ、それに対し公的な懺悔行為を求めるミラノ司教アンブロシウスの要求に応じた。以後、いわゆる「異教」に対する政策も硬化し、三九一年二月の勅法で供犠行為と神殿への立ち入りを禁じ、三九二年一一月の勅法でついに「異教」を全面的に禁止した。いずれの勅法も、テオドシウス二世の命でコンスタンティヌス一世以来の勅法を編纂し四三八年に公布された『テオドシウス法典』に収録されている。

（後藤篤子）

200　古代ローマ人の法律観（六世紀）

『ユスティニアヌス帝の法学提要』（五三三年）

自然法は、自然が全ての生物に教えたものである。なぜならば、その法は人類に固有の法ではなく、空に陸に海に生まれた全ての生物に関するものである。そこ〔自然法〕から、我々が結婚と呼ぶところの男性と女性との結合が生じる。そこから、子供たちの出産と養育が生じる。実際、他の生物もまたその法に習熟していると判断されるように見える。

また市民法と万民法とは以下のように区分される。法律と風習に支配される全ての国民は、一部は自分たち固有の法を、一部は全ての人に共通の法を用いている。と言うのは、各国民自体が自分のために定めたその法は、その市民団そのものに固有の法であって市民法と呼ばれる。一方、自然の理性が全ての人々のもとで定めたその〔法〕は、全ての国民のもとで等しく守られて、あたかも全ての種族がその法を用いているがごとく、万民法と呼ばれる。そういう訳でローマ国民の法も、一部は自身に固有の法を、一部は全ての人々に共通の法を用いている。それらの各々がどの様であるかは、それぞれの場所で提示する。

さて市民法は、それぞれの市民団に応じて、ちょうどアテナイ人の〔市民法〕のように呼ばれる。そこで、もし誰かが、ソロンの法あるいはドラコンの法をアテナイ人たちの市民法と呼んだならば、それは間違いではない。実際、同様にローマ国民の用いる法はローマ人たちの市民法と呼ばれる。あるいは、クィリースたちの用いるクィリースたちの法とも〔呼べる〕。なぜなら、ローマ人たちは、〔ロムルス王の死後の神名である〕クィリーヌスからクィリースたちと呼ばれているからである。しかし、我々がどの市民団に属するのか我々が付け加えない場合には、我々〔ローマの市民〕の法を意味している。……さて、万民法は、全人類に共通である。実際は、現実と人間の諸条件に迫られて人間の諸種族は、自分たちに関して特定の法を定めることになる。戦争が起こると、戦争捕虜と奴隷化が続くが、それらは自然法に反している。なぜなら、自然法によると、最初から全ての人は、自由人として生まれているのだから。この万民法から、売買、賃借、共同事業、保証、その他無数のほぼ全ての契約が生まれた。

【出典】*Institutiones Iustiniani*, I.2, 1-2, in: Th. Mommsen & P. Krüger(eds.), *Corpus Iuris Civilis.*, Vol.1: *Institutiones*(Hildesheim, 1963), pp.1f.

【解説】ローマ法は、古代ローマが後世に残した最大の遺産の一つとされる。その特色としては、次の二点を挙げることができるだろう。第一に、国家の組織やその権限を規定する公法ではなく個人の権利関係を規定した私法が中核部分を形成していることである。第二には、共和政後期から帝政中期までの法学者たちが、先進的なギリシアの学問(特に哲学)との出会いの結果、分析と総合の方法を習得して、それを法に適用して、高度な法学を誕生させたことである。帝政期に、ローマ法学はその絶頂に到達し、この時期の法学者たちは古典法学者と呼ばれ、後世の西洋諸国の法学に大きな影響を与えることになった。

このローマ法学は、三世紀以降、帝国の混乱に伴って、衰退しはじめる。特に、四世紀前半のコンスタンティヌス帝の時代以降には、古典期法学者たちの洗練された思考や表現形式が失われ、表面的な法知識しか持たない実務家や法学校教師の手での法の卑俗化が始まるとされる。この傾向は、ローマの皇帝権力の支配力が早期に失われた帝国西部において著しかった。一方、ローマ皇帝権力の支配力が保持された帝国東部では、法学校(特にベリュトゥス、現在のレバノンのベイルート所在の法学校、後に首都コンスタンティノープルの学校)において古典期法学の理論的考察が行われていた。このような法学校での研究の成果が、ここで一部を訳出した『法学提要』を含むユスティニアヌス帝の命令で編纂された『市民法大全』であった。

〔参〕マックス・カーザー／柴田光蔵訳『ローマ私法概説』創文社、一九七九年。

（島田誠）

第五章　古代西アジア――アカイメネス朝以後

第五章は、前六世紀半ばのアカイメネス朝ペルシアの勃興から、アレクサンドロス大王の征服、アルサケス朝パルティア時代を経て、六五一年のサーサーン朝ペルシア滅亡までの西アジアを扱う。一二〇〇年という長い期間なので、本章は第一節「アカイメネス朝ペルシア時代」、第二節「アレクサンドロス大王以降アルサケス朝パルティア時代まで」、第三節「イラン周辺世界および周辺からみたイラン」の三節に分けられている。アカイメネス朝ペルシア、アルサケス朝パルティア、サーサーン朝ペルシア(第三節)とも王朝の一族はイラン系に属するが、領内外には様々な民族が住み、様々な言語で史料を残した。

第一節は、アカイメネス朝ペルシア時代を扱う。

イラン高原南西部のペルシア地方から生まれたアカイメネス朝(古代ペルシア帝国)が西アジアの大半を支配するようになるのは、キュロス大王の治世である(史料201)。続くカンビュセスがエジプトを征服し(紀元前五二五年)、古代オリエントの大半を領土とした。アカイメネス朝を安定した世界帝国へと変えたのが、ダレイオス一世(在位紀元前五二二―四八六年)である(史料202、203)。彼が建設を始めた都ペルセポリスからは、アカイメネス朝の行政経済文書も多数見つかっており、ペルシア本土での統治や社会層の実態を知ることができる(史料204、205)。

イラン高原以外の地からも様々な史料が出土している。エジプトからは多数のパピルス史料や陶片史料が発見されているが、そこから当時のユダヤ人共同体の様子を窺うことができる(史料206)。バビロニアの大商人一族の活動を伝える文書もあり(史料207)、アナトリアの自治都市からも地方総督の下での自治都市の決議碑文が発見された(史料208)。

イスラーム以前のイラン系の人々が信仰したゾロアスター教についての史料をこの節の最後に加える(史料209)。

第二節は、アレクサンドロス大王以降アルサケス朝パルティア時代までを扱う。

二〇〇年以上栄華を誇ったアカイメネス朝は、マケドニアのアレクサンドロス大王の遠征によって滅亡する。紀元前三三一年のガウガメラの戦いや続くバビロンの占領は、バビロン天文日誌という史料にも記されている(史料210)。

アレクサンドロス大王の死後、後継者たちの争いを経て、シリア以東のアジアはマケドニア系のセレウコス朝が支配するところとなる。文化的にはギリシア文化が西アジアの地に広がった。しかし、紀元前三世紀後半にはイラン高原北東部のパルティア地方に遊牧騎馬民由来のアルサケス朝が成立する(史料211)。アルサケス朝は、中国では原語アルシャクを音写した「安息」という名で知られている。アルサケス朝パルティアは当初は小勢力であったが、紀元前二世紀の中頃に急発展し、紀元前一四一年以降十数年でメソポタミアの大半を支配下においた(史料212)。この王朝は粗野な遊牧民の国家と思われていたが、バビロン天文日誌の公刊によって、ギリシア人共同体のある都市(バビロン)では劇場に市民を集めて王書簡を読み上げさせていたことが分かり(史料213)、情報戦術に長けていたことが明らかになった。ギリシア人共同体とアルサケス朝との関係を示す史料はイラン南西部のスーサからも出土している(史料214)。

シリア中部のオアシス都市パルミラは、パルティアの支配下にはなかったが、パルティアやその周辺国の領土であるメソポタミアやペルシア湾岸地方との隊商貿易で繁栄した(史料215)。紀元後二世紀の関税法碑文という貴重な史料も存在する(史料216)。

様々な文化の溶け合ったパルティア時代には、宗教混淆(シンクレティズム)も各所で見られた。二世紀中頃のパルティア語ギリシア語二言語碑文でもその一端は窺える(史料217)。また、パルティアの緩やかな影響下で自治的な都市国家も存在したが(史料218)、二世紀後半以降次第に性格を変えていったようである。二二四年にアルサケス朝パルティアを滅ぼしてイラン、メソポタミアを支配したサーサーン朝ペルシア下ではこのような自治的な都市国家は姿を消した。

第三節は、イラン周辺世界および周辺からみたイランに関する史料を扱う。

サーサーン朝ペルシア(二二四―六五一年)時代、王朝側の同時代史料は初期のいくつかの王碑文の他は、貨幣そして近年急速に研究が進展しつつある印影銘文といった断片的なものが主体になる。本節ではそれら以外の、周辺世界や周辺からみたイランを記す史料を紹介する。

まずはパルティア時代になるが、クレオパトラ七世に関する有名なプルタルコスの記述は、解説に付せられた新約聖書の記述と合わせることによって、東地中海世界の交流を示す史料としての価値も持つ(史料219)。一世紀にはエジプトとインド洋世界とを結ぶ海上交易がたいへん盛んであったが、その交易の詳細を記した案内書が残っている(史料220)。

イスラーム勃興以前のアラビア半島の人々が、決して無知蒙昧でなく、優れた文化を築いていたことは、北アラビア(史料221)および南アラビア(史料222)側からの史料によっても知ることができる。

キリスト教シリア教会(ヤコブ派)およびネストリオス派の教会言語となったシリア語史料は、まず教会史を知る上で重要である(史料223)。それのみならずアルサケス朝やサーサーン朝の歴史研究にとっても重要であり、王朝交替の年号(二二四年)を決める材料も提供している。また、三世紀に興ったマニ教は、初めから従来の先行諸宗教を意識して独自の宣教路線を採っていたことが、東トルキスタンから出土した史料によって分かる(史料224)。

サーサーン朝史の研究には、後のイスラーム時代に書かれた史料も欠かせない。最盛期のホスロー一世(在位五三一—五七九年)の改革についても最もまとまった記述を残すのはアラビア語史料である(史料225)。

中央アジアのホラズムから出土した木簡は、当時の「家」構成を知る上で重要である(史料226)。

（春田晴郎）

第一節

アカイメネス朝ペルシア時代

201 キュロス大王のメソポタミア統一（前六世紀半ば）

クル（キュロス）大王円筒形碑文（前五三九年頃）

［数行破損］〔世界の〕縁［…］不完全なものが彼〔マルドゥク〕の国に支配者として任命された。〔神々の正しき像を彼は〕神々の玉座から移し、〔模〕造品をそれらの上におくように命じた。（中略）

　神々の王マルドゥク神に対する崇拝を彼〔ナボニドス〕は憎悪に変え、日々彼は彼〔マルドゥク〕の町々に対し悪行を行い、［…］。彼は息抜きも与えずその住民たちをくびき〔賦役〕で苦しめ、彼らすべてを破滅させた。

　彼らの嘆きに神々の主〔マルドゥク〕は非常に怒り、それらの地方［から去り］、そこに住んでいる神々も彼らの館を離れ、彼は激怒して〔彼らを〕バビロンに連れ込ませた。［…］マルドゥクは［…］、彼らの居住地すべての聖域が廃墟となり、シュメールとアッカドの住民たちが死人のようになったため、彼は［気持ちを］戻し〔彼らに〕慈悲をたれた。彼はすべての国を眺めわたし、喜んで彼〔マルドゥク〕を導く心正しき支配者を捜した。〔その時〕彼はクル〔キュロス〕、アンシャンの王の名を言い、全世界の支配者になることを彼に言明した。（中略）マルドゥク、偉大なる主、彼の崇拝者の保護者は、彼〔クル〕の善行と正しき心を喜びを以て眺め、〔それ故〕彼に彼〔マルドゥク〕の都市バビロンに向けて行進するよう命じた。（中略）何の戦闘もなく彼は彼を彼の都市バビロンに入れ、バビロンを如何なる災禍にも遭わせなかった。彼は彼を崇拝しなかったナボニドスを彼〔クル〕に手渡した。シュメールとアッカドのすべての国の住民と同様バビロンの住民、王子たちそして知事たちは彼〔クル〕にひざまずき、彼の足に口づけし、彼の王権を歓喜し、顔を輝かせた。幸いにも彼らは、彼の助けを通じて死から生き返り、損害と災禍から救われ、彼を主君として歓迎し、彼の名を崇拝した。

　私はクル、全土の王、偉大な王、強き王、バビロンの王、シュメールとアッカドの王、四方世界の王、（中略）、王権不滅の家系の者。その支配はベール神〔マルドゥク〕とナブー神に愛され、彼らの心を喜ばせるために彼らは私を王に望んだ。

私が友としてバビロンに入城したとき、喜びと歓喜のもとに支配者の宮殿で統治の座を確立した。偉大な主マルドゥクはバビロンの住民に[私の広い心を愛するようにすすめ]、私は日々彼を崇拝するよう努力した。私のおびただしい軍勢は平和裡にバビロンの中を歩きまわり、私は[シュメール]とアッカドの[国]を脅かすことを誰にも許さなかった。私はバビロンと彼の神聖なるすべての都市の平和のために励んだ。神々の意思に反して[…]のバビロンの住民に関して、私は彼らの地位に反したくびき〔賦役〕を[廃止した]。私は彼らを休息させ、彼らの嘆きを終わらせた。偉大な主マルドゥクは私の行いに十分に喜び、私こと彼を崇拝する王クルと、私の血を分けた息子カンブジャ〔カンビュセス〕、そして私のすべての軍勢に親愛な祝福を送った。そして我々すべては、幸福の中で彼の前を行進した。（中略）

私が彼らの神聖なる都市に再び住まわせたすべての神々が、主〔マルドゥク〕とナブー神の前で毎日私の長い寿命を頼んでくれますように。（後略）

【出典】P.-R. Berger, "Der Kyros-Zylinder mit dem Zusatzfragment BIN II Nr.32 und die akkadischen Personennamen im Danielbuch," in: *Zeitschrift für Assyriologie und vorderasiatische Archäologie* 64 (1974), pp. 192–234.

【解説】「クル（キュロス）大王円筒形碑文」は紀元前五三九年アカイメネス王クル（キュロス二世、在位前五五八頃―五三〇年）によるバビロニア征服後、征服者であるクルのバビロニア支配の正統性を主張するために書かれたと考えられている。すなわち、新バビロニア最後の王ナボニドス（在位前五五五―五三九年）が、バビロニアの主神マルドゥクを顧みず、民を苦しめていることを述べる一方、マルドゥクが選んだ新たな王クルはバビロニアの神々を敬い、バビロニアの民から歓迎され、善政をしいたとするのである。このような碑文の内容は必ずしも珍しくない。王位簒奪者であるナボニドス自身も、主神マルドゥクが認めれば支配の正統性が認められるというバビロニアの伝統を利用している。王位簒奪者が前任者の治世を悪く言うことは、ある意味当然のことで、したがってこの記述がどこまで史実を反映したものかは疑わしい。ただ、ナボニドスがマルドゥクより月神シンを崇拝したこと、一〇年以上もバビロンを離れてアラビアのタイマに行っていたことはよく知られている。

（鵜木元尋）

202　ダーラヤワウ一世の王権宣言（前五二二年）

ダーラヤワウ一世ベヒストゥーン大碑文（前五二一年）

〔第一欄一―六行〕私はダーラヤワウである。偉大な王であり、王の中の王[1]である。ペルシアの王にして、諸国の王である。ウィシュタースパの息子で、アルシャーマの孫であり、ハカーマニシュ[2]の血統である。

ダーラヤワウは王として宣言する。私の父はウィシュタースパ、ウィシュタースパの父はアルシャーマ、アルシャーマの父はアリヤーラムナ、アリヤーラムナの父はチシュピ、チシュピの父はハカーマニシュである。

〔一一―二四行〕ダーラヤワウは王として宣言する。アフラ・マズダー[3]の恩恵により私は王である。アフラ・マズダーは私に王権を授けた。

ダーラヤワウは王として宣言する。アフラ・マズダーの恩恵により、私に帰属し、私が王となった国々は、パールサ〔ペルシア〕、ウーヴジャ〔エラム〕、バービル〔バビロニア〕、アスラー〔アッシリア〕、アラバーヤ〔アラビア〕、ムドラーヤ〔エジプト〕、海岸地域、スパルダ〔サルディス〕、ヤウナ〔イオニア〕、マーダ〔メディア〕、アルミナ〔アルメニア〕、カトパトゥカ〔カッパドキア〕、パルサワ〔パルティア〕、ズランカ〔ドランギアナ〕、ハライワ〔アリア〕、ウワーラズミー〔コラスミア〕、バークトリ〔バクトリア〕、スグダ〔ゾグディアナ〕、ガンダーラ、サカ〔スキュティア〕、サタグ〔サッタギュディア〕、ハラウワティ〔アラコシア〕、マカ〔マクラーン〕、の計二三国である。

ダーラヤワウは王として宣言する。アフラ・マズダーの恩恵により、これらの国々は、私に帰属し、私に服従し、私に貢物を献じた。私が彼らに昼に、あるいは夜に命じたことは、実行された。

ダーラヤワウは王として宣言する。これらの国々において、忠誠な者に私は恩賞を与え、不忠な者を問責し罰した。アフラ・マズダーの恩恵により、これらの国々は私の法を厳守した。私が彼らに命じたとおりに、実行された。

〔六一―六八行〕ダーラヤワウは王として宣言する。我々の一族から奪われていた王権を、私は本来あるべき場所に回復し、安定させた。マギのガウマータが破壊した聖所[4]を、私は元通りに再建した。マギのガウマータが人々から略奪した、耕地や家畜や奴隷や住居を、私は取り戻してやった。ペルシアやメディアや他の国々の人々を、私は本来いるべき場所に安住させた。奪われたものを、私は元通りに取り返した。アフラ・マズダーの恩恵により、私はそれを為したのである。

（後略）

(1)「王の中の王」という表現は、その後長い間イランの帝王の称号となり、その伝統は近代のレザ朝の「シャーハーン・シャー」にまで連続する。
(2) 一般にアカイメネスと称され、アカイメネス朝の名は彼に由来する。
(3) ゾロアスター教の最高神アフラ・マズダーは、古代ペルシア語ではアウラマズダーと称され、王家の守護神とされた。
(4) 原語「アーヤダナ」が実際に如何なるものであったかは諸説あり、定説はない。有力な説としては、拝火神殿や礼拝施設といったものである。

【出典】R. G. Kent, *Old Persian, Grammar, Texts, Lexicon*, 2nd. ed. (New Haven, 1953), pp. 116-118.

【解説】イラン西部の都市ケルマンシャーの東方三五キロのベヒストゥーン(ビーソトゥーン)には、ダーラヤワウ(ダレイオス)一世(在位前五二二—四八六年)のペルシア帝国統一の戦功を記念する遺跡がある。これは、ハマダン街道を見下ろす岩山の断崖に刻まれた楔形文字の碑文と、一群の人物の浮彫からなる。碑文はアッカド語、エラム語、古代ペルシア語の三カ国語のものがある。

古代ペルシア語の碑文は、浮彫の下に五欄にわたって刻まれていて、ここに訳したのは、その第一欄の一—六行、一一—二四行、および六一—六八行である。文中で言及されているマギのガウマータとは、アカイメネス朝以前にイランを支配したメディア人の聖職者で、カンブジャ(カンビュセス)に殺された弟バルディアになりすまして、反乱を起して鎮圧された人物である。

(岡田明憲)

203 ダーラヤワウ一世の王宮造営(前五二一年以降)

ダーラヤワウ一世シューシュ碑文f(前五一五年頃)

(前略)

私はアフラ・マズダーを祭った。アフラ・マズダーは私に支援をした。私に為すべきと命じたこと、それを彼は私のために成就した。私が為したことは全て、アフラ・マズダーの恩恵によって為したのである。

この宮殿は、スーシャー[1]〔スーサ〕に私が造ったものである。建材は遠方から運ばれた。大地の岩盤に届くまで、地面は掘り下げられた。掘り下げられた後に、ある場所では四〇アラシャン[2]、他の場所では二〇アラシャンの深さに、砕石が敷き詰められた。この砕石の上に宮殿が建てられた。

そして、地面を掘り下げ砕石を敷き詰め、日干煉瓦を作ったのは、バービル〔バビロン〕の人々である。

杉材はラバナーナ〔レバノン〕という名の山から運ばれた。アスラー〔アッシリア〕の人々が、それをバービルまで運び、バービルからスーシャーまでは、ヤウナ〔イオニア〕とカルカ〔カリア〕の人々が運んだ。樫材はガンダーラとカルマーナ〔カルマニア〕から運ばれた。

金はスパルダ〔サルディス〕とバークトリ〔バクトリア〕から運ばれ、ここで加工された。ここで加工された瑠璃と紅玉髄は、スグダ〔ソグディアナ〕から運ばれた。トルコ石はウワーラズミー〔コラスミア〕から運ばれ、ここで加工された。

銀と黒檀はムドラーヤ〔エジプト〕から運ばれた。城壁を飾った塗料は、ヤウナから運ばれた。ここで加工された象牙は、クーシャ〔エチオピア〕とヒンドゥ〔インダス〕とハラウワティ〔アラコシア〕から運ばれた。

ここで加工された石柱は、ウーヴジャ〔エラム〕のアビラードゥという名の村から運ばれた。石を加工した職人は、ヤウナとスパルダの人々である。

金を加工した職人は、マーダ〔メディア〕とムドラーヤの人々である。木材を加工したのは、スパルダとムドラーヤの人々である。煉瓦を加工したのは、バービルの人々である。城壁を飾ったのは、マーダとムドラーヤの人々である。

ダーラヤワウは王として宣言する。スーシャーにおいて、非常に素晴らしい〔こと＝造営〕が命じられ、非常に素晴らしい〔もの＝宮殿〕が出来た。アフラ・マズダーが、私と私の父ウィシュタースパ、そして私の国を守って下さるように。

（1）ダーラヤワウ（ダレイオス）一世が前五二一年にハカーマニシュ（アカイメネス）朝の首都と定めた、エラム王国の旧都。現在のフーゼスターン州のシューシュにあたる。

（2）長さの単位。一アラシャンは約五〇センチの腕尺に相当する。

【出典】R. G. Kent, *Old Persian, Grammar, Texts, Lexicon*, 2nd ed. (New Haven, 1953), pp. 142-143.

【解説】現在はシューシュ碑文と称されている、旧エラムの古都スーシャー（スーサ）出土の碑文には、ダーラヤワウ一世関連のものが多数存在する。多くは断簡的なものであり、古代ペルシア語、エラム語、アッカド語の三カ国語が用いられている。ここに訳出したのは、その中で碑文fとして分類されるものの古代ペルシア語版の、第一八行から五八行に相当する部分である。

ダーラヤワウ一世はバビロンにしばらく居住した後、スーシャーを首都に定め、アッシュール・バニパルの掠奪により廃墟と化していた丘に、自らの王宮を建設した。その建設にあたっては、メソポタミア、エジプト、ギリシア諸地域の民族が参加し、各地域の特産物が材料として使用された。このスーシャーの王宮が完成する前に、ダーラヤワウ一世はペルセポリスにも別の王宮を建設する命令を出し、スーシャーで仕事をしていた職人は、ペルセポリスで同様の仕事を続けた。（岡田明憲）

204

アカイメネス朝の街道宿駅での食糧・馬糧受給システム（前六―前五世紀）

ペルセポリス出土「城砦文書」（前五〇九頃―前四九四年頃）

〔PF785〕小麦粉三バル(1)、イシュバラミシュティマが受け取り、〔それを〕インド人アバテマに与えた。〔ダーラヤワウ一世治世〕第二三年第一月。（印49、他一(2)）

〔PF1317〕小麦粉一〇バル、イシュバラミシュティマが受け取り、インド人アバテマにガル(3)として与えた。〔イシュバラミシュティマは〕バリシュダマ(4)として同行した。第二三年第一月。（印49、33）

〔PF1318〕小麦粉一一バル、アバテマが受け取った。アバテマ自身はガルとして一日七バル、成人男性二〇名が各二カを受け取った。アバテマは王のハルミ(5)を携行していた。彼らはインドからスーサ(6)に向かった。第二三年第二月。イシュバラミシュティマが彼のバリシュダマである。イシュバラミシュティマの印章が、〔この粘土板に〕用いられた〔この受給行為の責任者はイシュバラミシュティマである〕。（印49、他一）

〔PF1556〕ぶどう酒三マリシュ(7)、パルサウカが支給し、アバテマがガルとして受け取った。アバテマはスーサからインドに向かった。第二三年第三月。（印49）

〔PF1558〕ぶどう酒七マリシュ、ウシャヤ〔が支給し〕、バリシュダマであるイシュバラミシュティマが受け取り、インド人アバテマに与えた。第二三年第二月。（印49、17）

〔PF1704〕大麦八・七バル、バルシィヤティシュが支給し、ミラマナが受け取った。ウマ一九頭が各三カ、ラバ一五頭が各二カ――これらはすべてアバテマのキティ(8)にいた――、消費した。第二三年第三月。（印289、26）

〔PF1785〕大麦一七・四バル、ミラマナがガルとして受け取り、アバテマのウマに二日間のガルとして与えた。彼は、王のハルミを携行していた。ウマ一九頭が各三カを受け取った。ラバ一五頭が各二カを受け取った。第二三年第二月。（印289、88）

（1）BAR. 一バル＝一〇カ（QA）≒九・二リットル。
（2）粘土板に捺印された印章（seal）は三一四種あり、ここでは49番とされる印章が捺印されている。他一は別の印の縁のみ残っているが、同定は不可。
（3）gal. 王室による食糧支給を指す。
（4）barrišdama. 王室所属のエリートガイド。
（5）halmi. 王・高官が発行する「旅行証明書」。
（6）史料203注1参照。
（7）marris. 一マリシュ＝一〇カ≒九・二リットル。
（8）kiti. 厩舎か。

【出典】 R. T. Hallock, *Persepolis Fortification Tablets* (Chicago, 1969), pp. 232, 373, 435, 467, 484.

【解説】 ペルセポリス出土「城砦文書」は、ハカーマニシュ朝（アカイメネス朝）第三代ダーラヤワウ一世（ダレイオス一世）治世第一三—二八年（前五〇九—四九四年）ペルセポリスを中心とするイラン高原南西部パールサ地方を中心とする、王室経済の活動を記録した、エラム語楔形文字による粘土板文書群である。一九三一—三四年、シカゴ大学オリエント研究所のペルセポリス第一次発掘調査の際に、大基壇北東隅の城壁部から発見された。その内容は、現代で言えば領収書、請求書、会計簿の類であるが、テキストの精緻な比較分析によって、従来の史料からは知ることができなかった、当該社会における支配および生活実態を知ることが、はじめて可能になったと言っても過言ではない。ハカーマニシュ朝治下では、都スーサと地方の主要都市を結ぶ幹線道路が整備され、宿駅制度や騎馬急使の制度を採用することによって交通・通信網の拡充が図られた。公務旅行者には王・高官の発行する証明書が与えられ、宿駅における食糧・馬糧の無料受給が認められていた。さらに特別に保護や案内を必要とする、地理や言葉に不案内な「旅行」団には、道中の安全と便宜を図るために「王室所属のガイド」が同行した。

〔参〕川瀬豊子「ハカーマニシュ朝ペルシアの交通・通信システム」『岩波講座世界歴史2　オリエント世界』岩波書店、一九九八年。

（川瀬豊子）

205　アカイメネス朝期王室管理下の女性毛織物労働者（前六—前五世紀）

ペルセポリス出土「城砦文書」（前五〇九頃—前四九四年頃）

〔PF847〕 大麦二六一・五バル、イルトゥピヤが支給し、リドゥマで働くパシャプ〔と呼ばれる毛織物労働者集団〕クルタシュ——(1)ガルで生活する人たち——が、ガルとして受け取った。イルシェナが割り当てた。一カ月間。〔ダーラヤワウ一世治世〕第二一年第一月。

成人男性一六名、各三バル。少年七名、各二バル。少年五名、各一・五バル。少年六名、各一バル。成人女性一名、五バル。成人女性三四名、各四バル。成人女性九名、各三バル。成人女性一名、二バル。少女二名、各二バル。少女二名、各一・五バル。少女九名、各一バル。合計クルタシュ九二名（印4）

〔PF999〕 大麦三六二七バル、カルキシュが支給し、一〇七名のパシャプ〔と呼ばれる〕クルタシュが、ガルとして受け取った。一カ月当り二七九バルを一三カ月間受け取った。第二四年第一月から(2)閏《うるう》第一二月まで。

最高級のトゥクリをつくる者一名、最高級のルプラクをつくる者二名、合計三名、各四・五バル。

最高級のトゥクリをつくる成人女性一〇名、最高級のルプラクをつくる成人女性六名、[3]ジルピラ〔として働く〕成人男性一名、合計一七名、各四バル。

ゴマ油をつくる者二名、良質のトゥクリをつくる成人女性二一名、良質のカンスカをつくる成人女性一八名、良質のルプラクをつくる成人女性七名、合計四八名、各三バル。

良質のルプラクをつくる成人女性一名、良質のトゥクリをつくる成人女性一名、良質のカンスカをつくる成人女性一名、合計三名、各二・五バル。

良質のルプラクをつくる成人女性二名、カンスカをつくる者三名、トゥクリをつくる者七名、ジルピラ〔として働く〕成人男性一名、ラザカ〔として働く〕成人男性一名、タクドゥドゥム(?)〔として働く〕成人女性一名――ジルピラの妻――、合計一五名、各二バル。

少年二名、少女一名、合計三名、各一・五バル。少年六名、少女五名、合計一一名、各一バル。

少年二名、少女五名、合計七名、各〇・五バル(印44、他一)

(1) gal. 史料204注3参照。

(2) トゥクリ(tukli)、ルプラク(luplak)、カンスカ(kansuka)は羊毛を素材とする織物の種類を示す。集団内で直接織布工程に従事していたのは、この三語で形容されるグループであると考えられる。

(3) ジルピラ(zilpira)、ラザカ(razaka)、タクドゥドゥム(takudu-dum)(?)に関しては現段階では語義不明であるが、配置人数などから、織布前後の「補助的」作業を担当していたとみるべきであろう。

【出典】R. T. Hallock, *Persepolis Fortification Tablets* (Chicago, 1969), pp. 243, 288–289.

【解説】城砦文書に記載される王室管轄下の労働者は、クルタシュ kurtaš と呼ばれる。彼らは、王室から支給されるガルで生計を維持していた。女性の労働力は男性と同等に必要とされていたが、一カ月の平均支給量に象徴されるように(大麦＝成人男性三バル、成人女性二バル)労働評価は相対的に男性よりも低かった。そのような状況の中で、成人女性の労働力を中心に編成され、かつ彼女たちの多くが男性よりも高い労働評価を得ていた労働集団が存在した。その一つが、パシャップ pašap と呼ばれる「(羊毛)織布に従事する労働集団」である。通常パシャプ集団の最大受給者は、成人男性に関しても検証例の少ない一カ月大麦五バルを受け取る成人女性であり、しばしば集団内の統括者／リーダーを意味するイルシャラという語で形容されている。王室管轄下の労働者は、成人女性中心の集団であってもイルシャラは成人男性であることが通例であることを考えれば、パシャプ集団は明らかに特殊な存在であったと言ってよい。しかもパシャプ集団の他の成人女性の大半も、大麦四バル、三バルを受け取っており、王室によって技術・経験を高く評価された成人女性の労働力を中心にパシャプ集団が編成されていたことを知ることができる。そのことを、より明確に示すのが、集団内の分業状況を記録するPF999である。

（川瀬豊子）

206　ユダ州とエレファンティネ(1)のディアスポラ（離散）ユダヤ人共同体との関係（前五世紀末）

エレファンティネの祭司イェダニヤとその同僚祭司たちからユダ州知事バガヴァフヤ宛のエレファンティネ神殿再建嘆願書（前四〇七年一一月二五日）

〔差出人と名宛人〕私たちの主君ユダ州知事バガヴァフヤ殿(2)、エレファンティネ城砦にいるあなたの臣下どものイェダニヤとその同僚の祭司たち〔より〕。

（挨拶、省略）

〔神殿破壊の報告〕さて、あなたの臣下イェダニヤとその同僚どもは以下のように奏上致します。ダレイオス〔二世〕王治世第一四年のタンムズの月(3)、アルサメス(4)が〔ダレイオス〕王の許へと出立して去ってしまった折に、エレファンティネ城砦にいたクヌム神(5)の祭司どもが当所の宰領ヴィドランガと通牒して「エレファンティネ城砦にあるYHW(6)神の神殿を当所から取り除こう」と言いました。そこで、かの悪者ヴィドランガはスィエネ城砦駐屯軍指揮官である彼の息子ナファイナへ一通の書簡を書き送り、「エレファンティネ城砦にある神殿を壊滅させよう」と伝えました。そこで、ナファイナは他の部隊と共にエジプト人を扇動したのです。彼らは各々の武器を携えてエレファンティネ城砦にやって来て、かの神殿に突入し、それを根底まで壊滅させ、そこにあった石製の支柱を粉砕したのです。それどころか、かの神殿にあった切り石で建造された石製の五つの通用門を壊滅させたのです。（以下、破壊後の略奪と、エレファンティネ神殿の建立の経緯とアカイメネス朝下の保護の記述、省略）

〔破壊後の嘆き〕そしてその事が私たちに惹き起こされた時、私たちは妻や子供ともども粗布をまとい、断食し、かのヴィドランガの末路を見届けさせるようにと天の主YHWに祈願していたのです。犬ども(7)が彼の足から足首飾りまで奪い取り、彼が得た全ての資産は消滅したのです。かの神殿に悪を企んだ全ての人々、その全てが殺され、私たちは彼らの末路を見届けたのです。

（以下、窮状の訴えの書簡への返書が来ないこと、神殿祭儀の中断の報告、省略）

〔神殿再建の嘆願〕さて、あなたの臣下であるイェダニヤとその同僚たちとユダヤ人、全てのエレファンティネの住民は以下のように奏上致します。もし私たちの主君のお気に召すならば、かの神殿の再建を考慮して戴きたいのです。と申しますのは、誰もその再建を許可しないからです。ここエジプトにいるあなたの恩恵に与る者どもとあなたの友人たちに御目をかけてください。ＹＨＷ神の神殿をエレファンティネ城砦にかつて建立されていた通りに再建されるようあなた様からの書簡が彼らに送られますように。そしてそうすれば彼らは穀物の献げ物、乳香、焼き尽くす献げ物をＹＨＷ神の祭壇にあなたの御名で献げるでしょう。そして私たち――私たちと私たちの妻と子供とユダヤ人、当所にいる全ての者――はあなたのために常に祈るでしょう。もし彼らがこのように行って終にはかの神殿が再建されるならば、天の神ＹＨＷの前にあなたは、一〇〇〇キカル[8]の銀や金の価値ほどもある焼き尽くす献げ物といけにえを献げる者よりも大いなる報いを受けるでしょう。このことの故に、私たちは書簡を送り、事情をお知らせしたのです。

〔サマリア州宛の書簡送付の付記〕更に、これら全てを私たちは一通の書簡でサマリア州知事サンバラト[9]の息子たちであるデライヤとシェレミヤに私たちの名前で送りました。

　更に、私たちに惹き起こされたこのことに関して、その一切をアルサメスは関知していなかったのです。

〔日付〕ダレイオス王治世第一七年マルヘシヴァンの月[10]の二〇日

(1) エレファンティネ島はナイル川上流第一急端の北にあり、東側対岸にスィエネ(現在のアスワン)がある。
(2) 古代ペルシア人名だが、おそらくユダヤ人で、ネヘミヤの後継知事の可能性がある。
(3) ここでのタンムズの月は前四一〇年七月一四日から八月一二日に当たり、酷暑の時期。この月名はバビロニア暦の月名に由来する。
(4) エジプト行政区(サトラピー)の総督(サトラップ)。通常はペルシアの有力な王族が指名され、サトラピーの軍事、行政全体の責任を負った。
(5) エレファンティネ地方の有力神。雄羊神。
(6) 旧約聖書の神名は一貫してＹＨＷＨと綴られるが、エレファンティネではＹＨＷが圧倒的に多く、ＹＨＨも稀ではない。ＹＨが一回だけ現れる。しかしＹＨＷＨは一度も使用されていない。
(7) 字義通りには「犬ども」だが、具体的に何を指しているかは不明。「傭兵隊」とする解釈もある。
(8) キカルは重量単位で、一キカルは三四・二キログラム。
(9) ネヘミヤ時代に対立したサマリア州知事サンバラトはネヘミヤ記二章一九―二〇節、三章三三節―四章二節、六章一―九節、一三章二八節に言及されている。彼の息子は二人とも神名要素ＹＨを含んでおり、ＹＨＷＨ崇拝者であることを示す。
(10) 前四〇七年一一月二五日に当たる。この月名は捕囚後の月名で、捕囚前の時代のブル(列王記〈上〉六章三八節)に該当する。

【出典】Bezalel Porten & Ada Yardeni, *Textbook of Aramaic Documents from Ancient Egypt*, Vol. 1: *Letters* (Jerusalem, 1986), pp. 68-71.

【解説】この書簡草稿は紀元前四〇七年一一月二五日付書簡の草稿で、表に一七行、裏に一三行が書かれている(当時の公式のパピルス書簡は片面だけに書かれ、その書簡は当然ユダ州に配達された。差出人の手元に記録として残されたものがこの草稿である。これとほぼ同内容の草稿も存在し、両方とも一部に欠損部分があり完全ではなく、両者相俟って本文校訂・再構成に相補的な役割を果たしている）。アカイメネス朝ペルシア時代に、エレファンティネ城砦のイェダニヤとその同僚の祭司たちからユダ州知事バガヴァフヤへ宛てられた書簡で、その内容は、前四一〇年に破壊されたエレファンティネ城砦のＹＨＷ神殿再建を要請するものである。バビロニア時代からペルシア時代にかけて、ナイル川上流にあるエレファンティネ島にユダヤ人の傭兵隊が駐屯し、対岸のスィエネにアラム人傭兵隊がおり、相互に牽制しあいながらエジプト南端の守備に就いていた。申命記には、ＹＨＷＨ（旧約聖書の神名子音の英語式の綴り）の神殿は唯一エルサレムにのみ存在すべきだという強固な主張が繰り返されているので、エレファンティネ城砦にＹＨＷ神殿が存在したこと自体エレファンティネ・パピルスによって初めて明らかになったことである。ユダ州知事やサマリア州知事の応答は存在せず、彼らがどのように反応したかは不明であるが、恐らくネヘミヤ以後の時代のユダとディアスポラのユダヤ人との関係の一側面を照射するエレファンティネ・パピルス中で最も興味深いテキストとみなされている。

（守屋彰夫）

207　アカイメネス朝支配下のバビロニアの交易業者（前五世紀）

ムラシュー家文書 TMHC 203（前四二三年頃）

アンヌ・キー・ナナヤの息子ベールシュヌ、リームト・ニヌルタの奴隷(1)エンリル・スペー・ムフル、イナ・チィリ・ニヌルタの息子シュム・イディン、エンリル・イッタヌの息子アラド・ニヌルタが、彼らの自由意志で、ムラシューの子孫リームト・ニヌルタに次のように言った。

「私たちに、あなたがエンリル・アシャブシュ・イクビの村に監禁したままにしている、ハシュダヤの息子ナディルの妻とナナヤ・ドゥーリの息子ベール・イブニの妻を与えて下さい、(2)そうすれば私たちはダレイオスの治世第二年のドゥウズの月まで彼女たちが逃げないことに責任をもつでしょう」。

リームト・ニヌルタは彼らの〔言う〕ことを聞き、ナディルの妻とベール・イブニの妻を彼らに任せた。王ダレイオスの治世第二年のドゥウズの月に、彼らはナディルの妻とベール・イブニの妻を連れてきてリームト・ニヌルタに引き渡すべし。

もし、ナディルの妻とベール・イブニの妻がどこかへ逃亡したならば、ベールシュヌ、エンリル・スペー・ムフル、シュム・イディン、アラド・ニヌルタは一価二分の一タレント(3)の銀を訴訟なしでリームト・ニヌルタに支払うべし。

〔以下証人が一一人と書記が列挙される〕〔作成地〕ニップル。

〔作成年〕諸国の王ダレイオス〔二世〕の治世第二年のニサヌの月二八日。〔粘土板上部の縁に契約者八人と証人九人の印章〕

(1)　ここでは奴隷を意味するアッカド語が使われているが、実際にこのアッカド語がこの場合社会的身分としての奴隷を指すのかどうかは見解がわかれている。

(2)　ドゥウズの月とは当時の暦では四番目の月に当たり、現代の暦でいうと六月から七月に相当。文書作成年のニサヌの月は一番目の月で、現代の三月から四月に相当。

(3)　一タレントは約三〇キログラムに相当し、保証金は約四五キログラムになる。

【出典】 Guillaume Cardascia. *Les archives des Murašû: une famille d'hommes d'affaires babyloniens à l'époque Perse(455-403 av. J.-C.)* (Paris, 1951), pp. 173-174.

【解説】　この文書は、紀元前五世紀にニップル市を中心に活動したムラシュー家の文書の一つである。ムラシュー家は交易業者、あるいは金貸しとして有名な家であるが、アカイメネス朝とも深い関係があり、王領地や兵士の封土を管理したり、小作契約を結んでそれらの土地を借り受け、さらに小作人に又貸ししていた。ムラシュー家には多数の配下がおり、彼らは主家のために実際に土地を管理したり、場合によっては主家と小作契約を結ぶこともあった。ムラシュー家の「奴隷」としてこの文書に出てくるエンリル・スペー・ムフルもその一人である。ムラシュー家と債務契約を結んだものが契約不履行の場合、ムラシュー家は債務者自身もしくは彼の身内の者を拘束し、債務を返済させるために監視のもとで彼らを農業やその他の労働に従事させることもあった。この文書では、ムラシュー家が第三者に、拘束された者をおそらく農業労働者として貸し出していたことを示している。また、貸し出された者が逃亡した場合の規定は、借り手はこうした労働者を逃亡しないようにする義務を負っていたことを物語っている。ただし、逃亡した際に支払う金額が債務者が支払うべき金額かどうかは不明である。

（鵜木元尋）

208　アカイメネス朝期のリュキアの都市クサントス（前四世紀後半）

クサントス・レートーオン碑文（アラム語版）[1]（前四世紀後半）

アルタフシャスシャ王の〔治世〕第一年スィワーン月[2]に、オルナ市にて、カタムノーの子ピグソーダル、カルカ〔カリア〕とテルミラの総督は、言った……

オルナ市民は、クビデの「王」[3]なる神とその仲間〔の神々〕の神殿を作ることを決定した。そして、クドゥラスの子スィミヤンを神官とした。オルナ市民は社を「王」なる神に献じ、さらに年々、市から一ミナ[4]半の銀が与えられ、前述の神官が月の初めに犠牲〔の羊〕を「王」なる神に供し、年々牛を捧げるようにした。（中略）[5]

もし、誰かが「王」なる神や現にいる(?)神官から、誓われたことを奪い去るなら、〔その者は〕「王」なる神やその仲間から奪い去られ、また、神レト、アルティムシュ〔アルテミス〕、フシャスラパティ[6]やその他〔の神々〕から奪い去られる[7]。そして、これらの神々が、彼を追い求める。

(1)　三言語で記される本碑文における固有名詞の表記を、アラム語／リュキア語／ギリシア語のそれぞれの部分で対照すると以下のとおりになる。オルナ／アルナ／クサントス、カタムノー／カタムラ／ヘカトムノス、ピグソーダル／ピゲセレ／ピクソダロス・ピクソータロス、テルミラ／トレンミス／リュキア、クビデ／クビデ／カウノス、クドゥラス／クントラハ／コンドラスィス、スィミヤン／セイミヤ／スィミアス。アルタフシャスシャ、カルカ、アルティムシュ、フシャスラパティはアラム語のみ、レトはアラム語とギリシア語の部分のみに現れる。なお、アラム文字は一部しか母音表記を行わないので、右の読みも他の二言語からの類推で母音を補っている。

(2)　アルタフシャスシャは、古代ペルシア語王名アルタフシャサ(ギリシア語形ではアルタクセルクセス)。ここでは四世ととる説に従う。その場合、冒頭の日付は、前三三七年六月となる。ギリシア語史料で、アルセス(ペルシア語想定形アルシャン)として知られる人物である。少数説は、アルタフシャサ三世治世第一年すなわち前三五八年とみるが、全体の政治状況と合致せず、支持し難い。

(3)　括弧付きの「王」は、カンダワツという、王を意味するリュキア語からの借用語。本碑文のリュキア語、ギリシア語の部分では、通常の王を指す語をそのまま用いている。

(4)　ミナは古代オリエントおよびギリシアで使用された重量単位。当時のギリシア・アッティカ基準では約四三〇グラム、アカイメネス朝ペルシア帝国では約五〇〇グラムであるが、どちらの度量衡がこの時期のリュキアで用いられていたのかは不詳。

(5)　約二行、一ないし二文であるが、難解で定訳が存在しないので訳を省略した。その後の呪詛部分にも、一部、解釈が研究者によって大きく異なる部分がある。

(6)　本碑文によって初めて知られた神名。イラン語で「王権・王国の長」を意味する。ミスラの別称ではないかという説が出されているが、確証はない。

(7)　他の二言語の部分でレト以下の神々に対応する箇所は、「パントラのこの聖域の母とその子供たちと水の精たち」(リュキア語)、「レトとその子供たちとニンフたち」(ギリシア語)、となっている。

【出典】　H. Metzger, *et al., Fouilles de Xanthos*, Tome VI: *La stele trilingue du Létôon* (Paris 1979).

【解説】　アナトリア西南部リュキア地方のクサントス都市遺跡レトオン神殿址で発見された碑文。作成時期は、アカイメネス朝ペルシア最末期に属する。

帝国、その下で当時カリア、リュキアを支配していたヘカトムノス(カタムノー)朝、そしてクサントス(オルナ)市、という重層構造が窺われる。碑文の言語も、帝国全体の行政共通語であるアラム語、アナトリアとくに西部で地方共通語として広まっていったギリシア語(帝国側から見れば「イオニア語」と呼んだほうがより適切)、そして地方語であるリュキア語、の三言語で記されている。冒頭の文(「アルタフシャスシャ……言った」)はアラム語の部分のみであるが、残余の内容はだいたい等しい。

本碑文は、帝国下、ヘカトムノス朝勢力下においてもクサントス市が一定の自治機能を有していたことを明らかにするものであり、帝国西部の地方支配のあり方の重要な材料ともなる。

本碑文が書かれた数年後、アレクサンドロス大王の東征によってアナトリアはマケドニアの支配下に入り、ギリシア化はさらに進行していく。〔参〕大戸千之『ヘレニズムとオリエント』ミネルヴァ書房、一九九三年。

（春田晴郎）

209　ゾロアスター教の聖典（二―三世紀）

『アヴェスター』ヤスナ第三〇章（前七世紀頃）

一、それでは、〔熱心に〕求めている者たちのために、
知っているだけでなく、覚えておかねばならないことを語ろう。
〔それは、〕アフラへの讃歌、ウォフ・マナフの祭祀(1)、そしてアシャ(2)の優れた念持である、
それにより、あなたたちは、光明をともなった歓喜を見出すであろう。

二、耳により聞け、明らかな心で見よ、最も優れたことを。
〔それは、〕各自が自らのためにする、二種類の区別〔に基づく〕選択〔についての教え〕で、
それが宣告される、終末の審判の前に、悟るべきことなのである。

三、さて、対抗者として知られる、原初の二霊があった、
両者は、思惟において、言語において、行為において、
善なるものと悪なるものであった。
この両者を、賢者は正しく区別したが、愚者はしなかった。

四、そして、両霊が出会った際に、先ず始めに生と死を創造した。
〔しかし、〕同様にまた終末には、邪《よこしま》なる者にとっての最悪の境涯と、
正しい者にとっての最良の住居が在るように〔定めた〕。

五、この両霊の中で、邪なる者は最悪の行為を、最も強固な天を身に纏《まと》った、スプンタ・マンユ(3)はアシャを、選択した。
そしてまた、アフラを満足させようとする人々は、正しい行為によって、マズダーを信仰した(4)。

六、ダエーワ(5)も、この両者を正しく区別しなかった、
それは欺瞞者が、論議を重ねている彼らに、取《と》り憑《つ》いたからである。
そして彼らは、最悪の住居を選択し、アエーシュマ(6)の下に馳せ集《つど》い、
それにより、世界と人間を汚染した。

（後略）

（1）「善思」の意味で、アシャとともに、アフラ・マズダーの属性とも大天使とも解される、アムシャ・スプンタの一員である。

(2)「不滅の聖性」と訳されるアムシャ・スプンタの一員で、「正義」「真実」の意味を有す。ゾロアスター自身が最も重視した徳目でもある。

(3)「聖霊」と訳され、アムシャ・スプンタの筆頭に位置する。後にはアフラ・マズダー自身と同一視され、悪霊であるアンラ・マンユと対立する。

(4) 原語フラオルスは、語源的に「選択」する意味で、後にゾロアスター教で最も重視する信仰告白(フラワラーネー)に関係する。

(5) ヴェーダ神話のデーヴァ、仏教の「天」に相当し、本来はアーリア人の信仰する神的存在のグループであったが、イランではインドの場合と反対に、悪魔的存在とされた。

(6)「狂暴」を司る悪魔で、邪悪にして奸猾な者とされる。「忠直」を司るスラオシャと対立し、虐政をもたらすとされた。

【出典】H. Humbach, J. Elfenbein & P.O. Skjærvø, *The Gāthās of Zarathushtra and the Other Old Avestan Texts*, Part I: Introduction, Text and Translation (Heidelberg, 1991), pp. 123, 124.

【解説】ゾロアスター教の聖典『アヴェスター』には、アレクサンドロス大王の侵略により焼失した、アカイメネス朝時代のものが在ったとする伝説がある。しかし、現存の『アヴェスター』は、パルティアからサーサーン朝時代にかけて編纂されたもので、それも当時二一巻本あったとされる全体の、約四分の一が残っているにすぎない。その中でゾロアスター(ザラスシュトラ)の直説に相当する部分は、特に古風の言語で述べられており、「ガーサー」と称される。「ガーサー」は、『アヴェスター』の三大部を構成する「ヤスナ書」の二八―三四、四三―五一および五三章の計一七章で、ここに訳出したのは、その中でもキリスト教の「山上の垂訓」に比せられる最も重要な教説である。文中では最高神アフラ・マズダーを、単にアフラまたはマズダーとよんでいる。

(岡田明憲)

第二節
アレクサンドロス大王以降アルサケス朝パルティア時代まで

210　アレクサンドロス大王のバビロン征服（前三三一―前三三〇年）

バビロン天文日誌（前三三一―前三三〇年）(1)

〔A表面一四―一八行〕(2)

〔第六の月〕同月一一日、恐慌が陣営の中、王〔ダーラヤワウ三世〕の前で起こり、[…]彼ら〔アレクサンドロス軍〕は王に対して〔陣を〕張った。

二四日朝、世界の王〔アレクサンドロス大王〕は旗を掲げ[…]彼ら〔両軍〕は互いに胸を打ち合って〔戦い〕、軍勢に多大な損害が生じた。[…]王を彼の軍勢は捨てて彼らの諸市へ[…]グティ(3)の地へ彼らは逃げた。

〔A裏面三―一一行〕

〔第七の月〕同月一日から[…]日まで[…]はバビロンへ行って、次のように言った。

エサギラ[…]およびバビロンの子らはエサギラの財産に[…]。

一一日、シッパル(4)でアレクサンドロス、世界の王の決定が次のように[…]。

あなた方の家に余は入るまい。

一三日、[…]カシキラ(5)、エサギラの外門および[…]。

一四日、これらのヤマナ人〔ギリシア人〕が雄牛、[…]短い肋、脂肪を捧げた。

[…]日、アレクサンドロス、世界の王がバビロンに入った。

(1)　日誌の記述者たちが用いたバビロニアの暦は春から始まる太陰暦である。ここで扱う史料は、西暦紀元前三三一年春に始まって前三三〇年春に終わる太陰年の一部について記述する日誌である。括弧に入れた年代はこのことを示す。同じ年のことを記述する日誌が複数ある場合には、より早い時期の記録からA、B、Cといった記号をつけて区別する。この記号は史料名ではなく史料の箇所に添えて示す。このような史料・年代の提示法は史料212、213で訳出する日誌にも適用する。また各史料の解説で「前X／Xマイナス一年」という形で示すのは、前記のバビロニアの暦による、ある特定の太陰年である。

(2)　訳中の改行、字下げは訳者による便宜的なもので、原史料では続けて記述される。史料212、213でも原史料にない改行、字下げを用いる。

(3)　バビロニアの北東方向の夷狄の地を指す名称。

(4)　バグダード南西の古代バビロニア都市。現アブー・ハッバ。

(5)　エサギラへの入口門。

【出典】 A. J. Sachs & H. Hunger (eds.), *Astronomical Diaries and Related Texts from Babylonia*, Vol. 1 (Wien, 1988), pp. 176–179.

【解説】 バビロン天文日誌は、前七世紀から前一世紀にかけてバビロンで作成されたアッカド語楔形文字史料（粘土板文書）である。その作成には特定の家門に属し、市の主神マルドゥクの神殿エサギラに奉職する学者たちが代々携わった。

日誌の記録形式は前三世紀中に確立する。多くの場合粘土板一枚の中は特定の月の出来事を記すいくつかの部分に仕切られる。各部分には次の五項目の内容がこの順に掲載される。①天文観測の記録（主に月の事象）や天候の記録、②銀一シェケルで購える各種農畜産物の量、③五惑星の位置（木金水土火の順で記載）、④ユーフラテス川の水位、⑤バビロンの統治者やエサギラなどに関わる事件。

訳出部分は、互いに関連する二つの事件の記述を含む。

一つは前三三一年一〇月一日（バビロニアの暦では第六の月二四日）にティグリス川の東の平原で行われた、アレクサンドロス大王（バビロンでの在位は前三三一／〇―三二三／二年）とペルシア帝国の王ダーラヤワウ三世（ダレイオス三世、在位前三三六／五―三三〇／二九年）との最終決戦、ガウガメラの戦いである。

もう一つは、先の戦いに勝利したアレクサンドロスのバビロン入城で、一〇月下旬頃（第七の月中旬）の出来事である。入城に先立ち、彼はバビロニアの一都市シッパルで「あなた方の家に余は入るまい（侵入すまい）」と、寛容な姿勢を示した。

この日誌はアレクサンドロスを「世界の王」、ダーラヤワウ三世を単に「王」と呼んで区別する。これはアレクサンドロス側を高める姿勢を示す。アレクサンドロスの勝利とバビロン入城とを目の当たりにした記述者の価値判断が呼称の区別に反映されたと考えられる。

この日誌に記述された事件には、ギリシア語で書かれたディオドロス『歴史叢書』や、アッリアノス『アレクサンドロス大王東征記』、ラテン語で書かれたクルティウス『アレクサンドロス大王伝』といった叙述史料も言及する。日誌の記述は叙述史料に比して簡潔である。しかし、ほぼ同時代の証言としてその価値は高く、叙述史料の相異なる記述の価値を判断するための手掛かりとなる。日誌が「王を彼の軍勢は捨てて」とペルシア軍の崩壊が王ダーラヤワウ三世の退却より先にあったとするのは、ディオドロス『歴史叢書』第一七巻六〇章三節やクルティウス『アレクサンドロス大王伝』第四巻一五章二八―三三節に近く、王が先に逃亡したとするアッリアノス『アレクサンドロス大王東征記』第三巻一四章三節の叙述には反する。

ガウガメラの敗北でペルシア帝国は崩壊し、西アジアはこの後二世紀にわたってアレクサンドロスとその後継王朝、セレウコス朝とによって支配される。

（三津間康幸）

211　アルサケス〔アルシャク〕朝パルティアの興隆（前三世紀）

ユスティヌス抄録ポンペイウス・トログス『フィリッポス史』（後三世紀）

〔第四一巻四章〕アレクサンドロス大王の死後、彼の後継者たちの間でオリエントの諸王国が分割されると、マケドニア人たちの誰もパルティアが支配に値するとは考えなかった。（中略）後にマケドニア人が内戦で分裂すると、彼ら〔パルティア人〕は上部アシアの他の諸民族とともにエウメネス(1)に従い、彼が敗れるとアンティゴノス(2)に乗り換えた。彼の後にはセレウコス・ニカトル(3)の、次いでアンティオコス(4)およびその後継者たちの支配下に入った。そしてその〔セレウコス・ニカトルの〕曽孫であるセレウコス(5)から、第一次ポエニ戦争において……初めて離反した〔前二五六年〕。（中略）同じ頃、バクトリアの一〇〇〇の都市の総督であったテオドトス(6)もまた離反し、自分を王と呼ぶように命じ、これに続けとばかりに全オリエントの諸民族がマケドニアから離反した。その頃、アルサケスという、出自は不明であるが勇気に関してはお墨付きの男がいた。この男は専ら強盗や掠奪をして生活していたが、セレウコス〔・カッリニコス〕がアシアでガリア人に敗れたという噂を耳にすると、王に対する怖れから解放され、手勢の盗賊を従えてパルティアに侵入し、彼らの総督であるアンドラゴラス(7)を襲ってその地位から追い落とし、その地の支配権を簒奪した。その後まもなく、アルサケスはヒュルカニア王国をも占領し、こうして彼は二つの国家の支配権を握ったが、セレウコス〔・カッリニコス〕及びバクトリア人の王であるテオドトスを怖れて軍備を増強した。ところがすぐにテオドトスの死によって怖れから解放されると、かの息子で名も同じテオドトスとの間で同盟及び講和を結んだ。また間もなく、謀反者たちを追跡しにやって来たセレウコス王と会戦し、勝利した。それ以来、パルティア人はこの日を自由が始まった記念すべき日としている。

〔第五章〕その後、新たな騒乱のためにセレウコスがアシアに呼び戻されると、アルサケスには余裕ができ、パルティア王国を形成した。軍隊を召集し、城砦を築き、諸都市の守りを固めた。（中略）こうしてアルサケスは、王国を獲得し同時にそれを築き上げたことで、ペルシア人にとってのキュロス、マケドニア人にとってのアレクサンドロス、ローマ人にとってのロムルスに劣らずパルティア人に記憶されるべき存在となり、彼が老齢で没すると、パルティア人は彼の記念に以後彼らの王を全てアルサケスの名で呼ぶという名誉を授けた。

(1) メディア、スシアナ地方からインダス川辺りまでの地域。
(2) 前三六二頃―三一六年。アレクサンドロス大王の遠征に書記官として参加し、『王室日録』を執筆。大王の死後、後継者《ディアドコイ》戦争に参戦。
(3) アンティゴノス・モノフタルモス。後のアンティゴノス一世。アレクサンドロス大王の武将で、後継者《ディアドコイ》戦争を戦うが、イプソスの戦いで戦死。
(4) 後のセレウコス一世。後継者《ディアドコイ》の一人で、シリア王国を建てて王を称する。
(5) アンティオコス・ソテル。セレウコス一世の子にして、第二代シリア王アンティオコス一世。
(6) セレウコス・カッリニコス。アンティオコス二世の子にして、第四代シリア王セレウコス二世。
(7) セレウコス朝のパルティア総督《サトラップ》。

【出典】 O. Seel(ed.), *M. Iuniani Iustini Epitoma Historiarum Philippicarum Pompei Trogi*(Stuttgart, 1972), pp. 279–281.

【解説】 本史料は、紀元前一世紀末ポンペイウス・トログスが著した『フィリッポス史』を、後三世紀にユスティヌスが抄録したもので、アッシリア帝国からアウグストゥス時代のローマを扱い、とりわけヘレニズム時代の地中海世界の叙述が詳しい。

全四四巻のうち、ここに訳出した第四一巻はアルサケス(アルシャク)朝パルティアの興隆について記されており、アルサケス朝自体による記録が限られているなかで、とりわけ初期政治史に関して極めて重要な史料である。まずはパルティア人の起源に始まり、彼らがスキタイ人の亡命者で、周辺の諸王国を征服し、ローマ帝国とも対等に戦ったことが記される(第一章)。ストラボンもアルサケスをスキタイ人であるとしており(『地理書』第一一巻九章三節)、貨幣の図柄などからも彼らがステップの遊牧民であったことがうかがえる。次いでパルティア王国の統治制度や戦術が語られ、「パルティアン・ショット」として知られる、振り向きざまに矢を放つ戦法にも触れられている(第二章)。彼らの習俗についての章(第三章)をはさんで、本訳出箇所に続く。

なお、近年公刊が進められてきた後期バビロニア語で書かれた「バビロン天文日誌」という史料(史料210、212、213参照)は、ユスティヌスの記述を検証できる貴重な史料として、目下研究が行われている。

（石渡巧）

212　セレウコス朝の衰退（前二世紀後半）

バビロン天文日誌（前一四一―前一四〇年）(1)

〔A裏面二―九行〕

〔第三の月〕[…]彼らは文書にしたがって行った。〔セレウコス紀元〕一七一年である〔アルシャク〈アルサケス〉紀元〕一〇七年、と書かれた文書が読まれた。(2) […]メディアの諸市へ[…]。ヒュルカニアから来た要人[…]。

同月二二日、［…］をアッカドにおいて将軍職に任命するとの、バビロンの長官と、これらの市民とに宛てて書かれた文書が劇場において読まれた。(3)

同日、私は次のように聞いた。

　アルシャク王〔ミフルダート一世〕の［…］テオゲネスはセレウキアに入った。［…］

二四日、以前アルシャク王［…］アッシリア［…］アルヤボージャン王の子アンティオコスはアッカドの四将軍職の上に任命された。……［…］は王権の市セレウキアに入った。

同月二八日、アルシャク大王の代理に任命されたアンティオコスはセレウキアからバビロンに入った。

〔C表面三七―三八行〕
［第九の月］［…］アンティオコス、四将軍の上に立つ将軍、アルシャク王の代理が、ティグリス河畔のセレウキアから、エラム人に向かって出撃した。

〔C裏面二九―三三行〕
［第一〇の月］同月私は次のように聞いた。
　四日、ティグリス河畔のセレウキアの市民は四将軍の上に立つ将軍アンティオコスを呪った。彼がエラム人と合意に達したゆえに。彼らは別の将軍を任命し、大軍を彼に従わせ、エラム人との戦いに送り出した。彼らはかのアンティオコスを引き止めた。しかし彼はわずかな軍勢と共に逃亡した。

(1) 日誌とその引用法、年代表記は史料210注1、2および解説参照。
(2) 当時バビロニアで用いられていたセレウコス紀元と併用する形での、アルシャク紀元の導入を示す。前者はセレウコス朝が自立した(前三一一／〇年を元年とした。後者は前二四七／六年を元年とした。これはアルシャク朝の勃興期に当たる。
(3) 「これらの市民」というからにはこの集団への言及が先行箇所にあったわけである。ただしその箇所は失われている。バビロンの「市民 puliṭê」は前二世紀前半に登場する集団で、原住民である「バビロン人 Bābilāya」とは区別される。様々なアッカド語史料において、彼らはギリシア色の濃い集団として認識されている。後出のセレウキア「市民」にも、アッカド語史料の書き手たち(バビロン人)は同様の特色を認めていたようである。
バビロンで「市民」の集会所として使われたのは同地に今なお残る半円形劇場である。アルシャク朝時代には、そこでしばしば王が発した文書が読まれた。

【出典】 A.J. Sachs & H. Hunger(eds.), *Astronomical Diaries and Related Texts from Babylonia*, Vol. 3(Wien, 1996), pp. 130-159.

【解説】 前二世紀半ばにセレウコス朝の西アジア支配は危機的状況に陥った。前一四五年頃にはイラン南西部のエラム地方で興隆したエリュマイス王国の軍勢がバビロニアに侵入してセレウコス朝軍を打ち破った。前三世紀半ばにパルティアで興ったアルシャク朝(史料211参照)もミフルダート一世(在位前一七一頃―一三八／七年、本史料ではアルシャク王と呼ばれている)の下でヒュルカニアからメディアと、イラン北部で勢力を拡大しつつあった。

前一四一年七月(日誌では第三の月下旬)、アルシャク朝がセレウキア、バビロンに入り、セレウコス朝のバビロニア支配は覆された。この時バビロニア(原語はアッカド)を担当する「将軍」と、「四将軍(職)の上(に立つ将軍)」とが任命された。これらの官職はもともとセレウコス朝がセレウキアに置いていたものであり、同市に入ったアルシャク朝によって引き継がれた。ただし「四将軍の上に立つ将軍」の管轄域はこの時に上部諸属州(セレウコス朝領域のうちユーフラテス川以東の部分)から、バビロニアのみに限定された。アンティオコスが「アッカドの」四将軍職の上に任じられたという記述がそのことを示す。またアンティオコスは、アルヤボージャン王の息子とされる。アルヤボージャンはアルシャク朝に従属する有力者と考えられる。

第九の月(前一四一年一二月)の日誌にはアルシャク朝のエリュマイス王国に対する戦争が、第一〇の月(前一四〇年一月)の日誌にはその指揮官アンティオコスの敵との通謀が記される。この時セレウキア市民が独自に軍を派遣してエリュマイス王国やアンティオコスと戦った。彼らは、少なくとも諸王国が相争い、強力な覇権が存在しなかったこの時期には、独自に軍を動かせた。そしてエリュマイス王国やその協力者を討つことに関してはアルシャク朝と利害を同じくしていた。(三津間康幸)

213

アルサケス(アルシャク)朝の苦難(前一三〇年代―前一〇〇年代)

バビロン天文日誌(前一一九―前一一八年)(1)

〔A裏面一八―二二行〕

〔第七の月〕同月一五日、バビロンの長官とバビロン市民とに宛てて書かれたアルシャク王の文書が、劇場で次のように読まれた。(2)

大軍が集められ、そして戦《いくさ》に行った。余の兄弟アルタバナを殺した、遠いグティの地にある諸市の王子と彼の軍勢とに向かって。そして余は彼らに対して戦列を整え、彼らと戦をし、彼らの間で大殺戮を行った。〔余の軍は〕二人[…]を除いて殺されなかった。そして王子と彼の軍勢とは戦場を去り、険しい山々に退いた。

同月、四将軍の上に立つ将軍は〔運河の〕閉鎖に出ていた。(3)
同月、アルバーヤは以前のごとく敵対し略奪した。
同月、アルシャク王は遠いグティの地にある諸市へ、戦に出ていた。

(1)　日誌とその引用法、年代表記は史料210注1、2および解説参照。
(2)　バビロンの「市民」と彼らに対する文書の読み上げとについて

は、史料212注3参照。

(3)　運河とはバビロン上流にあったパッルカトゥ Pallukatu 運河で、バビロンを貫流するユーフラテス川の水位調整のために使われた。雪解け水などで川の水位が増えると水門が開かれて運河へと水が逸らされた。逆にバビロン方面に流れる水が少なくなると、水門は閉じられた。この月のバビロン方面におけるユーフラテス川の水位は現存する日誌から知られる限りの最低水準であった。それゆえに「四将軍の上に立つ将軍」のような高官が運河閉鎖に関わったと考えられる。この職については史料212の解説参照。

【出典】 A.J. Sachs & H. Hunger(eds.), *Astronomical Diaries and Related Texts from Babylonia*, Vol. 3(Wien, 1996), pp. 318-329.

【解説】 訳出史料でアルシャクと呼ばれるのは、アルシャク朝のミフルダート二世(在位前一二二/一—九一/〇年)。史料は同王のステップ遊牧民に対する勝利を、彼がバビロンに送付した文書の内容に依拠して伝える。同じ事件がラテン語の叙述史料、ユスティヌスによる、ポンペイウス・トログス『フィリッポス史』の抄録にも記載されている。

前一三〇年代から前一〇〇年代のアルシャク朝には、四方から脅威が迫った。西南イランにはエリュマイス王国、ペルシア湾岸地方にはメセネ王国が割拠して敵対した。シリアへ退いたセレウコス朝も巻き返しを図ってたびたび東征を行った。前一二〇年代半ばまでにこれらの脅威は退けられた。しかし、この頃から前一〇〇年代にかけてバビロニアにおいてはアルバーヤ(アラブ)と呼ばれる集団が頻繁に騒擾を起こす。

中央アジア方面ではステップ遊牧民の侵入が激しかった。『フィリッポス史』抄録第四二巻二章二—三節によれば、この方面の遊牧民との戦いでアルタバヌスという人物が落命した。そしてその子ミトリダテス(ミフルダート二世)は、アルタバヌスを殺した者に復讐した。

訳出した日誌にはアルタバヌスに対応するアルタバナという名前が現れ、アルシャク王(ミフルダート二世)が彼を殺した者に復讐したことも示される。その敵は「グティの地」すなわちバビロニアの北東方向の夷狄の地にいたという。「グティの地」が中央アジア方面を指す可能性は十分にある。

このような共通点から、前記の二つの史料は同じ事件を記録するものといえる。ただしユスティヌスがアルタバヌスを先代の王(アルタバーン一世、在位前一二八頃—一二二/一年)でミトリダテスの父とするのに対し、日誌ではアルタバナがミフルダートの兄弟とされる。

おそらくユスティヌスが、アルタバーン一世とミフルダート二世との関係を誤って「兄弟」→「親子」としたか、あるいは戦死した「ミフルダート二世の兄弟アルタバーン」を「父王アルタバーン一世」と混同したのである。ユスティヌスが同名の人物を混同した例は、問題箇所の直後(第四二巻四章)にも見られる。そこではミフルダート二世と、ミフルダート三世(在位前五七—五五年頃)とを混同したことにより、後者の治世があたかも前者の治世の延長のごとくに示される。(三津間康幸)

214 パルティア支配下の都市スーサ（前二世紀末—後二世紀半ば）

スーサ出土ザマスペース頌徳碑文（前八、九頃—後一、二年頃）

見よ、客人よ、スーサ(1)の将軍(2)ザマスペースの青銅の像を。そして、知れ、不死なる者たち〔神々〕の深慮と全能なる神君プラアティス〔フラハート〕の神霊に則った、彼の大いなる公共への恩恵を。〔王は〕彼が祖国と名声を愛する僚友とみなし、有用さを知って総督(3)に選んだ。〔ザマスペースは〕なみなみとした水源の水を導き、ゴンデイソス川の水が尽きぬようにし、豊かな流れにした。大アクロポリス(4)に住む守備兵たちは、記憶が続くように不滅なるこれ〔碑〕を建てた、長く水が枯れていた彼らの割当地を回復させ、ゴンデイソス川の流れで果実豊かな地にしたことに対して。三一三年(5)。ゴラスの子アリストン記す。

（1）パルティア語では、シューシュ。ギリシア語では、エウライオス河畔のセレウケイア、という別称も用いられた。
（2）韻律上、通常のストラテゴスの代わりに、ストラティアルコスという形が用いられている。
（3）韻律上、通常のサトラペスの代わりに、サ(トラ)ッペスという形が用いられている。
（4）メガレ・アクラ。単に「大きな頂」の可能性もある。
（5）セレウコス暦（秋新年のマケドニア式）では、後一／二年。ただし、三〇三年、という読みも排除できず、その場合は、前九／八年となる。前者の読みなら、アルサケス朝パルティアのフラハート五世治世下、後者ならフラハート四世治世下に書かれたことになる。

【出典】 *Supplementum Epigraphicum Graecum* (*SEG*), Vol. VII (Leiden, 1934), Nr. 13, pp. 5-6.

【解説】 イラン南西部フーゼスターン州スーサ遺跡で発見された顕彰碑文。パルティア支配下のスーサでは、ギリシアのポリス制が継続しており、この碑文もギリシア語で書かれている。ただし、都市の上に立つ将軍（ストラテゴス）・総督（サトラペス）には、本碑文(*SEG*, VII, 13)からわかるように、ザマスペースというイラン名を持つ、おそらくイラン系の人物が任命されており、都市スーサとも関わりを持っていた。このザマスペースについて、もう一つ顕彰碑文(*SEG*, VII, 12)が見つかっている。

　スーサは当時、パルティア下で都市の貨幣も発行していたが、紀元後四五年頃その発行は止んだ。その頃パルティアの直轄支配から離れ、フーゼスターン山麓部から東部に本拠をおいたエリュマイス王国の統治下に入ったものと思われる。スーサ発行のエリュマイス貨幣は当初ギリシア語の銘文を有していたが、おそらく二世紀前半にパルティア語と思しき銘文に置き換わり、当地のギリシア文化は、少なくとも表層からは消え去った。

〔参〕粟野頼之祐「安息王アルタバノス三世王令のギリシア碑文について」『出土史料によるギリシア史の研究』岩波書店、一九五〇年。

（春田晴郎）

215　パルミラ商人の東方での活動（一—三世紀）

PAT1374碑文(1)（一三一年四月）

アッカダーンの子シャラムアッラートの子ネブーザバドの子ヤルハイ、ハドリアナ＝パルミュラ人にしてスパスィヌー・カラクス(2)の王メエレダテース(3)下のティルウァナ(4)の総督〔の彫像〕。スパスィヌー・カラクスの商人たちが、〔彼の〕栄誉のために〔建てた〕。〔セレウコス暦〕四四二年クサンディコス月(5)。

(1)　ギリシア語とパルミラ語の二言語版であるが、パルミラ語部分は欠損が激しいので、ギリシア語部分に基づいた。ただし、パルミラ人の人名は、パルミラ語形にしてある。
(2)　次の1397碑文のマイシャーンのカルカと同じ。ペルシア湾頭に位置した都市および王国の名。研究者間では、ギリシア語地域名から「カラケーネ」と呼ばれることが多い。
(3)　史料217参照。
(4)　アッカド語ディルムンと関係があると思われる。バフレイン島（ないしその周辺）を指していると推察する研究者もいる。
(5)　一三一年四月。

【出典】　PAT1374＝Inv 10 38, in: D.R. Hillers & E. Cussini, *Palmyrene Aramaic Texts* (Baltimore; London, 1996), p. 202.

PAT1397碑文(1)（一三五年一二月）

これは、軍団の百人隊長ユリウス・マクスィムスの彫像。ハイラーン・アブガルの子マルクス・ウルピウス・アブガルと、彼と共にマイシャーンのカルカから上ってきた隊商人たちが、彼の栄誉のために、建てた。〔セレウコス暦〕四四七年キスレウ月(2)。

(1)　ギリシア語とパルミラ語の二言語版であるが、パルミラ語部分に基づいて訳した。
(2)　一三五年一二月（秋新年のマケドニア方式）。

【出典】　PAT1397＝Inv 10 81, in: *ibid*., p. 205.

【解説】　シリアの沙漠中のオアシス都市、パルミラ（パルミュラ）から発見された碑文より、東方での商人の活動を示す二碑文を挙げた。第一史料の「ハドリアナ＝パルミュラ人」あるいは第二史料の人名からも窺えるように、パルミラは一—三世紀、ローマ帝国内の自治都市として繁栄し、とくにその商業活動は活発であった。パルミラ商人は、ローマ帝国の領域外である東方にも居留地を設けて隊商交易を行っていた。両碑文に現れる「スパスィヌー・カラクス」＝「マイシャーンのカルカ」は、ペルシア湾頭に位置する都市・小王国であるが、両地の間にはローマと対立することが多かったパルティアの直轄地が存在し、また史料217が示すように、当時のカラクス王はパルティア王の子であった。このような状況下で、パルミラとカラクスとの間をパルミラ商人が盛んに行き来していたのである。さらに注目すべきは第一史料の「ティルウァナの総督」で、このようなパルミラ商人の中には居留先の高官になる者がいたこともわかる。繁栄を謳歌したパルミラであるが、三世紀に王政をしき、さらにゼノビア女王の下でローマに反旗を翻し、一時期エジプトなどを支配下においたものの、二七二―二七三年にローマ軍に敗れ、街も大きな打撃を被った。〔参〕小玉新次郎『隊商都市パルミラの研究』同朋舎出版、一九九四年。

（春田晴郎）

216　パルミラ人の商業活動（二世紀）

パルミラ関税法（一三七年）

神君トラヤヌス・パルティクスの子で、神君ネルウァの孫である、インペラトル・カエサル・トラヤヌス・ハドリアヌス・アウグストゥス、大神祇官、護民官職権二一度、最高司令官歓呼二度、執政官三度、国父の御代[1]、L・アエリウス・カエサル（二年目）及びP・コエリウス・バルビヌスが執政官であった年に。

元老院決議[2]。四四八年クサンディコス月一八日に[3]。（中略）法に基づく元老院が召集され、下記のことが可決された。従来、課税対象となる商品のほとんどが徴税法に明記されず、慣習に従って課税されてきた。請負契約書に、収税人は法及び慣習に基づいて徴税を行うべしと書かれていたのである。そのためこの件に関して商人と収税人との間に紛争が起こることしばしばであった。そこで次のことが決議された。在職の執政官《アルコーン》および十人委員会《デカプロートイ》[4]は法に明記されていなかった課税対象を取り決め新たな契約書に記載し、各商品には慣習に従った税額を定めること。（中略）

ハドリアナ・タドモルの関税領域及びアエリウス・カエサルの諸水源に関する徴税法

パルミラもしくはその領域に連行された奴隷を輸入する者からそれぞれ二二デナリを[5]〔収税人は〕徴収する。輸出以外のために都市内で奴隷を売却する者からそれぞれ一二デナリを、熟練奴隷を売却する者から一〇デナリを、そして購入者がその奴隷を輸出する場合、それぞれ一二デナリを徴収する。

（中略）

アラバスター製の小瓶に入れて輸入されるラクダの積荷の香油に対して二五デナリを、輸出されるものに対して一三デナリを〔収税人は〕徴収する。

（中略）

山羊の皮袋四枚で輸入されるラクダの積荷のオリーブ油に対して一三デナリを、輸出されるものに対して一三デナリを〔収税人は〕徴収する。

（中略）

件の収税人は、一デナリ以上取る娼婦からそれぞれ一デナリを、八アサリを取る者から八アサリを、六アサリを取る者からそれぞれ六アサリを〔月ごとに〕徴収する。

件の収税人は、工房、［…］、一般商店、皮革店、［…］から、慣習に従ってそれぞれの店舗から毎月一デナリを徴収する。皮革を輸入もしくは販売する者からは、皮革それぞれに対して二アサリを徴収する。同様に、都市内を行商する被服商人は収税人に対し適切な税を払うこと。

二カ所の水源の使用に対して、毎年八〇〇デナリ。

件の収税人は、小麦・葡萄酒・藁などの牧草の積荷に対し、ラクダの積荷それぞれに対し、一度につき一デナリを徴収する。

（後略）

（1）ローマ皇帝ハドリアヌス帝。碑文に刻まれる場合、正式な称号はこのように非常に長い形をとる。

（2）ローマの元老院を模した、パルミラ最高の政治機関。

（3）布告年をセレウコス暦（紀元前三一二年が紀年）で表したもの。パルミラ語では「ニサン月」となっている。西暦一三七年四月一八日にあたる。

（4）東方の諸都市に広くみられた都市参事会員による委員会で、地方税の徴収や商取引の監督などに関わった。

（5）デナリはローマ帝国のデナリウス銀貨を基準とした貨幣単位で、後出のアサリは西アジアで流通するギリシア・アサリウス銅貨の単位。一アサリは一デナリの二四分の一の価値。

【出典】J.B. Chabot (ed.), *Corpus Inscriptionum Semiticarum* (*CIS*), *Pars secunda*, Tomus III: *Inscriptiones palmyrenae* (Paris, 1926), n. 3913, pp. 33–73.

【解説】　ここに訳出した史料は、後二世紀、隊商貿易で繁栄の絶頂期にあった、シリア砂漠に位置するオアシス都市パルミラで定められ、ギリシア語・パルミラ語で併記された関税率および都市税率に関する碑文である。訳出箇所のギリシア語は欠損が多く、パルミラ語版や研究者による復元を参考に訳出した。この碑文の詳細な内容から、パルミラの政治・経済状況ばかりでなく、古代西アジアの貿易に関して貴重な情報を得ることができる。

碑文の内容は、序文に始まり新法、旧法、旧法註解と続いている。おそらく一世紀半ば頃に旧法が制定された後、交通量や商品目の増加に伴い、税率や徴税方法についての諸問題が生じたために、一三七年に新法が制定されたと考えられる。

関税法に挙げられている品目の多くは、そのほとんどが近隣地方との間で取引される生活必需品であり、訳出箇所以外にも、乾燥物資（食糧や燃料など）、紫色染めの羊毛、動物の脂肪、塩漬け魚などの税率が決められている。

法改正によって、新法では旧法に比べて税率が全体的にかなり引き下げられているが、これは東西交通の急速な発展と貿易量の増大に伴い、原料や製品を安価に輸出入できるようになり、パルミラにますます多くの隊商が集まり、貿易や手工業の発達が促進されたことを反映していると考えられる。　（石渡巧）

217　パルティア王のペルシア湾頭遠征（二世紀半ば）

ヴァラガシュ王青銅ヘラクレス像碑文（一五一―一五二年）

〔パルティア語部分〕［……三〇〇＋九〇＋二＋］〔六〕［年］〔ア〕ルシャク・ヴァラガシュ(1)、諸王の王、ミフルダート王の子(2)、は、メーシャーン(3)へ、諸王の王パクル(4)の子ミフルダート王(5)に対して戦い、ミフルダート王をそこから追放した。全メーシャーンを占取した。メーシャーンから運んだこのヴァルフラグン神像をティール神殿への奉献物とした。

〔ギリシア語部分〕ギリシア人の年で四六二年(6)、諸王の王アルサケス・オロガソス、ミラダテス王の子、は、メッセネへ、先に王であったパコロスの子ミラダテス王に対して遠征した。ミラダテス王をメッセネから追い払い、全メッセネの支配者となった。そして、メッセネから運んだこの青銅のヘラクレス神像を、青銅の門に座すアポッロン神の神殿に奉献した。

(1)　貨幣学者セルウッド David Sellwood によれば四世、在位一四七頃―一九一年頃。
(2)　同じく、四世。一四〇年頃に貨幣を発行。
(3)　ペルシア湾頭に位置した王国。史料215のマイシャーン。
(4)　セルウッドによれば、二世。在位七八頃―一〇五年頃。
(5)　史料215のメエレダテース王。
(6)　セレウコス暦四六二年。春新年のバビロニア式なら一五一／二年。秋新年のマケドニア式なら一五〇／一年。

【出典】 E. Morano, "Contributi all'interpretazione della bilingue greco-partica dell'Eracle di Seleucia," in: G. Gnoli and A. Panaino (eds.), *Proceedings of the First European Conference of Iranian Studies*, Part 1 (Rome, 1990), pp. 229–238.

【解説】 一九八〇年代初頭、イラクのテル・ウマル遺跡（ティグリス河畔のセレウキア）で発見されたヘラクレス像に記されていた二言語碑文。本文の通り、戦利品として持ち帰った像に、新たに碑文を刻んだものである。

現地同時代文字史料の極端に少ないアルサケス朝パルティアの研究にとって、本碑文の意義は大きい。当時「諸王の王」と単なる「王」が明らかに区別されていること、メーシャーン（マイシャーン、史料215のスパスィヌー・カラクス）の王にパルティア王の子が就いていること、などが本碑文により明らかになった。ただし後者については、歴代メーシャーン王の貨幣を見ると、このミフルダート（ミラダテス＝史料215のメエレダテース）王の貨幣のみがアルサケス朝パルティア貨幣を明らかに模しており他の諸王の貨幣と区別されることから、このような体制はむしろ例外的であった、とも推察できる。

二言語碑文である本史料は、当時の宗教混淆（シンクレティズム）を知る上でも貴重である。共に戦神であるヴァルフラグン神とヘラクレス神の同一化に不思議はないが、ティール神が（青銅の門に座す）アポッロン神に対応することの説明には、両者の仲立ちとしてメソポタミアのナブー（ネボー）神を想起する必要があるようである。ナブーとアポッロンは学芸の神としての共通点を持ち、またティール神はあまり独自の性格ははっきりしないが、少なくとも水星の神としての性格はナブーと共通する。〔参〕奈良県立美術館、(財)なら・シルクロード博協会『シルクロード大文明展　シルクロード・オアシスと草原の道』一九八八年。

（春田晴郎）

218　パルティア期の都市ハトラの法制（二世紀半ば）

ハトラ出土法制定碑文三四三番（一五二年頃）

四六三年カーヌーン月(1)、神の助言により、神殿長シャマシュバッレフとハトラ人、老いも若きもアラブ人も全て、とハトラに住む全ての者は、合意して、以下のことを決定した。

この堀より中、外壁より中で盗みをなす者は、もし「内の者」であれば「神の死」(2)でもって殺され、「外の者」であれば石打ちに処される。

(1) セレウコス暦で、春新年のバビロニア方式ならば一五二年一一月、秋新年のマケドニア方式ならば一五一年一一月。
(2) 絞首刑を指すのではないか、と推察されている。

【出典】B. Aggoula, *Inventaire des inscriptions hatréennes*(Paris, 1991). No. 343, pp. 158-159.

【解説】イラク中部のハトラ遺跡で発見された碑文で、アラム語の一種であるハトラ語で書かれている。盗みは重罪、というオリエントの伝統的な観念が法として表現されているが、法制定者の構成、「内の者」「外の者」による処罰の違い(どちらも死罪ではあるが)は、二世紀におけるメソポタミア土着都市の自治のありようを考える際の重要な示唆を与える。

法制定者の表現が、まったく形式的、修辞的なものであるか、それとも民会のような実質的な手続きを経ているかについて判断する材料は存在しない。しかし、仮にまったく形式的なものだとしても、そこに「ハトラ人、老いも若きもアラブ人も全て、とハトラに住む全ての者」と表現されていることは重要であろう。なお、当時ハトラには「侯」という称号が付く支配者がいたが、本碑文の法制定者には名を連ねていない。また、本碑文を含むハトラ出土碑文において「アラブ」が何を意味しているのかについては定説がない。

ハトラでは一六〇年代以降、支配者の称号が「王」あるいは「アラブの王」に変わる。三四二番碑文は、同様の碑文であるが、そこでは法制定者は「守護神ネルゴール、サナトルーク王、神殿長ラーイト(?)と長老アスタナク」になっており、ハトラ住民が消えてしまっている。王権の伸張に伴う都市の自治体制の大きな変化が窺える。

ハトラは、アルサケス朝パルティアに従属する都市と一般にみなされ、事実ローマ軍の侵攻時には完全にパルティア側に立って戦っているが、出土碑文からはとくに両者の結びつきを示すような記述は見られない。また、隊商都市としてパルミラ

（史料215）などと並び称されることも多いが、ハトラ碑文における商人の出現頻度はパルミラ出土碑文とは異なって少ない。ハトラは三世紀前半、アルサケス朝パルティアに替わって興ったサーサーン朝ペルシアによって滅ぼされた。〔参〕春田晴郎「アルシャク朝パルティア時代の都市の多様性」『オリエント』三六―一、一九九三年。

（春田晴郎）

第三節　イラン周辺世界および周辺からみたイラン

219　クレオパトラの魅力と東地中海世界の交流（前一世紀）

プルタルコス『対比列伝（英雄伝）』「アントニウス伝」第二七章（後二世紀初め）

次の日、アントニウスは返礼として饗宴を催してクレオパトラをもてなし、華麗さと優雅さで彼女を凌いでみせようとした。しかし……彼は真っ先に自分の方のもてなしの貧弱さと粗野さとを嘲った。こうしたアントニウスの自嘲の言葉を聞くにつけても、クレオパトラはこの男が根からの軍人肌で品がないと見抜くと、もうこの男に対しては容赦なく、大胆にそれ相応の態度をとった。（中略）彼女の美しさもそれ自体では決して比類ないほどのものではなく、見る者に強烈な印象を与えるというわけでもなかった。しかしひとたび彼女と交われば逃れられない魅力の虜となり、彼女の容姿に加え、会話をする際の説得力や同席の者に自然と伝わる性格とが相俟って刺激を与えた。また、口を開けばその声には甘美さが漂い、その舌は調べ豊かな楽器のようで、彼女が話そうとする言語に容易に合わせることができた。非ギリシア人と通訳を介して会話を交わすことが殆どなく、エチオピア人、トログロデュタイ人（1）、ヘブライ人、アラビア人、シリア人、メディア人（2）、パルティア人といったほとんどの民族にも、彼女自ら返答をした。他にも多くの言語を習得したと言われているが、彼女以前の王たちのなかには、エジプトの言葉さえじっくりと身につけようとせず、マケドニアの言葉さえ忘れてしまう者がいる始末であった。

（1）「洞穴の住民」の意で、紅海西岸北部に住む民族。
（2）メディア・アトロパテネを指し、現在のアゼルバイジャン辺り。

【出典】K. Ziegler (ed.), *Plutarchi Vitae Parallelae*, Vol. III, Fasc. 1 (Leipzig and Stuttgart, 1971), pp. 86–87.

【解説】プトレマイオス朝最後の女王クレオパトラ(七世)の魅力について書かれたプルタルコスの有名な一節。カエサルの死で後ろ楯を失ったクレオパトラは、政局の流動化したローマを去り、前四四年アレクサンドリアへ戻る。東方の支配を委ねられたアントニウスは、共和派カッシウスを援助した件の申し開きを求めて、前四一年小アジアのタルソスにクレオパトラを招いた。クレオパトラは当時二八歳、「女の美しさが最も輝かしく、才知も冴える盛りの年頃」(第二五章)であった。ローマにおける権力闘争の実情を熟知し、アレクサンドリアで教養も富も手にしていた彼女は、アントニウスを新たな同盟者として懐柔すべく、その要求に応じた。

彼女は豪華な装飾が施された船に乗り、着飾って登場した。川岸には薫香がたちこめ、周辺の住民たちは見物に集まったという(第二六章)。まずは彼女が饗宴を催し、アントニウスはその豪華絢爛なもてなしにただ驚嘆するばかりであったという。これに続くのが本訳出箇所である。

クレオパトラの魅力に関しては、ローマの歴史家ディオ・カッシウスが世界でも並外れて美しい女性とし、「とても甘い声で、誰に対しても愛嬌よく見せる術を心得ており、目で見ても耳を傾けても素晴らしい」と記している(『ローマ史』第四二巻三四章)。以来、クレオパトラといえばその美貌ばかりが強調されるが、プルタルコスはむしろ決然としたその態度や、言葉を交わした者を一瞬で虜にする会話の妙、そしてその高い言語能力に彼女の魅力を認めている。

また、彼女が通訳なしに会話をしたとする「エチオピア人、トログロデュタイ人……」という記述からは、当時の東地中海世界における広い人的交流の様子がうかがえる。

このことは、プルタルコスと成立年代が近い新約聖書の使徒行伝二章の記述からも想像できる。イエスの昇天後、エルサレムに使徒たちが集まっていると、天からの激しい音が響いて彼らは聖霊に満たされ、それぞれが外国の言葉で話し始めたという一節がそれである。「見よ、話しているこの人たちは皆ガリラヤ人ではないか。それなのに、私たちがそれぞれ、私たちが生まれた国の言葉で聞くとは、いったいどういうことなのか。私たちはパルティア人とメディア人とエラム人、また、メソポタミア、ユダヤとカッパドキア、ポントスとアシア、フリュギアとパンフィリア、エジプトとリビア地方――キュレネに沿う――に住む者、また、ここに寄留しているローマ人、ユダヤ人と改宗者、クレタ人とアラビア人なのに、あの人々が私たちの言葉で神の大いなる業《わざ》を述べるのを聞くとは」（荒井献訳「使徒行伝」新約聖書翻訳委員会訳『新約聖書』岩波書店、二〇〇四年）。ここから、当時のエルサレムにも地中海世界各地からの出身者が集まり、相互に言葉を交わしていた様子が読み取れる。

（石渡巧）

220　インド洋世界を結ぶ交易ルート（一世紀半ば頃）

『エリュトラー海案内記』第二六節（一世紀半ば頃）

オケーリスの次には海が再び東に向かって開き(1)、次第に外海の様相を呈してくると、およそ一二〇〇スタディオン離れてエウダイモン・アラビアー〔幸福のアラビア〕(2)がある。海辺の村で同じカリバエールの王国(3)に属していて、〔いくつかの〕適当な碇泊地とオケーリスのよりずっと甘い〔いくつかの〕給水地があり、そこから陸地が後退しているので、湾の始まるところにあたっている。エウダイモン・アラビアーはかつては都市で、エウダイモンと呼ばれた。その頃はインドからエジプトに来るものはなく、またエジプトから敢えて〔外海の〕内部の諸地域へ渡航するものもなく、〔おのおの〕ここまでしか来なかったので、丁度アレクサンドリアが外海からのとエジプトの品とを受け入れるように、両方面からの荷を受け入れていた。しかし今では、我々の時代からそう離れていない頃に、カイサル(4)がここを攻略した。

（1）オケーリスはアラビア半島の南西端に位置し、バーバル・マンデブ海峡に臨む碇泊地兼給水地。ここを過ぎると船は、いわば内海の紅海を出て外海のアデン湾に入る。インド洋の始まりである。

（2）通常は、降雨に恵まれ乳香や没薬などの香料産地として栄えた南アラビア（現在のイエメンからオマーン西部にかけて）を指す語であるが、ここでは現在のアデンを指している。天然の良港に臨むこの港市は、古代より現在に至るまで国際商業の重要中継地としての地位を保持している。エウダイモンはギリシア語で「幸福な」という意味。

（3）当時の南アラビアはいくつかの王国に分かれていたが、本史料の第二三節によると、カリバエールはヒムヤルとサバという二つの国の王を兼ねていた。

（4）カエサル（シーザー）の名に由来するこの語はその後ローマ皇帝の称号となった。本史料の記事をそのまま認めれば、一世紀の前半にローマ軍がアデンを攻略したということになり、ローマにとっては記録に留めるべき戦果と言える。にもかかわらず他にこの事件に言及した史料は皆無であることにより、記事の信憑性を疑問視する見解が有力である。

【出典】 Lionel Casson, *The Periplus Maris Erythraei: Text with introduction, translation, and commentary*(Princeton, 1989), p.64.

【解説】 本史料は一世紀の半ばかそれをやや過ぎた頃に、エジプト在住の交易者によってギリシア語で著された一種の商業案内書で、当時ギリシア語でエリュトラー海と呼ばれていた、現在の紅海からアラビア海、インド洋へかけての広い海域の、沿岸諸地方の物産や各港における交易の実状を詳しく紹介している。そのため、東西交流史の研究においては言うに及ばず、史料的に恵まれていない当時のこれらの地方の状況を知るうえでも、不可欠の史料として重んじられてきた。右に訳出した第二六節は中でも重要な一節で、地中海世界とインド洋世界を結ぶ交易ルートの変化を実証する史料としてよく引かれる。古い時代にはインドを中心にインド洋沿岸の港から運ばれてきた商品は、アデンをはじめとするアラビア南岸の港に集まり、そこから南アラビア産の香料とともにラクダの隊商により陸路(香料の道)北方に輸送された。それによって、このルート沿いには大小の隊商都市や国家が繁栄した。ところがエジプトがプトレマイオス朝の支配下に置かれた時代になると、エジプトの商人たちが南アラビアの諸港を訪れてそこで取り引きを行うようになる。そして遂に夏と冬の季節風(モンスーン)に乗ってインド洋を横断航行する術を会得した彼らは、中継商人の手を経ないで自らインドの諸港へ赴いて交易を行うに至った。こうしてエジプトとインドが直接結ばれたことにより、ローマ世界に東方の物産が大量に流入する道が開けたが、その一方でそれまで中継交易の利を得て栄えていたアラビア半島の都市や国家は大きな打撃を被り、その結果、前一世紀から次の世紀にかけてこの地方の歴史は大きく転換した。

（蔀勇造）

221 アラビア半島情勢の変化1 (三世紀末—四世紀初頭)

イムルゥ・ル・カイスのナマーラ碑文(三二八年一二月七日)

これは全アラブの王、アムルの息子、王冠を戴くイムルゥ・ル・カイス(1)の墓碑である。彼はアスドの両族(2)とニザール族、および彼らの王たちを支配した。マズヒジュ族を潰走させ、シャンマル(3)の町ナジュラーン(4)の門前において、槍の穂先で〔彼らを〕撃ち倒した。さらにマアッド族をも支配した。息子たちに町や村(5)を委ねて統治させ、彼らはローマのために指揮をとった。彼が死を迎えるまで、彼の事績に匹敵する業をなした王は存在しなかった。二二三年(6)カスルール月七日〔西暦三二八年一二月七日〕。彼の子孫たちに幸いあれ。

(1) 通説ではイラクのヒーラを本拠地としたラフム朝の二代目の王に比定される。父のアムルは、パルミラの女王ゼノビアに謀殺されたと伝えられるタヌーフ族の族長ジャズィーマの甥にあたる。ラフム朝は後にサーサーン朝の後援を受け、対ビザンツ戦の先兵を務める一方で、アラブ諸族の盟主の地位を巡って、ビザンツの後援を受けたシリアのガッサーン朝や、ヒムヤルを後盾とする中央アラビアのキンダ王国と相争うことになる。

(2) 後にはアズド族と呼ばれるが、先イスラーム期には南アラビアの碑文でもアスドと綴られている。サラート(史料222注3参照)のアスドとオマーンのアスドの二支族に分かれる。ただしこの両族、特に後者の当時の所在地は不詳。

(3) ヒムヤル王シャンマル・ユハルイシュ(史料222参照)。

(4) ヒムヤル王国最北部の交通の要衝に位置する重要都市。南から延びてきた隊商路はここでシリアに向かうルートとペルシア湾岸に向かうルートに分岐する。

(5) 原語を直訳すれば「定住民の諸族」。それまでに族名を挙げられているのがすべてベドウィン(ラクダ遊牧民)であるのに対して、ここではオアシスに定住して農業や商工業を営む人々を問題としている。

(6) 西暦一〇五年から始まるボストラ紀元による紀年である。通説ではイムルゥ・ル・カイスの没年と解されているが、彼の墓が建造された日付を示すという説もある。

【出典】 A. F. L. Beeston, "Nemara and Faw," in: *Bulletin of the School of Oriental and African Studies*, 42, No. 1 (1979), pp. 1–6; M. Kropp, "Vassal-neither of Rome nor of Persia. Mar'al-Qays the great king of the Arabs," in: *Proceedings of the Seminar for Arabian Studies*, 23 (1993), pp. 63–93.

【解説】 シリア砂漠のナマーラ(ダマスクスの南東約一〇〇キロ)で発見され、現在はパリのルーブル博物館が所蔵しているイムルゥ・ル・カイスの墓碑。アラブの大族長であった彼の遺業、特にその支配と征服の及んだ範囲が、ナバテア文字を使って初期のアラビア語で石碑に記されている。古代史の一つの転換期とも言える三世紀末から次世紀初頭へかけての時期の、アラビア半島情勢をうかがわせる貴重な史料である。ただし碑文テキストの解読と解釈には少なからぬ異論があり、テキストの読みは未だ確定していない。したがって主として出典に挙げた二研究に拠った本訳も、暫定的ないわば仮訳である。イラクからアラビア半島北東部に勢力を持つラフム朝の王の墓がシリアにあり、しかもサーサーン朝ではなくローマへの協力が記されている点が最大の謎である。おそらくパルミラ攻めにおいて成立した両者の協力関係が、その後もしばらく継続したのではなかろうか。中央アラビアの諸族を撃破し、南アラビアのナジュラーンにまで軍を進めたという記事から、当時のイムルゥ・ル・カイスの勢威をうかがうことができるが、その後は現在のリヤドとメディナを結ぶ線が、ラフム朝とヒムヤルの勢力圏の境界となった。

(蔀勇造)

222　アラビア半島情勢の変化2（三世紀末―四世紀初頭）

ヒムヤル王シャンマルのサーサーン朝王都への遣使碑文(三世紀末―四世紀初め)

ハズファル・イナーン族のライマーンは、アッワーム〔神殿〕(1)の主アルマカー・サフワーンに、誓約してあった金の彫像を奉献した。主君であるサバとズー・ライダーン(2)〔ヒムヤル〕とハドラマウトとヤムナの王シャンマル・ユハルイシュに随行したすべての遠征において、神の恵みにより、サラート(3)の民のもとから捕虜と戦利品を得て無事に帰還できたことに感謝して。また、主君のシャンマル・ユハルイシュによりアスド族(4)の首長、カアブの息子マーリクのもとへ遣わされた際にも、無事に帰還できたことに感謝して。〔このとき〕彼はさらに二件の使節の任務を負って、ペルシアの二王都カトゥーシフ〔クテシフォン〕とクーク〔新セレウキア〕およびタヌーフ族(5)の地にまで赴いた。そしてアルマカーより賜った恵みにより、主君に派遣されたすべての地より無事に帰還でき、歓喜したのである。(後略)

(1)　古代南アラビアのサバ王国の首都マーリブにあった、サバの主神アルマカーを祀った神殿。サバがヒムヤルに併合された後も崇敬を受け続けたが、四世紀の半ば以降キリスト教とユダヤ教への改宗者が増えるとともに廃れた。

(2)　理由は未詳であるが、王号ではヒムヤルに代えてズー・ライダーンという語が使用された。ライダーンはヒムヤル王国の首都ザファールにあった王城の名称。

(3)　南北に連なるイエメン山地の分水嶺の西側地域。碑文の中では、紅海に沿ったティハーマの平地までを含んでいる。

(4)　碑文の校訂者ミュラーの説では、オマーンのアスド族。ただし彼らが当時すでにオマーンに移住していたか否かは不明(史料221注2参照)。

(5)　タヌーフはペルシア湾岸近くで結成されたアラブの大部族連合であったが、サーサーン朝成立後その圧力に押されて北上し、ユーフラテス川の西方に移住したと伝えられる。三世紀半ば過ぎ、シリア砂漠でゼノビアの支配するパルミラの勢力が強まるとこれと対立し、ローマ軍に協力してこれを滅ぼすのに一役買った。

【出典】 W. W. Müller, "Eine sabäische Gesandtschaft in Ktesiphon und Seleukeia," in: R. Degen, W. W. Müller & W. Röllig, *Neue Ephemeris für Semitische Epigraphik*, Vol. 2(Wiesbaden, 1974), pp. 155-165.

【解説】 Sh 31という登録番号が付けられた本史料は、アッワーム神殿のアルマカーに奉献された金の彫像の石製の台座に刻された碑文である。南アラビアには三世紀の半ば過ぎまではサバ、ヒムヤル、ハドラマウトの三国が鼎立していたが、同世紀の末にヒムヤル王シャンマル・ユハルイシュが他の二国を併合してこの地の統一を成し遂げた。王の称号から見てこの奉献がなされたのは統一後、したがって三世紀末から四世紀初めへかけての時期である。碑文テキストを一読して明らかなように奉献の趣旨は、神の加護により、軍事遠征や使節の任務を無事果たして帰国できたことへの感謝である。シャンマルがサーサーン朝の王都へ遣使した目的は、この碑文からは全く窺い知れない。しかし先に挙げた史料221と読み比べてみると、イムルゥ・ル・カイスの南方遠征とシャンマルの遣使の前後関係は分からないまでも、当時のアラビア周辺の国際関係の一端は推察できる。南アラビアの統一を果たして、北方諸部族への影響力拡大を次の目標に定めたシャンマルにとり、最大のライバルは、全アラブの盟主をもって任じ南進を図るイムルゥ・ル・カイスであった。後者が当時ローマと良好な関係にあったとすれば、シャンマルが結ぶべき相手が、ローマと敵対するサーサーン朝であったのは当然のことと思われる。

(蔀勇造)

223　アルベラへのキリスト教宣教（二世紀前半）

伝ムシハー・ズカー『アルベラ年代記』第一、二章（六世紀頃）

さて、アディアベネの地に存在した司教たちのうちの最初の者は、師ハヴェールが言っているように、聖ペキーダーであり、彼は使徒アッダイが自ら按手した者である。この者はベーリーという名のある貧しい男の息子であり、父はあるマゴス僧に仕える者であった。その息子である彼は、人々が墓所へ運んでいたある少女を使徒アッダイが立ち上がらせて彼女の両親に引き渡した奇跡を見てからというもの、我らの主イエス・キリストを通して我らを満たした聖霊の恵みが彼の心の中で動きだし、彼はその人の弟子になろうと心に決めたのである。それゆえに彼が自分の父や親族たちからいかなる迫害を受けたのか、口では到底語ることはできないし想像することはできない。（中略）〔使徒アッダイに仕えてから〕五年後、〔アッダイは〕彼を叙階し、祖国へと送ったと言われている。そして彼は人々の柵の中で福音を説き始め、使徒たちのように偉業や奇跡の数々を為し、神的な恵みによって彼らを克服して、多くの羊たちを救い主の囲いのなかに入れた。そして一〇年の後に彼は亡くなり、回心して彼に従うようになっていた彼の両親の家に、彼の弟子たちの手で葬られた。

〔ペキーダーの司教在位が終わって〕六年後、ベース・ザヴダイの司教マズラーが、アディアベネの土地に商人たちの隊商とともにやって来た。彼は、そこにキリスト教徒の集団が存在することを知ると、密かに彼らのもとへやって来た。そして彼らの信頼が得られると、彼らは彼を家〔教会〕へ招き入れ、彼に対し自分たちには六年間も指導者がいないのだと言った。そして助祭サムソンの上に手を置き、自分たちのために彼〔サムソン〕を司教に列してくれるようにと求めた。そこで彼〔マズラー〕は彼らの善き願いを聞き入れ、彼〔サムソン〕の上に自らの手を置いた。というのも彼が以前ペキーダーの助祭であったことを、彼は知っていたからである。

【出典】Peter Kaverau(ed.), *Die Chronik von Arbela*, Corpus Scriptorum Christianorum Orientalium, vol. 467(Scriptores Syri, t. 199), (Louvain, 1985), pp. 2-3.

【解説】　ここに訳出したのは、『アルベラ年代記』(全二〇章)と呼ばれるシリア語で書かれた文書である。アルベラは交通の要所として隊商に利用され栄えてきたが、その歴史はアッシリア、新バビロニア、アカイメネス朝ペルシア、セレウコス朝シリア、ローマ、アルシャク(アルサケス)朝パルティア、サーサーン朝ペルシアといった周囲に勃興する大国の動向に常に翻弄され続けた。アレクサンドロス大王の死後セレウコス朝による支配を経て、紀元前一六五年頃旧アッシリアの本拠地とほぼ同じ地域に、このアルベラを首都とするアディアベネ王国が成立することになる。その後アディアベネは西のローマと東のアルシャク朝パルティアとがせめぎ合う戦場となった。

最初の校訂者A・ミンガーナはこの文書の作者はムシーハー・ズカーという六世紀の人物であるとする。しかし研究者の間ではこの文書がミンガーナによる贋作ではないかという説も飛び出し、未だその史料価値が確定していない文書である。

本訳出箇所は序文に続く二つの章で、早くも二世紀初頭にキリスト教がティグリス川以東のアルベラに広まっていたことを伝えている。参照した校訂者カヴラウによれば、最初の司教ペキーダーは在位一〇四―一一四年、続くサムソン(シリア語ではシェムショーン)は在位一二〇―一二三年である。両者の間には五年ほどの空位期間があるが、これは一一三―一一七年のローマのトラヤヌス帝によるパルティア戦争中の混乱が背景にあったのかもしれない。

ここで注目すべきは、キリスト教の東方への伝播の早さのみならず、最初の司教ペキーダーが、使徒アッダイによって按手されていることである。伝説によるとアッダイは、ルカ一〇章一節のイエスの七二人弟子の一人で、シリアのエデッサ教会の建設者であるとされる。後に東シリアのキリスト教中心地になるエデッサの王アブガルがイエスと書簡を交わし、遣わされたアッダイによって病が治ったことで、王がキリスト教に改宗したという。

また、ヨセフスはその著書『ユダヤ古代誌』のなかで、アディアベネ王国の王イザテスとその母ヘレネーが紀元後四〇年代にユダヤ教に改宗した物語を述べている。おそらく、こうしたユダヤ教の下地の上に、キリスト教宣教が行われたのであろう。二世紀のアルベラの司教たちがすべて、サムソン、イサク、アブラハム、モーセ、アベルというユダヤ名を持っていたことは、このことを裏付けるものである。

(石渡巧)

224　マニの宗教の長所(三世紀)

マニ教文書(三世紀半ば)

私が選んだ宗教は、他の先人たちの諸宗教より、一〇の点で、進んでおり優れている。

第一に、古人たちの宗教は、一つのくににおいて、一つの言葉でなされたものであった。私の宗教は、すべてのくにぐにに、すべての言葉で啓示され、遠くのくにぐにで教えられる、そのようなものである。

第二に、先人たちの宗教は、指導者が清くある限りのものであって、指導者が天に召し上げられると彼らの宗教は混乱し、規律や勤行が緩んでしまった。〔そして……。私の宗教は、〕「生ける書」によって、教師、助祭、選民、聴衆(1)によって、知恵と勤行によって、最後まで続くだろう。

第三に、自身の宗教では勤行を成就できなかった先人たちの魂は、私の宗教の下にやって来る。そして、それは、確かに彼らにとっての救済の門となるだろう。

第四に、この二原理の啓示、「生ける書」、私の知恵と知識は、先人たちの宗教より遥かに進み、良い。

第五に、先人たちの宗教の、すべての書、知恵、たとえ話は、私の宗教[以下、欠損]

(1) マニ教徒の位階が高い順に示されている。教師、助祭(あるいは僧正)、選民(あるいは義者)までが出家信者、聴衆が在家信者である。

【出典】M. Boyce, *A Reader in Manichaean Middle Persian and Parthian*, Acta Iranica 9(Leiden, Téhéran and Liège, 1975), Text a, pp. 29–30.

【解説】中国、現在の新疆ウイグル自治区に位置するトゥルファン盆地から出土した中期ペルシア語(中世ペルシア語)の断片。作品名はわからないが、メソポタミアを中心に活動し二七六年頃イラン西南部で刑死したマニ(マーニー)自身の言葉と考えられる。

ユダヤ教やキリスト教などと比較した彼の教え(マニ教)の長所が列挙されている。特に第一点は重要であり、マニ教の文献が多くの言語で残されていることの根拠でもある。また、マニ教より後に興ったイスラーム教の聖典言語がアラビア語に限定されているのとも対照的である。多くの言語で布教するために、マニはアラム文字を改良して独自のマニ教文字を考案した。本史料を含むトゥルファン出土マニ教文献の多くはマニ教文字で記されており、とくに中期ペルシア語とパルティア語はみなそうである。

グノーシス宗教を基盤に、様々な宗教を吸収してマニが提唱したマニ教は、激しい迫害に遭いながらも、北アフリカや中央アジアで広まり、とくに後者では一三世紀頃まで存続した。

〔参〕M・タルデュー／大貫隆、中野千恵美訳『マニ教』文庫クセジュ、二〇〇二年。

（春田晴郎）

225 サーサーン朝のホスロー（フスラウ）一世の税制改革（六世紀）

タバリー『使徒たちと諸王の歴史』（一〇世紀初め）

キスラー(1)は、見識を持ち〔皇帝への〕助言を行うことのできる者たちを選び出し、命令を下した。すなわち、土地測量(2)によって明らかとなった穀物の種類や、ナツメヤシとオリーブの数、また人頭税の対象となる人々の頭数を調査すること、そしてこれに対して賦課する税を、臣下の良い生活と豊かな生計が成り立つと彼らが見なした範囲で定めること、その内容を自分に報告することを命じたのである。このため、彼らひとりひとりは〔妥当であると〕みなした税額について意見を述べ、全体でこの件に関する討論を重ねた。そしてついにその意見が一致し、土地税を、人間と家畜に滋養を与える〔農産物〕に対して賦課することとした。それは、小麦、大麦、米、葡萄、牧草(3)、ナツメヤシ、オリーブである。彼らが定めた額は、大麦と小麦の耕地一ジャリーブ(4)ごとに一ディルハム(5)、葡萄の植えられている土地一ジャリーブごと八ディルハム、牧草の植えられている土地一ジャリーブごとに七ディルハム、ペルシア・ナツメヤシ樹四本ごとに一ディルハム、質の劣るナツメヤシ樹六本ごとに同じ額、オリーブ樹の棚六本ごとに同じ額であった。彼らは、果樹園で栽培されているか、孤樹ではなくまとまりとして栽培されているナツメヤシ樹のみに課税し、また、これら七種類の農産物以外のものは全て非課税とした。このため、人々は生活を十分に維持することができた。また彼らは、人々に人頭税を課した。これを免除されるのは名家の人々、重鎮、戦士、ゾロアスター教僧侶、書記、そして皇帝に奉仕している人々であった。彼らは人々を、その貧富に応じて一二、八、六、四ディルハム課税の階層に分け、また二〇歳に達しないか五〇歳を超えた人々にも人頭税を課さなかった。彼らが、以上の課税計画をキスラーに上申したところ、キスラーはこれに満足し、それを実行に移すこと、その際、年三回四カ月ごとの割賦で行うことを命じた。

(1) キスラー Kisrā とはフスラウのアラブ名である。また後には、ローマ皇帝全般をカイサルと称するのと同様にペルシア皇帝に対する一般名称としても用いられた。
(2) 土地測量 al-misāḥa. フスラウ一世の税制改革が、収穫物の産額比率制から単位面積あたりの固定税額制へ移行したことを示す。
(3) 原語は ritāb. 水分の多い草類、特にトレフォイル、クローバーなどを指す。
(4) ジャリーブ jarīb は耕地の単位。イラクでは一・五九二平方メートル。
(5) ディルハム dirham は銀貨の単位。サーサーン朝の銀貨ドラクマを意味する。のちにビザンツ帝国起源の金貨ディーナール dīnār(デナリウス)と並んで、イスラーム王朝の根本通貨となった。

【出典】 al-Ṭabarī, *Ta'rīkh al-Rusul wa al-Mulūk*, Ser. I(Leiden, 1964), pp. 961-962.

【解説】 フスラウ一世(在位五三一―五七九年)は、マズダク教の弾圧に続いて行った多くの制度改革で知られるが、税制改革はその代表的なものである。近年この税制改革の開始時期をカヴァード一世の時代に求めるなどの議論もされているが、少なくともイスラーム期の史料は、一致してこの改革の実行をフスラウ一世に帰している。その中心は、土地税を従来の産額比率制(作物の収穫量に応じて一定率の税を現物で徴収する)から、農地の一定面積ごとの定額制に移行させたことである。これによって政府は、収穫の監視を行う手間を省き、また作物の豊凶と無関係に安定した税収を見込むことができる。一方、納税者にとっては、凶作の際に過大な負担がかかるのみならず、現金納が導入されることによって、農産物価格の下がっている時期に換金する必要性が生じるなど、大きな不利益をもたらした。フスラウ一世がこのときに導入した定額制は、七世紀には第三代カリフ＝ウマルによってイスラーム統治下のイラクに引き継がれ、その租税制度の根幹を築いた。のちに形成されたイスラーム法学の租税理論もまた、この制度を議論の前提としている。その意味で、この租税改革はサーサーン朝のみならず、その後の中東イスラーム世界にも大きな影響を与えた。しかし、同時にこの史料そのものが、そのような法学的議論の根拠として、イスラーム時代に伝承されてきたものであることにも注意を要する。

（清水和裕）

226　ホラズムの家構成としもべ（三世紀頃）

トプラク・カラ文書（三世紀頃）

〔二番〕ハラクの家。ハラク、ヴェーワルサル（来た）[1]、ペーク（来た）。[2]∧しもべ　マーマク、ラズマーガタク、カーカーナチャク、アーパルトグリータク、ウプニシュタク、アルタフワターウ、ワネーナク、タルマタク、タータク、カーシュバルザク。∧妻のしもべ　カルトヤワーナク、マルチパク。

〔四番〕スンワンの家。スンワン、ワノーン（来た）、ガンチーク（来た）。しもべ　サーサーナク、メースフラタラク、シュカルワサク、ワーイワサク、ウセーナク（来た）、ベーワル（来た）、ワルトベーワル（来た）、ハルンワリータク（来た）。妻のしもべ　ワルトラズム、スーレーナク（来た）、ダスワラーナク（来た）、カンチュッカル（来た）。

〔五番〕シールマーナクの家。シールマーナク。∧しもべ　フワーンサチャク。∧妻のしもべ　ジーワータク[3]（来た）。∧母のしもべ　カサチャク（来た）。ノークバーグから。アルスカンス[4]。

（1）人名の後に、「来た」と記されている。「新たに名簿に編入された／登録された」という意味であろう。
（2）不等号∧に似た記号。明らかにセクションの区切りを示している。
（3）あるいは「新しい果樹園から」。
（4）この語のみ、裏面。地名か。

【出典】V. A. Livshits, "Dokumenty," in: IU. A. Rapoport, and E. E. Nerazik (ed.), *Toprak-Kala: Dvorets* (Moskva, 1984), Dok. II, IV, V, pp. 251-286.

【解説】中央アジア、アムダリア下流域をホラズム（ハーラズム、コレズム）と呼ぶが、本史料はそのホラズム地域のトプラク・カラ遺跡（ウズベキスタン）から出土した木簡三点である。

時代は三世紀頃に比定されている。中期イラン語の一つであるホラズム語で記されている。

内容は、「家」に所属する成人男性名簿と判断される。何のための名簿かは不明である。またトプラク・カラは都城遺跡であるが、この名簿の対象となる「家」がどこに存在し、どのような生活形態なのか(定住農耕民なのか牧畜民なのか)などもわからない。

家長(ここではそれぞれ、ハラク、スンワン、シールマーナク)に続いて、「家」に属する成人の息子、つづいて「しもべ」の名が記されている。「しもべ」は仮の訳で、従属的な成員である以上のことは不明である。もちろん、奴隷の可能性もある。家長の息子(と推定される人)には、内容がまとまって読み取れる六つの木簡すべてで「来た」が付せられており、このことから、年長の息子は、父の「家」から既に独立していた可能性が考えられる。

本史料の最大の特色は、「家」に属する成人男性の中で「しもべ」(「妻のしもべ」「母のしもべ」も含めて)の占める比率が極めて高い、ということである。二番文書および四番文書ではそれぞれ一五人中一二人、五番文書では四人中三人が「しもべ」である。

古代ギリシアや古代ローマのような奴隷制の発達した社会は、東方では稀であると一般に考えられているが、必ずしもそうではないかもしれない例を本文書は示している。〔参〕春田晴郎「古代ホラズムの「家」と「しもべ」」『西南アジア研究』六二、二〇〇五年。

（春田晴郎）

岩 波
オンデマンドブックス

平安時代の貴族と天皇

玉井 力 著

9784007307096

1921322059004

ISBN978-4-00-730709-6

C1322 ¥5900E

定価(本体 5900 円 + 税)

■岩波オンデマンドブックス■

世界史史料 1
古代のオリエントと地中海世界

2012年7月27日　第1刷発行
2018年1月11日　オンデマンド版発行

編　者　歴史学研究会《れきしがくけんきゅうかい》

発行者　岡本　厚

発行所　株式会社　岩波書店
〒101-8002　東京都千代田区一ツ橋 2-5-5
電話案内　03-5210-4000
http://www.iwanami.co.jp/

印刷／製本・法令印刷

ISBN 978-4-00-730709-6　　Printed in Japan

索　引

・人名は，「姓，名」の区別が明確な場合は姓を，それ以外の場合は通称を見出しとした．
・人名の原語綴りはラテン文字で表記した．
・同名の皇帝などは代数の順に並べた．
・生没年についてはすべて西暦で示した．また生没年が不明の場合に在位，在職年などが分かるものについてはそれを記した．
・事項の出現する項目番号で検索するようにした．

ア 行

アイ(Ay, 在位前 1327-前 1323?)　87, 88
アイスキネス(Aischines, 前 390?-前 315?)　120, 139
アヴァリス　82
『アヴェスター』　209
アウグストゥス(Augustus, 前 63-後 14)　172-174, 176, 187
アウレリウス・ウィクトル(Aurelius Victor, 320-389/90)　191
アカイア同盟　158, 159
アカイメネス朝　47, 56, 135, 201-208
アキレウス　104
アクエンアテン(Akhenaten)　→アメンヘテプ 4 世
アケトアテン　24
アケメネス　→アカイメネス
アスワン　77, 79, 98
アッカド(王朝)　2, 7-11, 15, 16, 26, 32, 36, 38, 39, 60, 212
アッカド語　10, 11, 16, 23-25, 28, 32, 35, 42-45, 53, 56-58, 60, 64-67, 207, 210, 212
アッシュル市　15, 16, 25-27, 32, 35, 36, 39, 56
アッシュル神　25, 26, 32, 33, 35, 37, 51, 56
アッシュル・ウバリト 1 世(Assur-uballit I, 在位前 1353-前 1318)　25-28
アッシュル・ウバリト 2 世(Assur-uballit II, 在位前 611-前 609)　39
アッシュル・バニパル(Assurbanipal, 在位前 668-前 627)　33, 35, 36, 203
アッシリア　15, 16, 25-28, 30-40, 51, 53-59, 66, 85, 94, 212
アッシリア商人　15, 59
アッダイ(Addai, 1 世紀)　223
アッピア街道　168
アッリアノス(Arrianus, 85~90?-?)　145, 210
アディアベネ王国　223
アテナイ　109, 116, 117, 120-122, 125-136, 138-143, 146, 148, 152, 153
アテン神　86-88
アドリアノープルの戦い　198
アナクサルコス　145
アニッタ(Anitta, 前 18 世紀?)　59
アハメス 2 世(Ahmose II[Amasis], 在位前 570-前 526)　95
アビ・エシュフ(Abi-eshuh, 在位前 1711-前 1684)　22
アピス　70, 71
アビュドス　75, 77
アヒラム(Ahiram, 前 11 世紀後期)　46
アポッロドロス　132
アマルナ　24, 87, 88
アマルナ文書(書簡)　24, 25, 28, 43, 87
アムル(人)　13, 16, 17, 20, 32, 43, 56, 90
アメンエムハト 1 世(Amenemhat I, 在位前 1985?-前 1956?)　78, 81
アメン神　24, 65, 83-89, 93
アメンヘテプ 1 世(Amenhotep I, 在位前 1525-前 1504?)　83
アメンヘテプ 2 世(Amenhotep II, 在位前 1427-前 1400?)　86

カ 行

サ 行

タ 行

ダーラヤワウ1世(Dārayavau I, 在位前522-前486)　95, 202-204
ダーラヤワウ3世(Dārayavau III, 在位前336/335-前330/329)　210
タルフンタッサ　67
ダレイオス　→ダーラヤワウ
ダレイオス2世(Dāreios II, 在位前424/3-前405/4)　206
ツタンカーメン　→トゥトアンクアメン
ディオ・カッシウス　→カッシウス・ディオ
ディオクレティアヌス(Diocletianus, 230?-313)　191-194
ディオドロス(Diodorus, 前1世紀)　210
ディクタトル(独裁官)　170
ティグラト・ピレセル1世(Tiglath-pileser I, 在位前1114-前1076)　56
ティグリス川　210, 212
ティス(ティニス)　77
ティベリウス(Tiberius Iulius Caesar Augustus, 前42-後37)　174, 176
ティルス　34, 43, 47
テオドシウス1世(Theodosius I, 347-395)　199
『テオドシウス法典』　197, 199
鉄　15, 66
テティ(Teti, 在位前2345-前2323?)　75
テフナクト(Tefnakht, 在位前727-前720?)　94
テーベ　77, 80, 83, 85, 87, 89-91, 93
テミストクレス(Themistokles, 前528?-前462?)　120
デメトゥリオス(Demetrios, 前336-前283)　146
デモステネス(Demosthenes, 前384-前322)　132, 134, 139
デモティック　100
デモファントスの決議　141
テュルタイオス(Tyrtaios, 前7世紀)　110
テリピヌ(Telipinu, 前16世紀後期)　61, 62
デル・エル・バハリ　84
デル・エル・メディーナ　91, 92
デロス　146
デロス同盟　121, 125, 128
トゥキュディデス(Thucydides, 前455以前-400?)　47, 101, 105, 114, 117, 121, 122, 126, 158
トゥクルティ・ニヌルタ1世(Tukulti-Ninurta I, 在位前1233-前1197)　26, 30, 56
トゥシュラッタ(Tushratta, 前14世紀)　24
トゥトアンクアメン(Tutankhamen, 在位前1336-前1327?)　28, 63, 83, 88
投票　116
トゥトハリヤ4世(Tudhaliya IV, 在位前1237-前1228, 前1227-前1209?)　67
動物戯画　97
陶片追放　118
東方遠征　144
ドゥムジ　2, 4, 12
同盟財務官　125, 127
独裁官　156, 157, 170
徳政令　4, 19, 20, 22
トークン　1
トト神　84
トトメス1世(Thutmose I, 在位前1504-前1492?)　83, 84
トトメス2世(Thutmose II, 在位前1492-前1479?)　84
トトメス3世(Thutmose III, 在位前1479-前1425?)　48, 83-85
トトメス4世(Thutmose IV, 在位前1400-前1390?)　86
ドミティアヌス(Titus Flavius Domitianus Augustus, 51-96)　182
トラヤヌス(Trajanus, 52-117)　186, 223
「トリノ王名表」　70
奴隷　4, 6, 9, 18, 19, 22, 27, 29, 103, 115, 116, 124, 129, 132, 136, 145, 177, 197, 202, 207, 216, 226
ドレロス　107

ナ 行

ナイル川　69, 87, 98
ナウクラティス　96
ナディートゥム女神官　21, 22
ナパタ　94
ナボニドス(Nabonidus, 在位前555-前539)　41, 201
ナボポラッサル(Nabopolassar, 在位前625-前

605)　36, 38, 39
ナラム・シン(Naram-Sin, 在位前 2254-前 2218?)　8, 11, 16
ナルメル(Narmer, 前 4 千年紀末)　69
ニカイア公会議　196, 199
ニップル　2, 7, 8, 11, 13, 14, 32, 38, 207
ニネヴェ　34-36, 39, 53
ニネチェル(Nynetjer, 前 29-前 28 世紀?)　70
ニムロト(Nimlot, 前 8 世紀後半)　94
ニンギルス　3, 6, 9
ヌジ　23
ヌビア　→クシュ
ネクタネボ 1 世(ネケトネブエフ)(Nectanebo I, 在位前 380-前 362)　96
ネフェルイルカラー(Neferirkara, 在位前 2475-前 2455?)　73, 74
ネフェルティティ(Nefertiti, 前 1380-前 1340?)　87
ネブカドネツァル 1 世(Nebuchadnezzar I, 在位前 1125-前 1104)　30
ネブカドネツァル 2 世(Nebuchadnezzar II, 在位前 604-前 562)　41, 54, 55
ネロ(Nero Claudius Caesar Augustus Germanicus, 37-68)　178, 179
ノモス　69, 73

ハ 行

バアル(Baal, 前 7 世紀前半)　34
ハザエル(Hazael, 前 9 世紀中期)　52, 58
ハダド・イスィ(Hadad-ysi, 前 9 世紀中期)　57
ハッティ　→ヒッタイト
ハットゥサ　59-61, 65, 67
ハットゥシリ 1 世(Hattusili I, 前 17 世紀)　60, 61
ハットゥシリ 3 世(Hattushili III, 在位前 1267-前 1237?)　65-67, 89
ハトシェプスト(Hatshepsut, 在位前 1473-前 1458?)　83-85
ハトラ　218
ハドリアヌス(Publius Aelius Hadrianus, 76-138)　216
ハドリアヌスの防壁　183
パトリキー　154-157, 165
バビロニア　2, 9, 14-19, 21, 22, 24-30, 32, 33, 36-38, 40, 49, 54-56, 85, 201, 210, 212, 213
「バビロニア年代誌」　36, 39, 55
バビロニア捕囚　31, 54, 55
バビロン　12, 16, 17, 20, 21, 30-32, 36, 38, 40, 41, 55, 61, 201, 203, 210, 212, 213
バビロン第 1 王朝　18, 19, 22, 28, 30, 61
バビロン天文日誌　210-213
ハマト　31, 51, 55, 58
パラタルナ(Parrattarna, 前 1500?)　42
ハリカルナッソス　123
ハルクフ(Harkhuf, 前 23 世紀後半)　75, 99
パルティア　211, 212, 214, 215, 217-219
パルティア戦争　223
バルナムタルラ(Barnamtarra, 前 24 世紀前半)　5
パルミラ　56, 215, 216, 218, 221, 222
パレルモ・ストーン　70, 71, 73, 74
ハンニバル　159
ハンムラビ(Hammurabi, 在位前 1792-前 1750)　10, 16-21
「ハンムラビ法典」　10, 18-22, 62
ピイ(Piy, 在位前 747-前 716?)　93, 94
ヒエラコンポリス　69
ヒエラティック　80, 100
ヒエログリフ　97, 100
ヒクソス　82, 86
ヒスパニア　167
ヒッタイト　15, 24, 26, 28, 30, 43, 44, 48, 56, 59-68, 85, 86, 89, 90
ヒッタイト象形文字　68
「ヒッタイト法典」　61, 62
ビブロス　34, 46, 51
ヒムヤル　220-222
百人隊　152, 169, 183
百四人会(百人会)　161
ヒュルカニア　212
ピュロス王国　102, 103
ピラトゥス　175, 178
ピラミッド　71-73, 76, 83
「ピラミッド・テキスト」　99
ファラオ　91
フィリッポス 2 世(Philippos II, 在位前 360/59-

前 336)　138-140
フィロクラテスの和約　139
フェニキア(人)　34, 43, 45, 47, 88, 143, 151, 159, 160
プサメテク 3 世(Psamtek III, 在位前 526-前 525)　95
フスラウ 1 世(Xusraw I, 在位 531-579)　225
プトレマイオス 2 世(Ptolemaios II, 前 308-前 246)　148
プトレマイオス 3 世(Ptolemaios III, 前 288-前 221)　149
プトレマイオス朝　96, 219
プラエトル　156, 162, 167, 169, 173
プラトン(Platon, 前 428-前 347)　113
フリ(人)　23, 24, 42, 48, 60, 61, 66
フリュギア　32, 37
ブルナ・ブリアシュ 2 世(Burna-Buriash II, 在位前 1354-前 1328)　25, 28
プレブス　→平民
兵(兵士)　110, 111, 119, 126, 133, 152, 159, 206
平民　154-157
平民会　154, 157
ペイライエウス港　136, 143
ヘカナクト(Hekanakhte, 前 20 世紀前半)　80
ペキーダー(Peqida, 在位 104-114)　223
ヘシオドス(Hesiodos, ?-?)　106
ペピ 1 世(Pepy I, 在位前 2321-前 2287?)　74, 75
ペピ 2 世(Pepy II, 在位前 2278-前 2184?)　72, 75, 76
ベヒストゥーン大碑文　202
ヘラクレオポリス　77, 93, 94
ヘリオポリス　73, 99
ペリクレス(Pericles, 前 495?-前 429)　122, 126
ペリクレスの市民権法　132
ペリシテ(人)　34, 90
ペルシア　47, 56, 96, 202, 206, 210
ペルシア戦争　120, 121
ペルシア帝国　120, 144, 210
ペルセポリス出土「城砦文書」　204, 205
ヘルモポリス　82, 93, 94, 99, 203
ヘレニズム　96
ヘロドトス(Herodotos, 前 484?-前 420?)　14, 45, 69, 72, 94, 95, 98, 105, 108, 113, 114, 117, 119, 120, 123, 124, 158
ペロポネソス戦争　101, 105, 122, 126, 127, 129-132, 135, 143
法　10, 18, 61, 62, 218
貿易　115, 136
ポエニ戦争　159, 160, 162
ホスロー 1 世　→フスラウ 1 世
ポプラレス　165
ホメロス(Homeros, 前 9 世紀-前 8 世紀?)　90, 101, 104, 114, 124
ホラズム　226
ポリス　104, 105, 107, 108, 110, 112, 114, 119, 122, 128, 129, 132, 134, 136, 139, 144, 150, 214
ポリュビオス(Polybios, 前 200-前 118?)　158, 159, 161
ホルエムヘブ(Horemheb, 在位前 1323-前 1295?)　88
ホルス神　69, 70, 71
ホルテンシウス法　157
ポンペイウス(Gnaecus Pompeius Magnus, 前 106-前 48)　169, 170
ポンペイウス・トログス(Pompeius Trogus, 前 1 世紀)　213

マ 行

マアト　97
マクシミアヌス(Maximianus, ?-310)　192
マケドニア王国　138, 219
マケドニア戦争　158, 159, 162
マスタバ　72, 75
マニ(Mani, 216-276?)　224
マニ教　224
マネト(Manetho, 前 3 世紀前半?)　69, 71
マリ　7, 13, 16, 17
マリウス(Marius, 前 157-前 86)　163, 164, 169
マルトゥ　13
マルドゥク　12, 21, 22, 30, 32, 33, 38, 39, 41, 201, 210
ミケーネ(ミュケーナイ)　45, 101, 102
ミダス(Midas, 前 8 世紀後期)　37
ミタンニ　23-25, 42, 64, 66, 85, 86, 89

ミノア文明　101
ミフルダート1世(Mihrdāt I, 在位前171?-前138/7)　212
ミフルダート2世(Mihrdāt II, 在位前122/1-前91/90)　213
民衆法廷　125, 131
民主政　118, 129
ミン神　76
ムラシュー家　207
ムルシリ1世(Mursili I, 前17-前16世紀初期)　30, 61
ムルシリ2世(Mursili II, 在位前1321-前1295?)　63, 65, 67
ムワタリ2世(Muwatalli, 在位前1295-前1272?)　48, 67, 89
メイドゥム　71
メギッド(メギド)　48, 85
メシャ(Mesha, 前9世紀中期)　50
メセネ王国　213
メディア　31, 32, 36, 39, 202, 203, 212, 219
メリカラー(Merikara, 前21世紀?)　77
メルエンプタハ(Merenptah, 在位前1213-前1203?)　48
メルエンラー1世(Merenra I, 在位前2287-前2278?)　72, 75
メンカウラー(Menkaura, 在位前2532-前2503?)　72
メンチュヘテプ2世(Mentuhotep II, 在位前2055-前2004?)　77
メンチュヘテプ3世(Mentuhotep III, 在位前2004-前1992?)　80
メンフィス　76, 77, 82, 87

ヤ 行

ユウェナリス(Decimus Junius Juvenalis, 50/65-127)　184
ユグルタ戦争　164, 165
ユスティニアヌス(Iustinianus I, 482-565)　200
ユスティヌス(Justinus, 4世紀)　213
ユダ(南王国)　31, 50, 52-55
ユダヤ教　175, 223
ユダヤ人　206
ユダヤ戦争　180
傭兵　111, 119, 159, 206
予言　30

ラ 行

ラウレイオン銀山　136
ラガシュ　1-7, 9
ラキシュ　54
ラクタンティウス(Lactantius, 3-4世紀)　194, 195
ラー神　48, 73, 85-88, 98
ラフム朝　221
ラメセス1世(Rameses I, 在位前1292-前1290?)　65
ラメセス2世(Rameses II, 在位前1279-前1213?)　48, 65, 89
ラメセス3世(Rameses III, 在位前1184-前1153?)　90, 91
ラルサ　4, 17, 20, 22, 32
リウィウス(Titus Livius, 前59-後17もしくは前64-後12)　151-154, 157, 161, 162
リキニウス・セクスティウス法　156, 157
リビア　48, 93
リム・シン(Rim-Sin, 在位前1822-前1763)　17, 20
リュキア　44, 208
リュクルゴス(Lykourgos, 前390?-前324)　143
ルウィ(人)　60, 68
ルッカ(ルカ)　89, 90
レムス　151
レラントス戦争　105, 106
労働集団　103, 205
ロゼッタ・ストーン　100
ローマ化　167
ローマ軍　183
『ローマ建国史』　151
ローマの平和(パックス・ローマーナ)　185, 187
ローマ法学　200
ロムルス　151

ワ 行

ワディ・ハンママート　78